# 实用商务文书写作

SHIYONG SHANGWU WENSHU XIEZUO

（第三版）

主　编◎张小乐
副主编◎王明会　付　琳
朱　磊　李培涛

首都经济贸易大学出版社
Capital University of Economics and Business Press
·北　京·

**图书在版编目(CIP)数据**

实用商务文书写作/张小乐主编. —3 版 . —北京:首都经济贸易大学出版社,2017.1

ISBN 978 -7 -5638 -2031 -3

Ⅰ.①实…  Ⅱ.①张…  Ⅲ.①商务—应用文—写作  Ⅳ.①H152.3

中国版本图书馆 CIP 数据核字(2012)第 237666 号

**实用商务文书写作(第三版)**
**主　编　张小乐**
**副主编　王明会　付　琳　朱　磊　李培涛**

---

**责任编辑**　刘欢
**封面设计**　砚祥志远·激光照排 TEL: 010-65976003
**出版发行**　首都经济贸易大学出版社
**地　　址**　北京市朝阳区红庙(邮编 100026)
**电　　话**　(010)65976483　65065761　65071505(传真)
**网　　址**　http://www.sjmcb.com
**E - mail**　publish@cueb.ebu.cn
**经　　销**　全国新华书店
**照　　排**　北京砚祥志远激光照排技术有限公司
**印　　刷**　北京市泰锐印刷有限公司
**开　　本**　710 毫米×1000 毫米　1/16
**字　　数**　523 千字
**印　　张**　29.75
**版　　次**　2008 年 10 月第 1 版　2013 年 8 月第 2 版　**2017 年 1 月第 3 版**
2018 年 12 月总第 7 次印刷
**书　　号**　ISBN 978 -7 -5638 -2031 -3/H · 147
**定　　价**　43.00 元

---

**图书印装若有质量问题,本社负责调换**

# 目　录

# 前言

在信息瞬息万变、竞争日趋激烈的当今社会，规范得体的商务文书，不仅是企业搏击商海的必备“利器”，而且是商务文书作者立足生存、走向成功的重要手段。本着提升写作品位、助力商务交往的目的，2008 年我们编写了这本《实用商务文书写作》，几年来，这本书得到了众多使用者、读者的肯定与好评。

随着我国经济、社会的发展，各领域的商务活动开展得也更加广泛。为适应社会的需求，今年我们对本书进行了重新修订，使其能够以更加充实的内容、更高的出版质量服务社会、服务读者。

本书的作者或为经济类高校中的教学、管理人员，或为政府人事、商务部门的管理、研究人员，有的深谙写作教学之道，有的富有行政管理、人事管理和商业实务方面的宝贵经验。本书在编写的过程中，始终立足于读者的实际需要，力求为读者的写作提供以下帮助：

第一，有理可依。本书不仅介绍了企业在商务往来和经营管理活动中常用的应用文的写法，而且阐述了商务写作的基础理论和基本知识，可提升读者实用写作的理性自觉。

第二，有例可鉴。大量格式规范、内容新颖的例文，可使读者通过模仿借鉴，写作达到入格合格，进而实现提高创新。

第三，方便实用。在概念、格式写法之外，专设注意事项部分，提示详明，具有较强的可操作性。

本书是企业文秘商务写作的实用指南，也可作为高等院校相关专业授课的教材。

本书由首都经济贸易大学张小乐主编。写作分工是：第一章、第二章由朱琳撰写，第三章、第九章由朱深、王明会、朱磊撰写，第四章由刘文东、张小乐、解亮品撰写，第五章由解亮品、张建民、陈丽撰写，第六章由郭锦鹏、解亮品撰写，第七章由韩小青撰写，第八章由蔡建新撰写，第十章由解亮品撰写，第十一章由宋亮撰写，第十二章由张小乐撰写。本次修订对部分章节进行了删改，更换了大部分例文，确保了例文的时新性。张小乐、付琳、朱磊、李培涛、夏蓓、李佳兴、张颖、赵静媛参加了修订。

在本书的写作过程中，我们参阅了不少著作和文章，并引用了一些例文（略有删改），在此，特向原作者和相关网站表示衷心的感谢！因时间及水平所限，书中难免有不尽如人意之处，恳请同行及读者批评指正。

张小乐

2013 年 6 月

# 第一章

# 商务文书写作基础

## 一　商务文书概说

### (一)商务文书的概念和种类

1. 商务文书的概念。人们在社会生活和日常工作中,时时需要互通信息、交流思想、处理事务、实施管理,在此期间,以实用为宗旨、应用于实务的应用文发挥着不可替代的重要作用。由于使用者、使用目的的不同,应用文可分为公务文书和私人文书两大类。而公务文书又包括通用文书和专用文书两个系列,商务文书则为专用文书中的一个分支。

商务文书是在商务工作和活动中形成和使用的,具有特定的商务内容、用途和格式要求的各种应用文的总称。随着我国改革开放持续、深入的发展,社会物质产品迅速增长,流通领域空前繁荣,商务活动因而空前活跃,在经济社会中占有重要地位。直接服务于商务活动的商务文书写作也因此成为专业文书写作的一个重点和热点。

经济活动是人们在一定的经济关系的前提下,进行生产、交换、分配、消费以及与之有密切关联的活动。而商务活动是经济活动中的一部分,它是以商品流通为核心和目的的经济活动。因此,用于商务活动的商务文书不像服务于其他经济活动的经济文书那样涵盖广泛、种类浩繁。但是商务活动本身依然内容复杂,涉及面广,不仅关涉商务双方当事人,还涉及工商、金融、税收、运输、保险、海关、商检等方面。现有文种不断发生变化并衍生出新的文种,加上文体与文体之间相互渗透、交叉,商务活动文书的种类也在不断增多。

2. 商务文书的种类。现有的对商务文书种类的划分是从多种角度进行的:

(1)按照文书的使用范围来划分,将通知、通报、请示、报告、决定、批复、函等归为商务通用文书,在商务专业文书下再分出商务行为规范性文书、商务活动分析性文书、商务活动解说性文书、商务宣传公关性文书等细类。

(2)按照文书是否具有法律效力或意义来划分,将诉讼文书、仲裁文书等归为法律规范系列文书，将商务谈判方案、市场调查报告等划为非法律规范系列文书。

(3)按文书的书面格式来划分，分出表格式文书与文字表述式文书。

(4)按照文书承担的功能来划分。

本书按照以上最后一种分类标准，将所介绍的商务文书分为如下类别：①政府商务管理文书；②公司内部管理文书；③信息传播文书；④市场营销文书；⑤谈判契约文书；⑥公司财务文书；⑦常用法律文书；⑧公关礼仪文书；⑨工商税务海关文书；⑩投标、招标文书；⑪商务学术论文。

## (二)商务文书的特点和作用

1.商务文书的特点。商务文书作为专用文书，具有以下特点：

(1)内容的专业性。商务活动的开展离不开合同、函电、报表等大量的商务文书，商务活动和工作的需要是商务文书写作的出发点和归宿。作为直接服务于商务活动的实用工具——商务文书，诸如市场营销文书，谈判、契约文书，招、投标文书，在内容上具有突出的商务特色。

(2)目的的明确性。商务文书的目的性、针对性很强，体现在两个方面：一方面是写作目的明确，无论是要了解市场、推销商品，还是协商事宜、解决争端，均需针对商务活动的具体需求，意图清楚，目标明确，就事论事，讲求实效；另一方面是受文对象明确，写作须针对商务活动的当事人各方以及相关组织或对象，切合需求，有的放矢。

(3)体式的规范性。商务文书突出的实用特点，表现在形式上便是显著的规范性。在文体适用范围、行文格式和行文内在结构安排上，商务文书都有“一定之规”可循。这些“规矩”有的由有关职能部门硬性规定，有的为写作实践中的约定俗成、自行仿照，但都对写作起到规范和便利的作用。写作者首先要注意选择最有效表达意愿、办理事务的文种，不能错用、混用。比如，向政府有关主管部门请求批示时，要使用“请示”，而不能错用用来汇报工作、反映情况的“报告”，否则就得不到上级机关及时的批复。其次要注意遵循文种格式。如合同的主体必须写明必备条款：标的，数量和质量，价款或酬金，履行的期限、地点和方式，违约责任等。在结构安排上，商务文书也体现出一定的思维模式。体式的规范性，降低了写作者谋篇布局的难度，使商务文书的制作更快捷，提高了行文效率。

(4)语体的科学性。商务文书的语言充分体现了理性功能，追求准确、规范、简洁、得体。尽管商品广告、导游词、祝酒词等宣传公关性文书会采用描写甚至抒情等表达方式，但是，说明、议论和叙述为商务文书的基本表达方式。说明，在商务文书写作中有很高的使用频率，企业规章制度、各类合同、方案和说明书等均以说明为主要的甚至是单一的表达方式。而市场调查报告、市场预测报告、可行性研究报告、经济活动分析报告等研究分析性的文书以及起诉状、答辩状、上诉状、反诉状、仲裁申请书、仲裁协议书、仲裁答辩书、仲裁裁决书、仲裁调解书等司法诉讼性文书，则需要采用叙述和议论的手法，但使用的叙述和议论都是概括简约的，要求客观准确。所使用的语言，以准确、简明、平实为要，只求达意得体。常使用格式用语，如商函中向受函方索取资料，通常会用"如蒙赐寄贵公司新产品的详细资料，我们将深表感激"之类的表述；还经常使用专业术语，并会使用图表来代替或补充自然语言。

2. 商务文书的作用。商务文书的作用概括起来说就是开展商务活动的工具功能和服务功能。其具体表现在四个方面：

(1)推动商务活动。商务文书对商务活动的服务和推动作用体现在调研、决策、经营和运作等商务活动的全过程，其中每一个环节、每一个方面都需要相应的商务文书。例如，政府商务管理文书用来发布政策法规、提出见解、告知事项等，以提高人们的认识，规范市场秩序，担负着指导和推动商务活动和工作的重任；调研市场商情的文书是有关部门进行科学预测与决策的重要基础和依据；可行性研究报告、营销策划书等营销文书保证了决策的具体实施；各种统计报表及时反馈商品产、销、运、储各环节中的情况。也就是说，各种商务文书可使商务活动有序发展，促进流通程序顺畅、市场经济繁荣。

(2)协调合作关系。为有效开展贸易往来，商务当事人之间和相关的各单位部门之间需要配合、协作，合作关系中的权利和义务需要得到明确。合同和协议等契约文书力图确定某种法律关系，实现共同利益。商函专用于正在发生商业行为的业务单位，就贸易交往事宜进行专项联系、商讨。合作中难免会出现矛盾、纠纷，索赔和理赔文书用以平息商贸活动双方当事人之间的争议，保证合约的履行。仲裁书则用以解决履约纠纷、进行仲裁。公关礼仪文书为企业间沟通、合作服务。

(3)实行企业管理。开展商务活动既涉及外部交往，也涉及内部管理。"没有规矩，不成方圆"，企业章程、企业生产经营责任制、企业人事管理制度、企业质量管理制度、企业财务管理制度、企业职工奖惩规定等企业制定的各项规章制度，确立了合理的管理体制，正确地划分了管理层次，明确了部门、人员的职责范围，在企业管理中发挥着不可替代的作用。

(4)传播商务信息。当今社会是一个信息社会，商务活动的过程也是一个商务信息流通的过程。商务文书的写作，是对商务信息的处理过程。只有随时捕捉，不断摄取最新、最有价值的市场信息，商务部门才能正确决策，有效行动，在激烈的市场竞争中抢得先机，实现最大效益。商务活动的从业者既搜集、利用商务信息，同时也发送、传播商务信息。商品广告用以宣传企业、推销产品、引导消费和服务市场。公告、说明书、启事等都以传播信息为己任。

# 二　商务文书写作要点

## (一)重视材料:广收博取,精选妙用

“巧妇难为无米之炊”的特点在实用性强、专业性突出的商务文书写作中表现得尤为显著。没有写作材料,写作活动就无从进行,这是所有写作的通则。但是,比起文学创作,商务文书写作对各种事例、各种数据等事实与文献材料的倚重更突出,取材方式更直接。写作者不可能用想象去补充事实材料的不足,也难以长期地、随意性地积累材料,而要根据现实需要,采用定向调查、查阅等方式,在一定时间内,尽量广泛、快捷地采集真实可靠的事实材料和文献资料作为写作的基础。

缺少材料,写作者想要表达的观点、看法就失去了依托。市场调查与预测报告若缺少了及时、准确的统计资料和调查资料,对未来一定时期内市场变化趋势的预测就无处立足。对经济活动分析报告而言,材料越充分,分析的可靠程度就越高。

对商务文书的写作者来说,平时的文化储备、素养培育固然必不可少,但针对特定写作目的采集材料尤为重要。要尽可能迅速地采集信息,以保证对信息及时有效的利用。搜集和摄取写作材料的原则是尽可能广博。掌握的材料多了,认识才可能趋于全面,避免偏颇,提炼出的主旨才可能趋于正确、深刻。同时,丰富的材料为写作者精挑细选、合理用材提供了余地。

材料的真实、可靠性是商务文书现实效应、价值程度的保证。虚假信息会造成决策的失误,给管理带来危害。采集的材料是否准确,与采集的态度和手段有直接关系。写作者应当从实际出发,展开周密的调查研究,尽可能多地掌握直接的第一手材料。

根据特定的写作目的,通过实地考察直接采集写作材料的方法——调查,是写作者获取直接材料最为主要的途径。调查使写作者得到真实、充足、有价值的写作材料,奠定形成正确的意旨的基础。

调查首先需要实事求是的科学态度。调查者不能为先入之见左右,要尊重事实,以客观的态度采集材料。高度的责任感、强烈的工作热忱和严谨细致的工作态度,对于需要付出时间、精力和财力,可能遇到诸多困难的调查而言,不可或缺。调查前的准备工作也必不可少。调查者要明确目的,确定调查内容,选定调查对象,围绕选题和对象做充足的思想和知识准备,并拟好具体可行的调查提纲,以使调查工作有条不紊地进行。选择和使用科学、适当的调查方法,是调查成功的关键。在确定调查方法——普查还是抽查,典型调查、重点调查还是抽样调查——之后,还要选择具体的调查方式,或是实地勘察,或是发放问卷,或是组织座谈,或是

个别访谈,也可以将多种方式配合使用。

由于多种因素的制约,我们不可能做到事事亲历,直接材料的获取固然重要,间接材料的获取也是非常必要、难以取代的。根据特定需求,进行文献调查,即定向查阅资料,是我们获得间接材料的主要方法。资料指的是书刊、文件、档案、图片、声像、光盘和因特网等一切记录和传播人类知识的载体中的信息,包括马列原著、法规文件、会议记录、统计报表和文物图片等原始文献资料,也包括书目、索引、文摘、动态综述、年鉴及手册等经过整理加工的文献资料。就商务信息而言,既包括记载企业经营管理活动的单据、数据和记录等原始商务信息,也包括对原始商务信息经过二次或三次加工而得到的信息,如各种商品经营统计报表、经营综述等。在信息时代,我们要根据需要原则,利用现代化的检索工具,从浩如烟海的文献资料中找到符合特定需要的资料;还要根据择优原则,确定和研读对写作目的最重要、最典型、最有价值的部分,及时记录,编排保存,以备使用。

为确保材料的准确性,对来自自己实地考察、政府机关、权威调查机构、企业、消费者以及大众媒体等不同信息源的各类材料,要对比异同,辨别真伪。要尽量使用时间、数据和细节确凿可靠的直接材料,对间接材料要经过核实查对,做到有根有据、合情合理。材料不仅应"确有其事",还要反映出客观事物的本质和主流,区别现象与本质、本质意义与旁属意义,不能以偏概全。

使用材料时,首先要注意只选择对特定写作目的、商务文书主旨最有表现力的材料,做到观点与材料有机统一,避免出现材料与观点相脱离甚至相互矛盾的问题。与主旨无关或关系不密切的材料,不管得来如何费工夫,应毫不吝惜地舍去。在材料的安排上,根据主旨需要处理好材料详略、主次、显隐、疏密的关系。将事实材料与观念材料、直接材料与间接材料、个别材料与综合材料、历史材料与现实材料等不同种类材料适当地配合使用,对于表现主旨、实现写作意图具有重要的作用。例如,中国信息产业网于 2004 年发布的《中小城市移动通信新用户研究报告》,采用拦访方式对中小城市移动通信用户进行抽样调查,与运营商和中间厂商进行深度访谈,获取第一手材料;又通过行业公开信息、行业资深专家公开发表的观点、政府数据与信息、企业年报以及网络信息等渠道获取第二手的信息,综合分析后得出相关结论。其调查方式方法得当,多种材料配合使用,材料翔实,表达效果较好。

### (二)突出主旨:务实求真,纲举目张

文章表达的内容需要有统领的中心,即中心主旨。"文以意为主"是写作理论中被公认的基本准则,也是商务文书要遵循的规律。文书的主旨不仅决定作为内容要素的材料的取舍,也直接影响作为形式要素的结构的安排。

商务文书的主旨有自己的特点，写作者应当有针对性地处理主旨问题。文学创作具有审美特性，反对"主题先行"，创作者在行文前常常只有朦胧的思绪，甚至在完成作品后也不一定能概括出明确的主题，读者在接受过程中"仁者见仁，智者见智"也属于常态。而商务文书这类的实用文体是"为用而作"的，写作者往往在动笔前已形成明确的抽象形态的主旨，再据此去搜集、组织材料，在行文过程中围绕主旨予以展开、表现，这就是所谓"意在笔先"的特点。撰写者还要明确受文对象，了解他们的需求，以确定主旨。主旨的表达方式是显露、明确、直接的。撰文者可以采用标题揭示、开宗明义、设置小标题和主旨句等关键文句以及篇末点题等手段，直截了当、明白无误地揭示、显露主旨，告诉读者全文的基本观点和中心意思，让读者一看即知，一读即懂。为便于接受者理解，提高办事效率，商务文书主旨意蕴单纯，一般一文一事，一文一意，或是传播某个信息，或是表达某种意愿。主旨呈现理性形态，功利性强，对现实生活产生效应是直接的，有时甚至是立竿见影的。着眼于应用，是写作者表现主旨时要充分考虑的。

对于篇幅较长、内容复杂、分析议论性的文书，要重视对主旨的提炼。对庞杂的材料进行分析整理，开掘事物的本质，形成正确的主旨，是写作过程中极见功力的重要环节。比如，在市场预测报告中研究旅游业的发展规模、预期效益，要分析旅游资源、旅游者的支付能力和兴趣、旅游市场、旅游价格、旅游产品和供给、旅游诸要素的比例关系，以及影响这些要素的政治、经济、文化和社会环境，旅游活动产生的正负效应等相关因素。抓住了主要矛盾，揭示出事物的本质和个性特征，也就确立了主旨。

分析研究的能力与写作者的素质和能力有着密不可分的关系。商务文书的作者不但要具备一般写作者的素质和能力，也要有针对商务写作的特别素养和特殊技能。政府商务管理文书、企业管理文件、司法文书等，政策性、规范性强，写作者的政治素质、理论水平，对写作立意具有决定性影响。商务活动涉及范围广，涉及工业、农业、商业、服务业等多种行业，国有、集体、民营、中外合资、外资独资企业等不同性质的企业，财政、金融、内贸、外贸、保险、税收等诸多领域，相应地，商务文书的写作者要有良好的知识结构、充足的知识储备，尤其是必须了解国家经济政策，懂得经济学、法学、管理学以及写作学方面的基本知识，熟悉本行业业务。例如，拟"合同"，写作者必须掌握或熟知合同法、合同所涉及的业务知识及应用文写作知识。理性思维能力是写作能力中的关键能力。应用文体的写作者要着重训练自己的逻辑思维能力，对感性材料进行冷静客观、周密严谨的分析与综合，通过科学的抽象概括，把握事物的本质及规律。

概括而言，商务文书对主旨的要求就是：科学正确，明确显豁，单纯集中，求实重用。

### （三）注重结构：循规蹈矩，条理贯通

反复思考形成的立意能否得到充分的表现，千挑万选筛出的材料能否适当地组织安排，取决于是否有合理的结构安排。结构文章的过程就是按照主旨需要，把零散杂乱的材料组成一个有机整体的过程，目的在于使思想内容得到最好的体现。

不同体裁有各自的结构特点。商务文书在结构上具有明显不同于文学作品的特点，我们要"循规蹈矩"，有针对性地谋篇布局。

商务文书具有相对定型的惯用格式，结构要素的排列顺序井然有序。比如，商函有特定的文面构造形式，一般包括信头、标题、行文对象、正文、附件、生效标志等几个组成部分，而正文部分一般可以分为发函缘由、发函事项、对收文对象的希望或要求三个层次。企业经营计划的正文则通常包括如下部分：计划依据、目标、措施、步骤。国家工商行政管理局发布的合同示范文本规范了条款内容，对于强化合同管理、保护当事人的合法权益具有积极的作用。中国证监会颁布的《公开发行证券的公司信息披露内容与格式准则》，对招股说明书、股票上市公告书、年度报告等文书编制做出规定。结构模式程式化、类型化的特点，使得写作者掌握起来相对容易，许多文体差不多可以"依式填写"。撰写者在构思商务文书时，不必为结构问题殚精竭虑，也不能随心所欲。在注意这种程式化结构的有序性的同时，还要注意完整性，避免由于某一构成部分的缺漏而表意不全。

商务文书讲求条理清晰、思维缜密、表达顺畅。有的文书内容简单集中，全文意思只需一个层次便说完。而当要表达的意思复杂时，层次安排就相对复杂。但在总体布局中，一般不外乎"总—分"、"分—总"、"总—分—总"的结构模式。"总"是统领全文的基本观点、笼统概括等；"分"是对"总"的深入阐述，具体说明。"分说"部分也就是主体部分，基本模式可分为：层次按时空顺序纵向展开或按逻辑顺序逐层递进的纵式，按事物的逻辑联系进行分类归纳横向展开的横式，以及将纵横式结合起来的综合式。层次的划分及其排列的次序，应根据具体内容和文种的特定需求做相应安排。在写作前列出提纲，将文章的观点、材料的组合及其层次脉络表示出来，组成文章的逻辑示意图表，有利于避免写作中出现大的失误，避免结构紊乱、层次错位、详略不当，材料与观点不合等弊病。在撰写大型的研究报告时，列提纲尤为必要。层次构造文章的大轮廓，而具有一个个相对独立、完整意思而又紧密关联的段落，是对文章的细化处理，使文章重点突出、眉目清楚。商务文书常用序数词、小标题来表示层次、段落，而且层次或段落前常设有主旨段或主旨句，使得层次之间主从、纵横关系分明。政府商务管理文书的主体常分条列项，企业规章制度均采用章节条款，都是为了突出条理性。

写作时，还要注意层次与层次、段落与段落之间的过渡照应，必要时采用过渡

词、序码词、小标题等过渡手段，以保证结构严谨，文意连贯；文章开头或说明，或概括，或简介，“开门见山”，直接入题；结尾部分以较为规范的方式收束，或提出要求，或概括结论；前后关照，首尾呼应，结构严谨，文义周全。

### （四）慎用语言：求准就简，平实得体

由于表达的内容和功能的不同，文章的语言表达风格有种种差异，形成了文章不同的语体特征。商务文书属于与文学语体相对的文章语体，体现了语言的理性功能，以准确简明为要，讲实用，重科学，不像文学作品那样追求语言的形象感、生动性、音韵美及个性化色彩，不标新立异，不堆砌华丽辞藻，“辞达而已”。

准确规范，是商务文书语言的第一要务。准确，指的是语言形式能正确恰当地表达出思想内容，严格遵守语言学规则，符合逻辑规律。要选词准确，概念清楚，造句符合语法，推理合乎逻辑。要尊重和遵守约定俗成的语言习惯，不随意打破语言常规。语言是发展的，社会变化剧烈、发展迅猛的时期更是新词语产生的高峰时期。大量的新造词（包括网络语言）、外来语层出不穷，写作者既要理解语言发展的这一自然现象，也要尊重规范性原则，尤其在写作具有突出的实用和理性功能的专用性文书时，更要谨慎从事，不随便自造新词，不任意更换词素，不随意使用不符合现代汉语词汇和语法规范的语言。商务文书中使用名称、时间、数字都要规范。各种名称要用全称或规范化的简称，不滥用缩略语，以免引起歧义及其他表意不清现象。商务文书中经常会使用专门术语，要准确使用。译名要统一，凡外国国名和重要的或常见的组织名、报刊名、人名、地名，尽量与标准化、权威性译名一致。表达时间时，一般应避免用“近年”、“上月”、“不久以前”等时间代词，而要用具体日期，以免造成时间错误。年份一般用全数，不得省略，例如，“2007 年”不能写成“07 年”。重视定量的商务文书会大量使用数字，在使用时须慎重。对使用阿拉伯数字与汉字数字有区别时，一定要正确选用，比如，统计表中的数字必须使用阿拉伯数字，而定型的词组中的数字则必须使用汉字。有关数字的词语应概念明确，比如，“增加了多少”还是“增加到多少”要表达清楚。表达基数、序数、分数、小数、倍数时不要出现逻辑错误。要正确使用法定计量单位。文章结构层次的序号前后要一致，避免造成结构混乱。标点符号对于表意有着不可小视的作用，要正确使用。撰写者在写作文书时，可参看作为国家标准的《出版物上数字用法的规定》和《标点符号用法》。

言简意赅，是对商务文书语言的第二个要求。为提高办事效率，文字篇幅要控制，烦言浮词须删除，“说话一句而尽者只用一句……当用片纸只用片纸”。要紧扣文书主旨，去除离题万里的泛论、不必要的情况说明、硬贴的大背景、不着边际的空话和令人生厌的套话等，实实在在地传递最有用的信息。要竭力将重复赘余的、

可有可无的字、句、段坚决删去。表述层次不要太多，叠床架屋，烦冗拖沓，容易把要表达的意思弄得模糊不清。商务文书中除了用一般语言进行表述之外，还经常会使用图、表和公式，它们可以化繁为简，化抽象为直观，起到普通文字难以达到的作用。要根据表达目的和对象选用图或表，遵守绘图或制表的规范。

不可忽略的是，为更好地实现实用功能，商务文书的语言风格特别强调平易淳朴、明白晓畅。这种平实风格首先体现在对表达方式的运用上。虽然说诉求于消费者的文艺性的商品广告、导游词、旅游指南等，会使用强调形象性、情感性的文学语体，但商务文书中的绝大多数文种要少用、慎用甚至忌用生动的描绘、热烈的抒情。使用叙述、说明和议论时，要注意叙述概括、平直，说明精确、客观，议论切实、冷静。在文风辞藻上，严格把握修辞手法的运用。根据不同的表达目的，对比喻、排比、夸张、反语、双关等修辞格要谨慎使用或者不用。为体现文章语体的理性功能，慎用色彩强烈、描摹性强、修辞性的词语。还须注意的是，语言要通俗易懂，遣词造句浅显明了。如无需要，不要使用难懂的专业术语、古奥冷僻的词语和非常规的句式。要力戒“有话不好好说”，偏要玩词弄句、故弄玄虚、行文晦涩难懂的不良文风。

# 第二章

# 政府商务管理文书

商务文书因商务活动而生，为商务活动服务。商务活动广泛而复杂，其中政府承担着对商务活动进行管理的重任。国家各级行政机关在对商务实施管理、行使职权的工作中，需要制作和使用具有法定效力和规范体式的公文，作为依法行政和进行公务活动的工具。这些用于商务管理的公文可以称为政府商务管理文书。

国家行政机关公文包括命令、决定、公告、通告、议案、通知、通报、报告、请示、批复、意见、函、会议纪要共13种。除了适用于各级人民政府按照法律程序向同级人民代表大会或人民代表大会常务委员会提请审议事项的“议案”，公文的绝大部分种类都会在政府商务管理工作中使用。也就是说，政府商务管理文书的种类与国家行政机关公文种类基本相同。当然，由于商务活动内容的特定性和商务文书的专用性，政府商务管理文书中的决定、通告、通知、通报、报告、请示、批复和意见等文种使用频率较高。

政府商务管理文书作为公文，具有法定的权威性和行政约束力，而内容的严肃性在形式上则表现为格式的规范性。

按照国家标准中关于公文格式的规定，公文由三大部分组成：眉首、主体、版记。

1. 眉首。眉首为公文首页红色反线以上的部分，占首页面积的1/3～2/5。眉首部分的构成要素有以下六项。

（1）公文份数序号。此项用以标明同一文稿印制若干份时每份公文的顺序编号，用阿拉伯数码编定，位置在版心左上角顶格第一行。

（2）秘密等级和保密期限。需要保密的公文应按照保密程度分别标示“绝密”、“机密”、“秘密”。保密期限是对公文密级时效的规定。如需要使用时，密级顶格标示在版心右上角第一行，而保密期限紧随密级之后，以“★”将二者隔开。

（3）紧急程度。该项是对公文送达时限的要求，标示有“特急”和“急件”之分。若根据实际工作需要标识时，顶格标识在版心右上角第一行。遇有密级标识时，则放在其下一行。

（4）发文机关标识。它由发文机关全称或规范化简称加“文件”二字组成，如

"中华人民共和国商务部文件"。联合行文时，主办机关名称排列在前。

（5）发文字号。它是发文机关为其制发的公文所编发的文号，由发文机关代字、年份与序号组成，如"商资字〔2007〕25 号"，为商务部于 2007 年 3 月 6 日发布的《商务部办公厅关于 2007 年全国吸收外商投资工作指导性意见》一文的发文字号。发文字号的位置在发文机关标识下两行处。

（6）签发人。上行文要求注明签发人、会签人姓名，以便于上级机关联系查询。若需要标示此项，将发文字号左移，而签发人排列于发文字号右侧。

2. 主体。主体部分包括首页红色反线（不含）以下至主题词（不含）之间的各要素，即标题、主送机关、正文、附件、成文日期、公文生效标识和附注。

（1）标题。公文标题应准确简要地概括公文的主要内容并标明公文种类，多由发文机关、事由和文种三部分组成，如《商务部关于开展零售企业分等定级试点工作的通知》。有时因为文件眉首中已标明了发文机关名称，故标题可略去发文机关，如《关于继续实施"万村千乡市场工程"的通知》。命令、公告、通告等正文内容简短的周知性公文，有些可以略去事由，如《商务部、国家工商总局、国家版权局、国家知识产权局令》。标题在红色反线下空两行处标识，居中排列。除法规、章程类标题需加书名号以外，一般不必加标点符号。

（2）主送机关。主送机关是公文责任的主要承担者，即直接办理、执行或答复事项的单位。除公告、通告外，一般都要标明主送机关。由于公文下发范围不同，主送机关写法也不同，有普发性公文主送机关的写法，如"各省、自治区、直辖市、计划单列市商务主管部门"，也有发向个别单位的单称型，如"市商务局"。主送机关应使用全称或规范化简称。其位置在标题下空 1 行，左侧顶格书写，回行时仍顶格。

（3）正文。正文即公文的内容，一般由开头、主体和结尾三部分组成。撰文水平主要体现在此部分，总的要求是"情况确实，观点明确，表述准确，结构严谨，条理清楚，直述不曲，字词规范，标点正确，篇幅力求简短"。正文写在主送机关之下，左空两个字开始。

（4）附件。附件为附属于正文的文字材料，作为正文的补充、说明、印证、依据和参考，是公文主要的组成部分。有的公文正文只起批准、发布、转发的作用，而附件实际上是公文的主要内容。有的附件用于补充说明文件的某些内容，一般在正文下空 1 行，左空两字，标识"附件"，依次注明附件的名称和份数。

（5）成文日期。成文日期为公文生效的时间，要以负责人签发的日期为准；联合行文以最后签发机关负责人的签发日期为准；经会议通过的公文写通过的日期；法规性文件写批准日期。成文日期规定用小写汉字书写，年、月、日要齐全，"零"写为"〇"。如"二〇一一年三月十一日"，不能写成阿拉伯数字的"2011 年 3 月 11 日"，也不能写成"一一年三月十一日"。

(6)公文生效标识。公文生效标识用以证明公文的效力,包括发文机关印章或签署人姓名。会议纪要可不加盖印章。单一机关制发的公文,落款处不署发文机关名称,只标识成文日期。成文日期右空4个字,加盖印章距正文2至4毫米,居中,下压成文日期。联合机关制发的公文,上报的公文由主办机关盖章,下发的公文则所有发文机关都应盖章。需要加盖两个印章时,应当将成文日期拉开,左右各空7个字;主办机关印章在前,两个印章均压成文日期,排列整齐,互不相交,相距不超过3毫米。需要加盖3个以上印章时,应当将各发文机关名称按序排在成文日期和正文之间,印章加盖其上。每排最多排3个印章,两端不得超出版心;最后一排如排1个或2个印章,均居中排布;最后一排印章之下右空2个字标识成文日期。

(7)附注。如有附注,居成文日期左下方,空3行,左空2个字加圆括号标识。如"此件发至县、团级","此件传达到群众","此件可自行翻印"等。

3. 版记。公文版记为主题词及其主题词以下部分,置于公文末页,包括:主题词、抄送机关、印发机关和印发日期等部分。

(1)主题词。主题词是反映公文基本内容和形式的经规范处理的系列名词或名词性词组,用于公文的标引、检索、存储。标注主题词为计算机处理公文提供了方便,适应了公文处理自动化的需要。主题词应从国务院办公厅以及国务院直属部委制定的主题词表中选择,先标类别词(指公文内容性质所属类别,如"商业"、"外贸"等),再标类属词(为各类别词的具体化,如"商品"、"销售"、"消费"、"营业"等),最后标示文种。主题词居左顶格标识,后标冒号,每个词目间空1个字距,不加标点。一份公文最多不超过5个主题词。如《蚌埠市人民政府关于表彰市商务局的通报》,主题词为"人事 表彰 通报"。

(2)抄送机关。抄送机关是指除主送机关外,公文要送达的机关,是非主要承办者,但与公文事项有关而需要告知的机关。抄送机关应使用全称或规范化的简称、统称。位于主题词下一行,左右各空1个字距,各抄送机关间用逗号隔开,在最后一个抄送机关后要标句号。

(3)印发机关和印发日期。印发机关是指公文的印制主管部门,一般是各机关的办公厅(室)或文秘部门。印发日期以公文付印的时间为准。这两项共占一行,位于抄送机关下一行,印发机关左空1个字距,印发时间右空1个字距,以阿拉伯数字标识。

## 一 决 定

### 概念

决定是行政机关在自己的职权范围内,对重要事项或者重大行动做出安排的公文,也用于奖惩有关单位及人员,变更或者撤销下级机关不适当的决定事项等。

## 格式写法

1. 标题。决定的标题多为规范的公文标题形式,即单位名称+事由+文种组成。

2. 正文。正文一般由前言、决定事项、结语三部分组成。

(1)前言。前言主要是扼要交代做出本决定的背景条件、政策依据、必要性、目的性与现实意义。

(2)决定事项。决定事项是决定的核心,一般用“特做如下决定”、“先决定如下”之类的文字过渡引出。若事项复杂,可用小标题或序号表明大小层次,逐项写出。每个决定事项的开头通常设有“段旨”句,使得表述的内容中心突出、条理清楚。写作时根据内容需要确定结构形式,不必勉强分条列项。

(3)结语。结语,或对决定内容加以评估;或对贯彻本决定的方法、措施、时间和步骤提出要求;或对下属单位发出号召,提出希望。

## 注意事项

1. 决定为下行公文,多带有一定法规性、政策性、强制性,近似“命令”,但适用范围较宽,各级机关都可以使用。要注意内容上应紧扣“重要”、“重大”,尽量写得简明扼要。

2. 决定事项是经有关领导集体议定的事项,意见尚未确定或统一的不可写入决定。

3. 奖惩性决定中所涉及的事实部分,必须进行核实,以保证其真实可靠。

4. 语言表述要准确、稳妥、得体。

【例文】

**国家森林防火指挥部 国家林业局关于表彰**
**2013—2015 年度全国森林防火工作**
**先进单位和先进个人的决定**
**国森防〔2016〕9 号**

国家森林防火指挥部各成员单位,各省、自治区、直辖市森林防火指挥部、林业厅(局),国家林业局各司局、各直属单位,有关单位:

在党中央、国务院的高度重视和正确领导下,在各级党委、政府的直接领导和有关部门的大力支持下,2013—2015 年期间,各级森林防火指挥部和林业主管部门贯彻落实“预防为主、积极消灭”的工作方针,认真履行职责,狠抓工作落实,森林防火工作实现了火灾次数连续三年下降的好成绩,涌现出一大批先进单位和先进个人，为保护我国森林资源安全和人民生命财产安全做出了突出贡献。

为表彰先进，激励全社会参与森林防火工作，国家森林防火指挥部、国家林业局决定，授予北京市平谷区森林防火指挥部办公室等110个单位“2013—2015年度全国森林防火工作先进单位”称号，授予韩彦斌等280名同志“2013—2015年度全国森林防火工作先进个人”称号（详见附件1、2）。

希望受表彰的单位和个人珍惜荣誉，发扬成绩，再接再厉，再立新功。各级森林防火指挥部和林业主管部门以及广大森林防火战线的干部群众要以先进为榜样，锐意进取，真抓实干，进一步提升森林火灾综合防控水平，确保国家森林资源和人民群众生命财产安全，为林业现代化建设和实现美丽中国做出新的更大的贡献。

国家森林防火指挥部　国家林业局
2016年3月29日

## 二　通　告

### 概念

通告适用于公布社会各有关方面应当遵守或周知的事项。通告在一定范围内公布涉及政策、法规、法纪等方面的事项，要求有关人员了解并遵照执行；或只公布一定范围内应周知的事项，虽不具法规性，但也有程度不等的约束力。

### 格式写法

1. 标题。标题的写法有两种：由政府部门发布的关于重要事项的通告，采用发文机关、事由、文种俱全的规范标题；一般机关所发的通告也可以只写发文机关和文种名称而略去事由。

2. 发文字号。通告与公告一样，发文字号一般标明年号和顺序号，不加机关代字，甚至只标明日期。

3. 正文。正文首先要写清楚发布通告的目的及法律或事实依据，以“特此通告如下”、“就××问题通告如下”等语句作为过渡语，转入第二部分内容即通告的具体事项。事项单一的可以不分条项，若内容复杂，则采取分条列项的方法写出。最后单列一段提出希望和要求，或说明实施期限和告知的有效范围。

4. 尾语。尾语可采用“此告”、“特此通告”等语作结。

### 注意事项

1. 通告与公告一样，公开对外发布，发布对象广泛，经常采取报纸、电视等大众传播方式。但要注意与公告的区别。公告是用来向国内外宣布重要事项或者法定事项的知照性公文,发文机关级别较高,告知范围广,内容重大、重要,使用时不能与通告甚至一般启事混用。

2. 通告是具有一定约束力的文告,通常有明确的规定性,因此通告必须充分体现国家的法律法规、方针政策的要求。

3. 通告面对社会各有关方面发布,语言应表述明白、通俗易懂。

【例文】

**食品药品监管总局关于非法经营疫苗案件查处工作有关事项的通告**

**(〔2016〕第62号)**

**2016年3月20日**

山东省食品药品监督管理局公布了非法经营疫苗案涉案嫌疑人员名单。为彻底查清涉案疫苗来源、流向,严惩违法犯罪行为,现将有关事项通告如下:

一、依据《中华人民共和国刑法》《中华人民共和国药品管理法》等法律法规的规定,不具备疫苗经营资质而经营疫苗,是违法犯罪行为,依法最高可处五年以上有期徒刑;明知他人不具备合法经营资质仍提供疫苗的,依法可作为共同犯罪,追究刑事责任。山东省食品药品监督管理局公布的涉案嫌疑人员,应在2016年3月23日前向所在地县级以上食品药品监管部门或公安机关主动报告违法经营疫苗情况,包括疫苗的品种、来源、去向等。逾期不报告的,依法从严惩处。

二、各药品生产经营使用单位要立即开展自查,凡与涉案嫌疑人员有过疫苗交易或存在从非法渠道购入疫苗、向个人销售疫苗情形的,应在2016年3月25日前主动向当地食品药品监管部门或公安机关报告。

向个人销售疫苗的,应报告销售的品种、数量、标示生产企业名称、批号、销售去向、销售时间等;从非法渠道购入疫苗的,应报告来源以及购入疫苗的品种、数量、标示生产企业名称、批号、购入时间等;已经使用或继续销售的,还应报告使用或销售的详细情况。

三、地方各级食品药品监管部门要密切关注山东省公布的本地区涉案嫌疑人员名单和协查线索,会同公安机关立案调查,尽快核实涉案嫌疑人身份,及时查明疫苗非法购销情况。对向庞某销售疫苗的线索,要查明销售单位和人员,及销售的品种、数量等;对从庞某购进疫苗的线索,要查明购进单位和人员,及购进的品种、数量等。对医疗卫生机构购入、使用涉案疫苗以及相关人员涉案的线索,要及时通报当地卫生计生部门,以便查明最终销售去向及使用人员情况。上述调查情况,要逐级向上级食品药品监管部门报告,并及时向社会公布。

四、公众如了解、掌握涉案嫌疑人员情况,可拨打投诉举报电话12331向食品药品监管部门举报，也可向当地公安机关反映。

特此通告。

食品药品监管总局
2016 年 3 月 19 日

## 三 通知

### 概念

通知适用于批转下级机关的公文，转发上级机关和不相隶属机关的公文；传达要求下级机关办理和有关单位需要周知或者共同执行的事项；任免人员。

通知是上级机关向下级机关传达指示、布置工作与周知事项时所用的一种下行文，主要有：指示部署类、发布类、转发类、批转类、告知类和任免类。由于通知承担着多种功能，在各类公文中用得最多、最普遍。

### 格式写法

1. 标题。除内容极简单不必概括或过于复杂难以概括者外，通知的标题均要采用标准的公文标题式样。颁布（公布、发布、印发）、批转、转发性通知，应在标题中明确标示出性质。颁布的法规、规章（条例、规定、办法等）名称加书名号，如《北京市商务局关于印发〈2007 年北京市商业服务业规范公共场所英语标识工作实施方案〉的通知》；其他一般不用。如果用“通知”转发“通知”，为避免文种上的重叠，可以只标一个“通知”，如《北京市商务局转发商务部办公厅关于继续开展“中华老字号”认定等工作的通知》。

2. 正文。正文基本上由缘由依据和具体事项两部分组成。通知种类不同，在写法上也不尽相同。

转发上级、同级机关文件或批转下级呈文，若仅是中转，写上“现将××字〔20××〕××号《关于××的××》转发给你们，望认真贯彻执行”之类的语言即可。有时需要对转发，特别是批转的文件有所说明、补充、阐发，就要加以评价，点明要旨、意义，申明转发意图，提出相应要求和指导性意见。

指导布置工作的通知，具有命令性和指示性，规范性强，不仅要明确提出指示性、强制性要求，还要指出具体的实施措施和方法等。语气要坚决、肯定。

传达告知事项的通知，用来通报情况、传递信息和交代事项等，只要将事项交代清楚即可。

3. 结语。有的通知提出希望与要求作为结语，也有的以“特此通知”这样的尾语收束。

## 注意事项

1. 通知承担着多种功能，使用范围广泛，种类较多，功能有异，应加以区分，正确使用。注意不同类型通知在写法上的差异。

2. 通知标题的拟定要认真，发文事项概括应准确简要。发布类不同于转发类，转发类与批转类也有严格分工，均应在标题中清楚表明。

【例文】

### 教育部办公厅关于推进实施高校思想政治理论课特聘教授制度的通知

各省、自治区、直辖市党委教育工作部门、教育厅（教委），新疆生产建设兵团教育局，部属各高等学校：

为贯彻落实习近平总书记等中央领导同志关于办好高校思想政治理论课的重要批示精神，整合社会资源，推动哲学社会科学人才资源共享，构建全社会关心支持思想政治理论课建设新机制和教学人才新体系，青海、宁夏、山东等省（区）试点实施了思想政治理论课特聘教授制度，聘请本省（区）社科理论界和党政机关、企事业单位的专家学者、领导干部作为特聘教授，结合工作实践和研究领域，承担思想政治理论课教学任务，参与指导学科建设和学术课题研究等工作，取得了较好的效果。为贯彻中共中央办公厅、国务院办公厅印发的《关于进一步加强和改进新形势下高校宣传思想工作的意见》精神，根据中央宣传部、教育部关于印发《普通高校思想政治理论课建设体系创新计划》的通知要求，在总结试点地区经验和做法的基础上，现就推进实施高校思想政治理论课特聘教授制度有关工作通知如下：

1. 切实提高思想政治理论课专职教师整体素质，有条件的地方和高校可设立思想政治理论课特聘教授岗位，建设专兼结合、结构合理的思想政治理论课教学队伍。

2. 严格思想政治理论课特聘教授准入。制定思想政治理论课特聘教授任职标准，明确工作职责，聘请符合条件的专家学者、党政领导干部和先进人物等担任思想政治理论课特聘教授。

3. 规范思想政治理论课特聘教授管理。通过完善遴选程序、严格聘任要求、开展岗前培训、组织聘期考评、实施动态管理等机制，实现优质教师资源共享。

4. 各地教育工作部门要加强组织领导。要积极推进地方有关部门与高校共建马克思主义学院，共同开展马克思主义理论学习研究宣传教育，为实施特聘教授制度搭建平台。要协调完善思想政治理论课特聘教授的相应政策，建立巡讲机制、加大经费投入，组织开展思想政治理论课特聘教授工作落实情况专项督查。

5. 各高校党委要对实施好思想政治理论课特聘教授制度负总责。校领导要带头讲思想政治理论课。各高校马克思主义学院(思想政治理论课教学科研二级机构)负责具体实施,为特聘教授课程安排、讲课场地、教学设施等提供必要保障。要根据教学计划和安排,组织专职任课教师全程参与、跟班听课,不断提高专职教师的理论水平和业务能力。

教育部办公厅

2016 年 3 月 25 日

## 四 通 报

### 概念

通报适用于表彰先进,批评错误,传达重要精神或者情况。上级机关根据本地区、本系统的实际需要,将重要的或具有典型教育作用的有关情况告知下级机关及有关人员,或表彰先进,或批评错误,或交流情况,用以指导和推动工作。

### 格式写法

1. 标题。标题一般由通报单位名称 + 事由 + 文种组成。

2. 正文。正文一般由四部分组成。

(1)概由。要求用十分精练的文字高度概括出主要事实,点出意义或影响,表明态度。

(2)基本事实。基本事实主要叙述事件的重要过程,是概由的具体化。

(3)分析评价。尊重事实,掌握政策。解剖评说所叙事实,要提纲挈领,触及本质;引发结论,指出意义、后果和影响,要精辟得当,注意避免过度发挥。

(4)决定、措施、要求和希望等。

通报的写法有直述与转述两种。前者直陈其事;后者有附件详述事实,正文本身不叙说事实,点到即可,重点放在评析上。

### 注意事项

1. 通报无论是介绍被表彰对象的先进事迹,还是陈述被批评对象的错误事实,都必须实事求是,有根有据,表述准确平实,切忌歪曲或夸饰。

2. 对事件或人物的评价必须遵守原则,体现政策,切合实际,把握分寸。

3. 制发通报要注意时效,及时起到示范引导、警示告诫或交流推动的作用。

4. 通报与通知都具有告知性,但行文目的不同,通知侧重指示,通报有突出的教育作用,因此在写法上一定要注意区分。通报具有一定的叙事性,但采用简明扼要的写法，语言上符合公文语体的要求，切勿写成通讯报道甚至文学创作。

【例文】

## 交通运输部办公厅关于2015年度道路用沥青等五类交通运输产品质量行业监督抽查结果的通报

各省、自治区、直辖市、新疆生产建设兵团交通运输厅(局、委)：

为加强交通运输产品质量监督管理，提升工程建设、运输服务质量和安全水平，经国家质量监督检验检疫总局批复同意，按照《交通运输部办公厅关于开展2015年交通运输产品质量监督抽查工作的通知》(交办科技函〔2015〕363号)，依据《交通运输产品质量行业监督抽查管理办法(试行)》(交科技发〔2012〕32号)(以下简称《管理办法》)，交通运输部组织实施了道路用沥青、公路波形梁钢护栏、桥梁支座、高密度聚乙烯硅芯塑料管和突起路标等5类产品质量监督抽查，现将有关情况通报如下：

一、基本情况

(一)监督抽查组织情况。

本次监督抽查委托交通运输部公路科学研究院为牵头技术机构，由国家道路及桥梁质量监督检验中心、国家交通安全设施质量监督检验中心、交通运输部科学研究院交通工程检测中心和交通运输通信信息工程质量检测中心负责进入全国交通建设市场的道路用沥青、公路波形梁钢护栏、桥梁支座、高密度聚乙烯硅芯塑料管和突起路标等5类产品的抽查工作。

在北京、天津、河北、山西、辽宁、江苏、浙江、福建、山东、四川10个省(市)开展部省联动抽查工作，由北京市公路工程质量检测中心、天津市市政工程质量检测中心、河北省交通规划设计院试验检测室、山西省交通建设工程质量检测中心(有限公司)、辽宁省交通规划设计院试验检测中心、辽宁公路试验检测中心、苏交科集团股份有限公司工程检测中心、江苏森淼工程质量检测有限公司、江苏省交通规划设计院股份有限公司工程质量检测中心、浙江交科工程检测有限公司、福建省高速公路达通检测有限公司、福建省公路工程试验检测中心站、山东省交通科学研究院、四川省交通运输厅公路规划勘察设计研究院负责进入本省(市)交通建设市场的上述产品监督抽查工作。

(二)监督抽查总体情况。

本次监督抽查收到北京、天津、河北、山西、辽宁、上海、江苏、浙江、安徽、福建、江西、山东、河南、湖北、湖南、四川、贵州、陕西、甘肃、青海、海南等21个省(市)交通运输主管部门报送的《在建公路交通运输产品基本情况表》，对其中17个省(市)的64条高速公路、73个路段实施了抽查，涉及163家生产企业、68家营销供货企业的321个批次产品,抽样样品3995组(件),总体抽样合格率为91.1%。

本次监督抽查严格按照《管理办法》和有关产品质量监督抽查实施规范开展,抽查工作得到了上述各省(市)交通运输主管部门、交通运输质量监督局(站)、工程建设单位、监理单位、施工单位及交通运输企业的支持与配合。北京、天津、河北、山西、辽宁、江苏、浙江、福建、山东、四川等省份交通运输主管部门认真组织开展了部省联动监督抽查工作,取得了积极的成效,扩大了监督抽查的覆盖范围和影响力,有效提升了本地区行业发展质量效益和安全水平。江西、陕西、甘肃等省份交通运输主管部门指定专人负责协调监督抽查工作,并对后续整改工作进行了有效跟踪与监督,提升了监督抽查的实际效果,强化了产品质量监督管理。

二、抽查结果与质量问题分析

(一)道路用沥青。

在北京、天津、河北、山西、辽宁、山东、江苏、浙江、福建、江西、河南、四川、青海、贵州、陕西、甘肃等16个省(市),抽查了40条高速公路、45个路段、75家企业的87个批次、91个样品,样品总体抽样合格率为94.5%(详见附件1)。

其中:道路石油沥青共抽取49批53个样品,样品抽样合格率为98.1%,不合格指标为TFOT后的10℃延度;改性沥青共抽取38批次38个样品,样品抽样合格率为89.5%,不合格指标为25℃针入度、TFOT后延度。

质量问题分析:从抽查情况来看,沥青的总体质量较好,但部分生产企业的产品质量仍存在问题,特别是改性沥青质量问题较为明显。主要原因包括:一是部分中小型生产企业管理不到位,产品稳定性较差;二是受全球石油价格影响,沥青生产企业和供货商利润普遍较低,个别企业低价中标后,忽视了产品质量;三是部分公路工程项目技术管理不到位,对进场的沥青产品只检测少数主要指标,未按照标准对产品进行全面评价,不能及时发现并清除不合格产品。

(二)公路波形梁钢护栏。

在天津、河北、山西、江苏、浙江、安徽、福建、江西、山东、河南、四川、贵州、陕西、甘肃、青海等15个省(市),抽查了28条高速公路、31个路段、57家生产企业的161个批次共3 628个样品,样品总体抽样合格率为92.4%。

其中,波形梁钢护栏板抽取了22家生产企业、40个批次、800片样品,样品的抽样合格率为92.6%,主要不合格指标为基体金属板厚、定尺长度、防腐层厚度(详见附件2)。

波形梁钢护栏立柱抽取了27家生产企业、49个批次、980根样品,样品的抽样合格率为93.2%,主要不合格指标为基体金属壁厚、定尺长度、防腐层厚度(详见附件3)。

波形梁钢护栏防阻块抽取了23家生产企业、38个批次、760只样品,样品的抽样合格率为96.2%,主要不合格指标为基体金属板厚、防腐层厚度(详见附件4)。

波形梁钢护栏高强度拼接螺栓抽取了21家生产企业、34个批次、1 088套样品,样品的抽样合格率为89.1%,主要不合格指标为整体抗拉荷载、防腐层厚度(详见附件5)。

质量问题分析:从抽查情况来看,护栏板、立柱和防阻块总体合格率都达到90%以上,拼接螺栓的总体合格率也达到了89.1%,总体质量较好,少部分企业的产品仍存在不合格现象,主要原因是部分生产企业的工艺自动化程度较低、缺乏质量一致性检查手段。

(三)桥梁支座。

对天津、河北、江苏、江西、河南、贵州、陕西、山西、辽宁、福建等10个省(市),抽查了16条高速公路、18个路段、24家生产企业41个批次、41组样品,样品总体抽样合格率为82.9%,主要不合格指标为内在质量(剥离胶层后的拉伸强度、扯断伸长率)、抗压弹性模量、抗剪弹性模量。(详见附件6)。

质量问题分析:从抽查情况来看,桥梁支座产品质量仍然有待加强。主要原因包括:一是部分企业在天然或氯丁板式橡胶支座中掺入再生胶原料;二是个别企业仅根据支座使用中软硬表观现象调整配方;三是个别企业生产工序环节把关不严格,胶料硫化温度控制不准确;四是有的企业对支座产品出厂自检控制不严格。

(四)高密度聚乙烯硅芯塑料管。

对天津、河北、山西、江苏、福建、青海、陕西、贵州、江西、河南、安徽、广东12个省(区、市),抽查了17条高速公路18个路段、13家生产企业、22个批次、43组样品,样品总体抽样合格率为90.7%,主要不合格指标为结构尺寸、断裂伸长率和抗落锤冲击性能(详见附件7)。

质量问题分析:从抽查情况来看,有的企业在原材料控制上存在以次充好的情况,且手段更加隐蔽,例如抽查发现有的产品从盘的两端测量时壁厚是合格的,但从整盘中间段剪开测量时壁厚却不合格,有的产品断裂伸长率和抗落锤冲击性能不合格等。

(五)突起路标。

对福建、广东,抽查了3条高速公路、4家生产企业的6个批次、192个样品,样品总体抽样合格率为66.7%,主要不合格指标为抗压荷载(详见附件8)。

质量问题分析:从抽查情况来看,突起路标整体质量仍然不高,关键指标抗压荷载问题突出,说明生产企业在原材料质量及工艺控制方面不稳定,需进一步加强原材料的进货渠道的管理,严格按工艺流程生产。

三、有关要求

交通运输重点监管产品直接关系到工程建设质量和道路使用者生命财产安

全。各级交通运输主管部门要高度重视，积极配合部开展好监督抽查工作，认真对待监督抽查结果，进一步增强质量意识，加强产品质量监管，提升行业发展质量和效益。

（一）要切实加强交通运输产品质量监管。结合本地区工作实际，建立健全产品质量监督管理机制，加强有关检验检测机构技术服务能力建设。要综合运用进场抽查、过程监督、竣工验收等多种手段，在工程建设、运输服务中选用符合国家或行业标准的产品。

（二）要按照《管理办法》等有关要求，认真做好后处理工作。要督促抽查中出现产品质量不合格的生产企业进行整改，对于未整改或整改复查仍不合格的生产企业，其产品未经交通运输部确认合格之前，不得在交通运输行业使用。

（三）要将本次抽查不合格产品通报相关部门，加大对抽查不合格产品生产企业和相关单位的跟踪检查力度。要采取有力措施，督促生产企业依法落实产品质量安全主体责任，引导企业强化内部质量管理体系建设，严格按照标准组织生产，切实维护产品质量安全。

今后，交通运输部将按照《交通运输部办公厅关于印发推广随机抽查规范事中事后监管的实施方案的通知》（交办法〔2015〕151号）有关要求，进一步加大行业产品质量监督抽查力度，规范市场秩序，确保交通运输质量和安全，为交通运输事业持续健康发展创造良好环境。

交通运输部办公厅

2016年3月4日

# 五 报告

## 概念

报告适用于向上级机关汇报工作、反映情况，答复上级机关的询问，属于陈述性的上行文，是上级机关了解下情、制定方针政策、指导下级工作的重要依据，也是下级机关及时反映情况，取得上级机关对工作支持、指导的重要途径。

## 格式写法

1. 标题。报告的标题由报告机关、报告事由和文种名称三部分构成，如《××区商务局关于××××年教育执法情况的自查报告》。

2. 正文。正文一般包括四项内容。

（1）前言。前言概括介绍报告的基本内容或报告的主旨，统领全文。

（2）基本情况。基本情况是报告的核心，不论是汇报工作、反映情况，还是提出建议，均应实事求是地将具体情况交代清楚。综合性的报告以实践为选材范围，分述各方面工作进程情况。专题性的报告，遵守一文一事的原则。

(3)具体意见。呈报性的报告主要目的是反映情况和汇报工作，建议或意见等要略写。而呈转型的报告，是就本单位、部门主管业务范围内的事项提出建议、措施或要求，报请上级转发。

(4)今后工作设想。报告中可简述今后工作的思路。

3. 尾语。根据报告类型的不同，采用“以上报告，请审阅”，或“以上报告，如无不妥，请批转××××参照执行”等语作结。

## 注意事项

1. 写报告的目的是向上级汇报情况和反映想法，因而汇报性是报告的突出特点，写法上以陈述为主。撰写时要尽量简明扼要，不做过多的政策理论分析。

2. 报告是上级机关了解情况、制定政策的客观依据，因此它所反映的情况、汇报的工作必须属实。

3. 注意报告与请示的区别，不要在报告中夹带请示事项。

【例文】

### 关于大城县奥强电源和廊坊金霸电源设备技术有限公司两家企业环境问题督办情况的报告

环保部环监局：

接到《关于继续督办廊坊市大城县奥强电源和金霸电源两家企业环境问题的函》(环监转〔2015〕153－1号)后，我厅组成督办组，在2015年12月22日你局交办调查的基础上，2016年1月24日，会同廊坊市环保局执法人员，对大城县奥强电源和金霸电源设备技术有限公司两家企业环境问题进行了现场督办，现将有关情况报告如下：

一、基本情况

(一)廊坊市大城县奥强电源厂

廊坊市大城县奥强电源厂实名为廊坊奥强蓄电池有限公司，位于大城工业园区，法定代表人田振强，2011年5月该厂因不具备生产条件，被大城县人民政府依法实施关停。

(二)廊坊金霸电源设备技术有限公司

廊坊金霸电源设备技术有限公司位于大城工业园区，法定代表人付国新，项目总投资约2 000万元，其中环保投资280万元。产品为铅酸蓄电池，主要原辅材料为电解铅、钙铅合金、铅钛合金、蓄电池外壳、玻璃纤维隔板等。年产9.9万kAVh

新型高能全密闭免维护铅酸蓄电池项目于2007年6月由大城县环保局审批,2009年10月经大城县环保局验收。原排污许可证证书编号:PWX-131025-0083,有效期2014年10月至2015年10月。2015年9月,该公司向大城县环保局申请换发排污许可证,经查,由于该公司报送材料不全,大城县环保局尚未对其发放新的排污许可证。企业于2015年11月中旬停产至今。

二、督办问题整改情况

(一)反映大成县奥强蓄电池有限公司,无任何环保治理设施、无任何相关合法手续,从事铅蓄电池生产,场地内危险废物到处乱排乱放问题。现场检查时,厂区内杂草丛生,厂房内存有杂物(破烂)物品,已丧失生产能力。与群众反映问题不相符。

(二)廊坊金霸电源设备技术有限公司锅炉有浓烟,生产废气刺鼻,未经处理的重金属污水排放外环境等问题。

该公司未生产,厂区建有一台1吨蒸汽锅炉,配有脱硫除尘装置,燃料为生物质,未发现锅炉冒浓烟现象;铸板、合金、制粉、和膏、涂板装配等工段均装有集气罩和烟气净化装置,充电车间装有硫酸雾集气罩,经收集后由15米烟囱排放,未发现厂区内废气刺鼻问题;充电车间产生的冲洗废水,建有收集池,未见外排。

部分废旧电池露天堆放,公司院内废旧铅蓄电池露天堆放,废铅渣未及时收集到指定场所存放问题。

现场督办时,该公司已对废旧电池采取遮盖措施,集中存放。铸板工段产生的铅渣(尘)设置专门库房集中堆放。

废活性炭处置时未与处理单位签订协议等问题。2016年1月9日,该公司已与河北松赫再生资源股份有限公司签订《含铅废物(HW31)收集处置协议》。

三、当地环保部门监管查处情况

(一)2015年11月20日,该公司委托大城县环保局对其锅炉烟尘、熔铅炉排放的废气和昼夜噪声监测点位进行监测,监测结果均达标。

(二)2015年11月30日,大城县环保局对该公司下达环境监察现场报告单,责令其立即停止违法行为,限期整改。2016年1月12日,针对该企业危险废物擅自堆放,未与有资质单位签订处置协议等违法行为,对该公司下达行政处罚决定书(大环罚决字〔2015〕077号),对该公司处罚款人民币三万元,目前已经执行到位。

四、处理情况

(一)我厅执法人员责成大城县环保局加强对大城县奥强蓄电池有限公司督查和日常监管,防止企业擅自恢复生产。

(二)责令廊坊金霸电源设备技术有限公司聘请专家,制定整改方案,对生产设施及污染治理设施进行综合治理,大城县环保局负责督促企业落实各项整改任务，经验收合格后方可发放排污许可证，恢复生产。在此期间大城县环保局要加强日常监管，将该企业列入特殊监管对象加大随机抽查频次，未整改到位前，严禁恢复生产。

（三）我厅已将廊坊金霸电源设备技术有限公司环境问题列入后督察案件。2015年12月22日我厅调查处理情况，已经按要求在我厅网站公开；本次调查处理情况，我厅将填报至"12369环保热线"网站的"案件督办和后督察系统"，择机开展后督察。调查处理情况将按规定要求进行公开。

特此报告。

河北省环境保护厅
2016年2月5日

## 六　请　示

### 概念

请示适用于向上级机关请求指示、批准，是基层单位使用频率较高的文种。在下级对关涉重大方针、政策、法规的问题缺少把握，需经上级明确方可处理时，或工作中遇到新情况又无章可循时，以及一些上级明确规定必须请示的事项出现时，下级机关都必须行文请示。当然，凡上级已有明文规定，在自己职权范围内能解决的，不必再请示。

### 格式写法

1. 标题。拟写请示的标题时，注意事由部分要准确揭示请示的事项。

2. 正文。正文一般包括三项内容。

（1）请示缘由。请示的理由即请求事项的依据、缘由，是请示事项能否成立的前提，要写得充分、有说服力。但要防止堆砌材料，烦琐冗长，更不能用争辩、要挟的语气行文。

（2）请示事项。请示事项要写得明确具体。

（3）意见和建议。在说明请示理由和事项的基础上，请示撰写者应当陈述自己的看法，提出解决请示事项的建议，以供领导参考。看法应该客观，建议应符合政策，切合实际，稳妥可行。

3. 尾语。在请示的结尾，明确提出要求，请求上级批准、指示。最后大多由请求性尾语"以上意见妥否，请指示""妥否，请批复""以上意见如无不妥，请批转××执行"等来收束。

## 注意事项

1. 为了便于上级机关处理和答复问题，请示内容要单一，一事一文。

2. 注意不要“多头”请示和越级请示。如因特殊情况必须越级请示时，一定要抄送所越过的直属上级机关。

3. 若是向没有隶属关系的主管部门请求批准，应使用“函”而非“请示”。

4. 尤须注意的是，不能将请示与报告混同。二者行文目的不同，请示是请求性的，要求上级机关明确批复；报告则是汇报性的，大多数不要求上级表态和答复。它们的行文时机也不同，请示必须于事前行文，不能“先斩后奏”；而报告则在事先、事中或事后行文均可。

【例文】

### 关于黄骅港综合港区泰地液体化工码头及罐区工程核准的请示

河北省发展和改革委员会：

根据省委、省政府关于加快黄骅综合大港二期工程建设的战略部署，以及满足腹地经济和后方工业区发展的需求，黄骅港泰地石油化工有限公司拟在黄骅港综合港区建设泰地液体化工码头及罐区工程。该项目符合《黄骅港总体规划》，该工程项目申请报告已由中交水运规划设计院有限公司和河北省石油化工设计院有限公司编制完成。现就有关事项请示如下：

一、项目名称：黄骅港综合港区泰地液体化工码头及罐区工程

二、建设单位：黄骅港泰地石油化工有限公司

三、建设地点：黄骅港综合港区二港池西侧的成品油及液体化工品作业区

四、建设规模及建设内容：该工程拟在黄骅港综合港区二港池南部岸线西侧的成品油及液体化工品作业区建设 2 个 5 万吨级成品油及液体化工泊位（水工结构按 10 万吨级设计建设），码头前沿设计底高程 -13.7 米（实际已浚深至 -15.7 米），占用人工岸线 497 米，设计年通过能力 370 万吨；陆域占地总面积 39.76 万平方米，总库容 66.6 万立方米，包括汽车装卸区、储罐区、辅助生产区、行政管理区。

五、总投资及资金来源：该工程估算总投资为 186 850.84 万元，其中企业自筹资本金 37%，其余通过银行贷款解决。

六、建设工期：该工程建设工期约为 4 年。鉴于此项目建设工期较长，考虑综合港区整体发展的需要，为了加快建设并早日实现公用码头的产业配套功能，该项目拟按“整体建设、分段验收、加快运营”的原则，先期完成土地的征用和地基处理，建设 2 个 5 万吨级成品油及液体化工泊位（水工结构按 10 万吨级设计建设），建设 30.2 万立方米的仓储，建设汽车装卸区、储罐区、辅助生产区、行政管理设施，估算投资 141 020.92 万元，建设安装完成后立即先进行验收，投入港口物流运行。

后继续建设36.4万立方米仓储，估算投资45 829.81万元，完成后再进行验收，以保证整个项目快速、有序地进行建设。

经我委初审认为，该工程的实施为完善黄骅港港口功能，优化产业结构，提高港口竞争力，促进腹地石化产业持续健康发展提供了重要保障。现将该工程项目申请报告呈上。

妥否，请批示。

沧州市发展和改革委员会
2014年7月9日

## 七　批　复

### 概念

批复适用于答复下级机关请示事项。批复与请示相对应，针对请示事项而撰写，职能单一，意见有很强的指导性和制约性，是下级机关遵照执行的依据。

### 格式写法

1. 标题。批复的标题除了可以写成通常的公文标题形式外，还可以写成：发文机关 + 批复事由 + 行文对象 + 文种；发文事由 + 文种；发文机关 + 原件标题 + 文种。

2. 正文。正文一般包括批复引据和批复内容。先引下级来文（请示）的发文字号，以及来文的标题或文件的事由，以“现批复如下”过渡语引出下文。下文根据实际情况和有关方针政策对来文的请示事项做出明确答复，有的还要对下级机关如何贯彻批复内容扼要提出几点希望或要求。

### 注意事项

1. 批复的内容必须针对下级来文（请示）的请示事项，指示或解答要与下级来文的“所请”、“所问”相一致。

2. 对下级提出的请示事项，是同意还是不同意，认为可行还是不可行，均应明确表态，不能模棱两可、含糊不清。如果不同意下级请求事项，还需要简要说明政策依据或具体理由，不能只简单粗暴地否定。

3. 对下级来文应及时批复，以免贻误工作。

【例文】

### 国务院关于同意沈大国家高新区建设国家自主创新示范区的批复
### 国函〔2016〕65号

科技部、辽宁省人民政府：

你们《关于支持沈大国家高新区建设国家自主创新示范区的请示》（国科发高〔2016〕51号）收悉。现批复如下：

一、同意沈阳、大连2个国家高新技术产业开发区（统称沈大国家高新区）建设国家自主创新示范区，区域范围为国务院有关部门公布的开发区审核公告确定的四至范围。要按照党中央、国务院决策部署，全面实施创新驱动发展战略，充分发挥沈大地区的区位和创新资源集聚优势，积极开展创新政策先行先试，激发各类创新主体活力，着力培育良好的创新创业环境，深入推进大众创业、万众创新，全面提升区域创新体系整体效能，打造东北亚科技创新创业中心，努力把沈大国家高新区建设成为东北老工业基地高端装备研发制造集聚区、转型升级引领区、创新创业生态区、开放创新先导区。

二、同意沈大国家高新区享受国家自主创新示范区相关政策，同时结合自身特点，积极开展科技体制改革和机制创新，在股权激励、科研项目和经费管理、科技金融结合、人才培养与引进、产学研用结合、创新创业服务体系建设、东北亚合作创新、知识产权保护与运用等方面进行探索示范。

三、同意将沈大国家高新区建设国家自主创新示范区工作纳入国家自主创新示范区部际协调小组统筹指导，落实相关政策措施，研究解决发展中的重大问题。国务院有关部门要结合各自职能，在重大项目安排、政策先行先试、体制机制创新等方面给予积极支持。

四、辽宁省人民政府要加强组织领导，建立协同推进机制，搭建创新合作的联动平台，认真组织编制实施方案，细化任务分工，集成推进沈大国家高新区建设国家自主创新示范区各项工作。

国务院

2016年4月5日

## 八 意 见

### 概念

意见适用于对重要问题提出见解和处理的办法。意见的使用灵活便利，既可以作为下行文,就有关重要问题向下级机关阐明原则,提出见解,做出部署;又可以作为平行文,提出意见供对方参考;还可以作为上行文,向上级主管机关建言献策,阐发看法和主张,提出意见和建议。

## 格式写法

1. 标题。标题写法同其他公文。

2. 正文。意见的正文大多是针对复杂问题阐述见解,提出具体办法,篇幅相对较长。正文主要包括三项内容。

(1)前言。申明行文的目的,有些还要简要说明背景、依据等。

(2)主体。先阐述见解,用一定的文字阐述对所涉问题的认识,说明问题的重要性、意义和作用等,表明态度。陈述处理办法,是意见的重点和主要内容。这部分相当于实施计划,包括目标任务、措施方法和步骤要求。通常的写法是采用分条列项的形式,在每部分前标出小标题或列出段旨句。

(3)结尾。下行性意见在结尾处提出要求。平行性或上行性意见,常以“以上意见是否可行,仅供参考”“以上意见如无不妥,请予转发有关部门执行”等语句作结。

## 注意事项

1. 意见上行、平行、下行均可,要根据不同的行文方向,在行文方式和行文风格和语气方面有所区别。

2. 采用意见传达发文机关的看法、意图和做法,语气应婉转,措辞须平和。

3. 意见侧重于处理解决问题,常细化为有很明确针对性的具体措施、步骤,陈述意见力求具体明确。

### 【例文】

**教育部关于进一步规范高等教育招生计划管理工作的意见**

各省、自治区、直辖市教育厅(教委),各计划单列市教育局,新疆生产建设兵团教育局,有关部门(单位)教育司(局),部属各高等学校:

高等教育招生计划管理,是政府把握高等教育发展节奏,促进入学机会公平,优化层次、类型和区域布局结构,推动重大改革,保障教育质量的必要手段。近年来,我部会同国务院有关部门,坚持公平、公开、公正,不断改进完善招生计划管理办法,有序扩大省级政府招生计划统筹权和高校自主权,有力推动了我国高等教育科学发展。但当前招生计划管理仍存在一定问题,如计划审批管理的权限、范围还不够明确,决策程序不够完备,有的环节存在自由裁量空间和安排不公现象,一些地方和高校的计划执行不规范等。为更加公平、公开、公正配置高等教育资源,进一步健全制度，严格程序，约束权力，不断提高招生计划管理的科学化、规范化、法治化水平，现提出如下意见。

一、全面落实党中央国务院关于促进教育公平的决策部署。教育公平是和谐社会的基石，各级招生计划管理部门要全面贯彻党的教育方针，深入学习贯彻党的十八大和十八届三中、四中、五中全会精神，深入学习贯彻习近平总书记系列讲话重要精神，围绕“四个全面”战略布局，落实《国务院关于深化考试招生制度改革的实施意见》（国发〔2014〕35号）要求，采取有效措施完善招生计划管理规程。要广泛听取有关各界对计划工作的意见，进一步增强计划安排的公平性，切实抓好薄弱环节。要增强大局意识，着力促进区域协调发展，认真落实各类专项计划，促进区域和城乡入学机会更加公平。要提高计划工作的前瞻性，发挥引导调控作用，主动对接国家重大战略需求，调整优化招生结构，更好服务教育综合改革和经济社会发展。

二、严格落实分级管理和审批制度。在招生计划安排和管理的各个环节，进一步落实省级高等教育统筹权，完善以省级政府为主管理高等教育的体制，充分尊重和保障各省和有关部门（单位）对所属高校的招生计划编制权。当前，研究生和普通本科招生计划管理作为政府内部审批事项，由国家发展改革委和我部共同实施，分省分部门普通高职（专科）计划和成人高等教育计划由各省和有关部门（单位）统筹安排。我部将进一步加强与各教育主管部门的沟通协调，依托主管部门做好各类招生的编制和实施，不直接干预各主管部门统筹权范围内的招生计划安排，不受理非直属高校的各类招生计划申报、审批。主管部门要充分保障高校办学自主权，不直接干预所属高校办学自主权范围内的招生计划安排，不跨越高校隶属关系受理招生计划申报、审批。

三、进一步完善决策机制。全国年度高等教育招生计划安排的工作思路、总量安排建议、分省分部门研究生和普通本科计划总量、各类专项计划安排的原则、办法等，纳入我部“三重一大”事项。年度全国高等教育招生计划的编制、下达等文件，均由我部和国家发展改革委联衔下发，各类招生计划均一次性下达到位，不预留机动计划。主管部门要按照《教育部关于做好普通高职（专科）招生计划管理工作的通知》（教发〔2016〕2号）和年度普通高校、成人高校招生工作管理规定的相关要求，科学合理确定本地本部门年度普通高职（专科）计划和成人高等教育招生计划总量。要完善计划管理决策机制和议事规程，各类分学校计划安排的原则、办法、方案等重大工作安排，要经集体讨论决策。

四、突出促进公平的政策导向。我部和国家发展改革委利用招生计划测算模型安排年度分省分部门研究生和普通本科招生计划，不断加大公平、协调类指标的设置和权重。普通本科计划测算坚持统筹入学机会与公平、高校投入与师资条件、毕业生就业等三方面因素，研究生计划测算坚持统筹学科现状、师资力量、科研平台、科研经费、成果效益等五方面因素。测算模型在我部高等教育招生计划管理系统上公布。主管部门要参考我部测算思路，结合本地本部门实际，兼顾所属学校培养能力和社会需求，因地制宜确定测算指标和权重，建立测算模型，公平公正、科学合理安排分学校招生计划，杜绝主观意志和个人裁量空间。要根据经济社会和高等教育改革发展实际，在深入调研论证和专家咨询基础上，适时调整招生计划测算模型，健全招生计划管理基础数据平台，不断提高计划工作科学化水平。部属高校要根据国家政策导向，综合考虑各省高考报名人数、生源质量等因素，科学制定分省招生计划安排原则和办法，严格控制属地招生比例。

五、加大信息公开力度。坚持"放管服"三管齐下，完善国家、主管部门、招生单位逐级信息公开制度。除国家法律法规明确规定不适宜公开的信息和数据，计划管理部门要将政策依据、测算办法、相关数据和来源、计划安排结果等信息和数据，分门别类地及时向高校或社会公布，自觉接受考生和社会公众监督。要充分利用统计信息手段，对所属高校的计划安排和执行进行引导和监测，要求其完善信息公开制度，定期发布学校师资水平、办学条件、毕业生就业等考生和社会关注度高的信息数据，督促高校建立自我约束机制。

六、强化事中事后监管。主管部门要高度重视招生计划的规范执行，严肃工作职责和纪律，按照国家有关规定和年度工作要求管理招生计划，未经国家发展改革委和我部批准，不得擅自调整国家下达的计划总量或改变招生计划类型，不得预留机动计划和随意更改高校招生计划。各地要严格依据国家招生政策执行计划，出台与计划执行相关、与招生录取秩序和高校、考生权益相关的政策措施前，应商我部同意。对计划管理不善、所属高校招生办学秩序不规范、实际执行超国家下达计划的省份和部门，我部将在下一年度计划安排、院校设置、经费投入等方面进行适当限制。对师资和办学水平达不到标准的高校，主管部门应坚决控制规模，对超计划招生、招生秩序不规范的高校，主管部门应依法做出处理并调减招生计划，直至暂停招生。我部将建立高校违规行为监管通报制度，对违规情节严重的高校或主管部门处理不力的，将直接予以查处。

七、强化组织领导和监督问责。主管部门要树立责任意识，进一步加强对招生计划管理工作的领导，深入查找薄弱环节和可能存在的漏洞，建立健全计划管理廉政风险防控体系，落实监督问责机制，杜绝审批和管理环节的权力寻租现象。要建立风险防控长效机制，对招生计划制定和执行过程进行全程监督，对违规安排和执行计划的高校，要按照《普通高等学校招生违规行为处理暂行办法》（教育部令第36号）有关规定严肃问责相关责任人，切实把制度约束的笼子扎紧编实。要加强对相关工作人员特别是党员领导干部的日常教育和管理，坚决排除服务对象的干扰，营造清廉和谐的工作氛围。

我部和国家发展改革委将进一步加强对计划管理工作的监督检查，适时组织第三方评估机构对主管部门的计划管理工作进行评价，并通报有关情况。

教育部

2016 年 3 月 27 日

# 第三章

# 公司内部管理文书

## 一 简 报

### 概念

简报有两层含义：一是指企业编发的内部刊物，这种刊物又常以“工作动态”“工作简讯”“内部参考”“情况反映”“信息”等名称出现；二是指这种刊物上发表的文章，即用来沟通信息的具有简要报告和内部报道性质的应用文。

### 格式写法

1. 简报版面的编排格式。简报的版面由报头、正文、报尾三部分组成。

（1）报头。报头一般占首页1/3的上方版面，用间隔红线与文稿部分隔开。报头内容有：简报名称、期数、编发单位、印发日期、密级和编号等。

（2）文稿部分，即刊登于简报上的文章。一份简报可以围绕一个中心，刊登多篇文章，也可以只刊登一篇文章。

（3）报尾。在末页的下方，通常有两条平行横线，在两条平行横线内注明报、送单位名称和印发份数。

2. 简报文稿的格式。

（1）按语。按语即编者对简报内容的说明或评论，按语前常加“编者按”、“按语”等词语。按语的内容是根据领导的意图，把简报的内容和实际工作联系起来写作的，对下级的工作有指导监督的作用。按语并非所有简报必备，只有转发式的简报或其他重要的简报有此项内容。

（2）标题。简报标题的写法与新闻标题写法相似，常见的形式有两种：①单行标题，即用一句话准确概括全文内容。②双行标题。一种是主副标题，主题在上，概括全文主要内容，副题在下，补充印证主题；另一种是由引题加正题组成，引题在上，交代背景和看法，正题概括全文基本内容。

（3）正文。正文的写法多种多样，常见的有三种：①新闻报道式。用新闻报道的写法写简报,常用于重要事件和活动的报道。全文分导语和主体两部分:导语概括主要事实或结论,引导读者阅读全文;主体紧承导语,展开具体内容。②时间顺序式。按事物发生发展的前后顺序安排结构,应注意抓重点,分阶段,避免写成流水账。③逻辑顺序式。按事物的内在联系安排结构,多用于内容复杂的简报。要注意把材料合理归类,分清主次,处理好点与面的关系。

## 注意事项

1. 善抓重点。选题要结合形势,选择与中心工作、重点工作密切相关的新事物、新动向。

2. 立足真实。简报中涉及的任何材料都必须准确无误,真正做到喜不夸大,忧不缩小。

3. 简明扼要。简报的写作必须简短、明快,用尽可能少的文字说清楚问题,主题要集中,一稿一事,不能贪大求全。

4. 讲究时效。简报是单位领导对一些问题做出决策的参考依据之一,也是单位推动工作的一个重要手段,因此简报的编写必须讲求及时迅速。

【例文】

**南京市城建集团工作**

**简　报**

第 47 期

市城建集团综合办公室　　　　　　　　　　2013 年 11 月 26 日

---

**市委杨卫泽书记调研太阳宫改造及周边环境整治工程建设情况**

11 月 19 日下午,市委杨卫泽书记调研太阳宫改造及周边环境整治工程建设情况。市委常委、秘书长项雪龙,副市长陆冰、陈刚,市政府副秘书长赵晶夫、穆耕林,市有关部门负责人以及城建集团董事长邹建平、总经理蔡龙、总工程师陈永战等陪同视察。

杨卫泽书记一行察看了太阳宫周边的地形地貌,听取了整个项目建设方案的详细汇报。杨书记强调,太阳宫改造及周边环境整治在"紫金山——玄武湖"城市中央公园建设中的地位十分重要,社会各界高度关注。当前工作,一是要加快太阳宫外立面改造,改造原则上要做"减法",包括现有建筑高度、宽度等方面,太阳宫拱顶要全部拆除,不要搞太多装饰,不要突兀张扬,外墙可用简约低调的色彩涂料出新,不改变现有窗形;二是要加快内部功能转型,以打造功能齐备的大型旅游服务综合体为目标,要进一步细化和完善内部功能的研究。

最后，杨书记要求市城建集团在青奥会前完成太阳宫外立面改造和太岗路地下通道的建设，恢复周边的外部环境。

（集团总工办）

**市委常委、宣传部长徐宁调研水木秦淮文化街区**

11月19日下午，市委常委、宣传部长徐宁一行调研秦淮河水木秦淮文化街区，鼓楼区委、区政府主要负责人，市城建集团董事长邹建平、副总经理王晨艳以及秦淮河公司负责人参加了调研。

调研中，徐宁部长检查了街区近两万平方米的商业设施，走访了部分商户，并详细听取了市城建集团董事长邹建平对街区发展情况的介绍。她对街区目前的发展给予了充分肯定，并鼓励鼓楼区进一步做大文化产业，鼓励秦淮河公司与南京艺术学院加强合作，进一步做优水木秦淮文化街区，合力将鼓楼区文化与商业有机结合起来，为促进南京市文化产业发展做出积极贡献。

据了解，市城建集团、秦淮河公司自2011年4月以来，借助司法途径，历经六次诉讼将街区的经营权逐步收回，对街区部分老化、损坏的基础设施进行了整修，特别是对消防、燃气、排水排污系统等存在诸多安全隐患的设施全部予以更新和功能恢复，对街区经营业态进行了精心调整；为提升街区人气，还多次组织文化主题活动。通过不懈努力，原本经营不善的街区重新焕发了活力，街区的形象也得到了较大的提升。目前，水木秦淮文化街区以浓郁的文化氛围为依托，以时尚休闲消费为主题，聚集各类特色鲜明的元素，签约商户近400户，成为南京极具文化特色及影响力的创意产业园。

（秦淮河公司）

---

主送：集团各部室、各成员企业

抄送：杨卫泽书记、陈绍泽主任、沈健主席、刘以安常务副市长、陆冰副市长、市有关部门

---

共印80份

## 二 计 划

### 概念

计划是各行业、各部门对未来一个阶段的工作做出打算和安排的文书。通过

制订计划,可以预见未来,明确工作目标,避免或减少工作的盲目性。

工作中常见的规划、纲要、工作意见、工作要点、打算、安排或方案等,都属于计划的范畴,但是它们在时间长短、内容详略、范围大小等方面有区别。规划、纲要是时间较长、范围较广、内容概括、提出宏观目标和发展远景的计划;工作意见、工作要点是领导部门向所属部门布置工作和任务,偏重于政策性、原则性指导的计划;打算、设想是非正式的、粗线条的计划;安排是内容具体、时间较短的计划;方案是对重要工作的目的、要求、方式、方法和进程等进行安排,经过上级批准以后才能执行的计划。

## 格式写法

计划一般由标题、正文和落款构成。

1. 标题。计划的标题可以采用三种形式。

(1)单位+时间+事由+文种。例如:《××公司2011年营销计划》。

(2)单位+事由+文种。例如:《上海××公司筹建科技馆建设计划》。

(3)时间+事由+文种。例如:《2011—2012年青年职工培训计划》。

如果计划还需要经过讨论才能定稿,就应当在标题后面的括号里注明"征求意见稿""初稿""草案""讨论稿"等。

2. 正文。计划的正文包括前言、主体和结尾三部分。

(1)前言。前言部分介绍制订计划的依据,从总体上分析本单位的主客观条件,说明完成任务的必要性和可能性等。有的还提出总的任务要求或目标。这一部分必不可少,但应简明扼要。

(2)主体。主体部分包括任务、指标、要求、步骤和措施等。这部分内容有两种写法:一种是把任务、指标、要求、步骤和措施分开写,先分列各项任务、指标、要求,接着分列步骤和措施;另一种是把任务、指标、要求、步骤和措施结合在一起写,在提出一项任务、指标之后,紧接着说明完成任务的步骤和措施。

(3)结尾。结尾部分主要用于补充说明注意事项,或提出希望、发出号召等。有些计划在主体部分写完后自然收束,不另作结。

3. 落款。落款部分要写上制订计划的单位名称和成文日期。

## 注意事项

1. 要有开拓精神。计划是对未来工作预测和决策的结果,必须具有符合时代、符合社会发展状况的前瞻性和开拓进取精神。

2. 要切实可行。计划是指导现实工作的,必须从实际出发,统筹兼顾。编制计划前要做好调查研究,分析工作的现状及各相关因素、条件,根据现有人力、物力、财力考虑问题。计划指标既不可过高,也不能过低;既要反对保守思想,又要避免急躁冒进、脱离实际。

3. 要具体明确。计划的目标、措施、步骤、要求和时间安排等要写得明确具体，以利于执行和检查，也便于发现问题时及时修订和补充。

【例文】

**辽河油田实施员工健康计划**

1月1日开始，辽河油田"健康在辽河"活动全面启动。

辽河油田高度重视员工健康。近两年，他们加强员工管理健康基础工作，加大医疗保障力度，使员工的工作和生活条件进一步改善，健康风险防控意识不断增强。

一份调查报告显示，截至2013年年底，辽河油田患慢性病的人数不断增加。对此，辽河油田精心研究部署开展"健康在辽河"活动。

辽河油田副总经理张维申介绍，这项员工健康计划从现在到2015年10月，分为全面启动、组织实施、效果评价、长效管理4个阶段。

按照员工健康计划，辽河油田开展"健康传播行动"，营造人人关心、全员参与的良好氛围。他们把健康教育内容纳入公司各级培训班，利用网络、媒体、讲座等形式，开展职业健康、心理健康、疾病预防、运动科学等健康知识的宣传普及，引导员工树立健康意识和健康理念，增强员工应对健康问题的能力。

负责员工健康计划的工作人员称，要通过"健康在辽河"活动，实现多项员工健康工作目标：保证"高血脂、高血糖、高血压"员工人数每年下降10%；经常参加体育锻炼的人数超过50%；实现员工家属合理膳食、心理健康，让员工养成健康的生活习惯的目标。

中国石油
2014年1月6日

## 三 总 结

### 概念

总结是用于回顾前一阶段的工作，从中分析归纳出经验教训的文书。总结是人们对自身实践活动的分析概括，是根据党和国家的方针、政策，对前一阶段工作的认真回顾和理性认识。除少数经验性总结是为了在媒体上发表外，绝大多数总结是为自身而写，或是为了向上级机关汇报工作，以获得指导或帮助，对于促进单位的工作具有重要意义。

## 格式写法

总结一般由标题、正文和落款三部分组成。

1. 标题。标题要根据总结的要求和具体内容拟定，一般由单位名称、时间、事由和文种组成，例如，《××××广告公司2010年营销工作总结》。专题性的经验总结，标题一般比较灵活，既可采用单标题概括总结的内容和特点，也可采用双标题形式，以正标题揭示主旨，以副标题限制内容的范围。

2. 正文。总结的正文通常有基本情况概述、经验教训、存在问题和今后的打算三部分内容。

(1)情况概述。这是总结的开头部分，主要交代工作的时间、地点、背景、主要经过和结果，对下文有总述、领起的作用。要概括得当，中肯贴切，实事求是。

(2)经验教训。这是总结的主要内容，无论是综合性的总结还是专题性的总结，都要紧承基本情况介绍，对工作情况进行归纳分析，挖掘出大量平凡工作中的深层次内容，把具体问题上升到理性高度，总结出规律性的内容。切忌就事论事，泛泛而谈，报流水账。

(3)存在问题和今后的打算。存在问题和今后的打算一般放在结尾。对问题的分析要全面精辟，切中要害。今后工作的打算是建立在已有成功经验和失败教训基础上的，要突出针对性和可操作性，不能说空话，喊口号，搞形式主义。

总结的内容主要由以上三部分组成，具体写作中应根据总结的类型和材料的差异，恰当安排总结的结构和确定内容的侧重点。例如，经验总结一般是先概括主要成绩或收获，再具体谈经验，其他方面的内容可省略。综合性的、复杂的工作总结，若时间跨度较长，可以按工作步骤、工作进展划分为几个部分，逐一进行总结。

3. 落款。落款部分应署总结作者的姓名和总结的写作日期，一般是放在文后，也可以写在标题之下。

## 注意事项

1. 广泛搜集材料。总结要靠大量的材料特别是事实材料来支撑。写好总结的关键就是围绕中心准备尽可能丰富的材料。这些材料可以是具体事例，有关统计数据、报表，以及有关的会议记录、简报等。

2. 坚持实事求是。工作总结中常常出现两种倾向：一种是好大喜功，搞浮夸，只讲成绩，不谈问题；另一种则把工作说得一无是处。这两种都不是实事求是的态度。总结需要理性回顾，如实地、一分为二地回顾评价工作，不虚美，不隐恶。对成绩，不要夸大；对问题，不要轻描淡写。

3. 使用第一人称。总结要从全局出发，围绕本单位自身的实践活动进行，它主要使用第一人称写法，以叙述、说明、议论等表达方式为主。

【例文】

## ×××公司2013年度技术部门年终工作总结

紧张而忙碌的2013年已经过去，在2013年的各项经营工作中，面对后金融危机现象出现的经济大环境影响，我们在认真总结自身业务的同时，结合现今农机和工程机械行业发展前景，及时调整新产品开发思路，从管理方法、开发新产品和员工培训等方面，积极开展各项管理工作，同时努力控制各项成本费用开支。

现就2013年技术部主要工作内容重点汇总分析如下，便于我们在今后的工作中努力提高自身业务水平，更好地开展各项工作。

一、2013年技术部完成指标汇总（略）

二、各业务板块分析

1. 新产品开发情况（略）

2. 工装模具完成情况（略）

3. 工艺文件完成情况（略）

4. 设计准确率（略）

三、2013年技术工作存在的问题及解决措施

1. 新产品完成及时率和一次送检合格率较低

改进措施：严格执行新产品开发计划，完善新产品开发制度，落实激励措施。

2. 技术部新员工较多，业务能力欠缺

改进措施：对技术人员进行一带一培训、到车间锻炼，关键是提高责任心。

3. 工装制作能力欠缺

改进措施：招聘或从内部选拔一名专职的工装制作人员，兼任新产品开发和工装的保养维护工作。

四、2014年技术工作年度规划

1. 完善工艺文件，及时补充各类欠缺的工艺文件，使产品工艺文件覆盖率达80%以上。

2. 完善五大工具在新产品开发中的应用，完备PPAP和APQP各阶段的文件，新产品开发不仅是产品实物的现场制作，还包括工艺文件、工艺路线、工装模具方案、质量策划、全尺寸测量与分析、失效模式分析等文件的编制。

3. 工装模具设计从简易实用、方便快捷的思路出发，提高工序作业效率和质量保证能力。

4. 明确职责分工，充分调动基层管理者的工作积极性。

五、2014年技术部工作目标

1. 新产品完成率100%，及时率80%，一次交验合格率90%；

2. 工艺文件产品覆盖率80%；

3. 设计准确率98%。

2014年对技术部全体员工来讲是充满挑战的一年，面对国内农机和工程机械市场的压力，我们将在最大程度发挥自身主观能动性的同时努力提高工作积极性，更加有效地开展技术部各项工作，化危为机、把握市场时机，在集团及油箱事业部领导的正确指导下，战胜困难，发挥自身工作中的最大潜能，扎实地投身到各项实际工作中去，为完成集团及事业部赋予的各项工作任务做出我们最大的努力，我坚信只要我们团结一心、齐心协力地面对困难，最终一定能够顺利完成各项任务。

技术部：×××
2014年1月7日

## 四 企业章程

### 概念

企业章程是公司为明确其名称、宗旨、组织形式、生产经营范围、内部经营管理以及利润分配等制定的规范性文书，是明确企业权利义务关系的规章。企业章程的制定，必须符合国家有关法律法规的规定。

### 格式写法

企业章程通常由标题、正文、落款三部分构成。

1. 标题。标题由企业名称加"章程"组成，企业名称要用全称或规范化简称。

2. 正文。企业章程的正文一般包括总则、分则和附则三部分。总则为第一章，附则为最后一章，中间各章统称为分则，章下分条。条的排列顺序是：从第一章的第一条开始算起，至最后一章的最后一条为止。公司章程要包括以下主要条款：公司宗旨、公司名称、公司所在地、公司所有制形式、经营范围和经营方式、注册资本及来源、组织机构及职权范围、利润分配形式、劳动报酬分配形式、法人代表的产生程序、法人代表的职权范围、章程的修改及终止和其他未尽事宜等。

3. 落款。落款要注明企业章程的制定单位名称及制定的时间。

### 注意事项

1. 章程必须建立在企业成员共识的基础上。章程的制定和修改必须广泛征求组织成员的意见，反复讨论，达成共识，体现全体成员的共同利益。只有这样，企业章程才能成为企业行动的纲领，才能调动员工的积极性。

2. 章程应当全面、具体地规范企业活动的全过程。从企业设立到企业变更、终止，都应有明确的规定，特别是有关经营管理机构设置、财务管理制度等内容。

**【例文】**

## 章　程

### 第一章　总　则

第一条　依据《中华人民共和国公司法》(以下简称《公司法》)及有关法律、法规的规定，由__________出资，设立__________(以下简称公司)，特制定本章程。

第二条　本章程中的各项条款与法律、法规、规章不符的，以法律、法规、规章的规定为准。

### 第二章　公司名称和住所

第三条　公司名称：______________________________。

第四条　住所：______________________________。

### 第三章　公司经营范围

第五条　公司经营范围：

### 第四章　公司注册资本及股东的姓名(名称)、出资方式、出资额、出资时间

第六条　公司注册资本：__________万元人民币。

第七条　股东的姓名(名称)、出资方式、认缴额、出资时间如下：

| 股东姓名或名称 | 证件号码 | 出资方式 | 认缴额(万元) | 出资期限 |
|---|---|---|---|---|
| | | | | |
| 合　计 | | | | |

### 第五章　公司的机构及其产生办法、职权、议事规则

第八条　公司不设股东会，公司高级管理人员由执行董事、监事、经理组成。公司股东行使下列职权：

(一)决定公司的经营方针和投资计划；

(二)任命执行董事、监事，决定有关执行董事、监事的报酬事项；

(三)审议批准执行董事的报告；

(四)审议批准监事的报告；

(五)审议批准公司的年度财务预算方案、决算方案;

(六)审议批准公司的利润分配方案和弥补亏损方案;

(七)对公司增加或者减少注册资本做出决议;

(八)对发行公司债券做出决议;

(九)对公司合并、分立、解散、清算或者变更公司形式做出决议;

(十)修改公司章程。

(十一)聘任或解聘公司经理。

第九条　公司不设董事会,设执行董事一人,执行董事为公司法定代表人,对公司负责。执行董事任期三年,任期届满,可连选连任。

第十条　执行董事行使下列职权:

(一)决定公司的经营计划和投资方案;

(二)制定公司的年度财务预算方案、决算方案;

(三)制定公司的利润分配方案和弥补亏损方案;

(四)制定公司增加或者减少注册资本以及发行公司债券的方案;

(五)制定公司合并、分立、解散或者变更公司形式的方案;

(六)决定公司内部管理机构的设置;

(七)提名公司经理人选,根据经理的提名,聘任或者解聘公司副经理、财务负责人,决定其报酬事项;

(八)制定公司的基本管理制度;

第十一条　公司设经理,由股东聘任或解聘。经理对公司股东负责,行使下列职权;

(一)主持公司的生产经营管理工作,组织实施股东会决议;

(二)组织实施公司年度经营计划和投资方案;

(三)拟订公司内部管理机构设置方案;

(四)拟订公司的基本管理制度;

(五)制定公司的具体规章;

(六)提请聘任或者解聘公司副经理、财务负责人;

(七)决定聘任或者解聘除应由执行董事决定聘任或者解聘以外的负责管理人员。

第十二条　公司设监事一人,由公司股东任命产生。监事对公司股东负责,监事任期每届三年,任期届满,可连选连任。

监事行使下列职权:

(一)检查公司财务;

(二)对执行董事、高级管理人员执行公司职务的行为进行监督,对违反法律、行政法规、公司章程或者股东会决议的执行董事、高级管理人员提出罢免的建议；

（三）当执行董事、高级管理人员的行为损害公司的利益时，要求执行董事、高级管理人员予以纠正；

（四）提议召开临时股东会会议，在执行董事不履行本法规定的召集和主持股东会会议职责时召集和主持股东会会议；

（五）向股东会会议提出提案；

（六）依照《公司法》第一百五十二条的规定，对执行董事、高级管理人员提起诉讼。

第六章　公司的法定代表人

第十三条　公司不设董事会，设执行董事一人，执行董事为公司法定代表人，对公司股东负责，由股东任命产生。执行董事任期三年，任期届满，可连选连任。执行董事在任期届满前，股东不得无故解除其职务，本公司法定代表人为__________。

第七章　股东会会议认为需要规定的其他事项

第十四条　公司登记事项以公司登记机关核定的为准。

第十五条　本章程自公司设立之日起生效。

第十六条　本章程一式三份，股东留存一份，公司留存一份，并报公司登记机关备案一份。

第十七条　公司的营业期限______年，自营业执照签发之日起计算。

股东签字、盖章：

×年×月×日

（转自百度文库）

## 五　企业集团章程

### 概念

企业集团章程是明确集团名称、宗旨、成员情况、组织形式、内部经营管理以及利润分配等准则的规范性文书。

### 格式写法

企业集团章程通常由首部和正文两大部分组成。

1. 首部。首部包括标题和通过时间两部分内容。标题由集团名称加“章程”组成；通过时间通常写在标题的正下方。

2. 正文。正文一般包括总则、主体和附则三方面的内容。

(1)总则。总则用来说明成立集团的依据、集团的名称、组成成员、集团的经济性质、集团的法定地址和集团的宗旨等。

(2)主体。主体通常用来说明集团的经营范围、领导组织体制及机构组成、经营管理、利润分配、成员权利与义务等。

(3)附则。附则主要是用以说明集团章程的解释及修改权限和实施细则及其他未尽事宜。

## 注意事项

企业集团章程的编写要求内容完整,条理清晰,具体明确。通常要注意表述清楚以下所列事项:①企业集团名称;②母公司的名称、住所;③企业集团的宗旨;④企业集团成员之间的生产经营联合、协作方式;⑤企业集团管理机构的组织和职权;⑥企业集团管理机构负责人的产生程序、任期和职权;⑦参加、退出企业集团的条件和程序;⑧企业集团的终止;⑨章程修改程序;⑩其他需要注明的事项;⑪制定日期。

**【例文】**

### 企业集团章程

××××年×月×日

为适应社会主义市场经济的要求,发展生产力,依据《企业集团登记管理暂行规定》及有关法律、法规的规定,由________成员共同组建集团,特制定本章程。

第一章　集团名称

第一条　集团名称:(略)

集团名称简称:(略)

第二章　母公司的名称和住所

第二条　母公司的名称:(略)

第三条　母公司住所:(略)

第三章　集团的宗旨

第四条　集团的宗旨:以质量求生存,以效益求发展,开拓市场,提高效益,集团成员协同发展,互惠互利,形成规范效益,为国家多做贡献,为企业创造积累。

第四章　集团成员之间的生产经营联合、协作方式

第五条　集团成员由母公司、母公司控股企业、母公司参股企业及其他成员组成,可分为核心企业、紧密层、半紧密层和松散型进行管理。

母公司控股企业:(略)

母公司参股企业:(略)

其他成员:(略)

第六条 集团成员具有法人资格,自主经营、自负盈亏。集团成员以资本为纽带,依靠民主、科学的管理形式运行。集团成员之间可互相投资、互相参股,在人、财、物以及科学技术、信息等方面进行合作,发挥各自所长,以集团为整体,互相协助,共同发展。

## 第五章 集团管理机构的组织和职权

第七条 集团成员大会由全体成员组成,是公司的权力机构,行使下列职权:

(一)选举和更换集团董事、董事长、副董事长,决定有关董事的报酬事项;

(二)审议批准董事会的报告;

(三)决定集团成员的加入和退出;

(四)决定母公司参股企业成员使用集团名称或简称;

(五)修改集团章程。

第八条 集团成员大会的首次会议由母公司董事长主持。

第九条 集团成员大会会议分为定期会议和临时会议,并应当于会议召开15日以前通知成员。定期会议应每________(年或月)召开一次。临时会议由集团董事会提议方可召开。会议由集团成员的法定代表人参加,也可委托他人参加,行使委托书上的权力。

第十条 集团成员大会会议由董事会召集,董事长主持。董事长因特殊原因不能履行职务时,由董事长指定的其他董事主持。集团成员大会应当对所议事项的决定做出会议记录,出席会议的成员应当在会议记录上签名。

(注:1. 集团根据自身具体情况可不设集团成员大会;2. 如果设集团成员大会,集团成员的表决权可自定。)

第十一条 集团所设董事会是集团的日常管理机构,成员为______人,由集团成员大会选举。董事任期____年,任期届满,可连选连任。董事会设董事长1人,副董事长____人。董事长、副董事长、董事由集团成员大会选举和罢免。

董事会行使以下职权:

(一)负责召集集团成员大会,并向集团成员大会报告工作;

(二)审议集团发展战略、重大发展方针;

(三)审议集团年度生产经营计划和工作计划;

(四)审议对集团章程的修改;

(五)执行集团成员大会决议;

(六)协调集团成员之间的协作关系;

(七)审议参加和退出集团成员的决议;

(八)制定集团的基本管理制度。

第十二条　董事会由董事长召集并主持，董事长因特殊原因不能履行职务时，由董事长指定的其他董事召集和主持，并应于会议召开10日前通知全体董事。董事会对所议事项应做会议记录，出席会议的董事应当在会议记录上签名。

（注：集团根据自身具体情况可不设集团成员大会和董事会，由母公司董事会代行集团管理机构职权，也可只设集团成员大会或董事会；设集团成员大会，集团成员的表决权可自定。）

第六章　集团管理机构负责人的产生程序、任期和职权

第十三条　董事长为集团管理机构负责人，任期为3年，由集团成员大会选举和罢免，任期届满，可连选连任。

第十四条　董事长行使下列职权：

召集主持集团成员大会会议和董事会决议；检查集团成员大会会议和董事会会议的落实情况，并向董事会报告。

第十五条　董事长行使下列职权：

（一）召集主持集团成员大会会议和董事会会议；

（二）检查集团成员大会会议和董事会会议的落实情况，并向董事会报告；

（三）代表集团签署有关文件。

第七章　参加集团的条件和程序

第十六条　参加集团应具有法人资格，承认集团章程，以集团和本企业章程为行业准则，严格遵守国家有关法律、法规，接受集团和母公司的管理。参加集团的成员应经集团董事会讨论并报集团全体成员通过，办理法律、法规规定的手续后即可成为集团成员。

第十七条　退出集团的应在本企业做出决议后1个月内向集团董事会提出申请，经集团董事会讨论并报集团全体成员通过，由集团董事会委派人员对其与集团有关的业务和经济事宜进行清理，清理完毕后办理法律、法规规定的手续后即可退出集团。

第八章　企业集团的终止

第十八条　企业集团有下列情形之一的，可以解散：

（一）母公司依法被注销或吊销营业执照的；

（二）因母公司章程规定的营业执照届满，母公司解散的；

（三）母公司股东会议解散的；

（四）母公司合并或者分立需要解散的；

（五）母公司违反法律、行政法规被依法责令关闭的；

（六）母公司因不可抗力事件致使无法继续经营的；

（七）母公司宣告破产。

第九章 章程修改程序

第十九条 企业集团根据需要可修改集团章程，章程的修改可由董事会提出修改意见，修改后的章程经全体集团成员签署或认可，不得与法律、法规相抵触。修改后的章程应送原集团登记机关备案，涉及变更母公司登记事项的，同时应向母公司登记机关申请变更登记。

第十章 其他需要载明的事项

第二十条 集团章程的解释权属于董事会。

第二十一条 集团的登记事项以集团登记机关核定为准。

第二十二条 本章程由集团全体成员共同订立，自集团成立之日起生效。

第二十三条 本章程一式____份，并报集团登记机关备案一份。

集团成员签字、盖章：

（引自北京市工商行政管理局网站）

## 六 股份有限公司章程

### 概念

股份有限公司章程是股份公司依法订立的内部组织行为的总规则，是公司设立必备的文件。股份有限公司章程由发起人制定，经股东会议表决通过，经公证后依法登记，并在指定的媒体予以公布。

### 格式写法

股份有限公司章程通常由标题和正文两大部分组成。

1. 标题。标题由公司名称加“章程”组成。

2. 正文。正文一般包括总则、分则和附则三部分。总则为第一章，附则为最后一章，中间各章统称为分则，章下分条。条的排列顺序是：从第一章的第一条开始算起，至最后一章的最后一条为止。股份有限公司章程的主要内容有公司名称和住所，公司宗旨和经营范围，公司设立方式，公司股份总数、每股金额和注册资本，发起人的姓名或者名称，认购的股份数，股东的权利和义务，董事会的组成、职权、任期和议事规则，利润分配方法，公司的解散事由与清算方法，公司的通知和公告方法，股东大会认为需要规定的其他事项等。

### 注意事项

1. 规定明确。股份有限公司章程对公司股东、董事、监事和高级管理人员均具有约束力，对后加入的股东也具有法律效力。因此，公司的股东和发起人在制定公司章程时必须考虑周全，表述清晰准确，以免产生歧义。

2. 突出重点。股份有限公司章程制定或修改的重点应是股东大会议事规则和董事会、监事会运作规范等内容。

此外，股份有限公司章程的制定或修改涉及各方利益，是一个系统而复杂的工程，为了反映和维护各方当事人合法权益，最好聘请熟悉公司法业务的人士做顾问。

**【例文】**

**蓝思科技股份有限公司**
**章　程**

二〇一五年五月

目　录

## 第一章　总则

第一条　为维护公司、股东和债权人的合法权益，规范公司的组织和行为，根据《中华人民共和国公司法》(以下简称《公司法》)、《中华人民共和国证券法》(以下简称《证券法》)和其他有关规定，制定本章程。

第二条　蓝思科技股份有限公司(以下简称“公司”)系依照《公司法》和其他有关规定成立的股份有限公司。

第三条　公司系在蓝思科技(湖南)有限公司(以下简称“有限公司”)依法以净资产折股进行整体变更的基础上，以发起方式设立，并在工商行政管理机构注册登记，取得《企业法人营业执照》，营业执照号:430100400001757。

公司于2015年2月27日获得中国证券监督管理委员会“证监许可〔2015〕328号”批复，获准首次向社会公众发行人民币普通股6 736万股，并于2015年3月18日在深圳证券交易所创业板上市。

公司股票若被终止上市后，公司股票进入全国中小企业股份转让系统继续交易。

第四条　公司注册名称：

中文全称：蓝思科技股份有限公司

英文全称：Lens Technology Co.,Ltd.

第五条　公司住所：湖南浏阳生物医药园

第六条　公司注册资本为人民币67 336万元。

第七条　公司为永久存续的股份有限公司。

第八条　董事长为公司的法定代表人。

第九条　公司全部资产分为等额股份，股东以其持的股份为限对公司承担责任，公司以其全部资产对公司的债务承担责任。

第十条　本公司章程自生效之日起，即成为规范公司的组织与行为、公司与股东、股东与股东之间权利义务关系的具有法律约束力的文件，对公司、股东、董事、监事、高级管理人员具有法律约束力的文件。依据本章程，股东可以起诉其他股东、公司、公司董事、监事、总经理和其他高级管理人员，公司可以起诉股东、董事、监事、总经理和其他高级管理人员。

第十一条　本章程所称其他高级管理人员是指公司的副总经理、董事会秘书、财务负责人。

## 第二章　经营宗旨和范围

第十二条　公司的经营宗旨：通过科学的经营管理，提高公司的市场竞争力，为客户提供优质的产品和服务，为社会创造价值；保障全体股东合法权益，实现公司资产的保值和增值，使公司全体股东获得投资回报。

第十三条　经依法登记，公司的经营范围为：研发、生产与销售光学镜片，玻璃制品，金属配件，TFT－LCD、PDP、OLED、FED平板显示屏，3D显示屏及显示屏材料，触控开关面板及模组(涉及审批及许可经营的凭批准文件及许可证经营)。

## 第三章　股份

### 第一节　股份发行

第十四条　公司的股份采取股票的形式。

第十五条　公司股份的发行，实行公开、公平、公正的原则，同种类的每一股份应当具有同等权利。

同次发行的同种类股票，每股的发行条件和价格应当相同；任何单位或者个人所认购的股份，每股应当支付相同价额。

第十六条　公司发行的股票，全部为普通股，以人民币标明面值，每股面值人民币1元。

第十七条　公司发起人以有限公司经审计净资产为依据，按照各发起人在有限公司的股权比例相应折算成其在公司的发起人股份。

第十八条　公司发起人发起设立公司时，其持股数额及持股比例为：

| 序号 | 发起人名称/姓名 | 持股数量(万股) | 持股比例 |
|---|---|---|---|
| 1 | 蓝思科技(香港)有限公司 | 54 666 | 91.11% |
| 2 | 长沙群欣投资咨询股份有限公司 | 5 334 | 8.89% |
| 合计 | | 60 000 | 100% |

第十九条　公司目前的股份总数为67 336万股。

第二十条　公司或公司的子公司(包括公司的附属企业)不以赠予、垫资、担保、补偿或贷款等形式，对购买或者拟购买公司股份的人提供任何资助。

第二节 股份增减和回购

第二十一条 公司根据经营和发展的需要，依照法律、法规的规定，经股东大会分别做出决议，可以采用下列方式增加资本：

(一)公开发行股份；

(二)非公开发行股份；

(三)向现有股东派送红股；

(四)以公积金转增股本；

(五)法律、行政法规规定及中国证券监督管理部门批准的其他方式。

第二十二条 公司可以减少注册资本。公司减少注册资本，应当按照《公司法》以及其他有关规定和本章程规定的程序办理。

第二十三条 公司在下列情况下，可以依照法律、行政法规、部门规章和本章程的规定，收购本公司的股份：

(一)减少公司注册资本；

(二)与持有本公司股票的其他公司合并；

(三)将股份奖励给本公司职工；

(四)股东因对股东大会做出的公司合并、分立决议持异议，要求公司收购其股份的。

除上述情形外，公司不进行买卖本公司股份的活动。

第二十四条 公司收购本公司股份，可以选择下列方式之一进行：

(一)公开交易的方式；

(二)要约回购的方式；

(三)中国证券监督管理部门认可的其他方式。

第二十五条 公司因本章程第二十三条第(一)项至第(三)项的原因收购本公司股份的，应当经股东大会决议。公司依照第二十三条规定收购本公司股份后，属于第(一)项情形的，应当自收购之日起10日内注销；属于第(二)项、第(四)项情形的，应当在6个月内转让或者注销。

公司依照第二十三条第(三)项规定收购的本公司股份，将不超过本公司已发行股份总额的5%；用于收购的资金应当从公司的税后利润中支出；所收购的股份应当1年内转让给职工。

第二十六条 公司收购本公司股份，可以选择下列方式之一进行：

(一)向全体股东按照相同比例发出购回要约；

(二)通过公开交易方式购回；

(三)法律、行政法规规定的其他情形。

### 第三节　股份转让

第二十七条　公司的股份可以依法转让。

第二十八条　公司不接受本公司的股票作为质押权的标的。

第二十九条　发起人持有的本公司股份，自公司成立之日起 1 年内不得转让。公司公开发行股份前已发行的股份，自公司股票在证券交易所上市交易之日起 1 年内不得转让。

公司董事、监事、高级管理人员应当向公司申报所持有的本公司的股份及其变动情况，在任职期间每年转让的股份不得超过其所持有本公司股份总数的 25%；所持本公司股份自公司股票上市交易之日起 1 年内不得转让。上述人员离职后半年内，不得转让其所持有的本公司股份。

第三十条　公司董事、监事、高级管理人员、持有本公司股份 5% 以上的股东，将其持有的本公司股票在买入后 6 个月内卖出，或者在卖出后 6 个月内又买入，由此所得收益归本公司所有，本公司董事会将收回其所得收益。

公司董事会不按照前款规定执行的，股东有权要求董事会在 30 日内执行。公司董事会未在上述期限内执行的，股东有权为了公司的利益以自己的名义直接向人民法院提起诉讼。

公司董事会不按照第一款的规定执行的，负有责任的董事依法承担连带责任。

## 第四章　股东和股东大会

### 第一节　股东

第三十一条　公司应当建立股东名册，股东名册是证明股东持有公司股份的充分证据。股东按其所持有股份的种类享有权利，承担义务；持有同一种类股份的股东，享有同等权利，承担同种义务。

第三十二条　公司召开股东大会、分配股利、清算及从事其他需要确认股东身份的行为时，由董事会或股东大会召集人确定股权登记日，股权登记日登记在册的股东为享有相关权益的股东。

第三十三条　公司股东享有下列权利：

（一）依照其所持有的股份份额获得股利和其他形式的利益分配；

（二）依法请求、召集、主持、参加或者委派股东代理人参加股东大会，并行使相应的表决权；

（三）对公司的经营进行监督，提出建议或者质询；

（四）依照法律、行政法规及本章程的规定转让、赠予或质押其所持有的股份；

（五）查阅本章程、股东名册、公司债券存根、股东大会会议记录、董事会会议决议、监事会会议决议、财务会计报告；

（六）公司终止或者清算时，按其所持有的股份份额参加公司剩余财产的分配；

（七）对股东大会做出的公司合并、分立决议持异议的股东，要求公司收购其股份；

（八）法律、行政法规、部门规章或本章程规定的其他权利。

第三十四条 股东提出查阅前条所述有关信息或者索取资料的，应当向公司提供证明其持有公司股份的种类以及持股数量的书面文件，公司经核实股东身份后按照股东的要求予以提供。

第三十五条 公司股东大会、董事会决议内容违反法律、行政法规的，股东有权请求人民法院认定无效。

股东大会、董事会的会议召集程序、表决方式违反法律、行政法规或者本章程，或者决议内容违反本章程的，股东有权自决议做出之日起60日内，请求人民法院撤销。

第三十六条 董事、高级管理人员执行公司职务时违反法律、行政法规或者本章程的规定，给公司造成损失的，连续180日以上单独或合并持有公司1%以上股份的股东有权书面请求监事会向人民法院提起诉讼；监事会执行公司职务时违反法律、行政法规或者本章程的规定，给公司造成损失的，股东可以书面请求董事会向人民法院提起诉讼。

监事会、董事会收到前款规定的股东书面请求后拒绝提起诉讼，或者自收到请求之日起30日内未提起诉讼，或者情况紧急、不立即提起诉讼将会使公司利益受到难以弥补的损害的，前款规定的股东有权为了公司的利益以自己的名义直接向人民法院提起诉讼。

他人侵犯公司合法权益，给公司造成损失的，本条第一款规定的股东可以依照前两款的规定向人民法院提起诉讼。

第三十七条 董事、高级管理人员违反法律、行政法规或者本章程的规定，损害股东利益的，股东可以向人民法院提起诉讼。

第三十八条 公司股东承担下列义务：

（一）遵守法律、行政法规和本章程；

（二）依其所认购的股份和入股方式缴纳股金；

（三）除法律、法规规定的情形外，不得退股；

（四）不得滥用股东权利损害公司或者其他股东的利益；不得滥用公司法人独立地位和股东有限责任损害公司债权人的利益；

公司股东滥用股东权利给公司或者其他股东造成损失的，应当依法承担赔偿责任。

公司股东滥用公司法人独立地位和股东有限责任，逃避债务，严重损害公司债权人利益的，应当对公司债务承担连带责任。

（五）法律、行政法规及本章程规定应当承担的其他义务。

第三十九条　持有公司5%以上有表决权股份的股东，将其持有的股份进行质押的，应当自该事实发生当日，向公司做书面报告。

第四十条　公司的控股股东、实际控制人员不得利用其关联关系损害公司利益。违反规定的，给公司造成损失的，应当承担赔偿责任。

公司控股股东及实际控制人对公司和公司社会公众股股东负有诚信义务。控股股东应严格依法行使出资人的权利，控股股东不得利用利润分配、资产重组、对外投资、资金占用、借款担保等方式损害公司和其他股东的合法权益，不得利用其控制地位损害公司和其他股东的利益。

公司控股股东或控股股东相关的关联方占用公司资金的，董事会应当立即以公司名义申请对控股股东所持股份进行司法冻结，凡不能以现金清偿的，在符合法定程序及证券交易所交易规则的前提下可以通过变现被冻结的股份，用以偿还侵占资产。

董事会不按前款规定处理的，连续180日以上单独或者合计持有公司1%以上股份的股东，可以书面请求监事会按照前款规定处理，监事会应当同意并依照前款规定处理。

## 第二节　股东大会的一般规定

第四十一条　股东大会是公司的权力机构，依法行使下列职权：

（一）决定公司的经营方针和投资计划；

（二）选举和更换非由职工代表担任的董事、监事，决定有关董事、监事的报酬事项；

（三）审议批准董事会的报告；

（四）审议批准监事会报告；

（五）审议批准公司的年度财务预算方案、决算方案；

（六）审议批准公司的利润分配方案和弥补亏损方案；

（七）对公司增加或者减少注册资本做出决议；

（八）对发行公司债券做出决议；

（九）对公司合并、分立、解散、清算或者变更公司形式做出决议；

（十）修改本章程；

（十一）对公司聘用、解聘会计师事务所做出决议；

（十二）审议批准第四十二条规定的担保事项；

（十三）审议公司在一年内购买、出售重大资产超过公司最近一期经审计总资产30%的事项；

（十四）审议股权激励计划；

（十五）与关联人发生的交易金额在1 000万元以上且占公司最近一期经审计净资产绝对值5%以上的关联交易（公司获赠现金资产和提供担保除外），公司与公司董事、监事和高级管理人员及其配偶发生的关联交易，公司为关联人提供担保的关联交易；

（十六）审议法律、行政法规、部门规章或本章程规定应当由股东大会决定的其他事项。

上述股东大会的职权不得通过授权的形式由董事会或其他机构和个人代为行使。

第四十二条　公司下列对外担保行为，应当在董事审议通过后提交股东大会审议：

（一）单笔担保额超过公司最近一期经审计净资产10%的担保；

（二）公司及其控股子公司的对外担保总额，达到或超过公司最近一期经审计净资产50%以后提供的任何担保；

（三）为资产负债率超过70%的担保对象提供的担保；

（四）连续12个月内担保金额超过公司最近一期经审计总资产的30%；

（五）连续12个月内担保金额超过公司最近一期经审计净资产的50%，且绝对金额超过3 000万元人民币；

（六）对股东、实际控制人及其关联人提供的担保；

（七）对外担保总额达到或超过最近一期经审计总资产的30%以后提供的任何担保；

（八）法律、行政法规、部门规章或本章程规定应当由股东大会决定的其他担保事项。

董事会审议担保事项时，除经全体董事过半数同意外，还应经出席会议的三分之二以上有表决权的董事审议同意。股东大会审议前款第（四）项担保事项时，应经出席会议的股东所持表决权的三分之二以上通过。

股东大会在审议为股东、实际控制人及其关联人提供的担保议案时，该股东或受该实际控制人、关联人支配的股东，不得参与该项表决，该项表决须经出席股东大会的其他股东所持表决权的半数以上通过。

第四十三条　股东大会分为年度股东大会和临时股东大会。年度股东大会每年召开1次，应当于上一会计年度结束后的6个月内举行。

第四十四条　有下列情形之一的，公司在事实发生之日起2个月以内召开临时股东大会：

（一）董事人数不足《公司法》规定人数或者本章程所定人数的2/3时；

（二）公司未弥补的亏损达实收股本总额1/3时；

（三）单独或者合计持有公司10%以上股份的股东请求时；

（四）董事会认为必要时；

（五）监事会提议召开时；

（六）法律、行政法规、部门规章或本章程规定的其他情形。

第四十五条　本公司召开股东大会的地点为公司住所地或股东大会通知中载明的地点。

股东大会应当设置会场，以现场会议形式召开，召开地点应当明确具体。

公司召开股东大会，除现场会议投票外，应当向股东提供股东大会网络投票服务，并在股东大会通知中明确载明网络投票的表决时间以及表决程序。

第三节　股东大会的召集

第四十六条　董事会应当在本章程规定的期限内按时召集股东大会。独立董事有权向董事会提议召开临时股东大会。对独立董事要求召开临时股东大会的提议，董事会应当根据法律、行政法规和本章程的规定，在收到提议后10日内提出同意或不同意召开临时股东大会的书面反馈意见。

董事会同意召开临时股东大会的，将在做出董事会决议后的5日内发出召开股东大会的通知；董事会不同意召开临时股东大会的，将说明理由并公告。

第四十七条　监事会有权向董事会提议召开临时股东大会，并应当以书面形式向董事会提出。董事会应当根据法律、行政法规和本章程的规定，在收到提案后10日内提出同意或不同意召开临时股东大会的书面反馈意见。

董事会同意召开临时股东大会的，将在做出董事会决议后的5日内发出召开股东大会的通知，通知中对原提议的变更，应征得监事会的同意。

董事会不同意召开临时股东大会，或者在收到提案后10日内未做出反馈的，视为董事会不能履行或者不履行召集股东大会会议职责，监事会可以自行召集和主持。

第四十八条　单独或者合计持有公司10%以上股份的股东有权向董事会请求召开临时股东大会，并应当以书面形式向董事会提出。董事会应当根据法律、行政法规和本章程的规定，在收到请求后10日内提出同意或不同意召开临时股东大会的书面反馈意见。

董事会同意召开临时股东大会的，应当在做出董事会决议后的5日内发出召开股东大会的通知，通知中对原请求的变更，应当征得相关股东的同意。

董事会不同意召开临时股东大会，或者在收到请求后10日内未做出反馈的，单独或者合计持有公司10%以上股份的股东有权向监事会提议召开临时股东大会，并应当以书面形式向监事会提出请求。

监事会同意召开临时股东大会的，应在收到请求5日内发出召开股东大会的通知，通知中对原提案的变更，应当征得相关股东的同意。

监事会未在规定期限内发出股东大会通知的，视为监事会不召集和主持股东大会，连续90日以上单独或者合计持有公司10%以上股份的股东可以自行召集和主持。

第四十九条　监事会或股东决定自行召集股东大会的，须书面通知董事会。

在股东大会决议公告前，召集股东持股比例不得低于10%。

召集股东应在发出股东大会通知及股东大会决议公告时，向公司提交有关证明材料。

第五十条　对于监事会或股东自行召集的股东大会，董事会和董事会秘书应当予以配合。董事会应当提供股权登记日的股东名册。

第五十一条　监事会或股东自行召集的股东大会，会议所必需的费用由本公司承担。

第四节　股东大会的提案与通知

第五十二条　提案的内容应当属于股东大会职权范围，有明确议题和具体决议事项，并且符合法律、行政法规和本章程的有关规定。

第五十三条　公司召开股东大会，董事会、监事会以及单独或者合并持有公司3%以上股份的股东，有权向公司提出提案。

单独或者合计持有公司3%以上股份的股东，可以在股东大会召开10日前提出临时提案并书面提交召集人。召集人应当在收到提案后2日内发出股东大会补充通知，公告临时提案的内容。

除前款规定的情形外，召集人在发出股东大会通知公告后，不得修改股东大会通知中已列明的提案或增加新的提案。

股东大会通知中未列明或不符合本章程第五十二条规定的提案，股东大会不得进行表决并做出决议。

第五十四条　召集人将在年度股东大会召开20日前以公告方式通知各股东，临时股东大会将于会议召开15日前以公告方式通知各股东。

安排股东可以通过网络等方式参加的股东大会，公司发布股东大会通知后，应当在股权登记日后三日内以公告方式进行催告。

第五十五条　股东大会的通知包括以下内容：

（一）会议的时间、地点和会议期限；

（二）提交会议审议的事项和提案；

（三）以明显的文字说明：全体股东均有权出席股东大会，并可以书面委托代理人出席会议和参加表决，该股东代理人不必是公司的股东；

（四）有权出席股东大会股东的股权登记日；

（五）会务常设联系人姓名及电话号码。

第五十六条　股东大会拟讨论董事、监事选举事项的，股东大会通知中将充分披露董事、监事候选人的详细资料，至少包括以下内容：

（一）教育背景、工作经历、兼职等个人情况；

（二）与本公司或本公司的控股股东及实际控制人是否存在关联关系；

（三）持有本公司股份数量；

（四）是否受过中国证券监督管理部门及其他有关政府部门的处罚和证券交易所的惩戒。

除采取累积投票制选举董事、监事外，每位董事、监事候选人应当以单项提案提出。

第五十七条　发出股东大会通知后，无正当理由，股东大会不应延期或取消，股东大会通知中列明的提案不应取消。一旦出现延期或取消的情形，召集人应当在原定召开日前至少2个工作日公告并说明原因。

第五节　股东大会的召开

第五十八条　本公司董事会和其他召集人将采取必要措施，保证股东大会的正常秩序。对于干扰股东大会、寻衅滋事和侵犯股东合法权益的行为，将采取措施加以制止并及时报告有关部门查处。

第五十九条　股权登记日登记在册的所有股东或其代理人，均有权出席股东大会，并依照有关法律、法规及本章程行使表决权。

股东可以亲自出席股东大会，也可以委托代理人代为出席和表决。

第六十条　个人股东亲自出席会议的，应出示本人身份证或其他能够表明其身份的有效证件或证明、持股凭证；委托代理他人出席会议的，应出示本人有效身份证件、股东授权委托书及委托人的持股凭证。

法人股东应由法定代表人或者法定代表人委托的代理人出席会议。法定代表人出席会议的，应出示本人身份证、能证明其具有法定代表人资格的有效证明及法人股东的持股凭证；委托代理人出席会议的，代理人应出示本人身份证、法人股东单位的法定代表人依法出具的书面授权委托书及法人股东的持股凭证。

第六十一条　股东出具的委托他人出席股东大会的授权委托书应当载明下列内容：

（一）代理人的姓名；

（二）是否具有表决权；

（三）分别对列入股东大会议程的每一审议事项投赞成、反对或弃权票的指示；

（四）委托书签发日期和有效期限；

（五）委托人签名（或盖章），委托人为法人股东的，应加盖法人单位印章。

第六十二条　委托书应当注明如果股东不做具体指示，股东代理人是否可以按自己的意思表决。

第六十三条　代理投票授权委托书由委托人授权他人签署的，授权签署的授权书或者其他授权文件应当经过公证。经公证的授权书或者其他授权文件和投票代理委托书均需备置于公司住所或者召集会议的通知中指定的其他地方。

委托人为法人的，由其法定代表人或者董事会、其他决策机构决议授权的人作为代表出席公司的股东大会。

第六十四条　出席会议人员的会议登记册由公司负责制作。会议登记册载明参加会议人员姓名（或单位名称）、身份证号码、住所地址、持有或者代表有表决权的股份数额、被代理人姓名（或单位名称）等事项。

第六十五条　召集人将依据有效的股东名册对股东资格的合法性进行验证，并登记股东姓名（或名称）及其所持有表决权的股份数。在会议主持人宣布现场出席会议的股东和代理人人数及所持有表决权的股份总数之前，会议登记应当终止。

第六十六条　股东大会召开时，本公司全体董事、监事应当出席会议，总经理和其他高级管理人员应当列席会议。

第六十七条　股东大会会议由董事长主持。董事长不能履行职务或者不履行职务的，由副董事长主持，副董事长不能履行职务或者不履行职务时由半数以上董事共同推举的一名董事主持。

监事会自行召集的股东大会，由监事会主席主持。监事会主席不能履行职务或不履行职务时，由半数以上监事共同推举的一名监事主持。

股东自行召集的股东大会，由召集人推举代表主持。

召开股东大会时，会议主持人违反议事规则使股东大会无法继续进行的，经现场出席股东大会有表决权过半数的股东同意，股东大会可推举一人担任会议主持人，继续开会。

第六十八条　公司制定股东大会议事规则，详细规定股东大会的召开和表决程序，包括通知、登记、提案的审议、投票、计票、表决结果的宣布、会议决议的形成、会议记录及其签署、公告等内容，以及股东大会对董事会的授权原则，授权内容应明确具体。股东大会议事规则应作为章程的附件，由董事会拟订，股东大会批准。

第六十九条　在年度股东大会上，董事会、监事会应当就其过去一年的工作向股东大会做出报告。

第七十条　董事、监事、高级管理人员在股东大会上就股东的质询和建议做出解释和说明。

第七十一条　会议主持人应当在表决前宣布出席会议的股东和代理人人数及

所持有表决权的股份总数，出席会议的股东和代理人人数及所持有表决权的股份总数以会议登记为准。

第七十二条　股东大会应有会议记录，由董事会秘书负责。会议记录记载以下内容：

（一）会议时间、地点、议程和召集人姓名或名称；

（二）会议主持人以及出席或列席会议的董事、监事、总经理和其他高级管理人员姓名；

（三）出席会议的股东和代理人人数、所持有表决权的股份总数及占公司股份总数的比例；

（四）对每一提案的审议经过、发言要点和表决结果。

（五）股东的质询意见或建议以及相应的答复或说明；

（六）计票人及监票人姓名；

（七）本章程规定应当载入会议记录的其他内容。

第七十三条　召集人应当保证会议记录内容真实、准确和完整。出席会议的董事、监事、召集人或其代表、会议主持人应当在会议记录上签名。会议记录应当与出席股东的签名册及代理出席的委托书等有效资料一并保存，保存期限不少于10年。

第七十四条　召集人应当保证股东大会连续举行，直至形成最终决议。因不可抗力等特殊原因导致股东大会中止或不能做出决议的，应采取必要措施尽快恢复召开股东大会或直接终止本次股东大会。

第六节　股东大会的表决和决议

第七十五条　股东大会决议分为普通决议和特别决议。

股东大会做出普通决议，应当由出席股东大会的股东（包括股东代理人）所持表决权的过半数以上通过。

股东大会做出特别决议，应当由出席股东大会的股东（包括股东代理人）所持表决权的三分之二以上通过。

第七十六条　下列事项由股东大会以普通决议通过：

（一）董事会和监事会的工作报告；

（二）董事会拟定的利润分配方案和弥补亏损方案；

（三）董事会和监事会成员的任免及其报酬和支付方法；

（四）公司年度预算方案、决算方案；

（五）公司年度报告；

（六）除法律、行政法规规定或者本章程规定应当以特别决议通过以外的其他事项。

第七十七条　下列事项由股东大会以特别决议通过：

（一）公司增加或者减少注册资本；

（二）公司的分立、合并、解散和清算；

（三）本章程的修改；

（四）公司在一年内购买、出售重大资产或者担保金额超过公司最近一期经审计总资产30%的；

（五）股权激励计划；

（六）本章程第四十二条第一款第（四）项规定的担保事项；

（七）现金分红政策的调整或者变更；

（八）法律、行政法规或本章程规定的，以及股东大会以普通决议认定会对公司产生重大影响的、需要以特别决议通过的其他事项。

第七十八条　股东（包括股东代理人）以其所代表的有表决权的股份数额行使表决权，每一股份享有一票表决权。

股东大会审议影响中小投资者利益的重大事项时，对中小投资者表决应当单独计票。单独计票结果应当及时公开披露。

公司持有的本公司股份没有表决权，且该部分股份不计入出席股东大会有表决权的股份总数。

公司董事会、独立董事和符合相关规定条件的股东可以公开征集股东投票权。征集股东投票权应当向被征集人充分披露具体投票意向等信息。禁止以有偿或者变相有偿的方式征集股东投票权。公司不得对征集投票权提出最低持股比例限制。

第七十九条　股东大会审议有关关联交易事项时，关联股东不应当参与投票表决，其所代表的有表决权的股份数不计入有效表决总数；股东大会决议的公告应当充分披露非关联股东的表决情况。

第八十条　股东大会审议关联交易事项，有关联关系股东的回避和表决程序如下：

（一）召集人应当对拟提交股东大会审议的事项是否构成关联交易做出判断，董事会和监事会为召集人的，应当按照本章程的相关规定做出决议；

（二）股东大会审议的某项事项与某股东有关联关系，该股东应当在股东大会召开之日前向公司董事会披露其关联关系主动申请回避；

（三）股东大会在审议有关关联交易事项时，大会主持人宣布有关联关系的股东，并解释和说明关联股东与关联交易事项的关联关系；

（四）大会主持人宣布关联股东回避，由非关联股东对关联交易事项进行审议、表决；

（五）根据法律、行政法规或本章程的规定，以普通决议或特别决议方式通过。

关联股东未主动申请回避的，其他参加股东大会的股东或股东代表有权请求关联股东回避；如其他股东或股东代表提出回避请求时，被请求回避的股东认为自己不属于应回避范围的，应由股东大会会议主持人根据情况与现场董事、监事及相关股东等会商讨论并做出回避与否的决定。

应予回避的关联股东可以参加审议涉及自己的关联交易，并可就该关联交易是否公平合法及产生的原因等向股东大会做出解释和说明，但该股东无权就该事项参与表决。

第八十一条　公司与关联方发生的交易金额在1 000万元以上且占公司最近一期经审计净资产绝对值5%以上的关联交易（公司获赠现金资产和提供担保除外），公司与公司董事、监事和高级管理人员及其配偶发生的关联交易，公司为关联人提供担保的关联交易应提交公司股东大会审议，此外的关联交易由公司董事会按照关联董事回避表决的原则审议决定。关联股东回避表决的程序为：

（一）公司董事会秘书或关联股东或其他股东根据相关规定提出关联股东回避申请；

（二）关联股东不得参与审议有关关联交易事项；

（三）股东大会对有关关联交易事项进行表决时，在扣除关联股东所代表的有表决权的股份数后，由出席股东大会的非关联股东按本章程第七十五条规定表决。

第八十二条　公司应在保证股东大会合法、有效的前提下，通过各种方式和途径，为股东参加股东大会提供便利。

第八十三条　除公司处于危机等特殊情况外，非经股东大会以特别决议批准，公司不得与董事、总经理和其他高级管理人员以外的人订立将公司全部或者重要业务的管理交予该人负责的合同。

第八十四条　董事、监事候选人名单以提案的方式提请股东大会表决。

股东大会就选举董事、监事进行表决时，根据本章程的规定或者股东大会的决议，可以实行累积投票制。

前款所称累积投票制是指股东大会选举董事或者监事时，每一股份拥有与应选董事或者监事人数相同的表决权，股东拥有的表决权可以集中使用。董事会应当公告候选董事、监事的简历和基本情况。

董事的提名方式和程序为：

（一）董事会和单独或合并持有公司1%以上股份的股东，有权提出新的董事候选人；

（二）单独或合并持有公司1%以上股份的股东提出新的董事候选人时，应将提名资格证明及所提候选人必备资料在股东大会召开前的10个工作日提交董事会，由董事会审核提名及被提名人是否符合有关法规规定，通过审核后的被提名人由董事会通知股东并提交股东大会选举；

（三）独立董事的提名方式和程序应按照法律、行政法规及部门规章的有关规定执行。

监事的提名方式和程序为：

（一）由股东代表担任的监事，监事会和单独或合并持有公司1%以上股份的股东，有权提出新的监事候选人；

（二）单独或合并持有公司1%以上股份的股东提出新的监事候选人时，应将提名资格证明及所提候选人必备资料在股东大会召开前10个工作日提交监事会，由监事会审核提名及被提名人是否符合有关法规规定，通过审核后的提名人由监事会通知股东并提交股东大会选举；

（三）由职工代表担任的监事，由公司职工通过职工代表大会、职工大会或者其他形式民主选举产生或更换。

第八十五条　除累积投票制外，股东大会将对所有提案进行逐项表决，对同一事项有不同提案的，将按提案提出的时间顺序进行表决。除因不可抗力等特殊原因导致股东大会中止或不能做出决议外，股东大会将不会对提案进行搁置或不予表决。

第八十六条　股东大会审议提案时，不能对提案进行修改，否则，有关变更应当被视为一个新的提案，不能在本次股东大会上进行表决。

第八十七条　同一表决权只能选择现场、网络或其他表决方式中的一种表决方式，同一表决权对每项议案只能行使一次表决权，出现重复表决的以第一次表决为准。

第八十八条　股东大会采取记名方式投票表决。

第八十九条　股东大会对提案进行表决前，应当推举两名股东代表参加计票和监票。审议事项与股东有直接利害关系的，相关股东及代理人不得参加计票、监票。

股东大会对提案进行表决时，应当由律师、股东代表与监事代表共同负责计票、监票，并当场公布表决结果，决议的表决结果载入会议记录。

通过网络或其他方式投票的上市公司股东或其代理人，有权通过相应的投票系统查验自己的投票结果。

第九十条　股东大会现场结束时间不得早于网络或其他方式，会议主持人应当宣布每一提案的表决情况和结果，并根据表决结果宣布提案是否通过。

在正式公布表决结果前，股东大会现场、网络及其他表决方式中所涉及的上市公司、计票人、监票人、主要股东、网络服务方等相关各方对表决情况均负有保密义务。

第九十一条　出席股东大会的股东，应当对提交表决的提案发表以下意见之一：同意、反对或弃权。

未填、错填、字迹无法辨认的表决票、未投的表决票均视为投票人放弃表决权利，其所持股份数的表决结果应计为"弃权"。

第九十二条　会议主持人如果对提交表决的决议结果有任何怀疑，可以对所投票数组织点票；如果会议主持人未进行点票，出席会议的股东或者股东代理人对会议主持人宣布结果有异议的，有权在宣布表决结果后立即要求点票，会议主持人应当立即组织点票。

第九十三条　股东大会决议应当及时公告，公告中应列明出席会议的股东和代理人人数、所持有表决权的股份总数及占公司有表决权股份总数的比例、表决方式、每项提案的表决结果和通过的各项决议的详细内容。

提案未获通过，或者本次股东大会变更前次股东大会决议的，应当在股东大会决议公告中做特别提示。

第九十四条　股东大会通过有关董事、监事选举提案的，提案应同时指明新任董事、监事的就任时间。

第九十五条　股东大会通过有关派现、送股或资本公积转增股本提案的，公司将在股东大会结束后 2 个月内实施具体方案。

## 第五章　董事会

### 第一节　董事

第九十六条　公司董事为自然人，有下列情形之一的，不能担任公司的董事：

（一）无民事行为能力或者限制民事行为能力；

（二）因贪污、贿赂、侵占财产、挪用财产或者破坏社会主义市场经济秩序，被判处刑罚，执行期满未逾五年，或者因犯罪被剥夺政治权利，执行期满未逾五年；

（三）担任破产清算的公司、企业的董事或者厂长、总经理，对该公司、企业的破产负有个人责任的，自该公司、企业破产清算完结之日起未逾三年；

（四）担任因违法被吊销营业执照、责令关闭的公司、企业的法定代表人，并负有个人责任的，自该公司、企业被吊销营业执照之日起未逾三年；

（五）个人所负数额较大的债务到期未清偿；

（六）被中国证监会处以证券市场禁入处罚，期限未满的；

（七）法律、行政法规或部门规章规定的其他内容。

违反本条规定选举、委派董事的，该选举、委派或者聘任无效。董事在任职期间出现本条情形的，公司解除其职务。

第九十七条　董事由股东大会选举或更换，任期三年。董事任期届满，可连选连任。董事在任期届满以前,股东大会不能无故解除其职务。

董事任期从就任之日起计算,至本届董事会任期届满时为止。董事任期届满未及时改选,在改选出的董事就任前,原董事仍应当依照法律、行政法规、部门规章和本章程的规定,履行董事职务。

董事可以由总经理或者其他高级管理人员兼任,但兼任总经理或者其他高级管理人员职务的董事以及由职工代表担任的董事,总计不得超过公司董事总数的二分之一。

第九十八条　董事应当遵守法律、行政法规和本章程,对公司负有下列忠实义务:

(一)不得利用职权收受贿赂或者其他非法收入,不得侵占公司的财产;

(二)不得挪用公司资金;

(三)不得将公司资产或者资金以其个人名义或者其他个人名义开立账户存储;

(四)不得违反本章程的规定,未经股东大会或董事会同意,将公司资金借贷给他人或者以公司财产为他人提供担保;

(五)不得违反本章程的规定或未经股东大会同意,与本公司订立合同或者进行交易;

(六)未经股东大会同意,不得利用职务便利,为自己或他人谋取本应属于公司的商业机会,自营或者为他人经营与本公司同类的业务;

(七)不得接受与公司交易的佣金归为己有;

(八)不得擅自披露公司秘密;

(九)不得利用其关联关系损害公司利益;

(十)法律、行政法规、部门规章及本章程规定的其他忠实义务。

董事违反本条规定所得的收入,应当归公司所有;给公司造成损失的,应当承担赔偿责任。

第九十九条　董事应当遵守法律、行政法规和本章程,对公司负有下列勤勉义务:

(一)应谨慎、认真、勤勉地行使公司赋予的权利,以保证公司的商业行为符合国家法律、行政法规以及国家各项经济政策的要求,商业活动不超过营业执照规定的业务范围;

(二)应公平对待所有股东;

(三)及时了解公司业务经营管理状况;

(四)应当对公司定期报告签署书面确认意见,保证公司所披露的信息真实、准确、完整;

（五）应当如实向监事会提供有关情况和资料，不得妨碍监事会或者监事行使职权；

（六）法律、行政法规、部门规章及本章程规定的其他勤勉义务。

第一百条　非独立董事连续两次未能亲自出席，也不委托其他董事出席董事会会议，视为不能履行职责，董事会应当建议股东大会予以撤换。

独立董事连续三次未能亲自出席，视为不能履行职责，董事会应当建议股东大会予以撤换。

第一百零一条　董事可以在任期届满以前提出辞职。董事辞职应向董事会提交书面辞职报告。董事会将在2日内披露有关情况。

如因董事的辞职导致公司董事会低于法定最低人数时，在改选出的董事就任前，原董事仍应当依照法律、行政法规、部门规章和本章程规定，履行董事职务。

除前款所列情形外，董事辞职自辞职报告送达董事会时生效。

第一百零二条　董事辞职生效或者任期届满，应向董事会办妥所有移交手续，其对公司和股东承担的忠实义务，在任期结束后并不当然解除，在董事辞职生效或任期届满后的二年内仍然有效。

第一百零三条　未经本章程规定或者董事会的合法授权，任何董事不得以个人名义代表公司或者董事会行事。董事以其个人名义行事时，在第三方会合理地认为该董事在代表公司或者董事会行事的情况下，该董事应当事先声明其立场和身份。

第一百零四条　董事执行公司职务时违反法律、行政法规、部门规章或本章程的规定，给公司造成损失的，应当承担赔偿责任。

董事应当在董事会决议上签字并对董事会的决议承担责任。董事会决议违反法律、法规或者本章程，致使公司遭受损失的，参与决议的董事对公司负赔偿责任。但经证明在表决时曾表明异议并记载于会议记录的，该董事可以免除责任。

第一百零五条　独立董事应按照法律、行政法规及部门规章以及公司独立董事工作制度的有关规定执行。

对于不具备独立董事资格或能力、未能独立履行职责或未能维护上市公司和中小投资者合法权益的独立董事，单独或者合计持有公司百分之一以上股份的股东可向上市公司董事会提出对独立董事的质疑或罢免提议。被质疑的独立董事应及时解释质疑事项并予以披露。上市公司董事会应在收到相关质疑或罢免提议后及时召开专项会议进行讨论，并将讨论结果予以披露。

## 第二节　董事会

第一百零六条　公司设董事会，对股东大会负责。

公司董事会设审计委员会、提名委员会、薪酬与考核委员会和战略委员会。董事会各专门委员会的设立及组成由股东大会决定,各专门委员会的工作细则由董事会负责制定,其成员更换由董事会以选举方式确定。

第一百零七条 董事会由7名董事组成,其中4名为独立董事。

第一百零八条 董事会行使下列职权:

(一)召集股东大会,并向股东大会报告工作;

(二)执行股东大会的决议;

(三)决定公司的经营计划和投资方案;

(四)制订公司的年度财务预算方案、决算方案;

(五)制订公司的利润分配方案和弥补亏损方案;

(六)制订公司增加或者减少注册资本、发行债券或其他证券及上市方案;

(七)拟订公司重大收购、收购本公司股票或者合并、分立、解散及变更公司形式的方案;

(八)在股东大会授权范围内,决定公司对外投资、收购出售资产、资产抵押、对外担保事项、委托理财、关联交易等事项;

(九)决定公司内部管理机构的设置;

(十)聘任或者解聘公司总经理、董事会秘书;根据总经理的提名,聘任或者解聘公司副总经理、财务负责人等高级管理人员,并决定其报酬事项和奖惩事项;

(十一)制订公司的基本管理制度;

(十二)制订本章程的修改方案;

(十三)管理公司信息披露事项;

(十四)向股东大会提请聘请或更换为公司审计的会计师事务所;

(十五)听取公司总经理的工作汇报并检查总经理的工作;

(十六)法律、行政法规、部门规章或本章程授予的其他职权。

超过股东大会授权范围的事项,董事会应当提交股东大会审议。

第一百零九条 公司董事会应当就注册会计师对公司财务报表出具的审计报告接受股东的咨询并做出说明。

第一百一十条 董事会制定董事会议事规则,以确保董事会落实股东大会决议,提高工作效率,保证科学决策。董事会议事规则应作为章程的附件,由董事会拟订,报股东大会批准。

第一百一十一条 董事会应当确定对外投资、收购出售资产、资产抵押、对外担保事项、委托理财、关联交易的权限,建立严格的审查和决策程序;重大投资项目应当组织有关专家、专业人员进行评审,并报股东大会批准。

第一百一十二条 董事会设董事长1名,副董事长1名,均由董事会以全体董事的过半数选举产生。

第一百一十三条　董事长行使下列职权：

（一）主持股东大会和召集、主持董事会会议；

（二）督促、检查董事会决议的执行；

（三）董事会授予的其他职权。

第一百一十四条　公司副董事长协助董事长工作，董事长不能履行职务或者不履行职务的，由副董事长履行职务；副董事长不能履行职务或者不履行职务的，由半数以上董事共同推举一名董事履行职务。

第一百一十五条　董事会每年至少召开两次会议，由董事长召集，于会议召开10日以前书面通知全体董事和监事。

第一百一十六条　代表十分之一以上表决权的股东、三分之一以上董事或者监事会，可以提议召开董事会临时会议。董事长应当自接到提议后10日内，召集和主持董事会会议。

第一百一十七条　董事会召开董事会临时会议应于会议召开3日以前以专人送出、传真、邮寄或网络方式（包括电子邮件、本公司信息化办公系统）通知全体董事。

若出现特殊情况，需要董事会即刻做出决议的，为公司利益之目的，召开临时董事会会议可以不受前款通知方式及通知时限的限制。

第一百一十八条　董事会会议通知包括以下内容：

（一）会议日期和地点；

（二）会议期限；

（三）事由及议题；

（四）发出通知的日期。

第一百一十九条　董事会会议应有过半数的董事出席方可举行。董事会做出决议，必须经全体董事的过半数通过，法律、法规和章程另有更严格规定的除外。

董事会决议的表决，实行一人一票。

第一百二十条　董事与董事会会议决议事项所涉及的企业有关联关系的，不得对该项决议行使表决权，也不得代理其他董事行使表决权。该董事会会议由过半数的无关联关系董事出席即可举行，董事会会议所做决议须经无关联关系董事过半数通过。出席董事会的无关联董事人数不足3人的，应将该事项提交股东大会审议。

第一百二十一条　董事会决议以记名投票或举手等方式进行表决。

董事会临时会议在保障董事充分表达意见的前提下，可以用电话、传真和电邮方式进行并做出决议，并由参会董事签字。

董事应当在董事会决议上签字并对董事会的决议承担责任。董事会决议违反法律、法规或者本章程,致使公司遭受损失的,参与决议的董事对公司负赔偿责任。但经证明在表决时曾表明异议并记载于会议记录的,该董事可以免除责任。

第一百二十二条 董事会会议,应由董事本人出席;董事因故不能出席,可以书面委托其他董事代为出席,委托书中应载明代理人的姓名、代理事项、授权范围和有效期限,并由委托人签名或盖章。代为出席会议的董事应当在授权范围内行使董事的权利。董事未出席董事会会议,亦未委托代表出席的,视为放弃在该次会议上的投票权。

第一百二十三条 董事会应当对会议所议事项的决定做成会议记录,出席会议的董事应当在会议记录上签名。

董事会会议记录作为公司档案保存,保存期限不少于10年。

第一百二十四条 董事会会议记录包括以下内容:

(一)会议召开的日期、地点和召集人姓名;

(二)出席董事的姓名以及受他人委托出席董事会的董事(代理人)姓名;

(三)会议议程;

(四)董事发言要点;

(五)每一决议事项的表决方式和结果(表决结果应载明赞成、反对或弃权的票数)。

## 第六章 总经理及其他高级管理人员

第一百二十五条 公司设总经理1名,由董事会聘任或解聘。

公司可设副总经理若干名,由董事会聘任或解聘。

公司总经理、副总经理、财务负责人、董事会秘书为公司高级管理人员。

第一百二十六条 本章程第九十六条关于不得担任董事的情形同时适用于高级管理人员。

本章程第九十八条关于董事的忠实义务和第九十九条(四)至(六)关于勤勉义务的规定,同时适用于高级管理人员。

第一百二十七条 在公司控股股东、实际控制人单位担任除董事以外其他职务的人员,不得担任公司的高级管理人员。

第一百二十八条 总经理每届任期三年,连聘可以连任。

第一百二十九条 总经理对董事会负责,行使下列职权:

(一)主持公司的生产经营管理工作,组织实施董事会决议,并向董事会报告工作;

(二)组织实施公司年度经营计划和投资方案;

(三)拟订公司内部管理机构设置方案;

(四)拟订公司的基本管理制度;

(五)制定公司的具体规章;

(六)提请董事会聘任或者解聘公司副总经理、财务负责人;

(七)决定聘任或者解聘除应由董事会决定聘任或者解聘以外的负责管理人员;

(八)本章程或董事会授予的其他职权。

总经理列席董事会会议。

第一百三十条　总经理应制订总经理工作细则,报董事会批准后实施。

第一百三十一条　总经理工作细则包括下列内容:

(一)总经理召开会议的条件、程序和参加的人员;

(二)总经理及其他高级管理人员各自具体的职责及其分工;

(三)公司资金、资产运用,签订重大合同的权限,以及向董事会、监事会的报告制度;

(四)董事会认为必要的其他事项。

第一百三十二条　总经理可以在任期届满以前提出辞职。有关总经理辞职的具体程序和办法由总经理与公司之间的劳务合同规定。

第一百三十三条　副总经理由总经理提名,董事会聘任,副总经理协助总经理开展工作。

第一百三十四条　公司设董事会秘书,董事会秘书负责公司股东大会和董事会会议的筹备、文件保管、公司股东资料管理、信息披露事务等事宜。

第一百三十五条　高级管理人员执行公司职务时违反法律、行政法规、部门规章或本章程的规定,给公司造成损失的,应当承担赔偿责任。

## 第七章　监事会

### 第一节　监事

第一百三十六条　本章程第九十六条关于不得担任董事的情形同时适用于监事。

董事、总经理和其他高级管理人员不得兼任监事。

第一百三十七条　监事应当遵守法律、行政法规和本章程,对公司负有忠实义务和勤勉义务,不得利用职权收受贿赂或者其他非法收入,不得侵占公司的财产。

第一百三十八条　监事的任期每届为三年。监事任期届满,可以连选连任。

第一百三十九条　监事任期届满未及时改选,或者监事在任期内辞职导致监事会成员低于法定人数的,在改选出的监事就任前,原监事仍应当依照法律、行政法规和本章程的规定,履行监事职务。

第一百四十条　监事应当保证公司披露的信息真实、准确、完整。

第一百四十一条　监事可以列席董事会会议,并对董事会决议事项提出质询或者建议。

第一百四十二条　监事不得利用其关联关系损害公司利益，若给公司造成损失的，应当承担赔偿责任。

第一百四十三条　监事执行公司职务时违反法律、行政法规、部门规章或本章程的规定，给公司造成损失的，应当承担赔偿责任。

第二节　监事会

第一百四十四条　公司设监事会。监事会由3名监事组成，监事会设主席1人。监事会主席由全体监事过半数选举产生。监事会主席召集和主持监事会会议；监事会主席不能履行职务或者不履行职务的，由半数以上监事共同推举一名监事召集和主持监事会会议。

监事会包括2名股东代表和1名公司职工代表。监事会中的职工代表由公司职工通过职工代表大会、职工大会或者其他形式民主选举产生；其他监事候选人由单独或者合计持有公司1%以上股份的股东依照第五十二条、第五十三条规定提名。

第一百四十五条　监事会行使下列职权：

（一）应当对董事会编制的公司定期报告进行审核并提出书面审核意见；

（二）检查公司财务；

（三）对董事、高级管理人员执行公司职务的行为进行监督，对违反法律、行政法规、本章程或者股东大会决议的董事、高级管理人员提出罢免的建议；

（四）当董事、高级管理人员的行为损害公司的利益时，要求董事、高级管理人员予以纠正；

（五）提议召开临时股东大会，在董事会不履行《公司法》规定的召集和主持股东大会职责时召集和主持股东大会；

（六）向股东大会提出提案；

（七）依照《公司法》第一百五十二条的规定，对董事、高级管理人员提起诉讼；

（八）发现公司经营情况异常，可以进行调查；必要时，可以聘请会计师事务所、律师事务所等专业机构协助其工作，费用由公司承担。

第一百四十六条　监事会每6个月至少召开一次会议。监事可以提议召开临时监事会会议。

监事会决议应当经半数以上监事通过。

第一百四十七条　监事会制定监事会议事规则，明确监事会的议事方式和表决程序，以确保监事会的工作效率和科学决策。监事会议事规则应作为章程的附件，由监事会拟订，报股东大会批准。

第一百四十八条　监事会应当将所议事项的决定做成会议记录，出席会议的监事应当在会议记录上签名。

监事有权要求在记录上对其在会议上的发言做出某种说明性记载。监事会会议记录作为公司档案至少保存10年。

第一百四十九条 监事会会议通知包括以下内容:

(一)举行会议的日期、地点和会议期限;

(二)事由及议题;

(三)发出通知的日期。

## 第八章 财务会计制度、利润分配和审计

### 第一节 财务会计制度

第一百五十条 公司依照法律、行政法规和国家有关部门的规定,制定公司的财务会计制度。

第一百五十一条 公司在每一会计年度结束之日起4个月内向中国证监会和证券交易所报送年度财务会计报告,在每一会计年度前6个月结束之日起2个月内向中国证监会派出机构和证券交易所报送半年度财务会计报告,在每一会计年度前3个月和前9个月结束之日起的1个月内向中国证监会派出机构和证券交易所报送季度财务会计报告。

上述财务会计报告按照有关法律、行政法规及部门规章的规定进行编制。

第一百五十二条 公司除法定的会计账簿外,将不另立会计账簿。公司的资产,不以任何个人名义开立账户存储。

第一百五十三条 公司分配当年税后利润时,应当提取利润的10%列入公司法定公积金。公司法定公积金累计额为公司注册资本的50%以上的,可以不再提取。

公司的法定公积金不足以弥补以前年度亏损的,在依照前款规定提取法定公积金之前,应当先用当年利润弥补亏损。

公司从税后利润中提取法定公积金后,经股东大会决议,还可以从税后利润中提取任意公积金。

公司弥补亏损和提取公积金后所余税后利润,经股东大会决议同意,可按照股东持有的股份比例分配。

股东大会违反前款规定,在公司弥补亏损和提取法定公积金之前向股东分配利润的,股东必须将违反规定分配的利润退还公司。

公司持有的本公司股份不参与分配利润。

第一百五十四条 公司的公积金用于弥补公司的亏损、扩大公司生产经营或者转为增加公司资本。但是,资本公积金将不用于弥补公司的亏损。

法定公积金转为资本时,所留存的该项公积金将不少于转增前公司注册资本

的25%。

第一百五十五条　公司股东大会对利润分配方案做出决议后，公司董事会须在股东大会召开后2个月内完成股利（或股份）的派发事项。

第一百五十六条　公司的利润分配政策如下：

（一）利润分配原则：

公司应实行持续、稳定的利润分配政策，公司的利润分配应重视投资者的合理投资回报并兼顾公司当年的实际经营情况和可持续发展。

（二）利润分配形式：

公司可以采用现金分红、股票股利、现金分红与股票股利相结合或者其他法律、法规允许的方式分配利润。在利润分配方式中，现金分红优先于股票股利。具备现金分红条件的，应当采用现金分红进行利润分配。采用股票股利进行利润分配的，应当具有公司成长性、每股净资产的摊薄等真实合理因素。

（三）利润分配的条件及比例：

1. 在公司当年盈利及累计未分配利润为正数且能够保证公司持续经营和长期发展的前提下，如公司无重大资金支出安排，公司应当优先采取现金分红方式分配利润，且公司每年以现金分红方式分配的利润不低于当年实现的可分配的利润的15%。公司最近三年以现金分红方式累计分配的利润不少于最近三年实现的年均可分配利润的30%。具体每个年度的分红比例由董事会根据公司年度盈利状况和未来资金使用计划提出预案。公司可以根据盈利状况进行中期现金分红。

重大资金支出指以下情形之一：

（1）公司未来12个月内拟对外投资、收购资产或购买设备累计支出达到或超过公司最近一期经审计净资产的30%且超过3 000万元；

（2）公司未来12个月内拟对外投资、收购资产或购买设备累计支出达到或超过公司最近一期经审计总资产的20%。

（3）中国证监会或者深圳证券交易所规定的其他情形。

2. 在公司经营状况良好，且董事会认为公司每股收益、股票价格与公司股本规模、股本结构不匹配时，公司可以在满足上述现金分红比例的前提下，采取发放股票股利的方式分配利润。公司在确定以股票方式分配利润的具体金额时，应当充分考虑以股票方式分配利润后的总股本是否与公司目前的经营规模、盈利增长速度相适应，并考虑对未来债权融资成本的影响，以确保利润分配方案符合全体股东的整体利益和长远利益。

3. 公司董事会应当综合考虑所处行业特点、发展阶段、自身经营模式、盈利水平以及是否有重大资金支出安排等因素，区分下列情形，并按照公司章程规定的程序，提出差异化的现金分红政策：

（1）公司发展阶段属成熟期且无重大资金支出安排的，进行利润分配时，现金分红在本次利润分配中所占比例最低应达到80%；

（2）公司发展阶段属成熟期且有重大资金支出安排的，进行利润分配时，现金分红在本次利润分配中所占比例最低应达到40%；

（3）公司发展阶段属成长期且有重大资金支出安排的或者公司发展阶段不易区分但有重大资金支出安排的，进行利润分配时，现金分红在本次利润分配中所占比例最低应达到20%。

（四）利润分配应履行的审议程序：

1. 利润分配预案应经公司董事会、监事会分别审议通过后方能提交股东大会审议。董事会在审议利润分配预案时，须经全体董事过半数表决同意，且经公司二分之一以上独立董事表决同意。监事会在审议利润分配预案时，须经全体监事过半数以上表决同意。

2. 股东大会在审议利润分配方案时，须经出席股东大会的股东（包括股东代理人）所持表决权的过半数通过。如股东大会审议发放股票股利或以公积金转增股本的方案的，须经出席股东大会的股东（包括股东代理人）所持表决权的三分之二以上通过。股东大会在表决时，应向股东提供网络投票方式。

3. 公司股东大会对利润分配方案做出决议后，公司董事会须在股东大会召开后2个月内完成股利派发事项。

（五）公司拟进行利润分配时，应按照以下决策程序和机制对利润分配方案进行研究论证：

1. 定期报告公布前，公司董事会应在充分考虑公司持续经营能力、保证生产正常经营及发展所需资金和重视对投资者的合理投资回报的前提下，研究论证利润分配的预案，独立董事应在制定现金分红预案时发表明确意见。

2. 独立董事可以征集中小股东的意见，提出分红提案，并直接提交董事会审议。

3. 公司董事会制定具体的利润分配预案时，应遵守法律、法规和本章程规定的利润分配政策；利润分配预案中应当对留存的当年未分配利润的使用计划安排或原则进行说明，独立董事应当就利润分配预案的合理性发表独立意见。

4. 公司董事会审议并在定期报告中公告利润分配预案，提交股东大会批准；公司董事会未做出现金利润分配预案的，应当征询独立董事和外部监事的意见，并在定期报告中披露原因，独立董事应当对此发表独立意见。

5. 董事会、监事会和股东大会在有关决策和论证过程中应当充分考虑独立董事、外部监事和公众投资者的意见。

（六）利润分配政策调整程序：

1. 公司如因外部经营环境或者自身经营状况发生较大变化而需要调整利润分配政策的，调整后的利润分配政策不得违反中国证监会和证券交易所的有关规定。

“外部经营环境或者自身经营状况的较大变化”是指以下情形之一：

(1)国家制定的法律法规及行业政策发生重大变化，非因公司自身原因导致公司经营亏损；

(2)出现地震、台风、水灾、战争等不能预见、不能避免并不能克服的不可抗力因素，对公司生产经营造成重大不利影响导致公司经营亏损；

(3)公司法定公积金弥补以前年度亏损后，公司当年实现净利润仍不足以弥补以前年度亏损；

(4)中国证监会和证券交易所规定的其他事项。

2. 公司董事会在利润分配政策的调整过程中，应当充分考虑独立董事、监事会和公众投资者的意见。董事会在审议调整利润分配政策时，须经全体董事过半数表决同意，且经公司二分之一以上独立董事表决同意；监事会在审议利润分配政策调整时，须经全体监事过半数以上表决同意。

3. 利润分配政策调整应分别经董事会和监事会审议通过后方能提交股东大会审议。公司应以股东权益保护为出发点，在股东大会提案中详细论证和说明原因。股东大会在审议利润分配政策调整时，须经出席会议的股东所持表决权的三分之二以上表决同意。

（七）公司应当在年度报告中详细披露现金分红政策的制定及执行情况，并对下列事项进行专项说明：

1. 是否符合公司章程的规定或者股东大会决议的要求；

2. 分红标准和比例是否明确和清晰；

3. 相关的决策程序和机制是否完备；

4. 独立董事是否履职尽责并发挥了应有的作用；

5. 中小股东是否有充分表达意见和诉求的机会，中小股东的合法权益是否得到了充分保护等。

对现金分红政策进行调整或变更的，还应对调整或变更的条件及程序是否合规和透明等进行详细说明。

（八）股东回报规划的制订周期和调整机制

1. 公司应以三年为一个周期，制订股东回报规划。公司应当在总结之前三年股东回报规划执行情况的基础上，充分考虑公司所面临各项因素，以及股东（特别是中小股东）、独立董事和监事的意见，确定是否需对公司利润分配政策及未来三年的股东回报规划予以调整。

2. 如遇到战争、自然灾害等不可抗力,或者公司外部经营环境发生重大变化并对公司生产经营造成重大影响,或公司自身经营状况发生较大变化,或现行的具体股东回报规划影响公司的可持续经营,确有必要对股东回报规划进行调整的,公司可以根据本条确定的利润分配基本原则,重新制订股东回报规划。

第二节　内部审计

第一百五十七条　公司实行内部审计制度,配备专职审计人员,对公司财务收支和经济活动进行内部审计监督。

第一百五十八条　公司内部审计制度和审计人员的职责,应当经董事会批准后实施。审计负责人向董事会负责并报告工作。

第三节　会计师事务所的聘任

第一百五十九条　公司聘用取得“从事证券相关业务资格”的会计师事务所进行会计报表审计、净资产验证及其他相关的咨询服务等业务,聘期 1 年,可以续聘。

第一百六十条　公司聘用会计师事务所必须由股东大会决定,董事会不得在股东大会决定前委任会计师事务所。

第一百六十一条　公司保证向聘用的会计师事务所提供真实、完整的会计凭证、会计账簿、财务会计报告及其他会计资料,不得拒绝、隐匿、谎报。

第一百六十二条　会计师事务所的审计费用由股东大会决定。

第一百六十三条　公司解聘或者不再续聘会计师事务所时,提前 15 天事先通知会计师事务所,公司股东大会就解聘会计师事务所进行表决时,允许会计师事务所陈述意见。

会计师事务所提出辞聘的,应当向股东大会说明公司有无不当情形。

## 第九章　通知和公告

第一百六十四条　公司的通知以下列形式发出:

(一)以专人送出;

(二)以邮件、传真或电邮方式送出;

(三)公告;

(四)本章程规定的其他形式。

第一百六十五条　公司通知以专人送出的,由被送达人在送达回执上签名(或盖章),被送达人签收日期为送达日期;公司通知以邮件送出的,自交付邮局之日起第 3 个工作日为送达日期;公司通知以传真方式送出的,发送成功回执所示之日即视为送达之日;公司通知以电邮方式送出的,发送成功回执所示之日即视为送达之日;公司以公告方式发出通知的,一经公告,视为所有相关人员收到通知;以章程规定的其他形式送出的,依照法律、法规和章程规定确定送达日。

第一百六十六条　因意外遗漏未向某有权得到通知的人送出会议通知或者该等人没有收到会议通知，会议及会议做出的决议并不仅因此无效。

第一百六十七条　公司指定《证券时报》和巨潮资讯网(http://www.cninfo.com.cn)为刊登公司公告和其他需要披露信息的媒体。

## 第十章　合并、分立、增资、减资、解散和清算

### 第一节　合并、分立、增资和减资

第一百六十八条　公司合并可以采取吸收合并或者新设合并。

一个公司吸收其他公司为吸收合并，被吸收的公司解散。两个以上公司合并设立一个新的公司为新设合并，合并各方解散。

第一百六十九条　公司合并，应当由合并各方签订合并协议，并编制资产负债表及财产清单。公司应当自做出合并决议之日起10日内通知债权人，并于30日内在公司指定报刊及网站上公告。债权人自接到通知书之日起30日内，未接到通知书的自公告之日起45日内，可以要求公司清偿债务或者提供相应的担保。

第一百七十条　公司合并时，合并各方的债权、债务，由合并后存续的公司或者新设的公司承继。

第一百七十一条　公司分立，其财产做相应的分割。

公司分立，应当编制资产负债表及财产清单。公司应当自做出分立决议之日起10日内通知债权人，并于30日内在公司指定报刊及网站上公告。

第一百七十二条　公司分立前的债务由分立后的公司承担连带责任。但是，公司在分立前与债权人就债务清偿达成的书面协议另有约定的除外。

第一百七十三条　公司需要减少注册资本时，必须编制资产负债表及财产清单。

公司应当自做出减少注册资本决议之日起10日内通知债权人，并于30日内在公司指定报刊及网站上公告。债权人自接到通知书之日起30日内，未接到通知书的自公告之日起45日内，有权要求公司清偿债务或者提供相应的担保。

公司减资后的注册资本将不低于法定的最低限额。

第一百七十四条　公司合并或者分立，登记事项发生变更的，应当依法向公司登记机关办理变更登记；公司解散的，应当依法办理公司注销登记；设立新公司的，应当依法办理公司设立登记。

公司增加或者减少注册资本，应当依法向公司登记机关办理变更登记。

### 第二节　解散和清算

第一百七十五条　公司因下列原因解散：

(一)本章程规定的营业期限届满或者本章程规定的其他解散事由出现；

(二)股东大会决议解散；

（三）因公司合并或者分立需要解散；

（四）依法被吊销营业执照、责令关闭或者被撤销；

（五）公司经营管理发生严重困难，继续存续会使股东利益受到重大损失，通过其他途径不能解决的，持有公司全部股东表决权10%以上的股东，可以请求人民法院解散公司。

第一百七十六条　公司有本章程第一百七十五条第（一）项情形的，可以通过修改本章程而存续。

依照前款规定修改本章程，须经出席股东大会会议的股东所持表决权的2/3以上通过。

第一百七十七条　公司因本章程第一百七十五条第（一）项、第（二）项、第（四）项、第（五）项规定而解散的，应当在解散事由出现之日起15日内成立清算组，开始清算。清算组由董事或者股东大会确定的人员组成。逾期不成立清算组进行清算的，债权人可以申请人民法院指定有关人员组成清算组进行清算。

第一百七十八条　清算组在清算期间行使下列职权：

（一）清理公司财产，分别编制资产负债表和财产清单；

（二）通知、公告债权人；

（三）处理与清算有关的公司未了结的业务；

（四）清缴所欠税款以及清算过程中产生的税款；

（五）清理债权、债务；

（六）处理公司清偿债务后的剩余财产；

（七）代表公司参与民事诉讼活动。

第一百七十九条　清算组应当自成立之日起10日内通知债权人，并于60日内在指定报刊及网站上公告。债权人应当自接到通知书之日起30日内，未接到通知书的自公告之日起45日内，向清算组申报其债权。

债权人申报债权，应当说明债权的有关事项，并提供证明材料。清算组应当对债权进行登记。

在申报债权期间，清算组不得对债权人进行清偿。

第一百八十条　清算组在清理公司财产、编制资产负债表和财产清单后，应当制定清算方案，并报股东大会或者人民法院确认。

公司财产应依如下顺序先后支付清算费用、职工的工资、社会保险费用和法定补偿金，缴纳所欠税款，清偿公司债务后的剩余财产，公司按照股东持有的股份比例分配。

清算期间，公司存续，但不能开展与清算无关的经营活动。公司财产在未按前款规定清偿前，不得分配给股东。

第一百八十一条　清算组在清理公司财产、编制资产负债表和财产清单后，发现公司财产不足清偿债务的，应当依法向人民法院申请宣告破产。

公司经人民法院裁定宣告破产后，清算组应当将清算事务移交给人民法院。

第一百八十二条　公司清算结束后，清算组应当制作清算报告，报股东大会或者人民法院确认，并报送公司登记机关，申请注销公司登记，公告公司终止。

第一百八十三条　清算组成员应当忠于职守，依法履行清算义务。

清算组成员不得利用职权收受贿赂或者其他非法收入，不得侵占公司财产。

清算组成员因故意或者重大过失给公司或者债权人造成损失的，应当承担赔偿责任。

第一百八十四条　公司被依法宣告破产的，依照有关企业破产的法律实施破产清算。

## 第十一章　修改章程

第一百八十五条　有下列情形之一的，公司应当修改章程：

(一)《公司法》或有关法律、行政法规修改后，章程规定的事项与修改后的法律、行政法规的规定相抵触；

(二)公司的情况发生变化，与章程记载的事项不一致；

(三)股东大会决定修改章程。

第一百八十六条　股东大会决议通过的章程修改事项应经主管机关审批的，须报主管机关批准；涉及公司登记事项的，依法办理变更登记。

第一百八十七条　董事会依照股东大会修改章程的决议和有关主管机关的审批意见修改本章程。

第一百八十八条　章程修改事项属于法律、法规要求披露的信息，按规定予以公告。

## 第十二章　附则

第一百八十九条　释义：

(一)控股股东，是指其持有的股份占公司股本总额50%以上的股东；持有股份的比例虽然不足50%，但依其持有的股份所享有的表决权已足以对股东大会的决议产生重大影响的股东；法律、法规及规范性文件规定属于控股股东的股东。

(二)实际控制人，是指《中华人民共和国公司法》及其他法律、法规、规范性文件认定的，能够实际支配公司行为的人。

(三)关联关系，是指《中华人民共和国公司法》及其他法律、法规、规范性文件规定涉及公司与关联人的关系。

第一百九十条　董事会可依照章程的规定，制订章程细则。章程细则不得与章程的规定相抵触。

第一百九十一条　本章程以中文书写，其他任何语种或不同版本的章程与本章程有歧义时，以在主管工商行政管理局最近一次核准登记后的中文版章程为准。

第一百九十二条　本章程所称"以上"、"以内"、"以下"包含本数；"过"、"以外"、"低于"、"少于"、"超过"不含本数。

第一百九十三条　本章程由公司董事会负责解释。

第一百九十四条　本章程附件包括股东大会议事规则、董事会议事规则和监事会议事规则。

第一百九十五条　本章程由发起人盖章，并自公司主管机关批准之日起生效。

[以下无正文]

蓝思科技股份有限公司

2015年4月24日

# 七　中外合资企业章程

## 概念

中外合资企业章程是依照我国有关法律法规，规定合资企业宗旨、机构设置、组织原则及经营管理方法等事项，并取得中外合资各方一致赞同的法规性文件。

## 格式写法

中外合资企业章程由标题、通过时间与会议名称标注、正文和尾部四部分组成。

1. 标题。中外合资企业章程的标题应当为完全式，要标明章程制定单位的全称和文种。

2. 通过时间与会议名称。标题下用括号标注"××××年×月×日××××会议通过"字样。

3. 正文。章程的正文一般是分章分条行文。正文内容必须按照《中外合资经营企业法实施条例》中的规定分条排列，主要有十项内容。

(1)合资企业名称及所在地；

(2)公司宗旨、经营范围和期限；

(3)合资各方名称、注册国家法定地址和法定代表人姓名、国籍、职务；

(4)公司投资总额、注册资本额、各方出资比例、股份转让规定；

(5)利润和亏损的分派比例和规定；

(6)董事会的组成、议事程序、董事任期、董事长及董事的委派；

(7)管理机构的设置和职责、办事规则、总经理及高级人员的任免；

(8)会计制度的原则；
(9)公司的终止和清算；
(10)章程修改的程序。
正文结尾可列附则，写明章程修改权限、生效日期等。
4. 尾部。其中包括合营各方授权代表签字及日期。

## 注意事项

1. 中外合资经营企业章程是合资经营企业得以成立的必备法律文件，要依《中外合资经营企业法实施细则》的规定制定。

2. 中外合资经营企业章程应由中外投资者各方共同规定，并分别由中外投资者的代表签字，报请政府审批机构批准，一经批准即具有法定效力。

3. 合资经营企业合同不同于合资经营企业章程。合营合同着重于中外投资者各方的权利义务关系；而合营企业章程是按照合营合同规定的原则，对合营企业的宗旨、组织机构、经营管理制度等做出的规定，着重于调整企业内部关系，合营企业的一切活动都应遵守章程的规定。

【例文】

### ××有限公司章程

第一章　总　则

第一条　各股东为设立中外合资经营公司，维护公司、股东的合法权益，规范公司的组织和行为，根据《中华人民共和国公司法》(以下简称《公司法》)、《中华人民共和国中外合资经营企业法》(以下简称《企业法》)和其他有关法律、行政法规的规定，制定本章程。

第二条　组建合资经营公司的股东为：
住所(或法定地址)：__________　法定代表人：________
注册地：____________________
住所(或法定地址)：________　法定代表人：________
注册地：________________________
第三条　合资经营公司的名称：________　有限公司(以下简称公司)
第四条　公司的住所：________________________
第五条　公司的营业期限：自公司设立登记之日起________年。
第六条　________董事长为公司的法定代表人。
第七条　公司为企业法人，享有独立的法人财产权。股东以其认缴的出资额为限对公司承担责任。公司以全部财产对公司的债务承担责任。

第八条　公司为中国法人，受中国法律的管辖和保护，其一切活动必须遵守中国的法律、法规和有关规定。

第九条　本章程生效之日起，即对公司、股东、董事、高级管理人员具有约束力。

## 第二章　宗旨、经营范围

第十条　公司宗旨是：利用政策和地理优势，采用先进技术、生产设备和科学的经营管理办法，开展经营活动，不断开拓国际市场，增加国际经济贸易合作，获得满意的经济效益。

第十一条　公司经营范围为：________________________________________

公司经营范围的具体表述由登记机关依法核定。其中涉及中国法律、行政法规规定需先行取得许可审批的事项，授权董事会在取得许可审批或许可审批失效、被撤销后做出申请变更登记的决定，并以公司的名义依法提出申请。

## 第三章　投资总额和注册资本

第十二条　公司的投资总额为________万美元。

第十三条　公司注册资本为________万美元。

| 股东姓名或名称 | 出资方式 | 出资额(万美元) | 出资比例(%) |
| --- | --- | --- | --- |
| | 货币： | | |
| | ××： | | |
| | 货币： | | |
| | ××： | | |

第十四条　股东应确保用于出资的财产、权利不存在第三人请求权。

第十五条　股东缴纳出资的期限、出资额、出资方式、占认缴出资额的比例如下。

（一）首次出资

| 股东姓名或名称 | 出资方式 | 出资额(万美元) | 出资时间 | 出资比例(%) |
| --- | --- | --- | --- | --- |
| | 货币： | | 设立之日起　　内 | |
| | ××： | | | |
| | 货币： | | 设立之日起　　内 | |
| | ××： | | | |

（二）第二次出资

| 股东姓名或名称 | 出资方式 | 出资额(万美元) | 出资时间 | 出资比例(%) |
| --- | --- | --- | --- | --- |
| | 货币: | | 设立之日起　　内 | |
| | ××: | | | |
| | 货币: | | 设立之日起　　内 | |
| | ××: | | | |

第十六条　股东应当按期足额缴纳各自所认缴的出资额。

股东以货币出资的,应当将货币出资足额存入公司在银行开设的账户。股东的实际出资额涉及汇率折算的,按缴纳出资当日中国人民银行对外公布的汇率折算。因汇率原因导致的出资不足,股东应予补足,多余部分计入资本公积。

以非货币财产出资的,应当评估作价并依法办理其财产权的转移手续。

公司对股东缴纳的各期出资,应委托中国会计师事务所验资并出具证明,依法办理实收资本变更登记。

第十七条　股东缴足各期出资后30天内,公司应向股东出具出资证明书。出资证明书的内容应包括:公司名称、成立日期、股东名称或姓名、股东的出资额、出资比例、出资方式、出资日期、出资证明书的编号、核发日期、相关附件等。

第十八条　公司可以增加或减少注册资本。公司增加或减少注册资本,按照《公司法》以及其他有关法律、行政法规的规定和本章程规定的程序办理。

第十九条　公司投资总额与注册资本的差额由公司向股东举债投入(或由公司向国内外金融机构融资)。

## 第四章　股东的权利和义务

第二十条　公司应置备股东名册,记载股东的姓名、名称及其住所,股东的出资额,出资证明书编号。

记载于股东名册的股东,可以依股东名册主张行使股东权利。

第二十一条　股东享有下列权利:

(一)按本章程的规定委派公司的董事或监事;

(二)有权查阅董事会记录和公司财务会计报告;

(三)在公司新增资本时,有权按原认缴出资比例优先认缴出资;

(四)在股东之间转让其全部或者部分股权,优先购买其他股东对外转让的股权;

(五)在公司弥补亏损和依法、依本章程提取公积金后,按照注册资本(即认缴出资额)的比例分取红利;

(六)按照实际缴付的出资比例要求公司清算组分配公司的剩余财产;

(七)法律、行政法规或本章程规定的其他权利。

第二十二条　股东应承担的义务：

（一）遵守法律、行政法规和公司章程，执行董事会决议，不得滥用股东权利损害公司、公司债权人或者其他股东的利益；

（二）按期足额缴纳所认缴的出资；

（三）在公司成立后，不得抽逃出资；

（四）国家法律、行政法规或公司章程规定的其他义务。

第二十三条　股东对外转让其股权，不论全部或部分，必须经其他股东同意。股东应就其股权转让事项书面通知其他股东，其他股东不同意转让的，不同意的股东应当购买拟转让的股权；不购买的，视为同意转让。其他股东自接到书面通知之日起30天内未答复的，视为同意转让。

经股东同意转让的股权，在同等条件下，其他股东有优先购买权。两个以上股东主张行使优先购买权的，协商确定各自的购买比例；协商不成的，按照各自认缴的出资比例行使优先购买权。

股东转让股权后，其尚未缴足的出资，由受让人承担缴付义务。

第二十四条　公司自然人股东死亡，公司根据应适用的法律确认合法继承人，继承股东权利，依法申请变更登记。其他股东不得对抗或妨碍继承人行使股东权利。

公司法人股东法人资格终止（含合并、解散、被依法撤销、宣告破产等情形），公司根据该股东的合并文件、清算组织出具的清算报告或法院的裁判文书确定股权的继受人，并依法申请变更登记。其他股东不得对抗或妨碍继受人行使股东权利。

继承人、继受人应对原股东未缴足的出资额承担缴付义务。

第二十五条　公司股东发生变更的，董事会应当做出决议，修改本章程。公司应当注销原股东的出资证明书，向新股东签发出资证明书，并相应修改股东名册中有关股东及其出资额的记载。

## 第五章　董事会、监事及经理

第二十六条　公司设董事会，董事会为公司的最高权力机构。其主要职权：

（一）决定公司的经营方针和投资计划；

（二）决定公司年度财务预算、决算、利润分配和亏损弥补；

（三）决定增加或减少公司注册资本；

（四）对发行公司债券做出决议；

（五）对公司合并、分立、解散、清算或者变更组织形式做出决议；

（六）决定修改公司章程；

（七）决定公司内部管理机构的设置；

（八）决定公司总经理的聘任、解聘及其报酬事项，并根据总经理的提名决定公司副总经理、财务负责人的聘任、解聘及其报酬事项；

（九）制定公司的基本管理制度；

（十）其他。

第二十七条 董事会由____名董事组成，其中中方委派____名，外方委派____名。

董事任期3年，经委派方委派可以连任，也可由委派方在任期内撤换。

第二十八条 董事会设董事长1人，副董事长____人。董事长由外方委派，副董事长由中方委派（或董事长由中方委派，副董事长由外方委派）。股东在委派和更换董事人选时，须书面通知董事会。

第二十九条 董事会每年至少召开一次，经1/3以上的董事或监事提议，可以召开董事会临时会议。

对本章程第二十六条所列事项，公司董事可以书面形式或电信、电子通信方式做出决议。一致表示同意的，可以不召开董事会会议，直接做出决定，并由全体董事在决议文件上签名。

第三十条 董事会应在董事会会议召开前15天发出召集会议的书面通知，写明会议内容、时间和地点。

第三十一条 董事因故不能出席董事会会议，可以出具委托书委托代表出席，但一名代表不能同时代表两名及两名以上的董事。董事未出席也未委托他人出席董事会，则视为弃权。

第三十二条 出席董事会会议的法定人数为全体董事的2/3以上，不够2/3以上人数时，其通过的决议无效。

第三十三条 董事会会议由董事长召集并主持，董事长缺席时由副董事长召集并主持。

董事会表决事项，实行一人一票。

第三十四条 董事会每次会议，须做详细的书面记录，并由全体出席董事签字（代理人出席的，由代理人签字）。记录文字使用中文或中文、英文同时使用。会议记录及决议文件，经与会董事签字后，由公司抄送全体董事，并连同会议期间收到的委托书一并存档，由董事会指定专人保管，在合资经营期限内任何人不得涂改或销毁。

第三十五条 下列事项须经出席董事会会议的全体董事一致通过：

（一）公司章程的修改；

（二）公司的合并、分立、中止、解散；

（三）公司注册资本的增加、减少；

(四)公司的对外担保。

除前款规定以外的其他事项,须经董事会2/3以上董事通过做出决议。

第三十六条　公司不设监事会,设监事一名,由股东________委派产生。监事任期每届为3年,经委派方委派可以连任或撤换。

董事及总经理(含副总经理)、财务负责人等高级管理人员不得兼任监事。

第三十七条　公司的监事行使下列职权:

(一)检查公司财务;

(二)对董事、高级管理人员执行公司职务的行为进行监督,对违反法律、行政法规、公司章程或者董事会决议的董事、高级管理人员提出罢免的建议;

(三)当董事、高级管理人员的行为损害公司的利益时,要求董事、高级管理人员予以纠正;

(四)提议召开临时董事会会议,在董事会不履行本章程的规定召集董事会会议时召集和主持董事会会议;

(五)向董事会会议提出议案;

(六)法律、行政法规规定的其他职权。

监事可以列席董事会会议,并对董事会决议事项提出质询或者建议。

第三十八条　公司设总经理,由董事会聘任或由董事长、副董事长、董事兼任。

第三十九条　总经理向董事会负责。其职权为:

(一)执行并组织实施公司董事会决议,向董事会报告企业经营情况及其他重大事项;

(二)拟定公司经营管理机构的设置方案,报董事会审议;

(三)提名副总经理、财务负责人等公司高级管理人员的人选及薪酬标准,报董事会审议;

(四)拟定公司年度财务预算、决算、利润分配、亏损弥补方案;

(五)根据本章程和董事会决定的基本管理制度,制定公司具体管理制度;

(六)组织领导公司的日常生产和经营管理工作;

(七)董事会授予的其他职权。

总经理列席董事会会议。

第四十条　总经理、副总经理的任期为________年。经董事会聘任,可以连任。

第四十一条　总经理及其他高级管理人员请求辞职的,应提前60天向董事会提交书面报告,经董事会批准,方可离任。

第四十二条　公司董事、监事及高级管理人员如有营私舞弊或失职行为的,经股东决定、董事会决议或依公司的管理制度,可随时撤换或解聘;造成公司经济损失或触犯刑法的，要追究相应的法律责任。

## 第六章　财务会计

第四十三条　公司应当依照法律、行政法规和国务院财政部门的规定建立公司的财务、会计制度，并应当在每一会计年度终了时编制财务会计报告，并依法经会计师事务所审计。财务会计报告应当于每一会计年度终了后的3个月内送交各股东。

第四十四条　公司的财务会计制度应遵照中国有关法律和财务会计制度的规定，结合公司的实际情况加以制定。

第四十五条　公司会计年度采用公历年制，自公历每年的1月1日起至12月31日止为一个会计年度。

第四十六条　公司的一切凭证、账簿、报表，用中文书写。

第四十七条　公司采用人民币作为记账本位币。人民币同其他货币折算，按实际发生之日中国人民银行公布的基准汇率计算。

第四十八条　公司应在中国境内银行开立人民币及外币账户。

第四十九条　公司采用国际通用的权责发生制和借贷记账法记账。

第五十条　公司财务会计账目应记载如下内容：

（一）公司所有的现金收入、支出数量；

（二）公司所有物资出售及购入情况；

（三）公司注册资本及负债情况；

（四）公司注册资本的缴纳时间、增加及转让情况。

第五十一条　公司管理部门应在每一个会计年度头3个月内编制上一个会计年度的资产负债表和损益计算书，经审计人员审核签字后提交董事会会议通过。

第五十二条　公司应当按照中国法律规定办理外汇事宜及纳税。

## 第七章　利润分配

第五十三条　公司按法律、行政法规的规定提取储备基金、企业发展基金和职工奖励及福利基金。以上基金在公司依法缴纳所得税后的利润中提取，提取的比例由董事会依法确定。

第五十四条　公司依法缴纳所得税和提取各项基金后的利润，按股东实际出资额进行分配。

第五十五条　公司每年分配利润一次。每个会计年度后3个月内公布利润分配方案及各方应分配的利润额。经董事会决议，公司可不作年度利润分配。未分配利润可计入资本公积，依法转增注册资本，或计入未分配利润，转下一年度分配。

公司上一个会计年度的亏损未弥补前，不得分配利润。

## 第八章　职工及工会

第五十六条　公司根据生产、经营的需要，自行决定本企业的机构设置和人员编制。公司职工实行公开招聘，择优录用。

第五十七条　公司在中国境内雇用职工。公司和职工双方应遵守《中华人民共和国劳动法》以及中国的其他有关法律、法规和有关规定，并依法订立劳动合同。

第五十八条　职工的工资待遇，参照中国政府及当地劳动部门的有关规定，根据公司具体情况，由董事会确定，并在劳动合同中具体规定，但不得低于企业住所地政府确定的最低工资标准。

第五十九条　职工的福利、奖金、劳动保护和劳动保险等事宜，由董事会在各项制度中加以规定，确保职工在正常条件下从事生产和工作。

第六十条　公司职工有权按照《中华人民共和国工会法》的规定，建立基层工会组织，开展工会活动。

第六十一条　公司工会可指导、帮助职工同公司签订个人劳动合同，或代表职工同公司签订集体劳动合同，并监督劳动合同的执行。

第六十二条　公司研究决定有关职工奖惩、工资制度、生活福利、劳动保护和保险等有关职工切身利益的问题时，工会代表有权列席会议，反映职工的意见和要求。

## 第九章　期限、终止、清算

第六十三条　股东一致同意延长营业期限，经董事会会议做出决议，公司应于期限届满6个月前，依法向审批机关提出书面申请，经批准后向登记机关办理变更登记。

第六十四条　股东一致认为终止合营符合各方最大利益时，可提前终止合营。公司提前终止合营，需董事会召开全体会议做出决定，依法办理相关手续。

第六十五条　公司因下列情形之一解散：

(一)合营期限届满；

(二)公司被依法宣告破产；

(三)公司发生严重亏损，或因不可抗力遭受严重损失，无力继续经营；

(四)股东不履行本章程规定的义务，致使公司无法继续经营；

(五)公司未达到其经营目的，同时又无发展前途；

(六)公司违反法律、行政法规，被依法责令关闭；

(七)公司董事会一致决议，决定提前终止合同；

(八)人民法院依据《公司法》第一百八十三条的规定予以裁判解散。

第六十六条　公司终止，应根据《公司法》或《外商投资企业清算办法》的规定，组织清算委员会，按法定程序进行清算。

清算委员会应当对公司的资产、债权、债务进行全面清算，编制资产负债表和财产目录，制订清算方案，提请董事会通过后执行。

清算期间，清算委员会代表公司起诉和应诉。

第六十七条　清算委员会对公司的债务全部清偿后，其剩余的财产按股东实际出资比例进行分配。

第六十八条　清算结束后，由清算委员会提出清算报告，提交董事会或人民法院、审批机关确认（备案）后，依法向登记机关办理注销登记手续。

第十章　附　则

第六十九条　本章程用中文书写。

第七十条　本章程如与中国的法律和行政法规抵触，以中国法律和行政法规规定为准。

第七十一条　本章程经审批机关批准后生效。

第七十二条　本章程于××××年×月×日由股东在＿＿＿＿＿＿签署。

股东（签章）　　　　　　　　股东（签章）

年　月　日　　　　　　　　年　月　日

（引自重庆市工商行政管理局网站）

# 八　企业人事管理制度

## 概念

企业人事管理制度是用来规范公司职工的行为、明确人事工作流程与办事方法的应用文。它不仅可用来规范员工的行为，而且是保障其合法权益的重要文件。

## 格式写法

公司人事管理制度一般由标题、正文和落款组成。

1. 标题。标题由公司名称加“人事管理制度”组成。

2. 正文。正文写作采用章节条款式。一般包括的内容为：总则、录用、保证、工作、待遇、休假、请假、奖励、惩罚、考核、加班、出差、培训、升迁、福利与津贴、退休、遣散、安全与卫生等。

3. 落款。注明制定单位名称及日期。

## 注意事项

要制定出有效的企业人事管理制度，必须统筹考虑各方面的因素，以有利于调动员工的积极性和创造性为宗旨。

【例文】

## ××公司人事管理制度

### 第一章　总　则

第一条　为使本公司人事作业规范化、制度化和统一化，使公司对员工的管理有章可循，提高工作效率和员工责任感、归属感，特制定本制度。

第二条　适用范围：

（一）本公司员工的管理，除遵照国家和地方有关法规外，都应依据本制度办理。

（二）本制度所称员工，系指本公司聘用的全体从业人员。

（三）本公司如有临时性、短期性、季节性或特定性工作，可聘用临时员工，临时员工的管理依照合同或其他相应规定，或参照本规定办理。

（四）关于试用、实习人员、新进员工的管理参照本规定办理或修订之。

### 第二章　录　用

第三条　本公司各部门如因工作需要必须增加人员时，应先依据人员甄选流程提出申请，经相关负责人批准后，由人事部门统一纳入聘用计划并办理甄选事宜。

第四条　本公司员工的甄选，以学识、能力、品德、体格及适合工作所需要条件为准，采用考核和面试两种方法，依实际需要选择其中一种实施或两种并用。

第五条　新进人员经考核或面试合格和审查批准后，由人事部门办理试用手续。原则上员工试用期3个月，期满合格后，方得正式录用；但成绩优秀者，可适当缩短其试用时间。

第六条　试用人员报到时，应向人事部送交以下证件：

（一）毕业证书、学位证书原件及复印件。

（二）技术职务任职资格证书原件及复印件。

（三）身份证原件及复印件。

（四）一寸半身免冠照片两张。

（五）服务承诺书。

（六）其他必要的证件。

第七条　凡有下列情形者，不得录用：

（一）剥夺政治权利尚未恢复者。

（二）被判有期徒刑或被通缉，尚未结案者。

（三）吸食毒品或有其他严重不良嗜好者。

（四）贪污、拖欠公款，有记录在案者。

（五）患有精神病或传染病者。

（六）因品行恶劣，曾被政府行政机关惩罚者。

（七）体格检查不合格者。经总经理特许者不在此列。

（八）其他经本公司认定不适合者。

第八条　员工如系临时性、短期性、季节性或特定性工作，视情况与本公司签订“定期工作协议书”，双方共同遵守。

第九条　试用人员如因品行不良，工作欠佳或无故旷职者，可随时停止试用，予以辞退。

第十条　员工录用分派工作后，应立即赴所分配的地方工作，不得无故拖延推诿。

## 第三章　工作守则

第十一条　员工应遵守本公司一切规章、通告及公告。

第十二条　员工应遵守下列事项：

（一）忠于职守，服从领导，不得有敷衍塞责的行为。

（二）不得经营与本公司类似或职务上有关的业务，不得兼任其他公司的职务。

（三）全体员工必须不断提高自己的工作技能，强化品质意识，圆满完成各级领导交付的工作任务。

（四）爱护公物，未经许可不得私自将公司财物携出公司。

（五）工作时间不得中途任意离开岗位，如需离开应向主管人员请准后方可离开。

（六）员工应随时注意保持作业地点、宿舍及公司其他场所的环境卫生。

（七）员工在作业时不得怠慢拖延，不得做与本职工作无关的事情。

（八）员工应团结协作，同舟共济，不得有吵闹、斗殴、搭讪攀谈、搬弄是非或其他扰乱公共秩序的行为。

（九）不得假借职权贪污舞弊，收受贿赂，或以公司名义在外招摇撞骗。

（十）员工对外接洽业务，应坚持有理、有利、有节的原则，不得有损害本公司名誉的行为。

（十一）各级主管应加强自身修养，领导所属员工同舟共济，提高工作情绪和满意程度，加强员工安全感和归属感。

（十二）按规定时间上下班，不得无故迟到早退。

第十三条　公司实行每日8小时工作制　公司总部：上午8:00~12:00；下午2:00~6:00。以后如有调整，以新公布的工作时间为准。

第十四条　所有员工应亲自打卡计时，不得委托或代人打卡，否则双方均按旷工一日处理。

第十五条　实行弹性工作制的，采取由各部门主管记录工作人员的工作时间（含加班时间）、本人确认、部门备案的考勤方法。

第十六条　员工如有迟到、早退或旷工等情形，依下列规定处理：

（一）迟到、早退

1. 员工均需按时上、下班，工作时间开始后15分钟内到班者为迟到。

2. 工作时间终了前15分钟内下班者为早退。

3. 员工当月内迟到、早退合计每3次以旷职（工）半日论。

4. 超过15分钟才打卡者以旷职（工）半日论，因公外出或请假经主管在卡上签字或书面说明者除外。

5. 无故提前15分钟以上下班者，以旷职（工）半日论。因公外出或请假者需经主管签字证明。

6. 上下班忘打卡者，应由部门主管在卡上或有效工作时间考核表上签字。

（二）旷职（工）

1. 未经请假或假满未经续假而擅自不到职以旷职（工）论处。

2. 委托或代人打卡或伪造出勤记录者，一经查明属实，双方均以旷职（工）论处。

3. 员工旷职（工），不发薪资及奖金。

4. 连续旷职3日或全月累计旷职6日或一年累计旷职达12日者，予以除名，不发给资遣费。

第四章　待　遇

第十七条　本公司依照兼顾企业的维持与发展和工作人员生活安定及逐步改善的原则，以贡献定报酬、凭责任定待遇，给予员工合理的报酬和待遇。

第十八条　员工的基本待遇有工资、奖金和补贴。

第十九条　月薪工资在次月15日前发放或存入员工在内部银行的账户。新进人员从报到之日起薪，离职人员自离职之日停薪，按日计算。

第五章　休　假

第二十条　按国家规定，员工除星期五下午、星期六、星期日休息外，还享有以下有薪假日：元旦：1天，春节：3天，清明节：1天，劳动节：1天，端午节：1天，中秋节：1天，国庆节：3天。由于业务需要，公司可临时安排员工于法定的公休日、休假日照常上班。

第二十一条　一般员工连续工龄满两年后，每年可获得探亲假一次，假期为6天，工龄每增加一年假期延长2天，最长15天。员工探亲假期间，原待遇不变。

第二十二条　探亲可以报销火车硬座票及长途汽车票，此外超支由本人负责。

未婚员工探亲只能探父母，已婚员工探亲只限探配偶，每年限一次。

第二十三条　夫妻在同一城市工作的员工不能享受探亲的路费报销，可以享受假期。连续工龄每满4年可报销一次探望父母的路费，不另给探亲假。

第二十四条　春节休假或探亲的员工，不在15天休假以外再增加春节假，在公司工作的职工按国家规定安排休息。需安排加班或值班的按规定发给加班工资或值班补贴，如安排补休，则不计发加班工资和值班补贴。

第二十五条　对于放弃休假或探亲假的员工，公司给予适当奖励。

第六章　请　假

第二十六条　员工请假和休假可分为八种，其分类、审批及薪资规定见本制度附表。(附表略)

第七章　加　班

第二十七条　安排劳动者延长工作时间的，支付不低于工资百分之一百五十的工资报酬；休息日安排劳动者工作又不能安排补休的，支付不低于工资百分之二百的工资报酬；法定休假日安排劳动者工作的，支付不低于工资百分之三百的工资报酬。

第二十八条　员工如在加班时间内擅离职守，除不计有效工作时间外，就其加班时间按旷职(工)论处。

第八章　出　差

第二十九条　公司根据需要安排员工出差，受派遣的员工，无特殊理由应服从安排。

第三十条　员工出差在外，应注意人身及财物安全，遵纪守法，按公司规定的标准使用交通工具，合理降低出差费用。

第三十一条　公司对出差的员工按规定标准报销费用和交通费用，并给予一定的生活补贴，具体标准见公司的意见办理。

第三十二条　出差人员返回公司后，应及时向主管叙职，并按规定报销或核销相关费用。

第九章　培　训

第三十三条　为提高公司员工的业务、知识技能及发挥其潜在智能，使公司人力资源能适应本公司日益迅速发展的需要，公司将举行各种教育培训活动，被指定员工不得无故缺席，确有特殊原因，应按有关请假制度执行。

第三十四条　新员工进入公司后，须接受公司概况与发展的培训以及不同层次、不同类别的岗前专业培训，培训时间应不少于20小时，合格者方可上岗。新员工培训由公司根据人员录用的情况安排，在新员工进入公司的前3个月内进行，考核不合格者不再继续留用。

第三十五条　员工调职前，必须接受将要调往岗位的岗前专业性培训，直到能满足该岗位的上岗要求。特殊情况经将调往部门的主管同意，可在适当的时间另行安排培训。

第三十六条　对于培训中成绩优秀者，除通报表彰外，可根据情况给予适当物质奖励；对未能达到要求者，可适当延长其培训期。

第三十七条　公司所有员工的培训情况均应登记在相应的《员工培训登记卡》上。《员工培训登记卡》由人事部保存在员工档案内。

第三十八条　公司对员工在业余时间（不影响本职工作和任务的完成）内，在公司外接受教育和培训予以鼓励，并视不同情况可给予全额报销学杂费、部分报销学杂费、承认其教育和培训后的学历等支持。

第十章　调　职

第三十九条　公司基于业务上的需要，可随时调动员工的职务或工作地点，被调员工不得借故拖延或拒不到职。

第四十条　各部门主管在调动员工时，应充分考虑其个性、学识、能力，务使"人尽其才，才尽其用，才职相称"。

第四十一条　员工接到调动通知书后，限在一个月内办完移交手续，前往新职单位报到。

第十一章　保　密

第四十二条　员工所掌握的有关公司的信息、资料和成果，应对上级领导全部公开，但不得向其他任何组织或个人公开或透露。

第四十三条　员工不得泄露业务或职务上的机密，凡是意见涉及公司的，未经上级领导许可，不得对外发表。

第四十四条　明确职责，对于非本人工作职权范围内的机密，做到不打听、不猜测，不参与小道消息的传播。

第四十五条　非经发放部门或文件管理部门允许，员工不得私自复印和拷贝有关文件。

第四十六条　树立保密意识，涉及公司机密的书籍、资料、信息和成果，员工应妥善保管，若有遗失或被偷窃，应立即向上级主管汇报。

第四十七条　发现其他员工有泄密行为或非本公司人员有窃取机密行为和动机，应及时制止并向上级领导汇报。

第十二章　考　核

第四十八条　员工考核分为试用考核和平时考核。

（一）试用考核：员工试用期间（3个月）由试用部门主管负责考核，期满考核合格者，填具"试用人员考核表"，经总经理或主管副总裁批准后正式录用。

（二）平时考核：由各部门依照通用的考核标准和具体的工作指标考核标准进行。通用的考核标准和考核表由人事部与经理室共同拟制及修订，具体的工作指标考核标准由部门经理负责拟制及修订。部门经理及其以上人员每6个月考核一次，其他人员每3个月考核一次，特殊人员可由主管和副总经理决定其考核的时间期限。

第四十九条　部门经理以下人员的考核结果由各部门保存，作为确定薪酬、培养晋升的重要依据。部门经理及其以上人员的考核结果由总经理室保存，作为确定部门业绩、对公司的评价、薪酬及奖励、调职的依据。

第五十条　考核人员应严守秘密，不得有营私舞弊或贻误行为。

## 第十三章　奖　惩

第五十一条　员工的奖励分为以下三种：

（一）嘉奖：由员工的直属主管书面提出，部门经理批准，奖给不超过200元的现金或纪念品。

（二）表彰：由员工所在部门经理书面提出，总经理批准，奖给不超过1 000元的现金或纪念品，同时由总经理签署表彰证书。

（三）特别奖：由员工所在部门的经理书面提出，总经理及相关委员会评议后，总经理批准，并由人事部备案，每年公布一次，对获得特别奖的员工除奖给一定额度的奖金和发给由公司总经理签署的证书外，还可根据实际情况晋升1～3级工资。

第五十二条　有下列情形之一者给予嘉奖：

（一）品行端正，工作努力，按时完成重大或特殊事务者。

（二）培训考核，成绩优秀者。

（三）热心服务，有具体事实者。

（四）有显著的善行佳话，足为公司荣誉者。

（五）在艰苦条件下工作，足为楷模者。

（六）检举违规或损害公司利益者。

（七）发现职责外的危机予以速报或妥善处理防止损害者。

第五十三条　有下列情形之一者，予以表彰：

（一）对销售或管理制度提出改进建议，经采纳实施，卓有成效者。

（二）遇有灾难，勇于负责，处理得当者。

（三）遇有意外或灾害，奋不顾身，不避危难，因而减少损害者。

（四）维护员工安全，冒险执行任务，确有功绩者。

（五）维护公司重大利益，避免重大损失者。

（六）有其他重大功绩者。

第五十四条　有下列情形之一者,授予特别奖:

(一)兢兢业业,不断改进工作,业绩突出者。

(二)热情为用户服务,经常得到用户书面表扬,为公司赢得很高信誉,成绩突出者。

(三)开发新客户,市场销售成绩显著者。

(四)有其他特殊贡献,足为全公司表率者。

第五十五条　员工的惩罚分为五种:

(一)罚款:由主管或有关部门负责人书面提出,员工所属部门经理批准后执行。

(二)批评:由员工的主管或有关人员书面提出,报部门备案。

(三)记过:由员工所属经理书面提出,主管经理审核、批准,报人事部执行,并下达通知,受记过者同时扣发当月奖金。

(四)降级:由员工所属部门经理书面提出,主管经理审核批准后报人事部执行。

(五)除名:由员工所属部门经理书面提出,主管经理批准后执行。

第五十六条　有下列情形之一者,予以罚款或批评:

(一)工作时间,擅自在公司推销非本公司产品者。职责所需,经批准者不在此限。

(二)上班时间,躺卧休息,擅离岗位,怠慢工作者。

(三)因个人过失致发生错误,情节轻微者。

(四)妨害工作或团体秩序,情节轻微者。

(五)不服从主管人员合理指导,情节轻微者。

(六)不按规定穿着或佩戴规定上班者。

(七)不能适时完成重大或特殊交办任务者。

(八)对上级指示或有期限的命令,无故未能如期完成者。

(九)在工作场所喧哗、吵闹,妨碍他人工作而不听劝告者。

(十)对同事恶意辱骂或诬害、伪证,制造事端者。

(十一)工作中酗酒以致影响自己和他人工作者。

(十二)公司明文规定其他应处罚款或批评的行为。

第五十七条　有下列情形之一者,予以记过:

(一)擅离职守,致公司蒙受较大损失者。

(二)损毁公司财物,造成较大损失者。

(三)怠慢工作、擅自变更作业方法,使公司蒙受较大损失者。

(四)1 个月内受到批评超过 3 次者。

(五)1 个月内旷职(工)累计达 2 日者。

(六)道德行为不合社会规范,影响公司声誉者。

（七）其他重大违反规定者。

第五十八条　有下列情形之一者，予以降级：

（一）未经许可，兼营与本公司同类业务或在其他单位兼职者，或在外兼营事务，影响本公司公务者。

（二）1 年中记过 2 次者。

（三）散播不利于公司的谣言或挑拨公司与员工的感情，实际影响较轻者。

第五十九条　有下列情形之一者，予以除名：

（一）对同事暴力威胁、恐吓，影响团体秩序者。

（二）殴打同仁，或相互斗殴者。

（三）在公司内赌博者。

（四）偷窃公司或同事财物经查属实者。

（五）无故损毁公司财物，损失重大，或毁、涂改公司重要文件者。

（六）在公司服务期间，受刑事处分者。

（七）1 年中已降级 2 次者。

（八）无故旷职 3 日或全月累计旷职 6 日或 1 年旷职累计达 12 日者。

（九）煽动怠工或罢工者。

（十）吸食毒品或有其他严重不良嗜好者。

（十一）伪造或盗用公司印章者。

（十二）故意泄露公司营业上的机密，致使公司蒙受重大损失者。

（十三）营私舞弊，挪用公款，收受贿赂者。

（十四）利用公司名义在外招摇撞骗，使公司名誉受损害者。

（十五）参加非法组织者。

（十六）有不良行为，道德败坏，严重影响公司声誉或在公司内造成严重不良影响者。

（十七）其他违反法令、规则或规定情节严重者。

## 第十四章　福　利

第六十条　试用人员试用期间不享受意外医疗保险，由其自理。

第六十一条　公司为一般员工办理意外医疗保险，其费用由公司支付。

第六十二条　公司可为员工临时安排住房（外地户口或市内交通不便者），员工按成本支付租金。

第六十三条　本公司依据有关劳动法的规定，发放员工年终奖金，年终奖金的评定方法及额度由公司根据经营情况确定。

## 第十五章　资　遣

第六十四条　若有下列情形之一，公司可对员工予以资遣：

（一）停业或转让时。
（二）业务紧缩时。
（三）因不可抗拒力暂停工作在一个月以上时。
（四）业务性质变更，有减少员工的必要，又无适当工作可安置时。
（五）员工对所担任的工作确不能胜任，且无法在公司内部调整时。
第六十五条　员工资遣的先后顺序：
（一）历年平均考绩较低者。
（二）工作效率较低者。
（三）在公司服务时间较短，且工作能力较差者。
第六十六条　员工资遣通知日期如下：
（一）在公司工作3个月以内（含3个月）者，随时通知。
（二）在公司工作3个月以上未满1年者，于10日前通知。
（三）在公司工作1年以上未满3年者，于15日前通知。
（四）在公司工作3年以上者，于25日前通知。
第六十七条　员工自行辞职或受处罚被除名者，不按资遣处理。
第六十八条　员工资遣，按下列规定发给资遣费：
（一）在公司工作3个月以内（含3个月）者，按当月实际工作天数计发工资。
（二）在公司连续工作3个月以上未满2年者，发给其资遣当月的工资。
（三）在公司连续工作2年以上未满5年者，发给其资遣当月2倍的工资。
（四）在公司连续工作5年以上者，发给其资遣当月3倍的工资。
（五）若因公司亏损、破产或其他意外重大事故导致不能正常经营，资遣费的发放标准依临时董事会研究制定的决定执行。

第十六章　辞　职

第六十九条　员工因故不能继续工作时，应填具“辞职申请”，经主管报公司批准后办理手续，并视需要开给《离职证明》。

第七十条　一般员工辞职，需提前1个月提出申请；责任人员辞职，根据职级的不同，需提前2~3个月提出辞职申请。

第七十一条　辞职的手续和费用结算，按公司文件和有关规定办理。

第十七章　生活与娱乐

第七十二条　公司向员工提供部分生活用具，并有组织地开展一些娱乐活动，以满足员工的基本需要。

第七十三条　公司鼓励员工自己解决住房问题，并适当向新员工提供住宿，以减轻员工的实际困难。

第七十四条　员工租住公司住房时按实际价格缴纳房租、水电费、管理费及其他费用。

第七十五条 公司若提供膳食服务,将按实际价格向员工收取餐费。

第七十六条 公司反对员工生活上的腐化,禁止员工加入打麻将之类的消磨意志的活动和违反国家法律、法令、法规的活动。

第十八章 安全与卫生

第七十七条 本公司各部门应随时注意工作环境安全与卫生设施,以维护员工的身体健康。

第七十八条 员工应遵守公司有关安全及卫生各项规定,以保护公司和个人的安全。

第十九章 附 则

第七十九条 有关办法的制定:有关本公司员工的考核、职位职级晋升、年终奖发放、荣誉、退休、抚恤、各种津贴给付等,其方法另行制定。

第八十条 本制度解释权、修改权归公司总经理办公室。

第八十一条 本制度自颁布之日起生效。

(引自北屯在线网站,略有改动)

## 九 企业质量管理制度

### 概念

企业质量管理制度是企业为提高产品质量、规范生产和服务中的质量要求而制定的文件。

### 格式写法

企业质量管理制度由标题、正文和落款组成。

1. 标题。标题由企业名称加"质量管理制度"组成。

2. 正文。正文一般包括的内容为:质量政策、管理组织及结构、质量体系、要求与承诺、质量方针、评审、资源管理、人力资源、基础设施、产品设计与开发、生产与服务的提供、测量和分析、不合格产品的控制、客户关系管理和改进措施等。

3. 落款。应注明制定单位名称及日期;有的应注明签发人、责任人姓名和日期。

## 注意事项

1. 制定企业质量管理制度，应当考虑到外部环境条件、顾客及企业员工的切身利益、激励措施以及职责、义务履行等方面的因素，力求使制度完善、实用并体现人性化。

2. 制定企业质量管理制度，需要经验丰富的质量管理人员同企业各部门、各位员工联络沟通，以使制度得到更好的实施和完善。

【例文】

### ××企业质量管理制度

第一条　总经理的质量管理责任

1. 认真贯彻执行国家关于产品质量方面的法律、法规和政策。

2. 负责领导和组织企业质量管理的全面工作，确定企业质量目标，组织制定产品质量发展规划。

3. 督促检查企业质量管理工作的开展情况，确保实现目标。

4. 随时掌握企业产品质量情况，对影响产品质量的重大技术性问题，组织有关人员进行检查。

5. 负责处理重大质量事故。

6. 经常分析企业产品质量情况，负责产品质量的奖惩工作。对一贯重视产品质量的先进典型和先进个人进行表彰和奖励；对出了废品的严重质量事故，要查明原因，分清责任，严肃对待，情节恶劣的要给予经济处罚或降职处分。

7. 负责组织抓好质量管理教育，领导全公司员工开展产品质量活动，对产品质量的薄弱环节和重大质量问题，组织质量攻关。

8. 为使产品质量满足用户要求，由总经理组织征求用户意见，搞好信息反馈工作，将用户意见向全公司公布，并根据用户意见及时研究改进提高质量的措施，认真解决用户所反映的问题。

9. 带领全公司各基层领导和员工，高标准，严要求，统筹抓好质量管理工作。

第二条　分管生产、技术副总经理的质量管理责任

1. 在总经理的领导下对全公司的质量管理工作负主要责任。

2. 认真贯彻执行国家关于产品质量方面的法律和政策。

3. 组织制定企业标准的规划目标。

4. 针对影响产品质量的技术性难题，制定有关方案，并负责领导实施。

5. 针对产品质量薄弱环节，发动员工进行质量攻关，大搞技术革新，切实解决影响产品质量的因素，努力提高产品质量。

6. 组织全公司质量攻关活动，认真总结交流提高产品质量的经验，制定赶超国

内外先进水平的规划，落实提高产品质量的措施。

7. 协助总经理处理重大责任事故，并组织有关部门分析原因，提出改进措施。

8. 经常听取质量检查的汇报，积极支持技术检查部门的工作，努力提高产品质量。

9. 负责组织基层领导定期召开质量分析会议，征求意见，采纳合理化建议，抓好质量管理工作。

10. 协调技术部门、生产部门之间的关系，确保产品质量的不断提高。

第三条　物资采购部门的质量管理责任

企业生产所需各种材料的优劣直接关系着产品质量的优劣。为了提高产品质量，满足用户要求，采购人员要积极地采购符合企业质量标准的材料，确保生产正常。

1. 备品备件。专用器材、化工原料等的采购，必须符合生产技术要求，经质检不符合技术质量标准要求的，必须办理退货手续。

2. 经化验检查不符合标准的材料，不准入库，更不准投入生产。

第四条　仓储部门的质量管理责任

1. 在办理生产所用原材料入库时，一定要查验货物是否附有质量检测部门所出具的化验分析或检测报告单。没有报告单或虽有报告单，但未经质检的货物，一律不办理入库手续。

2. 入库货物要分类存放，要根据货物的特性，采取必要的防护措施，做到防锈、防腐、防霉烂、防变形、防损失等，以确保储存过程中不损坏、不变质、不变形。

第五条　设备部的质量管理责任

1. 在自制备品备件的加工过程中，一定要严格按照图纸及加工要求进行加工，并保证备品备件的加工质量，经质量检测合格后方可办理入库。

2. 在提出备品备件的技术要求时，应做到数量、规格、型号、性能、产地准确清晰，不得有误，以保证所购备品备件的技术要求。

3. 及时对所购进备品备件进行质量检查、验收，并出具检查报告。

第六条　调度室的质量管理责任

计划调度人员必须牢固树立“质量第一”的思想，要紧紧围绕产品质量、产量搞好组织协调、监督、平衡工作。

第七条　财务部的质量管理责任

认真开展质量成本的核算与分析工作，协助技术部门搞好产品质量的技术经济分析工作。

第八条　销售部的质量管理责任

1. 严格按照销售合同规定组织发货，产品质量要符合用户要求，不得有误，对造成延误而产生的损失将追究责任。

2. 定期走访用户，负责收集用户对我公司所提出的意见，进行汇总分析后，向有关领导汇报。

第九条　企营部的质量管理责任

1. 针对我公司产品生产情况，组织有关人员进行质量管理培训学习，提高技术水平和操作技能，增强生产一线员工的质量意识。

2. 积极采用现代化管理手段，提高企业的产品质量。

第十条　生产部、原料部的质量管理责任

1. 在领料时，要严格按照工艺规程对原材料的质量和技术性能要求，不得擅自改变有关技术标准。

2. 在投料时，要按工艺规程规定的原料配比进行，按照计量的要求进行精确计量。

3. 积极配合技术部对工艺规程进行修改，不断提高工艺规程的合理性、科学性。

4. 认真做好技术部在生产流程中设置的工艺质量控制点上进行半成品质量检测分析工作。

5. 随时接受技术部质检部门的质量监督和技术指导。

6. 积极协助有关部门为提高产品质量而进行的技术改造工作。

7. 积极协助有关部门汇报生产中所出现的质量问题，不得隐瞒事实真相。在合理的工艺规程指导下，必须对整个生产控制过程和产品质量负责，同时也必须对产品在用户使用时与生产相关的质量负责。

第十一条　技术部的质量管理责任

1. 负责制定工艺规程及产品质量标准，随着产品质量的不断提高，工艺规程要不断进行修改和补充。修改补充必须经过分管副总经理的审批，对与工艺规程有关的质量负责。

2. 应向采购部门提供符合工艺要求的原料质量标准，并由专人检验入厂的各种原材料。不合格的原材料经过加工仍达不到使用要求的，为确保质量应提出改进措施，报总经理或常务副总经理批准后，方可投产。

3. 负责会同有关部门制定和提出原材料、半成品及生产过程的检验项目和检查方法，并经常检查执行情况和组织统一操作。企业使用的标准试剂由技术部统一分配。对试剂和所使用的仪器的准确性负责，并应定期校正。

4. 协助副总经理组织全公司的质量活动，总结交流提高质量的经验，制定提高产品质量的措施，制定赶超国内外先进水平和提高产品质量的计划，定期组织质量分析会，并把有关情况向总经理和分管经理汇报，经常组织化验人员参加学习，提高技术管理水平。

5. 为了提高产品质量，赶超国内外先进水平，负责收集整理和交流国内外技术情报，并建立技术档案。

6. 实行专职质检人员与生产责任人自检相结合，专职检查人员要认真、负责、及时将检查结果通知有关部门，共同把好质量关，对出厂成品评定的等级负直接检查的责任，不得弄虚作假，以次充好。

7. 对所用的检测仪器的准确性负责，应定期进行校正，严格操作规程和维护保养规定，为保证产品质量创造条件。

第十二条 生产部管理人员的质量责任

1. 深入进行"质量第一"的思想教育，认真执行以"预防为主"的方针，组织好自检、互检，支持专职检验人员的工作，把好质量关。

2. 严格贯彻执行工艺和技术操作规程，有组织、有秩序地文明生产，保持环境卫生，提高产品质量。

3. 掌握本单位的质量情况，表扬重视产品质量的好人好事，对不重视产品质量的员工进行批评教育。

4. 组织车间员工参加技术学习，针对主要的质量问题提出课题，发动员工开展技术革新与合理化建议活动，对产品质量存在的问题和质量事故要分析原因，积极向有关部门提出，共同研究解决。

5. 对不合格产品进入其他部门，要负主要责任。

第十三条 生产班组长的质量管理责任

坚持"质量第一"的方针，对本班组人员进行质量管理教育，认真贯彻执行质量制度和各项技术规定。

1. 尊重专检人员的工作，并组织好自检、互检活动，严禁弄虚作假行为，开好班级质量分析会，充分发挥班组质量管理的作用。

2. 严格执行工艺和技术操作规程，建立员工的质量责任制，重点抓好影响产品质量关键岗位的工作。

3. 组织有序的文明生产，保证质量指标的完成。

4. 组织本班组参加技术学习，针对影响质量的关键因素开展革新和合理化建议活动，积极推广新工艺、新技术，开展交流和技术协作，帮助员工练好基本功，提高技术水平和质量管理水平。

5. 组织班组员工对质量事故进行分析，找出原因，提出改进办法。

第十四条 员工的质量管理责任

1. 要牢固树立"质量第一"的思想，精益求精，做到好中求多，好中求快，好中求省。

2. 要积极参加技术学习，做到四懂：懂产品质量要求、懂工艺技术、懂设备性能、懂检验方法。

3. 严格遵守操作规程，对本单位的设备、仪器、仪表，做到合理使用、精心使用、精心维护、经常保持良好状态。

4. 认真做好自检与互检，勤检查，及时发现问题，及时通知下一个岗位，做到人人把好质量关。

5. 对产品质量要认真负责，确保表里一致，严禁弄虚作假。

签发人：×××

责任人：×××

××××年×月×日

（引自神州企业管理培训网）

## 十　企业财务管理制度

### 概念

财务管理制度是企业为了实现预期盈利目标，对生产经营过程所需的各种资金的形成、分配和使用所制定的综合性管理文书。

### 格式写法

企业财务管理制度由标题、正文和落款组成。

1. 标题。标题由企业名称加“财务管理制度”组成，或省略企业名称。

2. 正文。综合性财务管理制度应包括的内容为：总则、财务机构及财务人员、资金的筹措、投资经营、流动资金的管理、现金管理、费用管理、会计核算的原则、固定资产管理、成本与费用的预算、销售和利润的核算以及报销制度等。

3. 落款。应注明制定单位名称及日期。

### 注意事项

1. 必须遵循国家统一规定。《企业会计制度》、《企业财务通则》和具体会计准则等是国家进行宏观财务管理的财务法规，也是企业财务活动必须遵循的原则。制定企业内部财务管理制度，必须依据并遵循这些原则规定，确保国家财务法规的有效实施。

2. 必须充分体现企业生产经营的特点及管理要求。不同企业的生产规模、经营方式、组织形式不尽相同，财务活动的方式方法也不可能完全一致。制定有效的企业内部财务管理办法，既要遵循国家统一规定，也要充分考虑生产经营特点和管理要求，使其具有较强的可操作性，特别是国家赋予的理财自主权，企业应在内部财务管理办法中具体化。

3. 必须全面规范企业的各项财务活动。企业的财务活动贯穿于生产经营的全过程，财务管理也必须是对全过程的管理。企业制定内部财务管理制度，应当体现全面性的原则；同时，对属于微观财务管理范围而在国家财务法规中未涉及的内容有所规定，以确保企业财务活动有序运行。

【例文】

## ××公司财务管理制度

### 第一章　总　则

第一条　为加强公司的财务工作，发挥财务在公司经营管理和提高经济效益中的作用，特制定本规定。

第二条　公司财务部门的职能

（一）认真贯彻执行国家有关的财务管理制度和税收制度，执行公司统一的财务制度。

（二）建立健全财务管理的各种规章制度，编制财务计划，加强经营核算管理，反映、分析财务计划的执行情况，检查监督财务纪律的执行情况。

（三）积极为经营管理服务，通过财务监督发现问题，提出改进意见，促进公司取得较好的经济效益。

（四）厉行节约，合理使用资金。

（五）合理分配公司收入，及时上缴税收及管理费用。

（六）积极主动与有关机构及财政、税务、银行部门沟通，及时掌握相关法律法规的变化，有效规范财务工作，及时提供财务报表和有关资料。

（七）完成公司交给的其他工作。

第三条　公司财务部由财务经理、会计、出纳和审计人员组成。

第四条　公司各部门和职员办理财会事务，必须遵守本规定。

### 第二章　财务工作岗位职责

第五条　财务经理负责组织本公司的下列工作：

（一）编制和执行预算、财务收支计划、信贷计划，拟订资金筹措和使用方案，开辟财源，有效地使用资金。

（二）进行成本费用预测、计划、控制、核算、分析和考核，督促本公司有关部门降低消耗、节约费用，以提高经济效益。

（三）建立健全经济核算制度，利用财务会计资料进行经济活动分析，及时向总经理提出合理化建议。

（四）组织领导财务部门的工作，分配和监督其他人员的工作任务，制定考核奖惩指标。

（五）负责建立和完善公司已有的财务核算体系、生产管理控制流程、成本归集分配制度。

（六）承办公司领导交办的其他工作。

第六条　会计的主要工作职责

（一）按照国家会计制度的规定记账、复账、报账，做到手续完备、数字准确、账目清楚、按期报账。

（二）按照经济核算原则，定期检查、分析公司财务、成本和利润的执行情况，挖掘增收节支潜力，考核资金使用效果，当好公司参谋。

（三）妥善保管会计凭证、会计账簿、会计报表和其他会计资料。

（四）完成总经理或财务经理交付的其他工作。

第七条　出纳的主要工作职责

（一）认真执行现金管理制度。

（二）严格执行库存现金限额，超过部分必须及时送存银行，不坐支现金，不用白条抵现金。

（三）建立健全现金出纳各种账目，严格审核现金收付凭证。

（四）严格支票管理制度，编制支票使用手续。支票经总经理签字后，方可生效。

（五）积极配合银行做好对账、报账工作。

（六）配合会计做好各种账务处理。

（七）完成总经理或财务经理交付的其他工作。

第八条　审计的主要工作职责

（一）认真贯彻执行有关审计管理制度。

（二）监督公司财务计划的执行、决算、预算外资金收支、与财务收支有关的各项经济活动及其经济效益。

（三）详细核对公司各项与财务有关的数字、金额、期限和手续等是否准确无误。

（四）审阅公司的计划资料、合同和其他有关经济资料，以便掌握情况，发现问题，积累证据。

（五）纠正财务工作中的差错弊端，规范公司的经济行为。

（六）针对公司财务工作中出现问题产生的原因提出改进建议和措施。

（七）完成总经理或财务经理交付的其他工作。

## 第三章　财务工作管理

第九条　会计年度自1月1日起至12月31日止。

第十条　会计凭证、会计账簿、会计报表和其他会计资料必须真实、准确、完整,并符合会计制度的规定。

第十一条　财务工作人员办理会计事项必须填制或取得原始凭证,并根据审核的原始凭证编制记账凭证。会计、出纳员记账,必须在记账凭证上签字。

第十二条　财务工作人员应当会同总经理办公室专人定期进行财务清查,保证账簿记录与实物、款项相符。

第十三条　财务工作人员应根据账簿记录编制会计报表上报总经理,并报送有关部门。

会计报表每月由会计编制,财务经理负责审核,并上报。会计报表须经财务经理、总经理签名或盖章。

第十四条　财务工作人员对本公司的各项经济实行会计监督。

财务工作人员对不真实、不合法的原始凭证不予受理;对记载不准确、不完整的原始凭证予以退回,要求更正、补充。

第十五条　财务工作人员发现账簿记录与实物、款项不符时,应及时向总经理或主管副总经理书面报告,并请求查明原因,做出处理。财务工作人员对上述事项无权自行做出处理。

第十六条　财务工作应当建立内部稽核制度,并做好内部审计。出纳人员不得兼管稽核、会计档案保管和收入、费用、债权和债务账目的登记工作。

第十七条　财务审计每季一次。审计人员根据审计事项实行审计,并做出审计报告,报送总经理。

第十八条　财务工作人员调动工作或者离职,必须与接管人员办清交接手续。

财务工作人员办理交接手续,由行政办公室主任、主管副总经理监交。

## 第四章　支票管理

第十九条　支票由出纳员或财务经理指定的专人保管。支票使用时须有“请购审批单”,经财务经理、总经理批准签字,然后将支票按批准金额封头,加盖印章、填写日期、用途、登记号码,领用人在支票领用簿上签字备查。

第二十条　支票付款后凭支票存根,发票由经手人签字、会计核对(购置物品由保管员签字),财务经理、总经理审批。填写金额要无误,完成后交出纳人员。出纳员统一编制凭证号,按规定登记银行账户。原支票领用人在“支票借款单”及登记簿上注销。

第二十一条　支票借款应在签发支票之日起5个工作日内清算,对超期的,财务人员月底清账时凭“支票借款单”转应收个人款,发工资时从领用工资内扣还,当月工资扣还不足,逐月延扣以后的工资,领用人完善报账手续后再补发工资。

第二十二条　对于报销时短缺的金额,由支票领用人办理现金借款手续,并按现金借款管理规定执行。凡一周内支出款项累计超过 10 000 元或现金支出超过 5 000元时,会计或出纳人员应用文字报告财务经理。

第二十三条　凡 1 000 元以上的款项进入银行账户两日内,会计或出纳人员应用文字报告财务经理。

第二十四条　公司财务人员支付(包括公私借用)每一笔款项,不论金额大小均须财务经理会同总经理联合签字。总经理外出应由财务人员设法通知,经总经理授权可委托其他负责人代签,同意后可先付款后补签。

第五章　现金管理

第二十五条　公司可以在下列范围内使用现金:

(一)职员工资、津贴、奖金。

(二)个人劳务报酬。

(三)出差人员必须携带的差旅费。

(四)结算起点以下的零星支出。

(五)总经理批准的其他开支。

前款结算起点定为 1 000 元。结算规定的调整,由总经理确定。

第二十六条　除本规定第二十五条外,财务人员支付个人款项,超过使用现金限额的部分,应当以支票支付;确需全额支付现金的,经财务经理审核,总经理批准后支付现金。

第二十七条　公司购置固定资产、原料辅料,车辆保管维修,代办运输费用,购买办公用品、劳保用品、福利用品及其他工作用品,必须采取转账结算方式,不得使用现金。

第二十八条　日常零星开支所需库存现金限额为 5 000 元。超额部分应存入银行。

第二十九条　财务人员支付现金,可以从公司库存现金限额中支付或从银行存款中提取,不得从现金收入中直接支付(即坐支)。因特殊情况确需坐支的,应事先报经财务经理批准。

第三十条　财务人员从银行提取现金,应当填写《现金借款单》,并写明用途和金额,由财务经理批准后提取。

第三十一条　公司职员因工作需要借用现金,需填写《借款单》,经会计审核,交财务经理、总经理批准签字后方可借用;并按借款审批程序第二条执行。超过还款期限即转应收款,在当月工资中扣还。

第三十二条　符合本规定第二十五条的,凭发票、工资单、差旅费单及公司认可的有效报销或领款凭证,经手人签字,会计审核,财务经理、总经理批准后由出纳支付现金。

第三十三条　发票及报销单经总经理批准后，由会计审核、经手人签字，金额数量无误，填制记账凭证。

第三十四条　工资由财务人员依据行政办公室及各部门每月提供的核发工资资料代理编制职员工资表，交主管副总经理审核，财务经理、总经理签字，财务人员按时提款，当月发放工资，填制记账凭证，进行账务处理。

第三十五条　差旅费及各种补助单（包括领款单），由部门经理签字，会计审核时间、天数无误并报财务经理复核后，送总经理签字，填制凭证，交出纳员付款，办理会计核算手续。

第三十六条　无论何种汇款，财务人员都须审核《汇款通知单》，分别由经手人、部门经理、财务经理、总经理签字，会计审核有关凭证。

第三十七条　出纳人员应当建立健全现金、银行存款账目，逐笔记载现金、银行款项支付。账目应当日清月结，每日结算，账款相符。

## 第六章　会计档案管理

第三十八条　凡是本公司的会计凭证、会计账簿、会计报表、会计文件和其他有保存价值的资料，均应归档。

第三十九条　会计凭证应按月、按编号顺序每月装订成册，标明月份、季度、年，起止号数、单据张数，由会计及有关人员签名盖章（包括制单、审核、记账、主管），由财务经理指定专人归档保存，归档前应加以装订。

第四十条　会计报表应分月、季、年报按时归档，由财务经理指定专人保管，并分类填制目录。

第四十一条　会计档案不得携带外出，凡查阅、复制、摘录会计档案，须经财务经理批准。

## 第七章　处罚办法

第四十二条　出现下列情况之一的，对财务人员予以警告并扣发本人月薪的1～3倍：

（一）超出规定范围、限额使用现金的或超出核定的库存现金金额留存现金的。

（二）用不符合财务会计制度规定的凭证顶替银行存款或库存现金的。

（三）未经批准，擅自挪用或借用他人资金（包括现金）或支付款项的。

（四）利用账户替其他单位和个人套取现金的。

（五）未经批准坐支或未按批准的坐支范围和限额坐支现金的。

（六）保留账外款项或将公司款项以财务人员个人储蓄方式存入银行的。

（七）违反本规定条款认定应予处罚的。

第四十三条　出现下列情况之一的，财务人员应予解聘：

（一）违反财务制度，造成财务工作严重混乱的。

（二）拒绝提供或提供虚假的会计凭证、账表、文件资料的。

（三）伪造、变造、谎报、毁灭、隐匿会计凭证、会计账簿的。

（四）利用职务便利，非法占有或虚报冒领、骗取公司财物的。

（五）弄虚作假、营私舞弊，非法谋私，泄露秘密及贪污挪用公司款项的。

（六）在工作范围内发生严重失误或者由于玩忽职守致使公司利益遭受损失的。

（七）有其他渎职行为和严重错误，应当予以辞退的。

第八章　附　则

第四十四条　相关制度：

（一）财务负责人工作责任制度。

（二）出纳作业处理准则。

（三）会计核算基础工作规范。

（四）借款及各项费用开支标准审批程序。

（五）其他有待补充完善的财务管理制度。

第四十五条　本规定由公司财务部负责解释。

第四十六条　本规定自发布之日起生效试行。

（引自商易网）

# 第四章

# 信息传播文书

## 一 商务消息

### 概念

商务消息是对商务活动中有新闻价值的事实的简要报道，是新闻媒介（报刊、广播、电视、网络等）报道商务活动时所使用的主要体裁。常见的商务消息主要有动态消息、综合消息、典型消息和述评消息等。

### 格式写法

商务消息通常由标题、消息头（电头）、导语、主体、背景及结尾六部分组成。

1. 标题。消息的标题不仅是全文的"眉目"，还是内容的高度概括，具有提示报道内容、吸引并引导受众阅读理解以及美化版面的作用。常见的消息标题有三种形式：一是由引题、主题、副题组成的"完全式标题"，这种标题内容丰富，表义完整。二是由引题、主题或主题、副题组成的"双标题"，这种标题有实有虚，相辅相成。三是只有主题的"单标题"，这种标题简洁醒目。消息标题要求做到准确、鲜明、新颖、生动，既与报道内容相吻合，又能激发读者的阅读欲望。写作时，要使标题准确反映全文的主要内容和精神实质，要让作者的态度鲜明地贯彻其中；还要刻意求新，注意寻找并把握消息的个性特征，取新角度着笔，免入俗套。

2. 消息头。"本报讯""××社××地×月×日电"的字样，即为消息头，它是对发出消息的媒体、地点和时间的说明。

3. 导语。导语是一则消息的先导，它紧接电头，或用精粹的文字概括消息最基本、最新鲜的事实，引导全文；或揭示题旨、制造悬念，引起阅读兴趣。写作导语的关键，一要抓住事物特征，从复杂的经济现象中把握主要内容和精神，突出一则消息的特点，使之具有鲜明的个性；二要简明扼要，高度凝练，不要集中太多的事实、概念；三要生动有趣，忌枯燥乏味。

4. 主体。主体承接导语，是对导语的具体阐释、充实和展开，是消息的主干。主体的写作应注意紧扣导语、层次分明、叙述为主。要抓住何时、何地、何人、何事、何果等新闻要素，以简洁精练的文字概括介绍事实，使受众在有限的时间内了解更多的商务信息。

5. 背景。背景材料是与主要事实有关的历史、环境、原因等方面的材料，主要有对比性材料、注释性材料、说明性材料三类。背景材料在消息中位置灵活，可独立成段，也可穿插于导语、主体或结尾之中。若无必要，也可不交代背景。写作背景要简明扼要，勿喧宾夺主。

6. 结尾。精彩的结尾可深化主题，往往耐人寻味。消息结尾的方式有启发式、展望式、总结式、评论式、补充式和引语式等，有的则无专门的结语，写清主要事实便自然作结。

以上六部分是就通常情况下一篇完整的商务消息的构成成分而言的，并非每篇皆备，应视内容需要灵活处理。

## 注意事项

1. 精心制作标题。消息标题的制作，犹如画龙点睛。在贴切表达消息内容的前提下，可选用比喻、借代、排比、拟人、反复、排比等修辞手法及幽默、讽刺的笔法，还可恰当利用成语、诗词、谚语等，以增强其生动性和形象性。

2. 恪守真实原则。真实是新闻的生命，商务消息中的事实必须真实可靠，不允许有任何的虚构、夸张，有关的人名、地名、数据等要准确无误。同时，作者应把握事物的本质，对事实的分析、解释，应符合事物的本来面目，不应曲解、拔高或贬低。虚假的商务消息会造成极坏的社会影响。

3. 报道迅速及时。消息的内容必须是“现在进行时”或“现在完成时”。要突出“新”，行动就必须快。商务消息价值的大小很大程度上取决于是否能够迅速地采写与发表。时效性还体现在报道时机要适宜，要保证社会效果，在政策许可的前提下及时报道，不能为抢消息而盲目求快。

4. 讲究短小精悍。商务消息的职能是迅速及时地把最新的经济事实告诉读者，这就决定了它不能像通讯那样详细地展开情节，只能抓住何时、何地、何人、何事、何果等新闻要素，以简洁精练的文字概括介绍事实，因而商务消息的篇幅一般都很短小，有的甚至只有几十字。这不仅体现了时效性的需要，而且能增加信息量，使受众在有限的时间内了解更多的商务信息。

【例文】

## 京东发布农村金融战略　“京农贷”上线开路

2015－09－25　记者　韦夏怡/北京报道　来源：经济参考报

京东近日发布农村金融战略，将充分发挥京东在渠道下沉、电子商务、互联网金融的巨大优势，紧扣以“农产品进城”、“工业品下乡”为核心的农村经济闭环，设计和打造具有京东特色的农村金融模式。同时，其农村信贷品牌“京农贷”也正式上线，以解决农户在农资采购、农业生产以及农产品加工销售等环节的融资难问题。

京东农村金融负责人洪洁介绍，京东将从信贷、支付、理财、众筹、保险等多方面推动农村金融的发展。而作为京东农村金融战略落地的重点内容之一，“京农贷”针对当前传统农村信贷手续烦琐，效率低以及信贷金额低等痛点，推出无抵押、低利息、放贷快的高契合度信贷产品。

由于信用无法评估，农民难以从传统金融机构获得信用贷款。面对这样的问题，京东金融选择和涉农机构合作，基于合作伙伴、电商平台等沉淀的大数据信息，了解农民的信用水平，并给予相应的授信额度，从而控制风险。

据了解，目前京东金融已经选取山东和四川仁寿作为试点，首次推出两款信贷产品——“先锋京农贷”和“仁寿京农贷”，分别满足农户在农资购买环节和农产品销售环节的信贷需求。

（引自《经济参考报》）

# 二　商务通讯

## 概念

商务通讯是一种比较详细和形象地报道经济领域中具有新闻价值的人物、事件和情况的新闻体裁。它以比商务消息更为丰富的信息容量，详细、具体地报道商务领域的新人、新事、新气象，反映商务活动中的新问题，在经济建设中起着越来越重要的作用。根据报道内容和写作形式的不同，常见的商务通讯有人物通讯、事件通讯、工作通讯和概貌通讯等。

## 格式写法

商务通讯的写作形式多种多样，一般由标题、开头、主体、结尾四部分组成。

1. 标题。通讯的标题没有固定的格式，应在消息标题制作的基础上，追求寓意和美感，强化艺术魅力。

2. 开头。通讯的开头不同于消息的导语，它要求以灵活多样的方式引出新闻事实，引起受众的关注。例如，开篇可以是优美的故事、危急的场面、有趣的情节或精辟的议论等。

3. 主体。主体是通讯的骨干，由生动的情节、人物的言行、客观的评价等交叉组成。写作时要处理好段落、层次、疏密、过渡与照应等问题，使之严密紧凑，错落有致，波澜起伏，浑然一体。

4. 结尾。结尾是通讯主体的自然延伸。精彩的结尾可深化主题，激发联想，加深印象。常用的结尾方式有三种。

(1)总结文旨，提炼升华。应运用理性思维和富于哲理的语言，归纳全文，深化主题。

(2)承接余波，别开生面。从通讯内容引发的联想中，别出新意，拓展主体。

(3)抒发情怀，引起共鸣。以浓郁的抒情色彩，颂扬通讯中人物或事件的精神、意义，感染读者，唤起人们美好的情感，得到强烈的回应。

## 注意事项

无论何种商务通讯的写作都要注意以下四个问题。

1. 注意消息与通讯的区别。通讯由消息演化而来，通讯被称为“形象化的新闻”、“展开了的新闻”(这里的新闻指消息)，西方新闻界称之为“专稿”。消息与通讯都遵循事实真实、报道及时的原则，写作时应把握两者的区别。从时效性讲，消息的时效性在所有新闻体裁中是最强的，要求报道迅速。同一新闻事件，往往是消息先见报端，随后再刊发相关的通讯。不过，现在许多反映重大经济事件的通讯，往往和消息配发，或为消息的后续报道，将消息具体化、形象化。从表达方式来看，消息主要以事实说话，而通讯则运用叙述、描写、议论、抒情等多种手法，具有较强的形象感染力和精神感召力。从选材来看，消息强调新闻价值，选材广泛，内容庞杂；通讯强调典型意义，选材相对较严格。从结构看，消息的程式性强，通讯写作则灵活多样。

2. 选题要有针对性。写作商务通讯，要抓住经济领域中群众普遍关心的热点问题。这就要求作者既要有“政治头脑”，又要有“经济头脑”，从宏观、微观两个方面考察经济现象。在报道主流、肯定成绩的前提下，对经济改革中的新问题、重点问题、热点问题和难点问题“刨根挖底”，取得尽可能多的第一手材料，选择最佳的角度进行报道。

3. 报道突出评论性。作者在叙述事实、描述对象的过程中，自然引申出观点，表明自己的立场。但这种评论不同于议论文的长段逻辑推理，而是针对人物、事件的特点，以蕴含感情的点睛之笔恰当表述，往往以情感人，理在情中。

4. 语言讲究形象性。撰写商务通讯，要有很强的驾驭文字的能力。商务通讯不仅要用事实说话，还要用形象说话，要求有活灵活现的人物形象，有生动的环境和场景描写，有时还有起伏的故事情节，可以融叙述、描写、议论和抒情为一体，运用比喻、象征、拟人等修辞手法，通过典型情节和细节来展示人物和事件的内在风貌。

【例文】

**电商巨头线下圈地　支付将成为真正入口**

2016 年 01 月 04 日 09:52　来源：中国经营报

相对于线上的交易额，线下传统消费市场才是巨大的增量市场。2015 年，是电商巨头们线下疯狂圈地的一年，也是资本纷纷扎堆线下传统产业升级的一年。

然而，线下这个消费场景并非砸钱引流可以解决，也并不是所有的行业都能在补贴中培养起消费习惯。一边是大量死掉的专注于本地生活 O2O 类的创业公司，一边是 BAT 线下攻城略地。2016 年，互联网向线下渗透的趋势不会停止，要想让用户真正形成习惯，还有漫长的路要走。

**本地生活成为"战略要地"**

2015 年初，在"大众创业、万众创新"的鼓舞下，无数怀揣梦想的团队跳进创业大潮，而创业的方向就是"互联网 +"。彼时，针对任何一个传统行业，只要挥舞互联网的"手术刀"就可以获得资本的追捧。因为，在那个时间节点上，已经有传统行业成为"标兵"——出行有滴滴、快的；外卖有饿了么、到家美食汇等。

要知道，上述两个行业都是传统得不能再传统的行业。加上移动互联网立刻颠覆了原有的行业格局，获得倍速的增长。而这增长的背后是资本疯狂的补贴，在打车行业烧钱最厉害的时间点，一个用户，上班车程在 15 元以内，基本可以免费；外卖公司烧钱狠的时候一单外卖 20 元，补贴 15 元，5 元钱便可解决一顿午餐。

有成功标兵，有资本支持，大量的本地生活服务类创业公司冒了出来。上门洗车、上门美容美发、上门洗衣、上门保洁、上门送菜、上门宠物服务等，这些立足于本地生活服务的项目无一例外采用了烧资本的钱补贴用户的模式，希望用户形成消费习惯，产生规模效应。用规模和数据博下一轮资本"接盘侠"。

然而，随着二级市场断崖式跌落，一级资本市场开始"钱紧"，很快，融资市场寒冬来临。对于本地生活服务行业而言，整个 2015 年，上半年和下半年几乎可以说是冰火两重天。上半年创业公司纷纷烧钱抢市场，下半年要么合并，要么收缩战线，要么干脆倒闭。近日，朋友圈流传着一份 O2O 死亡名单，拿到 A 轮死掉的公司达 1 000 多家。

然而，创业公司"尸横遍野"的同时，BAT 巨头却并未放松对线下市场的觊觎。毕竟，线下市场比线上电商大几十倍，做好了，线下市场和线上流量可以形成互补。对于 BAT 帝国来说，打通线上和线下就好比打通任督二脉。

**BAT 靠资本"落地"电商**

BAT 巨头并不具备线下基因，但这并不妨碍他们向线下渗透。这些线下的业务，他们并不需要亲力亲为，只需站在行业高处，看哪些行业形成规模优势，通过资本渗透的方式占领这一行业即可。

2015 年上半年，滴滴、快的大战实际上是阿里和腾讯之间的资本竞赛。再看本地生活 O2O，巨头之间激烈的角逐从未停歇。

先是百度投资 200 亿元给糯米，经过千团大战，剩下的以团购起家的企业已是凤毛麟角。而这些公司都在本地生活领域战得一席之地。美团和大众点评未合并之前，其背后分别是阿里和腾讯，直到美团和大众点评合并，阿里退出新美大。

但在此事前后，阿里做了两件事，一是 60 亿元复活口碑网，专注于本地生活 O2O。二是于 2015 年 12 月 17 日，以 12.5 亿美元投资饿了么，占股约 27.7% 成为第一大股东。

腾讯的基因是社交。但是通过入股京东，腾讯在电商行业的话语权并不弱。在 2015 年，京东在 O2O 领域的布局又快又准，其重要战略之一就是启动京东到家，将京东到家打造成一个本地生活的入口。

京东在发布 2015 年第二季财报的同时，宣布 43 亿元入股永辉超市。想借永辉超市的生鲜供应链能力将生鲜到家做深做透。不过，从目前来看，京东到家还远没有打通永辉超市的线下库存。线上 SKU 与线上适时同步是个非常大的难题。

京东到家面临的命题实际是线下商户系统与线上用户端打通的问题。对于 BAT 来说，想要真正渗透到线下，这是必须解决的问题。否则，线上和线下仍然是两张皮，数据无法真正互通和沉淀，对接线下商户的 CRM 系统就成了关键。

2015 年 6 月，餐饮会员管理商雅座，刚刚获得 C 轮融资，领投人是蚂蚁金服。雅座公布数据说，其业务已覆盖全国近 200 个城市，其中以一、二线城市为主，合作的餐饮门店有 1.5 万家。此前，大众点评也战略投资国内知名的餐饮管理软件石川和天财商龙，占股超过了 10%。

美业软件商博卡在 2015 年获得了华创资本与阿米巴基金的联合投资，而阿米巴基金的主要合伙人都是阿里系出身。通过投资博卡，口碑网得以撬动美业这个几千亿元的大市场。

**支付才是真正的"牛耳"**

在北京国贸地区，无论卖粤菜的大餐厅，还是卖肉夹馍的小卖店，从大超市到便利店，你都可以看到店门口或者买单处竖着块牌子，要么是支付宝支付，要么是微信支付，大多数是两者兼有。

即使像美团外卖这样的 APP，虽然与阿里决裂，并将支付宝在支付列表里折叠了起来，但仍然没有完全断掉支付宝支付接口。原因很简单，对于商户来说，多一个流量通道总不是坏事。

这一点,在永辉超市最为明显,虽然永辉超市与京东合作,并且也实现了微信支付。但在2015年“双十二”,《中国经营报》记者在永辉超市看到,支付宝支付“双十二”五折的广告挂得满店都是,当天,大量用户在永辉超市抢购商品都使用支付宝支付。

在电商巨头企业中,阿里巴巴可以说是探索O2O最早的公司。早在2013年的“双十一”,天猫就曾联合银泰百货试图打通线上和线下。此后,天猫、淘宝平台都曾尝试与线下连接。事实证明,真正能与线下连接的实际上是支付宝。

电商要想往线下渗透,无论是打通其供应链还是线下商户的CRM系统都是比较重要的玩法。最轻的模式实际上是解决支付问题。而吸引线下商户接入移动支付的动力有两个,一是线上流量,二是费率的优惠。有了这两个动力,还要有一个先决条件,就是线上改造成本要低。

在这个问题上,支付宝最先吃透了线下商户的心思。2013年开始,支付宝就在线下支付上优化商户体验——商户使用原有的扫码枪扫描用户的支付条形码或者二维码就可以完成支付。

2014年“双十二”开始,支付宝就通过补贴方式拉动用户流量,让商家尝到“一天卖空货架”的甜头。

实际上,在线下支付大战中,支付宝真正的对手并非微信,而是传统的支付方式,对于商家来说,相对于传统的刷卡费率,支付宝0.06%的费率远低于传统刷卡费率,有着很强的吸引力。

在线下消费场景中,支付既是工具,也是入口。无论对于阿里还是腾讯,牢牢占据支付这个入口才是真正抓住本地生活的“牛耳”,在这一点上,支付宝似乎想得更加清楚。

2015年以来,蚂蚁金服在产品策略上越加清晰,将理财分立出去,成立蚂蚁聚宝。而支付宝作为工具型产品,则做得越来越厚。不过,从支付宝的改版进程看,其将具有强支付场景的线下服务都放在支付宝,比如“口碑”涵盖的本地生活,从外卖到电影到超市到美业。

2015年“双十二”,支付宝造了一个线下消费节,共有30多万家线下商户参与活动,覆盖餐饮、超市、便利店、外卖、商圈、机场、美容美发、电影院等八大线下场景,遍及全国200多个城市和澳洲、亚洲及港澳台等13个国家与地区。据支付宝与口碑披露的数据,这一天有2 800万人被带动进入线下门店消费。

尽管这仍然是一场贴钱大战,但未来,线上和线下的边界会因为移动支付工具的普及化而变得模糊。支付才是线下消费的真正入口。

(引自中国经济网,责任编辑:殷俊红)

# 三　商务综述

## 概念

商务综述是综合叙述某一时期商务领域科研情况或商务形势的文章。它可以反映某项研究或某项工作的大致情况，对于科学研究和决策具有重要意义。常见的有商务会议综述、商务问题讨论综述、商务形势综述和商务史料综述等。

## 格式写法

商务综述通常由标题、署名、正文、附录四部分组成。

1. 标题。标题一般由主要内容加“综述”组成，商务会议综述的标题为会议名称加“综述”。

2. 署名。通常在标题之下标注作者姓名。

3. 正文。正文通常包括前言、主体、结语三部分。

(1)前言。前言要点明编写的出发点和着眼点，即编写的原因、目的、意义和原则及读者对象，与综述对象有关的背景情况，如资料来源、参与单位和商务形势等。有的不专设前言，开篇即为主体的内容。

(2)主体。主体的主要内容有：①对综述对象既往状况的纵向回顾性叙述：历史各阶段状况及特点、原有基础和条件等；②对综述对象目前状况做横向归纳式叙述，即取得的成就及特点、新成果产生的效果、存在问题及争论的焦点等；③目前工作的前景及其他能够揭示发展趋势的情报资料。

(3)结语。结语为综述作者研究各种情报资料后所得出的结论。

4. 附录。此部分主要标出重要参考文献，也可根据读者阅读理解的需要将有关图表、数据、谈话记录、会议报告和考察报告等附在文后。

## 注意事项

商务综述主要以商务文献为研究对象，对资料的搜集整理显得尤其重要，写作时应注意以下几点：

1. 重视文献资料的收集。一般应先搜集近期的文献资料，掌握最新情报信息，后搜集早期的文献资料，掌握选题的历史状况和来龙去脉。途径主要有二：一是平时阅读中的随手记录；二是在确定综述对象或接受编写任务后，集中查找。

2. 掌握有效的整理方法。一是要根据与选题的相关程度对材料进行筛选和鉴别。二是进行分类归纳。对材料的加工方法主要有综合加工法和求同加工法。综合加工法又包括多角度、多层次的综合加工法和同类对比择优的综合加工法。求同加工法则通过比较针对同一问题的不同时间、不同空间范围的资料，找出共同点或规律。

【例文】

## 商务成本国内研究综述

李志远 王定华 黎玺克

近年来,受区域经济发展和产业结构升级的驱动,商务成本出现了快速增长的变动发展趋势,对企业投资决策和政府招商引资产生了重要的影响。作为影响企业经济效益、投资决策、区域经济发展和城市竞争力的关键性因素,商务成本受到越来越广泛的关注和研究。目前,国内对商务成本的研究主要集中在七个方面:第一,对商务成本内涵和构成要素的界定;第二,商务成本的测量与评价;第三,商务成本的变化和发展趋势研究;第四,商务成本与产业结构关系研究;第五,商务成本对区域经济发展影响和实证比较研究;第六,商务成本与城市发展研究;第七,商务成本对策研究。本文主要通过对国内研究文献的借鉴,旨在对商务成本的这七个研究方面做一个概括和总结,以便对商务成本有个全面和系统的认识,并对商务成本的应用和应对策略做一个梳理。

一、商务成本的内涵和构成要素

(一)商务成本的内涵

对商务成本的研究始于20世纪90年代中期《财富》杂志对全球最佳商务城市的排名。此后,日本和英国的研究机构和咨询公司开展了对商务成本与投资环境的调查与研究。我国学者从2001年起从对区域经济纵向发展和横向比较的研究,开始导入商务成本的概念,并取得了一些成就。但是到目前为止,国内学者对商务成本的内涵还没有形成一个统一而清晰的认识。

关于商务成本的界定,一些学者认为,商务成本是绝大多数企业为了维持生产而发生的最小范围的费用(傅钧文等,2003;张卫等,2004);有学者认为,商务成本是经济主体在商务活动中为获得经济资源和服务或为出售产品和服务必须与他人或社会进行交易活动而发生的耗费(李峰等,2004);一些学者认为,商务成本是企业在开办期和持续期所产生的各种费用的总和(潘飞,2005);一些学者把商务成本定义为典型企业在生产经营时所面临的、除与技术差异相联系的成本因素以外的综合成本(蔡玮,2007)。总之,不同的人由于视角和侧重点不同,对商务成本的界定有不同的认识和理解。

本文认为,商务成本的内涵应该从广义和狭义两个层次来考察。其中,广义商务成本是指投资者和企业在商务活动时所发生的外部交易成本总额,即企业总成本扣减制造、开发、转卖、管理等成本之外的余额;狭义商务成本是指区域商务成本,是指投资者和企业为完成各类交易活动而支出的与所在地(行政区域)相关的成本总额，狭义商务成本的界定必须强调“主体依存、商务依赖、属地相关和边界有限”。这里主要是针对狭义商务成本的研究。

（二）商务成本的构成要素

对商务成本的内涵认识不同，对商务成本构成要素的划分众说纷纭，不同企业的商务成本的构成要素和侧重点也不同。根据狭义商务成本的内涵，本文认为，商务成本的构成要素包括要素成本、营业成本、制度成本和其他成本。其中，要素成本是企业获取各种资源（劳动力、土地、资本、企业家才能、技术、信息等）的耗费；营业成本是指企业在经营活动过程中所发生的各种费用支出，即在企业属地的谈判、交通、运输、广告、中介、渠道建立与运行、服务、外部培训与咨询、公关等方面的成本支出；制度成本包括显性制度成本与隐性制度成本，前者表现为企业税费的负担水平，后者则是指企业商务活动由于间接受到属地的政策法规、行政效率、市场准入与规范、权益保障、商业诉讼等的影响而为此承担的交易成本；其他成本是指除上述成本之外的企业属地所特有或偶然发生的费用与支出，如社会治安和文化兼容性等。

二、商务成本的测量与评价

（一）商务成本的测量

商务成本的测量是指通过建立商务成本的评价指标体系，分析和计算商务成本水平。由于商务成本各要素的衡量标准不统一，对商务成本的测量主要是在对其构成要素分别评价的基础上对商务成本的总量测量出一个绝对值，所以，对商务成本进行评价包括对总量指标和层次指标分别进行评价。国内学者对商务成本的测量分析主要采用两种方法：①社会调查方法，即通过向企业或专家进行函询或问卷调查的方式，获得地区商务成本的综合评价。这种市场导向方式能够获取第一手资料，却难以规避被调查者的主观意愿、行业背景和知识水平的差异性所导致的研究结论偏差和认识的误导。②统计分析法，即利用现有的统计数据库，得出区域商务成本的综合评判和横向比较。鉴于该种方法客观公正和资料可得性高的优点，学者将之视为一种主流研究方法。在此基础上，国内学者对我国一些城市或区域经济地带（北京、长三角、深圳等）的商务成本开展了一些实证研究。由于对其构成要素的看法不同，对商务成本的测量指标也不相同。由于不同的行业和企业对商务成本的构成要素的需求强度和敏感性不同，各指标的权重也不相同。

（二）商务成本的评价

测量出商务成本的大小就要对商务成本进行评价，对商务成本的评价要结合商务成本的特点。相关研究指出，持续递增的商务成本会影响城市或区域竞争力的持续提升，而理性科学地降低商务成本必须关注商务成本的结构要素和特点，并

注重区域商务收益的提高。商务成本的特点和评价分析如下:(略)

三、商务成本的变化和发展趋势研究

目前,对商务成本的发展变化趋势的研究已经逐渐增多,出现了很多对诸如长三角、北京、深圳的实证研究和各区域商务成本比较的研究。

(一)要素成本的变动和趋势分析

对要素成本的分析主要是指对劳动力、土地、房屋成本的变动与趋势的分析。近年来的调查和研究显示,各要素成本呈现逐年上升的趋势,但是各组成部分和各地区的成本变动幅度又各不相同。①劳动力成本。劳动力成本的衡量指标包括职工年平均工资、单位有效产出指数,即绝对指标和相对指标。诸多参考文献和文件都显示职工年平均工资呈逐年上升的趋势,相比之下,单位有效产出指数变动幅度较年平均工资相对小。当然还存在结构性变动的问题,如科研人员和高技术人员工资变动与基层工人的工资变动幅度和趋势不同,对企业的影响也是不同的。②土地、房屋成本。土地与房屋的成本主要通过对土地使用权交易价格、房屋所有权交易价格、房屋使用权租赁价格进行衡量,目前,各城市的土地与房屋价格逐年上升,其中房屋销售价格上涨最快,这对土地依赖比较强的企业造成了严重的威胁。

(二)营业成本的变动和趋势分析

营业成本中比重最大的是交通成本和服务成本,而水、电、煤等的价格虽然也有上升,但是收费标准比较刚性,目前影响最大的是交通成本。一些大城市市内路况不佳、交通拥挤,停车费用高等问题突出,造成了营业成本的上升。另外,培训费用和广告费用作为营业成本的组成部分也存在上升的趋势。

(三)制造成本的变动和趋势分析

制度成本分为两类:一是以企业所承担的税费负担比例表征的显性制度成本;二是政府公共管理和服务绩效对区域内商务环境的影响而使企业间接或潜在支付的隐性制度成本。①显性制造成本。税费比重作为显性制造成本受到广泛的关注,由于各地在招商引资的过程中实施税收优惠政策,税费负担比重会相对降低。②隐性制造成本。隐性制造成本的衡量指标主要包括政府审批与管制指数、政府服务能力指数、法制健全程度指数、市场发育程度,其指标也表现出逐渐降低的趋势。

(四)其他成本的变动和趋势分析

其他成本主要是指社会治安和文化兼容性。一个地方的社会治安越好,说明政府保护私有财产和人民安全的能力越强、商务成本越低,而文化兼容性好对吸引外资非常有利。相比较而言这两种因素都逐渐向好的方向发展,但是东部沿海地区,如长三角等表现出更好的发展态势。此外,东部沿海对教育和其他基础设施的投入也比中西部高。

四、商务成本的应用

(一)商务成本与产业结构关系的研究(略)

(二)商务成本对城市和区域经济发展的影响(略)

五、商务成本治理对策

由于商务成本是一个相对考察量,对商务成本的治理不能盲目要求降低,一味强制性地降低其绝对值不但没有作用反而有害。经济和社会的发展必然会带来商务成本的上升,关键是分析投资本身的收益与产业集聚、市场规模等所带来的增额收益是否大于商务成本的增加值。日本的研究证明,地价与工资在企业对小城市的投资上起负相关作用,但在企业对大城市的投资上起正相关作用,因为大城市强大的市民购买能力和大规模多范围的产业集群会给商家带来更多的回报。

政府对商务成本的治理,主要是发挥宏观调控的作用,同时也要重视市场和企业的作用。

(一)企业应对商务成本策略

对于企业而言,应首先分析商务成本下的收益,只有当收益大于成本时企业才会选择投资或持续经营,否则根据经济人和理性人的假设,企业就会选择退出。当选择投资和持续经营时,也要在现有收益下最大限度地降低商务成本。

(二)政府应对商务成本的策略

市场在调节商务成本中的要素成本等硬性成本方面发挥着主导作用,政府调节商务成本主要是对营业成本、制度成本和其他成本的调节。①对营业成本的调节。对营业成本的水、电、煤等能源的调节要结合不同的地区资源,对高能耗产业进行节制,大力弘扬节能减排。对低能耗和公共服务产业实行优惠政策。对于交通运输成本,要加强基础设施建设,合理征收各种交通税费。②对制度成本的调节。政府在制度成本中发挥着重要的作用,制造成本与政府行为直接相关,因此,政府致力于降低制度成本,真正扮演好服务的角色。首先要制定合理的税费政策;其次,对于隐性成本应该简化行政审批程序,提高公务员素质,制定合理的政府绩效考核政策,增强政策执行的透明度等。③对其他成本的调节。加强教育、文化、法制建设,降低其他成本的支出,对政府来说任重道远,需要政府长期坚持不懈地努力。需要指出的是,国内有些学者还单独列出了"中国特色成本",即国内企业的公关成本和很多不能拒绝的会议成本(刘永为,2008),因此,还要加强政府的廉政建设和亲民亲商建设,充分发挥各种非营利性组织的作用。

参考文献:(略)

(引自《商业研究》,2012年第5期,有删改)

# 四 股票上市公告书

## 概念

股票上市公告书是上市公司就其股票将在证券交易所挂牌交易，向投资公众详细说明有关情况的公告性文书。发布上市公告书，对于首次公开发行股票的上市公司的信息披露行为具有重要的规范作用。

## 格式写法

股票上市公告书由标题、声明与提示、正文和落款四部分组成。

1. 标题。标题为"××股份有限公司（首次发行）股票上市公告书"。

2. 声明与提示。其中包括上市公司对上市公告书真实性、准确性和完整性的承诺及相关信息的查找方式等。

3. 正文。正文内容包括：发行人、股东和实际控制人情况；股票发行情况；其他重要事项；上市保荐人及其意见。

4. 落款。其中包括发布单位名称和发布日期两部分。

## 注意事项

根据中国证监会《公开发行证券的公司信息披露内容与格式准则》（2007年修订）的有关规定，股票上市公告书应注意符合以下要求：

1. 引用的数据应有充分、客观的依据，并注明资料来源。

2. 引用的数字应采用阿拉伯数字，货币金额除特别说明外，应指人民币金额，并以元、千元或万元为单位。

3. 发行人可根据有关规定或其他需求编制上市公告书外文译本，但应保证中、外文文本的一致性，并在外文文本上注明："本上市公告书分别以中、英（或日、法等）文编制，在对中外文本的理解发生歧义时，以中文文本为准。"

4. 上市公告书应采用质地良好的纸张印刷，幅面为209毫米×295毫米（相当于标准的A4纸规格）。

5. 上市公告书封面应载明发行人的名称、"上市公告书"的字样、公告日期等，可载有发行人的英文名称、徽章或其他标记、图案等。

6. 上市公告书应使用事实描述性语言，保证其内容简明扼要、通俗易懂，不得有祝贺性、广告性、恭维性或诋毁性的词句。

【例文】

## 中国核电首次公开发行A股股票上市公告书

2015年06月09日07:27:24　来源:证券日报

特别提示

本公司股票将于2015年6月10日在上海证券交易所上市。本公司提醒投资者应充分了解股票市场风险及本公司披露的风险因素,在新股上市初期切忌盲目跟风"炒新",应当审慎决策、理性投资。

第一节　重要声明与提示

中国核能电力股份有限公司(以下简称"中国核电""本公司"或"发行人""公司")及全体董事、监事、高级管理人员保证上市公告书所披露信息的真实、准确、完整,承诺上市公告书不存在虚假记载、误导性陈述或重大遗漏,并承担个别和连带的法律责任。

上海证券交易所、其他政府机关对本公司股票上市及有关事项的意见,均不表明对本公司的任何保证。

本公司提醒广大投资者注意,凡本上市公告书未涉及的有关内容,请投资者查阅刊载于上海证券交易所网站(http://www.sse.com.cn)的本公司招股说明书全文。

本公司提醒广大投资者注意首次公开发行股票(以下简称"新股")上市初期的投资风险,广大投资者应充分了解风险、理性参与新股交易。

一、本次发行的相关重要承诺的说明

(一)本次发行前股东所持股份的流通限制和自愿锁定股份的承诺

除因法律、法规、规范性文件和国家有权部门的要求而需进行股权划转、转让、企业合并、分立等导致中核集团所持本公司股票发生变动的情况外,本公司控股股东中核集团承诺:

1. 自本承诺签署之日至本公司股票在A股上市前,不减持其所持有的本公司股票。

2. 自本公司A股股票上市之日起36个月内,不转让或者委托他人管理其直接和间接持有的本公司首次公开发行A股股票前已发行的股份,也不由本公司回购该部分股份;承诺期限届满后,上述股份可以上市流通和转让。本公司A股股票上市后6个月内如股票连续20个交易日的收盘价均低于首次公开发行价格(期间本公司如有分红、派息、送股、资本公积金转增股本、配股等除权除息事项,则做除权除息处理,下同),或者上市后6个月期末(如该日不是交易日,则为该日后第一个交易日)收盘价低于首次公开发行价格,中核集团持有的本公司A股股票的锁定期限在原有锁定期限基础上自动延长6个月。

如中核集团未能履行上述承诺，则中核集团所持本公司A股股票的锁定期限将在原有锁定期限基础上自动延长6个月，或者在已解除锁定的情况下再次被锁定6个月；如因此给投资者造成损失的，中核集团将依法赔偿投资者损失，该等损失的赔偿金额以投资者因此而实际发生并能举证证实的直接损失为限，具体的赔偿标准、赔偿主体范围、赔偿金额等细节内容待上述情形实际发生时，以最终确定的赔偿方案或司法机关的有效裁决所认定的为准。

本公司股东中国三峡集团、中远集团和航天投资承诺：自本公司A股股票上市之日起十二个月内，不转让或者委托他人管理其直接和间接持有的本公司首次公开发行股票前已发行股份，也不由本公司回购该部分股份。承诺期限届满后，上述股份可以上市流通和转让。

根据《境内证券市场转持部分国有股充实全国社会保障基金实施办法》(财企〔2009〕94号)，本公司首次公开发行A股股票并上市时，由本公司国有股股东中核集团、中国三峡集团、中远集团和航天投资转由社保基金理事会持有的本公司国有股，社保基金理事会将承继上述公司的禁售期义务。

(二)上市后三年内公司股价低于每股净资产时稳定公司股价的预案

1.启动股价稳定措施的前提条件

在本公司A股股票上市后三年内，如非因不可抗力因素所致，本公司A股股票连续20个交易日(第20个交易日为“触发稳定股价措施日”；如在该20个交易日期间公司披露了新的最近一期经审计的净资产，则该等20个交易日的期限需自本公司披露新的最近一期经审计的净资产之日起重新开始计算)的收盘价低于本公司披露的最近一期经审计的每股净资产(最近一期审计基准日后，如有分红、派息、送股、资本公积金转增股本、增发、配股等导致公司净资产或股份总数出现变化的事项的，则相应调整每股净资产，下同)，且在满足法律、法规和规范性文件关于业绩发布、增持或回购相关规定的情形下，本公司将启动稳定公司股价的措施。在一个自然年度内，公司股价稳定措施的启动次数不超过2次。

2.稳定公司股价的具体措施

本公司、控股股东、本公司的董事和高级管理人员等相关主体将根据公司及市场情况，采取一项或同时采取多项措施以稳定公司股价，具体措施实施时应以维护公司上市地位，保护公司及广大投资者利益为原则，遵循法律、法规、规范性文件及交易所的相关规定，并依法履行相应的信息披露义务。本公司、控股股东、本公司的董事和高级管理人员等相关主体可采取的稳定公司股价的措施包括但不限于：

(1)本公司可在触发稳定股价措施日起的10个交易日内，组织公司的业绩发布会或业绩路演等投资者沟通活动，积极与投资者就公司经营业绩和财务状况进行沟通。

(2)控股股东将在触发稳定股价措施日起的20个交易日内,就其是否有增持公司A股股票的具体计划书面通知本公司并由本公司进行公告,具体增持计划的内容包括但不限于拟增持的本公司A股股票的数量范围、价格区间及完成期限等信息,控股股东单次用于增持的资金总额原则上不低于5 000万元。

(3)如控股股东未如期公告其具体增持计划,或明确告知本公司其无增持计划的,则公司董事会将在触发稳定股价措施日起的30个交易日内,召开董事会会议审议公司回购股份的议案并通知召开股东大会进行表决。公司回购股份的议案至少包含以下内容:回购目的、方式,价格或价格区间、定价原则,拟回购股份的种类、数量及其占公司总股本的比例,拟用于回购股份的资金总额及资金来源,回购期限,预计回购股份后公司股权结构的变动情况,管理层对回购股份对公司经营、财务及未来发展的影响的分析报告,公司单次用于回购股份的资金总额原则上不低于5 000万元。

(4)本公司的董事、高级管理人员可在符合董事、高级管理人员买卖本公司股票相关规定并获得必要批准的情况下,增持本公司A股股票,公司董事、高级管理人员各自累计增持金额原则上不低于其上一年度自公司获得的薪酬总额的10%。

(5)本公司还可以制定其他稳定公司股价的具体措施,并在履行必要的审批程序之后实施。

相关主体公告具体增持计划后,该具体增持计划应予实施,不得撤回;公司股东大会通过回购公司股份的议案后,该回购公司股份的议案应予以实施,非经公司股东大会批准不得撤回。

3. 终止实施稳定公司股价措施的情形

自触发稳定股价措施日起,若出现以下任一情形,则视为本次稳定股价措施实施完毕及承诺履行完毕,已公告的稳定股价方案终止执行:

(1)本公司A股股票连续5个交易日的收盘价均不低于最近一期经审计的每股净资产。

(2)继续执行稳定股价方案将导致本公司股权分布不符合上市条件或将违反当时有效的相关禁止性规定的,或者控股股东、董事、高级管理人员增持本公司股份将触发全面要约收购义务。

4. 相关约束措施

(1)如控股股东已公告其具体增持计划,达到实施条件但未能实际履行的,则本公司将有权将相等金额的应付控股股东现金分红予以暂时扣留,直至控股股东履行其增持义务。

(2)控股股东应支持本公司根据本预案的要求实施股份回购,如控股股东在公司股东大会上对公司董事会根据本预案的要求提出的公司回购股份的议案投反对票或弃权票的，则本公司有权将与拟回购金额等额的应付控股股东现金分红予以暂时扣留，直至控股股东支持公司实施股份回购。

(3)如公司董事、高级管理人员已公告其具体增持计划，达到实施条件但未能实际履行的，则本公司将有权将相等金额的应付董事、高级管理人员的薪酬款予以暂时扣留，直至董事、高级管理人员履行其增持义务。

5. 其他说明

(1)任何对本预案的修订均应经股东大会审议通过，且需经出席股东大会的股东所持有表决权股份总数的三分之二以上同意通过。

(2)公司现任董事、高级管理人员及未来新任的董事、高级管理人员应遵守本预案的相关要求，切实履行相应职责。

(三)公司发行前持股5%以上股东的持股意向及减持意向

对公司发行前持股5%以上股东，中核集团承诺：

1. 在前述锁定期届满后二年内，中核集团减持本公司A股股票的总量不超过本公司总股本的3%，在一个自然年度内减持本公司A股股票的总量不超过本公司总股本的2%，中核集团将通过证券交易所集中竞价交易系统、大宗交易系统或协议转让等合法方式减持本公司A股股票，并依法履行必要的审批程序和信息披露义务，减持价格不低于本公司首次公开发行价格(期间本公司如有分红、派息、送股、资本公积金转增股本、配股等除权除息事项，则做除权除息处理)。中核集团将在实施减持时，提前三个交易日通过本公司进行公告。

如中核集团未能履行上述承诺，则中核集团所持本公司A股股票的锁定期限将在原有锁定期限基础上自动延长6个月，或者在已解除锁定的情况下再次被锁定6个月；如因此给投资者造成损失的，中核集团将依法赔偿投资者损失，该等损失的赔偿金额以投资者因此而实际发生并能举证证实的直接损失为限，具体的赔偿标准、赔偿主体范围、赔偿金额等细节内容待上述情形实际发生时，以最终确定的赔偿方案或司法机关的有效裁决所认定的为准。

2. 自本公司股票在A股上市之日起，中核集团可根据国家有权部门及中核集团的战略安排、本公司经营情况及股价情况，适时增持部分本公司股票。

(四)控股股东关于避免同业竞争的承诺

为避免中核集团与本公司的业务存在任何实质或潜在的竞争，中核集团出具了《避免同业竞争承诺函》，该承诺函的主要内容如下：

1. 在《避免同业竞争协议》有效期内，除持有中广核电力股权外，中核集团将不以投资、并购、联营、合资、合作、合伙、承包或租赁经营、参股等形式从事与本公司及本公司附属企业的主营业务构成竞争的业务；将促使其所属企业不经营导致与本公司及本公司附属企业主营业务产生竞争性的业务；

2. 履行中核集团在《避免同业竞争协议》中的所有相关义务以及承诺，包括但不限于在《避免同业竞争协议》有效期内根据国家法律法规许可，通过委托管理、出让等方式由本公司或无关联关系第三方实际控制或收购部分或全部中广核电力股权；授予本公司有关新业务机会的优先选择权以及优先受让权；

3. 中核集团将采取一切合理措施保证上述各项承诺的落实，包括但不限于通过有关内部决议、签署相关协议，满足《避免同业竞争承诺函》以及《避免同业竞争协议》的相关约定。

该承诺自签署之日起生效，并对中核集团持续有效，直至《避免同业竞争协议》终止时为止。

（五）控股股东关于减少及规范关联交易的承诺

为减少及规范中核集团与本公司的关联交易，中核集团出具了关于减少及规范关联交易的《承诺函》，该承诺函的主要内容如下：

中核集团及其直接、间接控制的公司、企业将尽力减少及规范与发行人及其子公司的关联交易；对于无法减少或必要的关联交易，将本着公平、公开、公正的原则确定关联交易价格，保证关联交易的公允性。中核集团如违反上述关于规范与发行人之间关联交易的承诺，中核集团在违反相关承诺发生之日起停止在发行人处取得股东分红，同时持有的发行人股份不得转让，直至按上述承诺采取相应的措施并实施完毕为止；如因未履行有关规范关联交易之承诺事项给发行人或其他投资者造成损失的，将依法对发行人或其他投资者承担赔偿责任。

（六）控股股东关于未能履行其他承诺的约束措施

中核集团承诺：如中核集团未能履行其在本公司首次公开发行A股股票过程中所做出的其他公开承诺，则中核集团所持本公司A股股票的锁定期限将在原有锁定期限基础上自动延长6个月，或者在已解除锁定的情况下再次被锁定6个月；如因此给投资者造成损失的，中核集团将依法赔偿投资者损失。

（七）关于招股说明书内容真实、准确、完整的承诺

1. 公司承诺

本公司承诺招股说明书不存在虚假记载、误导性陈述或重大遗漏，并对其真实性、准确性、完整性承担个别和连带的法律责任。

如招股说明书有虚假记载、误导性陈述或者重大遗漏，对判断本公司是否符合法律规定的发行条件构成重大、实质影响的，本公司将依法回购首次公开发行的全部新股。自国务院证券监督管理机构或司法机关认定招股说明书存在前述情形之日起的30个交易日内，本公司将召开董事会会议审议回购公司首次公开发行的全部新股的计划并通知召开股东大会进行表决，回购计划的内容包括但不限于回购

方式、回购期限、完成时间等信息，回购价格为本公司A股股票的市场价格或国务院证券监督管理机构或司法机关认可的其他价格。

如招股说明书有虚假记载、误导性陈述或者重大遗漏，致使投资者在证券交易中遭受损失的，本公司将依法赔偿投资者损失。该等损失的赔偿金额以投资者因此而实际发生并能举证证实的直接损失为限，具体的赔偿标准、赔偿主体范围、赔偿金额等细节内容待上述情形实际发生时，以最终确定的赔偿方案或司法机关的有效裁决所认定的为准。

如招股说明书经国务院证券监督管理机构或司法机关认定存在虚假记载、误导性陈述或者重大遗漏，而本公司非因不可抗力原因自国务院证券监督管理机构或司法机关做出认定之日起的30个交易日内未开始履行上述承诺，则本公司董事长应在公司履行承诺期限届满之日起的10个交易日内召集临时董事会并通过回购公司首次公开发行的全部新股或赔偿投资者损失的决议。如董事长未能召集董事会或董事会未能通过相关决议，投资者可根据公司章程及相关法律、法规的规定，要求公司董事会、监事会等主体依法履行职责，直至公司履行该等承诺。

2. 控股股东中核集团承诺

如招股说明书有虚假记载、误导性陈述或者重大遗漏，对判断本公司是否符合法律规定的发行条件构成重大、实质影响的，中核集团将依法购回已转让的原限售股份。自国务院证券监督管理机构或司法机关认定招股说明书存在前述情形之日起的30个交易日内，中核集团将公告回购计划，包括但不限于回购方式、回购期限、完成时间等信息，回购价格为本公司A股股票的市场价格或国务院证券监督管理机构或司法机关认可的其他价格。

如招股说明书有虚假记载、误导性陈述或者重大遗漏，致使投资者在证券交易中遭受损失的，中核集团将依法赔偿投资者损失。

如招股说明书经国务院证券监督管理机构或司法机关认定存在虚假记载、误导性陈述或者重大遗漏，而中核集团非因不可抗力原因自国务院证券监督管理机构或司法机关做出认定之日起的30个交易日内未开始履行上述承诺，则本公司有权将与中核集团履行上述承诺相等金额的应付中核集团现金分红予以扣留，直至中核集团完成上述承诺的履行。

3. 董事、监事、高级管理人员承诺

招股说明书不存在虚假记载、误导性陈述或重大遗漏，本人对其真实性、准确性、完整性承担个别和连带的法律责任。

如招股说明书经国务院证券监督管理机构或司法机关认定存在虚假记载、误导性陈述或者重大遗漏，致使投资者在证券交易中遭受损失的，本人将依法赔偿投资者损失。该等损失的赔偿金额以投资者因此而实际发生并能举证证实的直接损失为限，具体的赔偿标准、赔偿主体范围、赔偿金额等细节内容待上述情形实际发生时，以最终确定的赔偿方案或司法机关的有效裁决所认定的为准。

如招股说明书经国务院证券监督管理机构或司法机关认定存在虚假记载、误导性陈述或者重大遗漏，而本人非因不可抗力原因自国务院证券监督管理机构或司法机关做出认定之日起的30个交易日内未开始履行上述承诺，则中国核电有权暂停发放本人应得的薪酬、补贴等各类现金收入，直至本人完成上述承诺的履行。

4. 保荐机构及主承销商中信证券股份有限公司承诺

如因本公司未能依照适用的法律法规、规范性文件及行业准则的要求勤勉尽责地履行法定职责而导致本公司为发行人首次公开发行A股股票制作、出具的文件有虚假记载、误导性陈述或者重大遗漏，给投资者造成实际损失的，本公司将按照有管辖权的人民法院依照法律程序做出的有效司法裁决，依法赔偿投资者损失。

5. 保荐机构及主承销商瑞银证券有限责任公司承诺

本公司已对招股说明书及其摘要进行了核查，确认不存在虚假记载、误导性陈述或者重大遗漏，并对其真实性、准确性和完整性承担相应的法律责任。如因本公司为发行人首次公开发行制作、出具的文件有虚假记载、误导性陈述或者重大遗漏，给投资者造成损失的，本公司将依法赔偿投资者损失。

6. 副主承销商中信建投证券股份有限公司承诺

如因本公司未能依照适用的法律法规、规范性文件及行业准则的要求勤勉尽责地履行法定职责而导致本公司为发行人首次公开发行A股股票制作、出具的文件有虚假记载、误导性陈述或者重大遗漏，给投资者造成实际损失的，本公司将按照有管辖权的人民法院依照法律程序做出的有效司法裁决，依法赔偿投资者损失。

7. 发行人律师的承诺

如因本所未能依照适用的法律法规、规范性文件及行业准则的要求勤勉尽责地履行法定职责而导致本所为发行人首次公开发行A股股票制作、出具的文件有虚假记载、误导性陈述或者重大遗漏，给投资者造成实际损失的，本所将按照有管辖权的人民法院依照法律程序做出的有效司法裁决，依法赔偿投资者损失。

8. 审计机构及验资机构承诺

如因本所未能依照适用的法律法规、规范性文件及行业准则的要求勤勉尽责地履行法定职责而导致本所为发行人首次公开发行A股股票制作、出具的文件有虚假记载、误导性陈述或者重大遗漏，给投资者造成实际损失的，本所将按照有管辖权的人民法院依照法律程序做出的有效司法裁决，依法赔偿投资者损失。

9. 资产评估机构的承诺

如因本公司未能依照适用的法律法规、规范性文件及行业准则的要求勤勉尽责地履行法定职责而导致本公司为发行人首次公开发行A股股票制作、出具的文件有虚假记载、误导性陈述或者重大遗漏，给投资者造成实际损失的，本公司将按照有管辖权的人民法院依照法律程序做出的有效司法裁决，依法赔偿投资者损失。

10. 土地评估机构的承诺

如因本公司未能依照适用的法律法规、规范性文件及行业准则的要求勤勉尽责地履行法定职责而导致本公司为发行人首次公开发行A股股票制作、出具的文件有虚假记载、误导性陈述或者重大遗漏，给投资者造成实际损失的，本公司将按照有管辖权的人民法院依照法律程序做出的有效司法裁决，依法赔偿投资者损失。

二、保荐机构及发行人律师对相关责任主体所做承诺的核查意见

保荐机构认为：发行人及其控股股东、董事、监事、高级管理人员，以及本次发行相关中介机构已经根据《关于进一步推进新股发行体制改革的意见》出具了相关承诺，并履行了必要的内部决策程序。相关责任主体就其未能履行前述承诺提出了必要的约束措施，该等约束措施具有可操作性，能够得到及时执行与实施。上述承诺已经相关责任主体或其授权代表签署，相关承诺及约束措施合法、合理、有效。

发行人律师认为：发行人及其控股股东、发行人董事、监事及高级管理人员已根据《关于进一步推进新股发行体制改革的意见》等强化有关责任主体诚信义务的相关要求，出具了相关承诺并提出未履行承诺时的约束措施，上述承诺已经由发行人及其控股股东、发行人董事、监事及高级管理人员签署，其内容符合相关法律、法规、规范性文件的规定，并已履行相应决策程序。

三、财务会计信息

公司报告期内2012年、2013年及2014年的财务数据已经信永中和会计师事务所（特殊普通合伙）审计，并在招股说明书进行了详细披露，投资者欲了解相关情况请详细阅读招股说明书，本上市公告书不再披露。

财务报告审计截止日后，2015年1～3月，公司实现营业收入636 261.91万元，较上年同期增长45.06%；公司实现归属于母公司股东的净利润115 559.87万元，较上年同期增长120.78%；上述2015年第一季度财务报告数据未经审计，但已经信永中和会计师事务所审阅。

公司2015年1～6月经营情况良好，由于秦山一核方家山1号、2号和福清核电1号机组分别于2014年12月15日、2015年2月12日、2014年11月22日投入商业运行，预计公司2015年1～6月归属母公司所有者的净利润及扣除非经常性损益后孰低的净利润将高于2014年同期。最终数据以经公司董事会批准的财务报表为准。

如无特别说明，本上市公告书中的简称或名词的释义与本公司首次公开发行A股股票招股说明书中的相同。

## 第二节　股票上市情况

一、本上市公告书系根据《中华人民共和国证券法》《中华人民共和国公司法》和《上海证券交易所股票上市规则》等有关法律法规规定，按照上海证券交易所《股票上市公告书内容与格式指引》编制而成，旨在向投资者提供有关本公司首次公开发行A股股票上市的基本情况。

二、本公司首次公开发行A股股票（以下简称“本次发行”）已经中国证券监督管理委员会证监许可〔2015〕953号文核准。

三、本公司A股股票上市已经上海证券交易所自律监管决定书〔2015〕247号文批准。

四、股票上市概况

1. 上市地点：上海证券交易所。

2. 上市时间：2015年6月10日。

3. 股票简称：中国核电。

4. 股票代码：601985。

5. 本次发行完成后总股本：155.654 3亿股。

6. 本次A股公开发行的股份数：38.91亿股。均为新股，无老股转让。

7. 本次发行前股东所持股份的流通限制及期限、发行前股东对所持股份自愿锁定的承诺、本次上市股份的其他锁定安排请参见本上市公告书之“第一节 重要声明与提示”。

8. 本次上市的无流通限制及锁定安排的股份：本次发行中网上及网下资金申购发行的38.91亿股股份无流通限制和锁定安排，自2015年6月10日起上市交易。

9. 股票登记机构：中国证券登记结算有限责任公司上海分公司。

10. 上市联席保荐机构：中信证券股份有限公司、瑞银证券有限责任公司。

## 第三节　发行人、股东和实际控制人情况

一、发行人基本情况

二、董事、监事、高级管理人员

1. 董事

根据《公司章程》，本公司董事会由12名董事组成，其中独立董事4名，职工代表董事1名。公司非职工代表董事由股东大会选举产生，任期3年，任期届满可连选连任，但独立董事连任不得超过2届。

截至本上市公告书刊登日，公司现任11名董事的基本情况如下表所示（略）。

2. 监事

根据《公司章程》，本公司监事会由6名监事组成，其中职工代表监事为2名，由公司职工通过民主方式选举产生。监事每届任期3年，任期届满，连选可以连任。

截至本上市公告书刊登日，公司现任6名监事的基本情况如下表所示(略)。

3.高级管理人员

本公司现有高级管理人员8名。截至本上市公告书刊登日，本公司高级管理人员的基本情况如下表所示(略)。

4.董事、监事、高级管理人员持有本公司股票、债券情况

截至本上市公告书刊登日，本公司董事、监事、高级管理人员不存在直接或间接持有本公司股份、债券的情况。

三、控股股东及实际控制人情况

中核集团是本公司的控股股东，是经国务院批准组建、中央直接管理的国有重要骨干企业，其前身是中国核工业总公司(历经第二机械工业部、核工业部)。作为国家核科技工业的主体，中核集团拥有完整的核科技工业体系，目前主要从事核电业务、核燃料循环业务、核能技术研发与服务等。

截至2014年12月31日，中核集团的总资产为3 946.18亿元，净资产(不含少数股东权益)为732.53亿元，2014年度实现的净利润为73.92亿元，归属于母公司所有者净利润为45.58亿元(前述财务数据已经审计)。

四、股东情况

1.本次发行前后的股本结构情况

2.本次发行后、上市前十大A股股东持股情况

本次发行完成后、上市之前，本公司的股东户数共1 346 092户，其中前十大股东情况如下(略)。

## 第四节　股票发行情况

一、发行数量:38.91亿股，无老股转让

二、发行价格:3.39元/股

三、每股面值:人民币1.00元

四、发行方式:本次发行采用网下向符合条件的投资者询价配售与网上按市值申购向社会公众投资者定价发行相结合的方式进行。其中网下向配售对象配售116 730万股，网上资金申购发行272 370万股。

五、募集资金总额及注册会计师对资金到位的验证情况

本次发行募集资金总额1 319 049.00万元，全部为公司公开发行新股募集。

信永中和会计师事务所对公司本次公开发行新股的资金到位情况进行了审验，并于2015年6月5日出具了《验资报告》(XYZH/2014A6038－11)。

六、本次公司公开发行新股的发行费用总额及明细构成、每股发行费用

本次公司公开发行新股的发行费用合计19 860.22万元。根据信永中和会计师事务所出具的《验资报告》(XYZH/2014A6038－11)，发行费用包括:

本次公司公开发行新股的每股发行费用:0.051 元(按本次发行费用总额除以发行股数计算)。

七、本次公司公开发行新股的发行募集资金净额:1 299 188.78 万元。

八、本次发行后每股净资产:2.28 元(按本次发行后净资产与股本总数之比计算;股本总额按发行后总股本计算,发行后净资产按本公司截至2014 年12 月31 日经审计的归属母公司股东净资产和本次公司公开发行新股募集资金净额之和计算)。

九、本次发行后每股收益:0.152 1 元(按本公司 2014 年经审计的扣除非经常性损益前后孰低的归属于母公司股东的净利润除以发行后总股本计算)。

## 第五节　财务会计情况

公司报告期内 2012 年、2013 年及 2014 年的财务数据已经信永中和会计师事务所(特殊普通合伙)审计,并在招股说明书进行了详细披露,投资者欲了解相关情况请详细阅读招股说明书。

财务报告审计截止日后,2015 年 1 ~3 月,公司实现营业收入 636 261.91 万元,较上年同期增长 45.06%;公司实现归属于母公司股东的净利润 115 559.87 万元,较上年同期增长 120.78%;上述 2015 年第一季度财务报告数据未经审计,但已经信永中和会计师事务所审阅。

2015 年 1 ~3 月,公司实现营业收入 636 261.91 万元,较上年同期增长 45.06%,主要原因是秦山一核方家山 1 号、2 号和福清核电 1 号机组分别于 2014 年 12 月 15 日、2015 年 2 月 12 日、2014 年 11 月 22 日投入商业运行而使上网电量增加所致。

2015 年 1 ~3 月,公司实现归属于母公司股东的净利润 115 559.87 万元,较上年同期增长 120.78%,主要原因包括:新投入商业运行的核电机组无须计提乏燃料处理处置基金,导致公司毛利率增加;2015 年第一季度汇兑收益 37 249.98 万元,上年同期汇兑损失 10 395.17 万元,使公司财务费用较上年同期减少。

2015 年 1 ~3 月,公司的客户未发生变化,仍为国家电网公司华东分部、江苏省电力公司、浙江省电力公司和国网福建省电力有限公司。

2015 年 1 ~3 月,公司原材料及能源的前五名供应商为中核集团(包括其控制的其他企业)、RUSATOM SERVICE、ABB(HONG KONG)、中国船舶燃料连云港有限公司及上海核康电气有限公司。公司向中核集团(包括其控制的其他企业)采购的主要内容为核燃料及备品备件;RUSATOM SERVICE、ABB(HONG KONG)、中国船舶燃料连云港有限公司为公司报告期内的供应商,公司向该等三家供应商采购的主要内容为备品备件或燃油,2015 年 1 ~3 月的采购金额分别为 633.16 万元、619.91 万元和 405.38 万元;上海核康电气有限公司为公司 2015 年新增的供应商,公司向其采购的主要内容为备品备件,2015 年 1 ~3 月的采购金额为 226.15 万元。

综上,2015 年 1 ~3 月,公司经营状况良好,经营模式未发生重大变化,主要客户和供应商较为稳定,整体经营环境未发生重大变化。

公司 2015 年 1 ~6 月经营情况良好,由于秦山一核方家山 1 号、2 号和福清核电 1 号机组分别于 2014 年 12 月 15 日、2015 年 2 月 12 日、2014 年 11 月 22 日投入商业运行,预计公司 2015 年 1 ~6 月归属母公司所有者的净利润及扣除非经常性损益后孰低的净利润将高于 2014 年同期。最终数据以经公司董事会批准的财务报表为准。

## 第六节　其他重要事项

一、募集资金专户存储三方监管协议的签署

根据《上海证券交易所上市公司募集资金管理规定》,本公司于 2015 年 6 月 5 日与联席保荐机构中信证券股份有限公司、瑞银证券有限责任公司和存放募集资金的商业银行签订《募集资金专户存储三方监管协议》。

根据《募集资金专户存储三方监管协议》,协议约定的主要内容如下:

本公司简称为“甲方”,开户银行简称为“乙方”,中信证券股份有限公司、瑞银证券有限责任公司简称为“丙方”。

1. 甲方已在乙方开设募集资金专项账户(以下简称“专户”),该专户仅用于甲方募集资金投向项目募集资金的存储和使用,不得用作他途。

2. 甲乙双方应当共同遵守《中华人民共和国票据法》《支付结算办法》《人民币银行结算账户管理办法》等法律、法规、规章。

3. 丙方作为甲方的保荐人,应当依据有关规定指定保荐代表人或其他工作人员对甲方募集资金使用情况进行监督。

丙方承诺按照《证券发行上市保荐业务管理办法》、《上海证券交易所上市公司募集资金管理办法(2013)》以及甲方制订的募集资金管理制度对甲方募集资金管理事项履行保荐职责,进行持续督导工作。

丙方可以采取现场调查、书面问询等方式行使其监督权。甲方和乙方应当配合丙方的调查与查询。丙方每半年度对甲方现场调查时应当同时检查专户存储情况。

4. 甲方授权丙方指定的保荐代表人王晓辉、黄艺彬、丁晓文、顾科可以随时到乙方查询、复印甲方专户的资料;乙方应当及时、准确、完整地向其提供所需的有关专户的资料。

保荐代表人向乙方查询甲方专户有关情况时应当出具本人的合法身份证明;丙方指定的其他工作人员向乙方查询甲方专户有关情况时应当出具本人的合法身份证明和单位介绍信。

5. 乙方按月(每月 10 日前)向甲方出具真实、准确、完整的专户对账单,并抄送给丙方。

6. 甲方1次或12个月以内累计从专户支取的金额超过5 000万元且达到发行募集资金总额扣除发行费用后的净额（以下简称“募集资金净额”）20%的，甲方应当及时以传真方式通知丙方，同时提供专户的支出清单。

7. 丙方有权根据有关规定更换指定的保荐代表人。丙方更换保荐代表人的，应当将相关证明文件书面通知乙方，同时按本协议第十二条的要求书面通知更换后保荐代表人的联系方式。更换保荐代表人不影响本协议的效力。

8. 乙方连续三次未及时向甲方出具对账单，以及存在未配合丙方调查专户情形的，甲方可以主动或在丙方的要求下单方面终止本协议并注销募集资金专户。

9. 丙方发现甲方、乙方未按约定履行本协议的，应当在知悉有关事实后及时向上海证券交易所书面报告。

10. 本协议自甲、乙、丙三方法定代表人或其授权代表签署并加盖各自单位公章（或合同专用章）之日起生效，至专户资金全部支出完毕并依法销户之日起失效。

二、招股意向书首次刊登日至上市公告书刊登日期间无其他重要事项发生

本公司在招股意向书刊登日至上市公告书刊登前，没有发生可能对本公司有较大影响的重要事项，具体如下：

1. 本公司主营业务发展目标进展情况正常，经营状况正常。

2. 本公司所处行业和市场未发生重大变化。

3. 除正常经营活动所签订的商务合同外，本公司未订立其他对公司的资产、负债、权益和经营成果产生重大影响的重要合同。

4. 本公司没有发生未履行法定程序的关联交易，且没有发生未在招股说明书中披露的重大关联交易。

5. 本公司未进行重大投资。

6. 本公司未发生重大资产（或股权）购买、出售及置换。

7. 本公司住所未发生变更。

8. 本公司董事、监事、高级管理人员及核心技术人员未发生变化。

9. 本公司未发生重大诉讼、仲裁事项。

10. 本公司未发生对外担保等或有事项。

11. 本公司的财务状况和经营成果未发生重大变化。

12. 本公司未召开董事会、监事会和股东大会。

13. 本公司未发生其他应披露的重大事项。

## 第七节　上市保荐人及其意见

一、上市保荐人基本情况

联席保荐机构：中信证券股份有限公司

法定代表人：王东明

注册地址：深圳市福田区中心三路8号卓越时代广场(二期)北座
联系地址：北京市朝阳区亮马桥路48号中信证券大厦26层
联系电话：010－6083 8888
传真号码：010－6083 6960
保荐代表人：王晓辉、黄艺彬
联系人：黄艺彬、鲁锡锋、杨予桑
联席保荐机构：瑞银证券有限责任公司
法定代表人：程宜荪
注册地址：北京市西城区金融大街7号英蓝国际金融中心12层、15层
联系地址：北京市西城区金融大街7号英蓝国际金融中心12层、15层
联系电话：010－5832 8888
传真号码：010－5832 8954
保荐代表人：丁晓文、顾科
联系人：刘汗青
二、上市保荐人的推荐意见

上市保荐人中信证券股份有限公司、瑞银证券有限责任公司认为，发行人申请其A股股票上市符合《中华人民共和国公司法》《中华人民共和国证券法》及《上海证券交易所股票上市规则》等法律、法规的有关规定，发行人A股股票具备在上海证券交易所上市的条件。上市保荐人同意推荐中国核能电力股份有限公司A股股票在上海证券交易所上市。

发行人：中国核能电力股份有限公司
联席保荐机构(主承销商)：中信证券股份有限公司
瑞银证券有限责任公司
2015年6月9日

(引自新华网)

## 五　上市公司年度报告

### 概念

上市公司年度报告简称年报。它是根据我国《公司法》《证券法》等法律法规及中国证券监督管理委员会有关规定的要求，上市公司于每个会计年度结束后的60日(120日)内分别向证监会、证券交易所提交并向社会公布的说明其经营业绩和财务状况的公告性文书。

## 格式写法

上市公司年度报告由标题、重要提示及目录、正文、落款四部分组成。

1. 标题。标题为“××股份有限公司××××年度报告”。

2. 重要提示及目录。其中包括上市公司对年度报告内容的真实性、准确性和完整性及承担个别及连带责任的承诺。年度报告目录应标明各章、节的标题及其对应的页码。

3. 正文。正文内容包括:公司基本情况简介,会计数据和业务数据摘要,股本变动及股东情况,董事、监事、高级管理人员和员工情况,公司治理结构,股东大会情况简介,董事会报告,监事会报告,重要事项,财务报告和备查文件目录等。

4. 落款。落款包括发布单位名称和发布日期。

## 注意事项

根据中国证监会《公开发行证券的公司信息披露内容与格式准则》(2007 年修订)的有关规定,年度报告应注意符合以下要求:

1. 年度报告中引用的数字应当采用阿拉伯数字,有关货币金额除特别说明外,指人民币金额,并以元、千元或百万元为单位。

2. 公司可根据有关规定或其他需求编制年度报告外文译本,但应努力保证中外文文本的一致性,并在外文文本上注明:“本报告分别以中、英(或日、法等)文编制,在对中外文文本的理解发生歧义时,以中文文本为准。”

3. 年度报告印刷文本应采用质地良好的纸张印刷,幅面为 209 毫米 ×295 毫米(相当于标准的 A4 纸规格)。年度报告封面应载明公司的名称、“年度报告”的字样、报告期年份,也可以载有公司的外文名称、徽章或其他标记、图案等。年度报告的目录应编排在显著位置。

4. 年度报告可以刊载宣传本公司的照片和图表,但不得刊登任何祝贺性、恭维性或推荐性的词句或题字,不得含有欺诈和误导的行为。

【例文】

**苏州道森钻采设备股份有限公司**
**2015 年年度报告**

重要提示

一、本公司董事会、监事会及董事、监事、高级管理人员保证年度报告内容的真实、准确、完整,不存在虚假记载、误导性陈述或重大遗漏,并承担个别和连带的法律责任。

二、公司全体董事出席董事会会议。

三、立信会计师事务所(特殊普通合伙)为本公司出具了标准无保留意见的审计报告。

四、公司负责人舒志高、主管会计工作负责人杨国英及会计机构负责人(会计主管人员)沈宏声明:保证年度报告中财务报告的真实、准确、完整。

五、前瞻性陈述的风险声明

本报告中所涉及的未来计划、发展战略等前瞻性描述因存在不确定性,不构成公司对投资者的实质承诺,敬请投资者注意投资风险。

六、重大风险提示

公司已在本报告中详细描述公司面临的行业、市场、税收等风险,敬请广大投资者注意投资风险。

目录(略)

释义(略)

公司简介和主要财务指标

一、公司信息

二、联系人和联系方式

三、基本情况简介

四、信息披露及备置地点

五、公司股票简况

六、其他相关资料

七、近三年主要会计数据和财务指标

八、2015 年分季度主要财务数据

九、非经常性损益项目和金额

十、采用公允价值计量的项目

公司业务概要(略)

管理层讨论与分析(略)

重要事项(略)

普通股股份变动及股东情况(略)

董事、监事、高级管理人员和员工情况(略)

公司治理(略)

财务报告(略)

备查文件目录(略)

# 六 半年度报告

## 概念

半年度报告简称中报。它是指上市公司每个会计年度的前6个月结束后的60日(120日)内分别向证监会、证券交易所提交并向社会公布的说明其经营业绩和财务状况的公告性文书。

## 格式写法

可参见年度报告,并请参阅例文。

## 注意事项

可参见年度报告。

【例文】

**安徽恒源煤电股份有限公司**
**2015年半年度报告**

重要提示

一、本公司董事会、监事会及董事、监事、高级管理人员保证半年度报告内容的真实、准确、完整,不存在虚假记载、误导性陈述或重大遗漏,并承担个别和连带的法律责任。

二、公司全体董事出席董事会会议。

三、本半年度报告未经审计。

四、公司负责人邓西清、主管会计工作负责人及会计机构负责人(会计主管人员)朱四一声明:保证半年度报告中财务报告的真实、准确、完整。

五、经董事会审议的报告期利润分配预案或公积金转增股本预案

无。

六、前瞻性陈述的风险声明

本年度报告中有关未来计划等前瞻性陈述,不构成本公司对投资者的实质性承诺,请投资者注意投资风险。

七、是否存在被控股股东及其关联方非经营性占用资金情况?

否。

八、是否存在违反规定决策程序对外提供担保的情况?

否。

释义(略)

公司基本情况

一、公司信息

二、联系人和联系方式

三、基本情况变更简介

四、信息披露及备置地点变更情况简介

五、公司股票简况

会计数据和财务指标摘要

一、公司主要会计数据和财务指标

二、境内外会计准则下会计数据差异

三、非经常性损益项目和金额

董事会报告

一、董事会关于公司报告期内经营情况的讨论与分析

(1)主营业务分析

(2)行业、产品或地区经营情况分析

(3)核心竞争力分析

(4)投资状况分析

重大事项

一、重大诉讼、仲裁和媒体普遍质疑的事项

二、破产重整相关事项

三、资产交易、企业合并事项

四、公司股权激励情况及其影响

五、重大关联交易

六、重大合同及其履行情况

七、承诺事项履行情况

八、聘任、解聘会计师事务所情况

九、上市公司及其董事、监事、高级管理人员、持有5%以上股份的股东、实际控制人、收购人处罚及整改情况

十、可转换公司债券情况

十一、公司治理情况

股份变动及股东情况报告

一、股份变动情况表

二、股东和实际控制人情况

董事、监事、高级管理人员情况

一、持股变动情况

二、公司董事、监事、高级管理人员变动情况

财务报告

一、审计报告

二、财务报表

备查文件目录

## 七　招股说明书

### 概念

招股说明书是指上市公司在股票上市前向社会公众说明本公司基本情况和本公司股票发行情况的公告性文书。按交易场所或投资者的不同,招股说明书又可分为 A 股招股说明书、B 股招股说明书和 H 股招股说明书。在中华人民共和国境内首次公开发行股票并上市的公司可简称“发行人”。

### 格式写法

招股说明书一般由以下内容组成:

1. 封面、书脊、扉页、目录、释义
2. 概览
3. 本次发行概况
4. 风险因素
5. 发行人基本情况
6. 业务和技术
7. 同业竞争与关联交易
8. 董事、监事、高级管理人员与核心技术人员
9. 公司治理
10. 财务会计信息
11. 管理层讨论与分析
12. 业务发展目标
13. 募集资金运用
14. 股利分配政策
15. 其他重要事项
16. 董事、监事、高级管理人员及有关中介机构声明

17. 备查文件

## 注意事项

根据证监发行字〔2006〕5 号《关于发布〈公开发行证券的公司信息披露内容与格式准则第 1 号——招股说明书〉的通知》相关规定，招股说明书应注意符合以下一般要求：

1. 发行人可根据有关规定或其他需求，编制招股说明书外文译本，但应保证中、外文文本的一致性，并在外文文本上注明：“本招股说明书分别以中、英（或日、法等）文编制，在对中外文本的理解发生歧义时，以中文文本为准。”

在境内外同时发行股票的，应按照从严原则编制招股说明书，并保证披露内容的一致性。

2. 招股说明书全文文本应采用质地良好的纸张印刷，幅面为 209 毫米 ×295 毫米（相当于标准的 A4 纸规格）。

3. 招股说明书应使用事实描述性语言，保证其内容简明扼要、通俗易懂，突出事件实质，不得有祝贺性、广告性、恭维性或诋毁性的词句。

【例文】

**南京多伦科技股份有限公司**
**首次公开发行股票招股说明书**

发行人声明

发行人及全体董事、监事、高级管理人员承诺招股说明书及其摘要不存在虚假记载、误导性陈述或重大遗漏，并对其真实性、准确性、完整性承担个别和连带的法律责任。公司负责人和主管会计工作的负责人、会计机构负责人保证招股说明书及其摘要中财务会计资料真实、完整。保荐人承诺因其为发行人首次公开发行股票制作、出具的文件有虚假记载、误导性陈述或者重大遗漏，给投资者造成损失的，将先行赔偿投资者损失。中国证监会、其他政府部门对本次发行所做的任何决定或意见，均不表明其对发行人股票的价值或投资者收益做出实质性判断或者保证。任何与之相反的声明均属虚假不实陈述。根据《证券法》的规定，股票依法发行后，发行人经营与收益的变化，由发行人自行负责，由此变化引致的投资风险，由投资者自行负责。投资者若对本招股说明书及其摘要存在任何疑问，应咨询自己的股票经纪人律师、会计师或其他专业顾问。

重大事项提示

（一）特别事项提示

（二）特别风险提示

释义

概览

一、发行人简介

二、发行人控股股东和实际控制人简介

三、发行人主要财务数据及主要财务指标

四、本次发行基本情况

五、募集资金运用

本次发行概况

一、本次发行的基本情况

二、本次发行的当事人及有关机构

三、发行人与有关中介机构的股权关系或其他权益关系

四、本次发行至上市前的有关重要日期

风险因素

一、市场风险

二、财务风险

三、对财政补贴及税收优惠依赖的风险

四、技术风险

五、实际控制人控制的风险

六、募集资金投资项目风险

发行人基本情况

一、发行人概况

二、发行人改制重组情况

三、发行人的股本形成及其变化和重大资产重组情况

四、发行人历次验资情况

五、发行人组织结构图

六、发行人控股和参股公司的简要情况

七、发起人、持有发行人5%以上股份的主要股东及实际控制人的基本情况

八、发行人有关股本的情况

九、员工及其社会保障情况

十、主要股东及作为股东的董事、监事、高级管理人员的重要承诺

业务和技术

一、发行人主营业务及其变化情况

二、驾考系统行业的基本情况

三、发行人所处行业的特点

四、驾考系统行业需求趋势及行业竞争情况
五、进入驾考系统行业的主要障碍
六、影响驾考系统行业发展的有利和不利因素
七、城市智能交通及驾驶模拟器行业情况
八、发行人的竞争优势与劣势
九、发行人的主营业务及经营模式
十、固定资产和无形资产
十一、发行人的研发和技术
十二、质量控制情况
十三、公司名称冠以“科技”字样的依据

同业竞争与关联交易

一、公司独立性
二、同业竞争
三、关联方与关联交易
四、关联交易对公司财务状况和经营成果的影响
五、规范关联交易的制度安排
六、发行人报告期关联交易的执行情况及独立董事意见
七、发行人为减少并规范关联交易而采取的措施

董事、监事、高级管理人员与核心技术人员

公司治理

一、股东大会制度的建立健全及运行情况
二、董事会制度的建立健全和运行情况
三、监事会制度的建立健全和运行情况
四、独立董事制度的建立健全和运行情况
五、董事会秘书制度的建立健全和运行情况
六、专门委员会的设置情况
七、发行人报告期违法违规行为的情况
八、发行人报告期资金占用和对外担保情况
九、发行人内部控制制度情况

财务会计信息

管理层讨论与分析

业务发展目标

募集资金应用

股利分配政策

其他重要事项

董事、监事、高级管理人员及有关中介机构声明

备查文件

一、备查文件

二、查阅时间及地点

## 八　配股说明书

### 概念

配股说明书是上市公司经股东大会决议,并报请证管机关批准,在向原股东配售发行股票时,向社会公众说明配股事项、权证派发和交易以及认购手续等内容的公告性文书。它是上市公司向中国证券监督管理委员会(简称"中国证监会")申请配股申报材料的必备部分。

### 格式写法

配股说明书由封面、正文、附录和备查文件四部分组成。

1. 封面。包括公司股票上市的证券交易所名称、"配股说明书"字样、公司的正式名称和注册地、配股主承销商、公司聘请的律师事务所、配售发行股票的类型和重要提示等内容。

2. 正文。包括序言、配售发行的有关机构、主要会计数据、符合配股条件的说明、法律意见、前次募集资金的运用情况说明、本次配售方案、配售股票的认购方法、获配股票的交易、风险因素与对策、配股说明书的签署日期及董事长签名等内容。

3. 附录。包括股东大会关于配股的决议;刊载本公司最近的年度报告或中期报告的报刊名称、日期;刊载本公司最近的董事会公告和股东大会公告的报刊名称、日期;公司章程修改内容简述。

4. 备查文件。包括修改后的公司章程正本;本次配股之前最近的公司股本变动报告;最近年度报告或中期报告正本;本次配股的承销协议书;资产评估报告和审计报告;前次募集资金运用情况的专项报告;配股法律意见书;主承销商律师的验证笔录;中国证监会要求的其他文件。

### 注意事项

根据中国证监会《公开发行证券的公司信息披露内容与格式准则》(2007 年修订)的有关规定,配股说明书应符合以下一般要求:

1. 引用的数据应有充分、客观的依据,并注明资料来源。

2. 引用的数字应采用阿拉伯数字,货币金额除特别说明外,应指人民币金额,并以元、千元或万元为单位。

【例文】

## 太平洋证券配股说明书

(2016年1月8日)

**发行人声明**

**重大事项**

第一节 释义

第二节 本次发行概况

一、本次发行基本情况

(一)发行人基本情况

(二)发行人经营范围和主营业务

(三)本次发行概况

(四)承销方式及承销期

(五)发行费用

(六)与本次发行有关的时间安排

(七)本次发行股份的上市流通

二、本次发行的有关当事人

(一)发行人

(二)保荐人(主承销商)

(三)律师事务所

(四)审计机构

(五)上市交易所

(六)股票登记机构

(七)保荐机构(主承销商)收款银行

第三节 风险因素

一、与发行人经营及业务有关的风险

(一)市场波动风险

(二)业务经营风险

(三)财务风险

(四)管理风险

(五)信息技术系统风险

（六）人才不足的风险
（七）清算交收风险
（八）政策法律风险
（九）合规风险
二、与中国证券业有关的风险
（一）行业风险
（二）政策变化风险
（三）宏观经济政策风险
三、与本次配股有关的风险

第四节　发行人基本情况

一、发行人基本信息
二、发行人设立及上市情况
三、发行人上市以后股权变动情况
四、发行人的重大资产重组情况
五、本次发行前股本总额及前十名股东情况
六、发行人组织结构和对其他企业的重要权益投资情况
（一）发行人组织结构
（二）发行人主要部门职责
（三）发行人控股及参股公司基本情况
（四）发行人分公司情况
（五）发行人下属营业部情况
七、发行人控股股东和实际控制人情况
八、发行人的主营业务
九、发行人所处行业的基本情况
（一）我国证券业的行业监管体系
（二）证券业的市场状况
十、公司的竞争地位
（一）公司业务概况
（二）公司的竞争优势
（三）公司的竞争劣势
十一、公司主营业务具体情况
十二、公司与业务相关的主要固定资产和无形资产
十三、公司特许经营权
（一）发行人的业务资格

(二)证券分支机构拥有的证券经营机构营业许可证

十四、发行人上市以来历次筹资、派现及净资产额变化情况

十五、发行人及其控股股东、实际控制人所做出的重要承诺及承诺的履行情况

十六、发行人的股利分配政策及利润分配情况

十七、发行人现任董事、监事、高级管理人员的基本情况

## 第五节 同业竞争与关联交易

一、同业竞争

(一)同业竞争的现状

(二)避免同业竞争的承诺

二、关联交易

(一)公司的关联方

(二)公司报告期内的关联交易

(三)规范关联交易的制度安排

(四)独立董事关于关联交易的意见

(五)关于规范关联交易的承诺

## 第六节 财务会计信息

一、财务报告及审计情况

二、财务报表

三、主要财务、监管指标和非经常性损益明细表

## 第七节 管理层讨论与分析

一、财务状况分析

二、盈利能力分析

三、现金流量分析

四、报告期内主要会计政策、会计估计变更

五、纳税情况

## 第八节 本次募集资金运用

一、本次配股预计募集资金数额

二、本次配股募集资金用途

(一)扩大信用交易业务规模

(二)适度扩大证券投资业务规模

(三)扩大资产管理业务规模

(四)增加证券承销准备金,适时扩大新三板做市业务规模

(五)对直投子公司增资,设立基金、期货、另类投资等子公司

(六)开展互联网金融,实现线上市场与线下市场的互联互通

(七)加大信息系统的资金投入,满足业务发展需求

(八)优化经纪业务网点布局,整合与拓展营销服务渠道

三、本次募集资金对发行人的影响

第九节　历次募集资金运用

一、发行人最近五年内募集资金运用情况

二、发行人前次募集资金使用情况

三、会计师事务所对前次募集资金运用所出具的专项报告结论

第十节　发行人及有关中介机构声明

第十一节　备查文件

一、备查文件

二、查阅地点

## 九　公司股份变动报告

### 概念

公司股份变动报告是上市公司因发行新股、派发股份股利、可转换公司债券转股、股份限售期满等事项致使股份总额、股份结构(指各类股份的数量和比例)和股票面值发生变化,上市公司按照有关法律、法规、规章和规则需编制并披露股份变动报告,或在定期报告中披露股份变动情况,以向投资公众详细说明有关情况的公告性文书。

### 格式写法

公司股份变动报告由标题、公司名称、正文、落款和报告日期五部分组成。

股份变动报告的正文应包括以下内容:

1. 股份变动的原因。

2. 股份变动的批准情况(如适用)。

3. 股份总额、股份结构变动情况。

4. 股份变动的过户情况。

5. 股份变动后股东持股情况或报告期末股东持股情况。

6. 股份变动对最近一年和最近一期每股收益、每股净资产等财务指标的影响(如有)。

7. 公司认为必要或证券监管机构要求披露的其他内容。

8. 备查文件。

## 注意事项

如果国家对会计法规进行调整，或证监会对上市公司信息披露规则进行修订，公司股份变动报告的具体内容应按照新的会计准则和信息披露规则进行规范。

【例文】

### 雅戈尔集团股份有限公司简式权益变动报告书

声　明

（一）本报告系信息披露义务人根据《中华人民共和国证券法》《上市公司收购管理办法》及《公开发行证券的公司信息披露内容与格式准则第 15 号——权益变动报告书》及相关法律法规、部门规章编写。

（二）信息披露义务人签署本报告已获得必要的授权和批准，其履行亦不违反信息披露义务人公司章程或内部规则中的任何条款，或与之相冲突。

（三）依据《中华人民共和国证券法》、《上市公司收购管理办法》的规定，本报告书已全面披露了信息披露义务人在雅戈尔集团股份有限公司拥有权益的股份变动情况。

（四）截至本报告书签署之日，除本报告书披露的持股信息外，信息披露义务人没有通过任何其他方式增加或减少在雅戈尔集团股份有限公司拥有权益的股份。

（五）本次权益变动是根据本报告所载明的资料进行的。信息披露义务人没有委托或者授权任何其他人提供未在本报告书中列载的信息和对本报告书做出任何解释或者说明。

释义（略）

信息披露义务人介绍

一、信息披露义务人基本情况

1. 深圳市博睿财智控股有限公司

2. 深圳市恩情投资发展有限公司

3. 海南博睿传媒投资有限公司

二、信息披露义务人之间的关系说明

权益变动的目的及持股计划

信息披露义务人本次权益变动主要是出于对雅戈尔未来经营与发展的看好，属于财务性投资，不排除未来继续增持的可能性，但没有收购、控制或重大影响雅戈尔的意图。

信息披露义务人在未来 12 个月内将根据证券市场整体状况并结合雅戈尔的发展及其股票价格情况等因素，决定何时增持雅戈尔的股份以及具体增持比例。

若发生相关权益变动事项,将严格按照法律法规的规定履行信息披露及其他相关义务。

权益变动方式

一、信息披露义务人持有上市公司股份的情况

1. 持股变动前的持股情况

2. 持股变动后的持股情况

二、本次权益变动方式

前六个月内买卖挂牌交易股份的情况

其他重要事项

信息披露义务人无为避免对报告内容产生误解而必须披露的其他信息,也无中国证监会或者上交所依法要求信息披露义务人提供的其他信息。

备查文件

特此公告

雅戈尔集团股份有限公司
2016 年 3 月 11 日

## 十　上市公司收购、出售资产及债务重组公告

### 概念

上市公司收购、出售资产及债务重组公告是指因收购、出售资产及债务重组等原因上市公司发生信息变化,为了做好信息披露工作,协助公司董事、监事及董事会秘书履行信息披露义务,为投资者提供及时、准确和完整的信息报告,向投资公众详细说明有关情况的公告性文书。

### 格式写法

上市公司收购、出售资产及债务重组公告包括封面、扉页、正文、落款四个部分。

1. 封面。其中包括证券代码、证券简称和公告编号等。

2. 扉页。其中包括重要内容提示和交易内容等。

3. 正文。其中包括交易概述,交易各方当事人情况介绍,交易标的基本情况,交易合同的主要内容及定价情况,涉及收购、出售资产的其他安排,收购、出售资产的目的和对公司的影响,中介机构对本次出售、收购资产交易的意见简介和备查文件目录等内容。

4. 落款。其中包括上市公司名称及报告日期。

## 注意事项

参见上证上字〔2002〕28号《关于发布〈上市公司临时报告系列格式指引〉的通知》。

【例文】

证券代码:600093　　证券简称:禾嘉股份　　编号:2009—026

### 四川禾嘉股份有限公司
### 出售资产及债务重组关联交易公告

本公司董事会及全体董事保证本公告内容不存在任何虚假记载、误导性陈述或者重大遗漏,并对其内容的真实性、准确性和完整性承担个别及连带责任。

重要内容提示

● 交易内容:

一、本公司持有控股子公司——四川盐源禾嘉绿色食品有限公司(以下简称盐源食品公司)99.67%的股权。经北京天圆全会计师事务所有限公司(以下简称天圆全事务所)审计(天圆全审字〔2009〕479号)截至2009年9月30日,该公司总资产52 312 189.80元,负债总额73 417 646.68元,净资产 -21 105 456.88元。

公司决定将持有的该公司99.67%的股权以1元向四川禾嘉实业(集团)有限公司(以下简称禾嘉集团)出售;

二、经北京天圆全事务所审计(天圆全专审字〔2009〕第166号)截至2009年9月30日本公司欠禾嘉集团债务17 386.33万元。

本公司盐源农业综合开发分公司(以下简称盐源分公司)宝清农场、五台山农场林木资产和林地资产截至2009年9月30日账面价值161 825 603.90元。公司决定将以上林木资产和林地资产抵偿本公司所欠禾嘉集团17 386.33万元债务中的161 825 603.90元。

● 交易性质:禾嘉集团是我公司的控股股东,故本次交易构成关联交易。

● 关联人回避事宜:本次关联交易已经本公司第四届董事会第二十四次会议审议通过,在董事会上,6名关联董事对本次关联交易的议案回避了表决,经其余3名非关联董事表决,一致通过了本次关联交易议案。

● 关联交易对公司的影响:本次交易有利于解决因金融危机造成的子公司生产经营困难对上市公司的影响,剥离无效资产,改善上市公司资产质量,提升上市公司未来的盈利能力。本次交易对公司当前损益影响较小,对公司后期的经营可降低财务成本,解决公司目前所欠债务应计财务费用较高的问题,预计明年可减少财务费用1 200万元。另外,也有利于提升公司的整体资产质量,同时免于每年对该资产计提摊销费用约240万元。

●其他事项：本次交易获本公司股东大会审议通过后生效。

一、关联交易概述

根据2009年11月6日公司董事会会议决议，公司与禾嘉集团签署了《关联交易协议》。协议约定：①本公司持有的盐源食品公司99.67%的股权以1元向禾嘉集团出售；②本公司以账面价值为161 825 603.90元的盐源分公司宝清农场和五台山农场的林木资产、林地资产抵偿本公司所欠禾嘉集团17 386.33万元债务中的161 825 603.90元。

本次交易资产总额为214 137 793.70元，占公司2008年度经审计合并报表总资产的23.65%；出售股权对应的净资产－21 105 456.88元，其绝对值占公司2008年度经审计合并报表净资产的7.08%；出售股权对应的净利润－16 499 499.46元，其绝对值占公司2008年度经审计合并报表净利润的29.21%。

本次资产交易不构成重大资产交易。

禾嘉集团是我公司的控股股东，故本次交易构成关联交易。

本次关联交易已经本公司第四届董事会第二十四次会议审议通过，在董事会上，6名关联董事对本次关联交易的议案回避表决，经其余3名非关联董事表决一致通过了本次资产关联交易议案。

本次关联交易尚须提交公司股东大会审议，关联股东将在公司股东大会上审议该项关联交易议案时回避表决。

公司独立董事向显湖先生、吕先锫先生、姜玉梅女士同意本次资产关联交易，并发表了独立意见。

二、协议各方的基本情况及关联关系

1.四川禾嘉实业(集团)有限公司

企业法人营业执照注册号：510000000003542

注册地址：成都市大石西路80号

法人代表：竹绍玉

注册资本：壹亿元

企业类型：有限责任公司

成立日期：1993年3月1日

经营业务范围：商品批发与零售；进出口业务；项目投资及管理(以上项目不含前置许可项目，后置许可项目凭许可证或审批文件经营)。

2.四川禾嘉股份有限公司

企业法人营业执照注册号：510000000018610

注册地址：成都市高新技术产业开发区九兴大道3号

法定代表人：宋浩

注册资本:叁亿贰仟贰佰肆拾肆万柒仟伍佰元

经济性质:股份有限公司(国内合资·上市)

经营范围:项目投资及管理

公司历史沿革:四川禾嘉股份有限公司是由四川省人民政府川府字〔1997〕129号文、中华全国工商联合会联发字〔1997〕第36号文批复由四川禾嘉实业集团有限公司、北海海利实业公司、成都市武侯区百花洲娱乐世界、四川禾嘉房地产开发公司、四川星火食品研究院共同发起,以募集方式设立的股份有限公司,经中国证券监督管理委员会证监发〔1997〕303、304号关于《四川禾嘉股份有限公司申请公开发行股票的批复》批复发行股票并上市交易。

3. 交易各方的关联关系

禾嘉集团是我公司的控股股东,故本次交易构成关联交易。

三、关联交易标的基本情况

1. 本次出售的资产的基本情况

本次出售的资产为本公司持有的四川盐源禾嘉绿色食品有限公司(以下简称该公司)99.67%的股权,该公司是由本公司与自然人吴建麟(持股0.33%)共同出资设立的有限责任公司,有优先受让权的股东吴建麟先生已放弃优先受让权。

该公司成立于1999年7月23日,注册地点:盐源县盐井镇盐东街。主营业务:蔬菜水果食品及深加工。注册资本:叁仟万人民币。成立时注册资本500万元,本公司出资490万元。2005年3月2日,该公司股东会决议,将公司2004年末的未分配利润中的2 500万元转增公司资本,自然人股东吴建麟自愿放弃未分配利润转增资本的权利。转增资本后,本公司的持股金额和比例分别由490万元、98%增加到2 990万元、99.67%,自然人股东吴建麟的持股金额和比例分别由10万元、2%下降到10万元、0.33%。该股权的转让未有任何限制情况和诉讼、仲裁等有重大争议事项。

自2007年底始该公司因受金融危机影响而导致生产经营困难,产品滞销,遭受较大损失,经审计,截至2009年9月30日总资产52 312 189.80元,负债总额73 417 646.68元,净资产-21 105 456.88元。该公司已经严重资不抵债。2009年已不能继续投入正常生产。

该公司最近一年及最近一期财务数据如下表:

单位:万元

| 项目 | 2008-12-31 | 2009-9-30 |
|---|---|---|
| 资产总额 | 7 751 | 5 231 |
| 负债总额 | 8 211 | 7 342 |

续表

| | | |
|---|---|---|
| 应收款项总额 | 2 640 | 1 940 |
| 净资产 | -461 | -2 110 |
| 主营业务收入 | 1 137 | 698 |
| 主营业务利润 | 56 | -430 |
| 净利润 | -2 279 | -1 650 |

注:该公司2008年度及2009年1~9月财务报告经北京天圆全会计师事务所审计。

2.本次交易用以偿债的资产和债务基本情况

(1)资产基本情况

本公司用以偿债的资产为四川禾嘉股份有限公司盐源农业综合开发分公司在四川省凉山州盐源县境内五台山农场和宝清农场的林木资产、林地资产。林木资产为苹果树、云南松树及绿化树,苹果树账面原值1 422万元,已提折旧923万元,期末账面价值499万元,云南松及绿化树账面原值9 661万元,因遭受大面积虫害的损坏对该用材林计提资产减值准备1 345万元,期末账面价值8 316万元。林地面积共计5.086万亩,其中:宝清农场使用年限1999年至2049年共50年,账面原值5 405万元,累计摊销1 135万元,期末账面价值4 270万元;五台山农场使用年限1999年至2069年共70年,账面原值3 644万元,累计摊销547万元,期末账面价值3 097万元;截至2009年9月30日上述资产账面价值合计161 825 603.90元。因上述林木资产所处地带为长江上游生态保护区,在过去的时期内未产生应有的效益,而且预计在未来一定时期内产生收益的可能性不大。

(2)债务基本情况

根据2008年12月9日我公司第四届董事会第十五次会议的决议,公司与禾嘉集团签署的《协议》约定:统一由禾嘉集团出面筹集资金作为借款用以我公司归还银行借款,我公司向禾嘉集团还款的时间和金额根据我公司资金情况由双方共同商定,利率按银行同期贷款利率计算,协议有效期为两年,涉及金额25 940万元。此《协议》内容已作为关联交易议案提交2008年12月29日召开的2008年公司第二次临时股东大会审议通过后已生效。

经北京天圆全事务所审计(天圆全专审字〔2009〕第166号)截至2009年9月30日本公司欠禾嘉集团债务17 386.33万元,其中借款13 726万元用于股份公司偿还银行贷款本金及利息,借款742万元用于中汽成配公司技改投入,按协议计算应付禾嘉集团利息173万元,日常借入非经常性往来款2 745.33万元。

债务发生时间表 单位:万元

| 时间 | 摘要 | 金额 | 用途 |
|---|---|---|---|
| 2008－6－30 | 借款 | 2 000 | 偿还银行借款本金 |
| 2008－7－31 | 借款 | 970 | 偿还银行借款本金 |
| 2008－7－31 | 借款 | 266 | 偿还银行借款利息 |
| 2008－8－31 | 借款 | 360 | 中汽成配公司技术改造购设备 |
| 2008－9－30 | 借款 | 382 | 中汽成配公司技术改造购设备 |
| 2008－12－25 | 借款 | 3 600 | 偿还银行借款本金 |
| 2008－12－31 | 借款 | 500 | 偿还银行借款本金 |
| 2008－12－31 | 计提利息 | 39 | 应付禾嘉集团利息 |
| 2009－6－23 | 借款 | 1 320 | 偿还银行借款本金及利息 |
| 2009－6－23 | 借款 | 2 500 | 偿还银行借款本金 |
| 2009－6－30 | 借款 | 2 570 | 偿还银行借款利息 |
| 2009－6－30 | 计提利息 | 134 | 应付禾嘉集团利息 |

四、本次交易的主要合同内容和定价政策

依据2009年11月6日本公司和禾嘉集团签订的《关联交易协议》,主要内容如下:

1. 协议签订各方的名称

甲方:四川禾嘉实业(集团)有限公司

乙方:四川禾嘉股份有限公司

2. 交易标的及价格、定价政策、交易结算方式

(1)价格

本次资产交易的价格经协商甲乙双方同意:①甲方以1元购买乙方盐源食品公司99.67%的股权;②乙方以盐源分公司宝清农场和五台山农场截至2009年9月30日账面价值161 825 603.90元的林木资产、林地资产抵偿所欠甲方17 386.337万元债务中的161 825 603.90元。

交易金额共计161 825 604.90元。

(2)定价政策

经协商,甲乙双方确定本次交易资产的价格:甲方以经审计的截至2009年9月30日拥有的对乙方的债权;乙方以持有的盐源食品公司99.67%的股权与甲方协商进行公平交易。乙方以盐源分公司截至2009年9月30日的账面价值进行等价公平交易。

(3)交易结算方式

本次资产交易由各方所享有的债权或资产作为对价进行交易。待本公司股东大会对本次关联交易议案审议通过后，本公司向禾嘉集团出售和抵偿的资产，直接转让给禾嘉集团；禾嘉集团对本公司的债权抵偿后等价减少。

3. 协议生效条件

本次关联交易协议经甲乙双方签章签字后，尚须经本公司股东大会批准才能生效。

4. 交易资产的移交和产权过户安排

甲乙双方在协议中约定：

(1)原则上在协议生效后90日内，双方共同办理本次交易的盐源食品有限公司99.67%的股权和盐源分公司单项资产的过户手续。

(2)协议生效后，禾嘉集团不再拥有该关联交易协议约定的对本公司的这部分债权，不再就这部分债权向我公司主张任何权利。

5. 资产的权利瑕疵问题

本次关联交易无瑕疵问题。

五、本次关联交易的目的以及对上市公司的影响

本公司为解决因受金融危机影响而导致控股99.67%的子公司生产经营陷入困境的问题和降低公司债务成本，公司决定进行本次交易。本公司未为该子公司提供担保，该子公司亦无占用本公司资金情况。

本次交易不会影响公司本年度的生产经营。但是，本次交易实施后，可减少每年摊销费用的计提和因公司债务而发生的财务费用，预计明年可减少财务费用1 200万元。另外，也有利于提升公司的整体资产质量，同时免于每年对该资产计提摊销费用约240万元。

六、董事会意见

董事会认为，本次交易定价体现了公平、公正的原则，本次置换的实施有利于提高公司的资产质量和盈利能力，符合公司及全体股东的利益。

七、独立董事意见

本公司独立董事向显湖先生、吕先锫先生、姜玉梅女士就本次资产关联交易发表如下独立意见：

1. 本公司关于本次涉及资产关联交易董事会的召集、召开和表决程序符合《公司法》《公司章程》及相关法规的规定。在有关会议中，关联董事按规定回避了表决，由非关联董事表决一致通过了关联交易议案。

2. 本次关联交易为：

(1)本公司持有控股子公司四川盐源禾嘉绿色食品有限公司99.67%的股权。经北京天圆全会计师事务所有限公司审计截至2009年9月30日，该公司总资产

52 312 189.80 元,负债总额 73 417 646.68 元,净资产 -21 105 456.88 元。本公司决定将持有的 99.67% 的股权以 1 元向四川禾嘉实业(集团)有限公司(以下简称禾嘉集团)出售;

(2)经审计截至2009 年9 月30 日本公司欠禾嘉集团债务17 386.33 万元。本公司盐源农业综合开发分公司宝清农场和五台山农场的林木资产、林地资产截至2009 年9 月30 日账面价值161 825 603.90 元。公司决定将以上林木资产、林地资产抵偿本公司所欠禾嘉集团17 386.33 万元债务中的161 825 603.90 元。

3. 我们认为:本次交易的实施有利于提高公司的资产质量和盈利能力。交易的定价合理、公允,符合上市公司及全体股东的利益。

4. 本次关联交易须按法律程序办理资产过户手续,尚须经本公司股东大会批准,与该关联交易有利害关系的关联人应放弃在股东大会上对相关议案的投票权。

八、备查文件

1. 本公司第四届董事会第二十四次会议决议;

2. 经独立董事签字确认的《独立董事关于关联交易的独立意见》;

3.《关联交易协议》;

4. 北京天圆全会计师事务所有限公司审计报告天圆全审字〔2009〕479 号。

5. 北京天圆全会计师事务所有限公司天圆全专审字〔2009〕166 号。

四川禾嘉股份有限公司

董事会

二○○九年十一月九日

## 十一 上市公司股东大会决议公告

### 概念

股东大会决议公告是上市公司召开股东大会后,针对大会的各项决议向投资公众详细说明有关情况的公告性文书。

### 格式写法

股东大会决议公告由标题、公告信息、正文、结语、落款和公告日期组成。

股东大会决议公告正文的内容主要有如下各项:

1. 重要内容提示。

2. 会议召开和出席情况(以表格方式列示有关统计数据也可)。

3. 提案审议情况。

4. 公证或者律师见证情况。

5. 备查文件目录。

## 注意事项

参见上海证券交易所第五号《上市公司股东大会决议公告格式指引》。

【例文】

### 中国汽车工程研究院股份有限公司
### 2015 年年度股东大会决议公告

本公司董事会及全体董事保证本公告内容不存在任何虚假记载、误导性陈述或者重大遗漏，并对其内容的真实性、准确性和完整性承担个别及连带责任。

重要内容提示：

- 本次会议是否有否决议案：无

一、会议召开和出席情况

（一）股东大会召开的时间：2016 年 4 月 22 日。

（二）股东大会召开的地点：重庆市北部新区金渝大道 9 号中国汽研会议中心学术厅。

（三）出席会议的普通股股东和恢复表决权的优先股股东及其持有股份情况：

1. 出席会议的股东和代理人人数

2. 出席会议的股东所持有表决权的股份总数：647 828 074（股）。

3. 出席会议的股东所持有表决权股份数占公司有表决权股份总数的比例：67.40%。

（四）表决方式是否符合《公司法》及《公司章程》的规定，大会主持情况等。

本次股东大会由公司董事会召集，董事长任晓常先生主持，会议的召集和召开程序、出席会议人员的资格、会议的表决方式和程序均符合相关法律、法规和规范性文件和《公司章程》的有关规定。

（五）公司董事、监事和董事会秘书的出席情况。

1. 公司在任董事 11 人，出席 6 人，董事吕国平、独立董事彭韶兵、赵福全、王世渝、谢思敏因工作原因未出席会议；

2. 公司在任监事 5 人，出席 5 人；

3. 董事会秘书刘旭黎出席会议；副总经理万鑫铭列席了本次会议。

二、议案审议情况

（一）非累积投票议案

1. 议案名称：审议 2015 年年度报告及摘要（略）

2. 议案名称：审议 2015 年度董事会报告（略）

3. 议案名称：审议 2015 年度监事会报告（略）

4. 议案名称:审议2015年度财务决算及2016年度预算报告(略)

5. 议案名称:关于2015年度利润分配预案的议案(略)

6. 议案名称:关于2016年度日常关联交易预计的议案(略)

7. 议案名称:关于为子公司提供担保的议案(略)

8. 议案名称:关于变更公司应收款项坏账准备计提比例的议案(略)

9. 议案名称:关于修改《公司章程》的议案(略)

10. 议案名称:关于制定《中国汽车工程研究院股份有限公司未来三年股东回报规划(2016—2018)》的议案(略)

11. 议案名称:关于修改《监事会议事规则》的议案(略)

12. 议案名称:关于聘请2016年度审计服务机构的议案(略)

13. 议案名称:审议独立董事2015年度述职报告(略)

(二)累积投票议案表决情况

关于增补独立董事的议案(略)

(三)涉及重大事项,5%以下股东的表决情况

(四)关于议案表决的有关情况说明

1. 上述第6项议案为涉及关联交易的议案。公司控股股东中国通用技术(集团)控股有限责任公司及其控制的中国机械进出口(集团)有限公司、中国技术进出口总公司和中国通用咨询投资有限公司为公司关联方,上述关联股东所持表决权股份数量合计644 379 867股,在该议案表决时履行了回避义务。

2. 上述第9项议案为特别决议通过的议案。该项议案获得有效表决权股份总数的2/3以上通过。

3. 所有议案均审议通过。

三、律师见证情况

1. 本次股东大会鉴证的律师事务所:北京市嘉源律师事务所

律师:黄国宝、吴俊霞

2. 律师鉴证结论意见:

公司2015年年度股东大会的召集、召开程序符合《公司法》《公司章程》及其他规范文件的规定;出席公司本次股东大会的人员资格合法有效;公司本次股东大会的表决程序符合《公司法》《公司章程》及其他规范性文件的规定,表决结果合法、有效。

四、备查文件目录

1. 经与会董事和记录人签字确认并加盖董事会印章的股东大会决议;

2. 经鉴证的律师事务所主任签字并加盖公章的法律意见书。

中国汽车工程研究院股份有限公司

2016年4月23日

# 十二　商品广告文案

## 概念

商品广告文案是商品广告中的语言文字部分，是广告全部信息的核心。广告信息的传播，主要是通过语言文字来实现的。一则广告可以没有画面和声音，但不能没有语言文字。广告文案承担着提高企业和产品声誉、促进交流与竞争、刺激需求与指导消费的重任。一则成功的广告离不开好的广告文案。

## 格式写法

广告文案写作，是对广告语言文字部分的创意和组织安排。广告文案涉及的内容范围广，写作的风格与模式既不同于一般的应用文，也与文学作品有明显差异，需要根据不同的广告内容和广告目的灵活处理。

商品广告文案没有固定的结构模式，在实践中往往围绕几个基本要素写作。

1. 标题。标题是广告的“眼睛”，从形式而言，广告标题有直接标题、间接标题和复合标题三种。

（1）直接标题。这种标题直截了当地点明主题。大多用企业名称、品牌名称或商品名称命题。如“众里寻他千百度，博雅西苑我的家”。此类标题直白易懂，一目了然。

（2）间接标题。这种标题不直接介绍广告内容，而是委婉暗示或诱导受众。“打开一扇窗，让世界了解你”（诺贝信息传播网的广告标题）。此类标题迂回婉转、耐人寻味。

（3）复合标题。这种标题由以上两种标题结合而成。如“悠悠寸草心，报得三春晖——三九胃泰的承诺”。

广告标题一要简洁凝练；二要突出题旨；三要通俗易懂；四要新颖有趣。

2. 正文。正文是广告文案的主体，是广告标题的发挥和延展，对广告内容做具体介绍、说明。在追求广告创意的今天，借助于作者独特的创意和新颖的构思，正文部分的写作日趋灵活，风格日趋多样，常见的有如下各种体式：

（1）陈述体。这种体式以平直的语言介绍商品的特点，适于介绍新产品。

（2）证明体。这种体式借助权威部门对产品的鉴定评价，宣传产品的优点，使消费者产生“信得过”的心理。

（3）问答体。这种体式以设问的形式形成悬念，通过对话或自问自答，引起消费者的好奇心。

（4）幽默体。这种体式以诗歌、相声、故事或小品等形式风趣幽默地介绍商品信息，生动活泼，引人入胜。

(5)目录体。这种体式以罗列目录的形式进行宣传,条理清晰,适宜于期刊征订宣传。

(6)描绘式。这种体式以描写为主要表达方式,介绍产品的性能特点,或浓墨重彩,或白描传神,使受众在强烈的审美感受中产生购买欲望。

3. 广告标语。广告标语是表现企业相对稳定的广告主题的简洁有力的宣传口号。一方面,它是企业文化的重要组成部分,可以动员号召员工齐心协力实现企业的奋斗目标;另一方面,它又向消费者灌输一种简明易懂、长久不变的观念,使消费者产生对某个企业的商品的固定、良好的印象,最终形成持续性购买。广告标语的写作一是要有好的创意;二是内容要有冲击力;三是语音和谐,便于传颂。

4. 随文(又称附文)。随文是用来传递与企业相关的信息,为与客户的业务往来服务的,一般包括企业名称、地址、联系人、开户银行、银行账号、电话、电传和网址等。

## 注意事项

1. 真实合法。广告文稿必须客观真实地反映商品的真实情况,否则将会损害消费者和竞争者的利益,造成不良的社会后果。广告文稿的艺术化必须以真实为基础,不能凭空捏造,也不能让消费者产生误解。广告文案的撰写,还必须遵守国家有关法律法规所规定的事项和程序。

2. 准确定位。确定广告主题时,不仅要考察个性特征,突出商品优势,还要了解消费心态,适应受众需求。

3. 语言精练生动。表达简洁准确,追求"触目惊心"的效果,这是广告语言的上乘境界。

商品广告文案写作的随意性较大,不像一般应用文结构稳定、有板有眼,因此,广告虽然文字不多,但创作难度大,需要综合语言文字、市场营销、受众心理、音乐绘画等各方面的知识,运用多种思维方式。只有这样,才能创作出既动人心魄、又极具宣传效果的作品。

【例文】

星巴克礼赞综合咖啡豆广告文案

广告标语:

请接收我们一年一度的礼赞

正文:

礼赞综合咖啡豆,

一年一度,星巴克限时推出。

综合咖啡三大产区的四种经典咖啡豆，
将不同风味巧妙地融合在一起，
创造出令人沉醉的咖啡体验，
是星巴克咖啡品质和工艺的集中体现。
在星巴克40周年庆典时首次推出。
品一口礼赞综合咖啡，强烈的层次感之间，
满满都是浆果和黑樱桃风味。

## 十三　招生简章

### 概念

招生广告是各类学校为招收新生所发布的具有宣传告知作用的应用文。它一般采用张贴、刊登于报刊，或通过广播、电视等形式进行宣传。

### 格式写法

招生广告一般分为标题、正文和落款三部分。

1. 标题。标题一般有三种写法：①只标明文体名称，如《招生广告》；②标明学校与文种，如《广安友谊中学招生广告》；③标明学校、招生对象和文种，如《四川联合大学招收博士研究生广告》。

2. 正文。正文要求写明招生宗旨、招收专业和人数、招生对象、报名和考试时间、考试科目、录取办法、学习时间、收费标准和分配办法等。这部分要根据实际情况，逐款逐条写清楚。

3. 落款。落款要标明学校名称和日期，并加盖公章。

### 注意事项

1. 招生广告对学员关注的具体问题诸如专业、学费标准、毕业后的就业保障等，要具体详细列出。

2. 招生广告内容要实事求是，不得夸大其词。

3. 招生学校必须是经国家有关机关批准的合法学校或艺术团体。

【例文】

**北京大学2016年“筑梦计划”招生简章**

依照《国务院关于深化考试招生制度改革的实施意见》及教育部关于高等学校自主招生改革试点工作的有关规定，全面贯彻落实党的教育方针，促进教育公平，使更多来自农村和贫困地区的优秀学子能享受优质教育资源，2016 年北京大学继续实施“筑梦计划”招收优秀农村学生，欢迎广大“热爱北大、心系天下、人格健全、学业优秀”的农村高中毕业生报考我校。

一、机构与原则

我校“筑梦计划”招生工作在北京大学招生委员会的领导下，由北京大学招生办公室负责具体工作的组织和实施。

北京大学 2016 年“筑梦计划”招生工作将本着“公平、公正、公开”的原则，严格程序，择优录取，宁缺毋滥。

二、招生对象

主要招收边远、贫困、民族等地区县（含县级市）及县以下高中勤奋好学、成绩优良的农村学生。具体实施区域由各省（自治区、直辖市）确定，申请报考考生须同时具备以下条件：

1. 符合 2016 年统一高考报名条件；

2. 本人及父亲或母亲或法定监护人户籍地在实施区域的农村，本人具有当地连续 3 年以上户籍；

3. 本人具有户籍所在县高中连续 3 年学籍并实际就读。

三、招生计划和招生专业

2016 年我校“筑梦计划”招生录取计划按教育部核定的高校专项计划招生数执行。招生专业如下表所示：

（略）

四、报名方法

本次选拔实行网上报名，请考生登录“高校专项计划报名系统”（点击进入），按网上要求注册、填写各项申请信息、上传相关证明材料扫描件，打印、盖章并扫描上传申请表。

报名平台：高校专项计划报名系统

报名网址：http://gaokao.chsi.com.cn/gxzxbm

报名时间：2016 年 4 月 6 日至 4 月 25 日 24:00

网上报名注意事项：

本次报名无须邮寄申请材料，因此考生在上传申请材料（申请表格、获奖证书及相关证明材料）扫描件和中学、社会团体及专家个人在上传推荐材料扫描件时须确保电子文件清晰可读。

五、选拔程序

1. 初审：根据考生网上填写和上传的报名材料，北京大学本科招生专家委员会将组织专家严格、公正、客观、全面地进行初步审核评价。

2. 初审名单公示：初步审核通过者按教育部相关规定进行公示，公示无异议者获得我校2016年“筑梦计划”招生测试资格。

3. 测试时间：2016年6月11日至13日。

4. 入选资格考生名单公示：获得我校“筑梦计划”招生入选资格的考生，按教育部相关规定进行公示。

5. 录取：按我校认定结果进行录取。

六、考核方法及入选资格考生优惠政策

北京大学本科招生专家委员会将组织专家对考生申请材料进行严格、公正、客观、全面的初步审核评价，合格者获得测试资格，测试分为笔试、面试和体质测试，最终根据笔试成绩、面试成绩，参考初步审核评价结果和体质测试结论，综合评价、择优认定“筑梦计划”招生入选资格考生名单。获得我校“筑梦计划”入选资格的考生，在高考录取时最高可获降至当地本科一批控制分数线录取的优惠政策，具体降分幅度由我校本科招生专家委员会确定。

七、培养计划

对于通过“筑梦计划”入学的学生，北京大学将参照“博雅计划”入学学生的培养计划进行培养。对于其中的家庭经济困难学生，学校将按照相关政策给予经济资助和成长支持。

八、重要日程

1. 网上报名截止时间：2016年4月25日24:00

2. 初审公示：2016年5月底，初审通过考生名单在北大招生网和教育部“阳光高考”平台公示。

3. 测试：获得测试资格的考生根据网上报名系统内的测试通知要求，参加我校组织的测试。

4. 测试时间：2016年6月11日至13日。

5. 入选资格考生名单公示：2016年6月22日按教育部相关规定进行公示。

6. 志愿填报：填报方式、填报时间等以当地省级招生考试机构规定为准。

7. 录取时间：以当地省级招生考试机构安排为准。

九、监督机制

1. 北京大学“筑梦计划”招生录取工作接受纪检监察部门、考生、家长以及社会各界的监督。学校纪检监察部门将全程监督初审和测试过程，测试过程全程录像。北京大学招生监督电话：(010)627556××。

2. 北京大学将按照教育部的要求将参加考核的考生名单、入选资格考生名单、录取考生名单及相关信息进行公示。

3. 相关中学应按教育部要求公示所有经确认推荐的考生名单及相关材料。

十、附则

1. 考生申请材料应当清晰、真实、完整。申请材料中存在虚假内容或者隐匿可能对考生产生不利影响的重大事实的，按教育部和北京大学相关规定处理。

2. 我校“筑梦计划”招生报名及测试不收取任何费用。考生因家庭经济原因参加“筑梦计划”招生测试存在困难的，可以书面向我校申请资助。

3. 本简章由北京大学招生办公室负责解释。

十一、联系方式

北京大学招生办公室联系方式：

地址：北京大学老化学楼120室北京大学招生办公室

邮编：100871

电话：(010)627514××

传真：(010)625543××

邮件：bdzsb@pku.edu.cn

北大招生网：http://www.gotopku.cn

北大主页：http://www.pku.edu.cn

北京大学招生办公室
2016年4月5日

## 十四　楼宇招租广告

### 概念

楼宇招租广告是指为出租写字楼、店铺等楼宇设施，向社会公开发布招租信息的一种实用文体。它一般采用张贴、登报及杂志等形式，或通过广播、电视等媒体进行宣传。

### 格式写法

楼宇招租广告一般分为标题、正文和落款三部分。

1. 标题。标题一般有两种写法：①只标明文种名称，如《楼宇招租广告》；②标明楼宇名称与文种，如《××写字楼招租广告》。

2. 正文。正文要写明楼宇的名称、地址、面积、基础设施情况、价格、联系人和联系方式等。这部分要根据实际情况，逐款逐条写清楚。

3. 落款。此部分要写明出租楼宇的单位和写作日期。

## 注意事项

楼宇招租广告和招商启事容易混淆,它们的不同之处在于:楼宇招租广告目的明确,只限于场所、器物的出租,不搞合资、招资、开发等项目,写作者应把握好两者的异同,准确表达自己的意图。

【例文】

**琅琊台度假区 LED 楼宇招租广告**

概况:该楼宇由青岛美欧美电子科技有限公司开发建设,为秦汉风格的连体建筑,建设共四层,共 7 500 平方米,楼宇分为办公楼、职工公寓。楼宇水、电、通信等基础设施配套齐全,可整体出租或单体出租。

交通情况:滨海大道东侧 200 米,与管委相邻,距琅琊台风景区 7.5 公里,距海边 200 米,距 2017 年通车的红岛到胶南城际轨道 13 号线港城站点 80 米。

主要招租对象:企业总部、业务培训机构、幼儿园、国学讲堂等。

价格:面议

招租热线:周经理 1866171 × × × ×

# 十五　开业启事

## 概念

开业启事是新企业或服务、娱乐等行业新项目或新网点建成后,在开始营业前,向社会各界告知开张的消息所使用的一种应用文体。

## 格式写法

开业启事一般由标题和正文两部分组成。

1. 标题。开业启事的标题形式比较多,有的直接写《开业启事》;有的则由开业单位、事由和文种组成,如《 × ×市 × ×区 × ×建材批发市场开业启事》。

2. 正文。正文一般包括三项内容:一是开业企业名称、批准单位、开业时间、业务经营范围和规模等;二是对客户、顾客的希望要求;三是有关联系事宜,包括开业企业的地址、电话、银行账号、企业负责人和业务联系人等。

有的开业启事有落款部分,写明发出启事的单位名称及时间;有的开业启事还附有祝贺单位的名单,以显示热烈、隆重。

发布开业启事的目的是吸引客户,招徕生意,所以正文的写作要突出自己的实力和业务、经营特点及有利条件等。

## 注意事项

1. 开业启事如用于张贴，要写在大红纸上，标题要突出醒目，文字优美大方。

2. 开业启事各项内容要具体明白，同时要文笔精练，篇幅不宜过长。

3. 开业启事习惯采用带有喜庆色彩的语言，如“开业志禧”“开业大吉”等。

【例文】

**××资产评估公司开业启事**

××资产评估公司是经××省财政厅、××省国有资产管理局审查批准，××省工商行政管理局注册登记的具有法人资格的专业机构。

公司汇集资产评估、财务会计、审计、建筑安装工程、机械工程、计算机软硬件、专业数学等方面的专家、学者以及工程技术人才，竭诚为省内外社会各界提供资产评估、验证资本、企业清算、财务公证和培训会计人员等项服务。

本公司执行中华人民共和国各项法规，遵循国际会计惯例，独立公正，信守合同，实事求是，严格保密，为各单位提供优质和快速的服务。

公司将于20××年6月8日正式开业，欢迎各界人士前来洽谈业务。

公司地址：××市××路×号

邮编：(略)

电话：(略)

公司总经理：王××

××资产评估公司

20××年×月×日

# 十六　招商启事

## 概念

招商启事是介绍本地区或企业集团基础设施状况，以优惠政策吸引资金或开发商的一种应用文体。

## 格式写法

招商启事通常由标题、正文、落款三部分组成。

1. 标题。招商启事的标题有多种，常用的有三种。

(1)由文种名单独组成，如《招商启事》《招商纳贤》。

(2)由文种和招商地区或单位名称共同构成，如《×××集团招商启事》。

(3)其他。有的招商启事直接用“寻求合作”、“诚寻合作”或“急寻合作伙伴”等作为标题。

2. 正文。招商启事的正文由三方面内容组成。

(1)招商地区或单位的基本情况。该部分要重点介绍招商方的地理位置、经营面积和基本设施等情况。

(2)招商的对象和范围。该部分要将招商的具体要求,如地理位置、技术、资金等写清楚,对未来合作的内容也要一并写出。

(3)具体的招商方式,以及可给予的优惠条件等。

3. 落款。落款要具体列出招商单位的名称、详细地址和邮政编码、电话、传真、邮箱及联系人等。

## 注意事项

1. 招商启事的内容要符合有关法律法规,不可信口开河、违背相关规定。

2. 招商时的优惠条件和具体措施要认真研究,一经公布,必须兑现,否则会失去信誉,得不偿失。

3. 语言要诚恳,实事求是,不夸大其词。

【例文】

### 2016年北京通州运河文化庙会招商启事

庙会是我国民间广为流传的一种传统民俗活动,也是春节节庆活动中不可或缺的。2016年运河文化庙会以“北京城市副中心”为背景,旨在彰显通州地域优势,弘扬传统节庆文化,为人民群众打造一场春节盛宴。

2016年运河文化庙会将于2016年2月7日至14日(除夕至正月初七)在通州运河文化广场举办。为期8天。现面向社会公开招商!相关事宜如下:

一、招商范围

招商范围涵盖餐饮美食、创意百货、特色农产品、文玩书画、智能科技、游艺设施、娱乐表演等品类。

二、摊位设置及配置

现场设置美食区、年货商品区、宋庄文化区、特色农产品展示区、智能科技体验区和游艺娱乐区等共计200多个摊位。

庙会主办方统一规划制作美观、大方、环保标准摊位,统一对周边环境进行美化。提供电源、保洁管理、安保支持。

三、招商对象及条件

庙会面向餐饮美食商家、创意百货商家、特色农产品商家、文玩书画商家、智能科技商家、游艺设施商家、娱乐表演商家等广泛招商，供游客消费、体验、互动。

庙会摊位需商家申请报名，并提供相关执照和证明，签订合同，交纳摊位费（费用由摊位品类、位置决定）。

2016年通州运河文化庙会招商咨询电话：010－574967××

2016年通州运河文化庙会招商电子邮箱：tongzhoumiaohui@ qq. com

2016年通州运河文化庙会招商办微信号：xuyingwen2014

2016年通州运河文化庙会招商办地址：北京市通州运河奥体公园体育馆底商通州运河文化庙会招商办

## 十七 迁址启事

### 概念

迁址启事是机关、企事业单位、社团组织等在搬迁新址时，向社会及有关方面告知的一种启事。这种启事除在报刊上刊登，在电视、电台播放，还可以张贴在原址大门或醒目的地方，以便于有关人员办理事项和保持业务联系。

### 格式写法

迁址启事由标题、正文和结尾三部分组成。

1. 标题。迁址启事的标题常见的有两种形式：一种是直接写上《迁址启事》；另一种是由迁址单位的名称加事由、文种构成，如《××公司迁址启事》。

2. 正文。正文即告知的内容，要写明迁址的时间，迁移的新址（××街，××号）、电话号码等；还可以标明乘车路线或附上简单的路线图。

3. 结尾。结尾部分写上迁址单位名称和日期，必要时还要加盖公章。

### 注意事项

1. 迁址启事要突出新址的地理位置。

2. 迁址启事内容中也可有公司产品介绍，但要简明扼要，不可喧宾夺主。

3. 规模小的单位，迁址启事多张贴在原址门口；规模大、联系较广的单位，需要在媒体上发布，以便让更多人知道；网站迁址，则要在以前的网址处留言，并设置自动接入新网址的功能。

【例文】

**李沧区疾病预防控制中心迁址启事**

自2016年1月18日李沧区疾控中心迁址到永年路20号（李沧区社保局对

面)李沧区市民公共服务中心A楼(南楼)办公。预防性体检科、性病艾滋病防制科设在负一楼西侧,实验室设在六楼,其他科室均在五楼。特此告知!

李沧疾控

2016年1月12日

## 十八　招聘启事

### 概念

招聘启事是近年来随着我国用人制度改革应运而生的一种新文种。招聘启事主要用于招聘专业人才,如科技人员、管理人员等,它是企事业单位、各类专业公司和社会团体公开向社会招聘有关人员所使用的一种文体。招聘启事可以在报刊登载,也可在电视台、广播电台播放。

### 格式写法

招聘启事由标题、正文和结尾三部分组成。

1. 标题。标题的形式有多种,常用的主要有四种:①直接写《招聘启事》《用人启事》《招贤启事》等;②由招聘人员类别和文种组成,如《招聘公关人员启事》、《招聘××饭店经理启事》;③由招聘单位名称、招聘人员类别和文种构成,如《××饭店招聘公关部经理启事》;④只写启事的事由《招聘》。

2. 正文。正文主要包括用人的单位、部门、业务、目的、招聘对象、招聘条件、待遇、联系办法和联系时间等内容。

3. 结尾。尾部包括署名和日期,以及联系人、电话、邮编等内容,于正文右下方依次写明。

写作招聘启事要有实事求是的态度,特别是介绍本单位情况和应聘待遇等事项,不要言过其实。

### 注意事项

1. 招聘启事各项内容可标项分条列出,使之清晰、醒目,也可用不同的字体列出,以求区别。

2. 招聘启事要遵循实事求是的原则,招聘的各项内容均要如实列出,既不夸大也不缩小。

3. 语言要简练得体,既要庄重严肃,又要礼貌热情。

【例文】

## 兴业银行长春分行信用卡中心招聘启事

（2016 年 4 月）

兴业银行是经国务院、中国人民银行批准于 1988 年第一批成立的股份制商业银行，2007 年 2 月 5 日成功实现 A 股上市（股票代码：601166）。根据英国《银行家》杂志 2014 年世界 1 000 家银行最新排名，兴业银行国际排名继续大幅度提升，按一级资本排名列 49 位，按资产总额排名列 43 位，成功跻身全球银行 50 强行列。根据美国《财富》杂志 2014 年世界 500 强排名，兴业银行位居 338 位，上升幅度在银行中排名第一。目前，兴业银行已全资或控股拥有信托、租赁、基金等子公司，形成了以银行为主体，涵盖信托、租赁、基金、期货、资产管理等在内的现代金融服务集团。

长春分行自 2010 年 4 月开业以来，按照“均衡发展、夯实基础、创新突围、文化先进”的办行理念，坚持企金、零售、金融市场并行发展，坚持合规控险与业务发展同位并重，积极寻求扩张规模与节约资本黄金平衡点，实现了规模、效益、速度、质量协调发展，2013 年在兴业系统内同类十六家分行中综合考评第一名，经济资本收益率排名第二位，成为省内资产质量最好、发展最为均衡、盈利能力最强的股份制银行。截至 2014 年 12 月末，兴业银行长春分行已开设 12 家同城支行，4 家社区支行，1 家异地分行和 1 家异地支行。资产总额 379 亿元，各项贷款余额 150 亿元，全口径存款 350 亿元。自开业以来累计实现利润 24 亿元。

“真诚服务，相伴成长”，我们坚信良好的企业文化能熏陶出优秀的员工，优秀的员工才能提供优质的服务。如果您正在寻找一家快速发展、关系简单、高效运营、重视人才的银行，那么兴业银行长春分行就是您圆梦的舞台！

一、招聘岗位

1. 推广团队负责人 1 名

岗位职责：

（1）根据城市/区域信用卡分中心业务的战略规划，制定团队销售计划和方针；负责团队的业绩增长，完成公司部署的销售任务、业绩目标；

（2）定期收集同行及相关行业政策、产品及活动信息等，分析市场发展趋势，为公司重大决策提供信息支持；

（3）负责下属团队建设，团队员工的培训、管理，相关制度的制定、落实、监督；

（4）定期召开例会，传达、布置任务，提升团队学习氛围，随时把握员工心理动态；建立可持续发展的人才发展计划，提升员工的任职能力及职业满意度，发掘并培养后备人才；

(5)根据企业整体风险控制策略,精准把握当地客群定位及风险状况,对团队进行有效监控,确保所辖团队合规展业,降低运营风险;

(6)负责协调与中后台各职能部门的对接工作,保证业务活动的顺畅开展。

任职要求:

(1)本科以上学历,同行管理经验3年及以上;

(2)有较好的市场认知,熟悉同行业知识,关注并了解行业动态;

(3)具备良好的市场规划、风险管理、发展团队、资源整合、团队协作的能力。

工作地点:长春市

2. 延边城市经理1名

岗位职责:

(1)根据城市/区域信用卡分中心业务的战略规划,制定团队销售计划和方针;负责团队的业绩增长,完成公司部署的销售任务、业绩目标;

(2)定期收集同行及相关行业政策、产品及活动信息等,分析市场发展趋势,为公司重大决策提供信息支持;

(3)负责下属团队建设,团队员工的培训、管理,相关制度的制定、落实、监督;

(4)定期召开例会,传达、布置任务,提升团队学习氛围,随时把握员工心理动态;建立可持续发展的人才发展计划,提升员工的任职能力及职业满意度,发掘并培养后备人才;

(5)根据企业整体风险控制策略,精准把握当地客群定位及风险状况,对团队进行有效监控,确保所辖团队合规展业,降低运营风险;

(6)负责协调与中后台各职能部门的对接工作,保证业务活动的顺畅开展。

任职要求:

(1)本科以上学历,同行管理经验3年及以上;

(2)有较好的市场认知,熟悉同行业知识,关注并了解行业动态;

(3)具备良好的市场规划、风险管理、发展团队、资源整合、团队协作的能力。

工作地点:延吉市

3. 信用卡推广专员若干名

岗位职责:

(1)负责完成发卡业务,支持直销工作顺畅开展;

(2)负责及时主动联系客户,推广销售本行的信用卡产品。

任职要求:

(1)全日制大专以上学历、男女专业不限、形象好。

(2)拥有信用卡、保险、基金、证券及各类个人金融产品销售经验,或拥有良好信用卡发卡客户基础,条件可适当放宽;熟悉当地市场,心理承受能力和沟通能力强，对营销工作有热情和信心；思想品德正直，身体健康，思维敏捷，良好团队协作精神，个人信用记录正常，无严重从业违规记录。

工作地点：长春市、吉林市、延吉市

二、报名方法

请应聘者登陆兴业银行网站（www.cib.com.cn）点击右上角“诚聘英才”链接，下载《兴业银行长春分行应聘申请表》（共2页）并详细填写，同时附近期全身彩色照片，身份证、工作证、职称证书、学历证书、学位证书、业绩证明材料的复印件，一并寄往兴业银行长春分行信用卡中心。（地址：长春市二道区东盛大街与公平路交会，邮编：130041）

报名截止时间：2016年6月30日

三、招聘程序及注意事项

1. 经初审、笔试、面试、体检四个环节，对应聘者进行全面素质考察，择优录取。被录用者将电话正式通知，统一安排上岗前培训。

2. 应聘申请表（2页）要求如实、详尽填写，粘贴相片并本人亲笔签名有效。

3. 应聘者对个人填报信息的真实性负责，如与事实不符，本行有权取消其录取资格；应聘者个人信息仅用于此次招聘，本行承诺对其保密，并作为本行的人才储备，应聘资料恕不退还。

4. 本次招聘将通过电话与应聘者联系，请保持通讯畅通。

5. 我行不向应聘者收取任何费用，谨防受骗。

6. 联系方式：0431－820060××郭女士

## 十九　征集启事

### 概念

征集启事是企事业单位、机关、团体等就某一重大活动、会议、项目等公开向社会征集资料或征选图案、商标、广告、会标、会歌或会徽设计时所使用的应用文体。

### 格式写法

征集启事由标题、正文和结尾三部分组成。

1. 标题。征集启事的标题常见的形式是由征集单位名称、事由和文种构成的，如《××集团公司产品广告征集启事》。

2. 正文。正文包括以下三项内容：

（1）征集的缘由，包括概括介绍重大活动的名称、时间、意义。

（2）征集的项目、要求。根据项目的特点，提出具体要求。如果征集的是资料，要交代清楚哪类、哪个年代、什么范围的资料。

(3)征集的方法和有关事项，包括对评奖、选用、付酬和是否退还未入选作品等具体问题的说明。

3. 结尾。结尾写上发布单位名称及时间。

## 注意事项

1. 征集启事要具体明确地写出所要征集的有关事项，语言要精练，用语要恳切。

2. 要将征集部门的具体地址和联系方式写清楚。

【例文】

### 《洋河新区市民文明公约》征集启事

为积极培育和践行社会主义核心价值观，动员全区人民参与到全国文明城市创建工作中来，决定在全区范围内开展《洋河新区市民文明公约》征集活动，欢迎广大市民积极参与。

一、征集要求：

《洋河新区市民文明公约》要以培育和践行社会主义核心价值观为根本，突出“做文明人，创文明城”主题，体现社会公德、职业道德、家庭美德、个人品德和文明礼仪等方面的要求，传承历史文化、富有时代特征，简洁明了、易记易行。

二、征集办法

广大市民可通过发送信函、电子邮件等方式参与《洋河新区市民文明公约》征集活动。纸质稿寄至：洋河新区组织宣传部，地址：洋河新区为民服务中心418室，邮编：223800；联系电话：82668302，电子稿发至：58004517@ qq. com。

三、征集时间

3月1日至3月10日(信件以邮戳为准)

四、要求

1. 来稿请注明投稿人的姓名、通信地址、电话等联系方式。

2. 投稿人须保证所投稿件无侵犯他人著作权的行为。

3. 来稿一律不退，请自留底稿。

洋河新区创建文明城市指挥部办公室

2016年2月29日

# 二十 订货会启事

## 概念

订货会启事是为召开订货会而向人们告知、声明有关事项的一种启事。

## 格式写法

订货会启事由标题、正文和结尾三部分组成。

1. 标题。标题的常见形式有两种:一是由召开订货会的单位名称加事由、文种或省略单位名称构成;另一种是使用双标题的形式。

2. 正文。正文即告知的内容,要写明订货会召开的时间、地点,订货会的主要内容,以及订货会上所展示的产品的简要介绍等。

3. 结尾。结尾部分写明召开订货会的单位名称和日期。

## 注意事项

1. 条理要清晰。在介绍订货会召开的时间、地点、订货会的主要内容以及订货会上所展示的产品等内容时,要分条列项,逐一详释。

2. 介绍要全面。订货会启事一般还应有公司介绍,以便客商了解主办单位的情况,达到广泛吸引客商的目的。

**【例文】**

### "智造·改变未来"安贝儿2016年秋冬季新品订货会

广东快乐城堡发展有限公司隶属快乐城堡集团,旗下拥有"快乐城堡""安贝儿"两个时尚孕婴童品牌,是孕婴童领域拥有多年设计生产经验和运营管理经验的知名企业。快乐城堡发展有限公司,目前主营的两个孕婴童品牌,其中"快乐城堡"是国内首家专营时尚儿童内衣的领导品牌,率先进入时尚儿童内衣细分领域,实行品牌化、专业化经营。"安贝儿"则是面向孕妇及0~6岁婴幼童提供全面健康的母婴用品和服务的综合性品牌,产品种类齐全,品质优良、设计时尚,拥有较高市场美誉度。

安贝儿在品牌建立和成长的过程中,致力于将品牌打造成为孕婴方面最时尚健康的安心品牌,对此安贝儿实行了严格的产品安全监督和管控,把造就安心产品、放心产品作为品牌立足的首要考虑。此外,安贝儿联合集团旗下品牌商学院与色彩研究中心,开设了时尚育儿、孕期保健、育儿安全等专题课程,深入研究,让产品在拥有时尚、多元的设计风格的同时,更注重科学性、安全性、健康性,成为真正适用于妈妈和孩童的专业品牌。

经过安贝儿设计团队新一季的努力,2016 秋冬季的产品准备就绪,很快,我们又将与广大经销商合作伙伴再一次相聚,一同见证 2016 秋冬新品的隆重面世,今天我们诚挚地向您发出邀请。

从“制造”到“智造”,路,其实不好走,有人几天就掉队了,有人走了十几年也没有到头,当然,您得先上“道”。唯有改变自己,方能改变未来。

美丽潮汕的冬天,并没有想象中的那么寒冷,各位一如既往的支持,正像安贝儿人这份赤诚的热情……

世间万物流动,唯有我们不变的动力,日经月行,星环辰绕,水滴而形珠,石磨而状卵……

“安贝儿”崇尚自然环保,在淳朴灵动的风格中,我们怀着一颗云水禅心,空灵、清冽,如流水潺潺,润泽心灵,在时尚的元素中我们融入了爱,诚邀您一起来品鉴!

您的行程是:

时间:2016 年 1 月 5 日起

地址:广东汕头潮南区峡山广祥路鑫林大厦

(详细安排可询安贝儿相关工作人员)

来汕路线:

①航班站:揭阳潮汕机场(公司接车至酒店)

②高铁站:首选潮阳站,次选普宁站(公司接车至酒店)

③汽车大巴:

广州广园汽车站——峡山

深圳华达(太白路口)——峡山

④自驾:高速“田心”出口下,导航至峡山广祥路口。

# 第五章

# 市场营销文书

## 一　市场调查问卷

### 概念

市场调查问卷是针对市场特定人群所设计的问卷调查表。使用市场调查问卷方便、经济、调查面广，是市场调查最常用的手段。

### 格式写法

问卷设计是一项十分细致的工作。一份问卷通常由标题、前言、主体和结束语四部分组成。

1. 标题。标题一般由调查单位、调查内容加“调查问卷”组成，也可省略单位名称。

2. 前言。前言主要是对调查目的、意义及填表要求等的说明，包括问卷标题、调查说明、填表要求及致被调查者的谢词。文字要简明易懂，能激发被调查者的兴趣。

3. 主体。主体由一个个问题及相应的选择项目组成。通过主体部分问题的设计和被调查者的答复，市场调查者可以充分了解被调查者的基本情况及其对特定事物的态度、意见、倾向等。调查问卷问题的设置有表格式和问答式两种，前者简单明了，多用于内容单一的调查；后者形式多样，适宜于较复杂的调查。

4. 结束语。结束语要表示对被调查者合作的感谢，要有调查人员的姓名、调查时间、调查地点等，也可以省略此项内容。

### 注意事项

问卷中的问题设计合理、排列科学可以提高问卷回收率和信息的质量。在设计过程中必须注意以下几个要点：

1. 明确调查目的。这是问卷设计的前提和基础，在进行问卷设计时必须对调查目的有一个清楚的认识，并且在调查计划书中予以细化，以作为问卷设计的指导。

2. 语言措辞得当。问卷题目设计要讲究针对性，必须在充分考虑受调人群的文化水平、年龄层次和协调合作可能性的基础上，确定题目的难度和语言表达的风格，以保证调查的顺利进行。

3. 易于分析操作。问卷在设计时要充分考虑后续的数据统计和分析工作，题目的设计必须容易录入，方便进行具体的数据分析，以使各个调查环节更好衔接。

4. 勿忘隐私保护。如果问卷中涉及个人资料，应该有隐私保护说明。只有尊重受调人群，才有可能调动他们配合的积极性。

由于调查的目的和调查内容不同，针对的群体也不尽相同，加上受到受调人群配合程度的影响，市场调查问卷在操作上往往会比较困难。因此，在问卷的设计上应该尽量规范，力争以准确的数据和分析为相关决策提供有价值的参考。

**【例文】**

### 2015年深圳市出租车消费者市场调查问卷

尊敬的女士/先生：

您好！

抱歉打搅您！我委将进行一项关于深圳市出租车的市场调查。此次调查采取不记名方式，感谢您的支持和配合！请在符合您意见的选项序号前打勾。调查时间：从2015年9月23日开始，截至2015年10月9日。

基础信息区：

1. 您的性别

A. 先生

B. 女士

2. 您的年龄

A. 20岁以下

B. 20～35岁

C. 35～55岁

D. 55岁以上

3. 您的月收入（元）

A. 3 000以下

B. 3 000～6 000

C. 6 000～10 000

D. 10 000以上

4. 您乘坐出租车的频率

A. 每周2次及以上

B. 每月2次及以上

C. 偶尔

D. 不乘坐

问卷作答区：

1. 在什么情况下，您会选择乘坐出租车？（多选题）

A. 上下班（学）

B. 探亲访友、外出逛街、出差

C. 特殊情况（去医院、恶劣天气、突发事件等）

D. 特殊人群出行

2. 您认为出租车的定位是？（多选题）

A. 城市公共交通的主要方式，满足普遍出行

B. 城市公共交通的补充方式，满足个性化出行

C. 应大力发展，不考虑是否拥堵

D. 应适度发展，考虑需求、道路拥堵、环境等因素

3. 您认为出租车行业具有？

A. 纯公益性

B. 纯市场属性

C. 两者兼有，公益性大于市场属性

D. 两者兼有，市场属性大于公益性

4. 对深圳出租，您最不满意的是？（多选题）

A. 打车难

B. 运价高

C. 司机服务不好

D. 车辆档次低，车况差

E. 不支持微信等电子支付方式

F. 绿的不能进关，换乘麻烦

5. 您如何看待出租车司机的“份子钱”？

A. 应收取，相当于工厂的工作定额

B. 不应收取，支持取消

C. 可收取，但应动态调整

D. 无所谓，不清楚

6. 您认为目前红的和绿的一体化应?

A. 价格区别、允许绿的特定时段(路线)载客进关

B. 价格统一、允许绿的特定时段(路线)载客进关

C. 价格、营运区域完全统一

D. 无所谓

7. 您不满意“专车”的是?(多选题)

A. 车辆——预约与搭乘车辆不符,技术状况不详

B. 司机——路况不熟,驾驶技术待提高

C. 价格——软件计价不准,计价标准不透明

D. 安全——存在受骚扰恐吓、信息泄露、保险理赔难等风险

E. 服务——司机飞单,服务差异大,乘客投诉无果

8. 您认为未来传统出租和“专车”的关系应该是?

A. 用“专车”彻底取代传统出租车

B. 大力发展传统出租车,阻止“专车”发展

C. 规范“专车”,改革升级传统出租车,错位发展

D. 规范“专车”后,完全自由竞争,由市场决定

9. 如推出约租车(规范的“专车”),您认为运价和数量应该是____。

A. 政府定价,数量管制

B. 市场调节价,数量管制

C. 政府定价,数量放开

D. 市场调节价,数量放开

10. “约租车”车辆和司机的准入条件,您认为应该是____。

A. 高于传统出租车

B. 与传统出租车一致

C. 车辆条件与传统出租车一致,司机条件要更高

D. 无所谓

11. 如“约租车”必须提前预约,您可接受的时间最长是____。

A. 提前1天

B. 提前1~2个小时

C. 提前0.5小时

D. 不提前,随时可约

12. 如乘坐“约租车”发生交通事故,应找谁维护权益?

A. 网络预约平台

B. 开车司机

C. 车辆所有人

D. 交通主管部门

13. 您支持在出租车内安装摄像头吗?

A. 支持,有助于提升服务和加强监管

B. 不支持,侵犯个人隐私

C. 无所谓

14. 您认为出租车应该允许个体经营吗?

A. 应该

B. 不应该

C. 无所谓

15. 对于深圳出租车(含传统与预约),您还有哪些建议意见?

(引自 深圳市交通运输委员会官方网站)

## 二 市场调查与预测报告

### 概念

市场调查是以市场为对象的调查研究活动,即运用科学的方法,有计划、有目的地搜集、整理、分析和研究有关市场营销的情报,为决策提供依据。市场预测是经济预测的一种,它以一定的经济理论为指导,根据及时准确的统计资料和市场调查资料,运用一定的科学预测方法,对市场未来发展趋势做出预测。市场调查与预测报告是反映市场调查与预测过程和结果的报告。

### 格式写法

市场调查与预测报告所涉及的内容很多,范围很广。由于业务性质不同、经营范围与规模不同、经营过程中要解决的问题不同等,调查预测的内容各有侧重,其写作方法也多种多样。一篇完整的市场调查与预测报告通常由标题、正文(前言、主体、结尾)和署名组成。市场调查与预测报告一般是按照作者对市场营销问题的调查、认识过程来安排结构的。其突出表现是,主体部分一般由情况写到预测,再从预测写到建议。至于前言和结尾的有无,则视具体情况而定。

1. 标题。市场调查与预测报告的标题应简明扼要、生动醒目。常见的有单标题和双标题两种形式。单标题一般由预测时限、预测范围、预测对象组成;双标题虚实相间,表意完整。

2. 正文。正文包括前言、主体和结尾三部分。

(1)前言。前言一般有两种写法:一是交代调查目的、时间、地点、对象、范围并说明调查方法和结果，通过“过渡句”导入主体；二是开门见山，直接介绍全文的主要内容和主要观点。

(2)主体。主体是全文的核心部分，一般由情况、预测和建议三部分组成。情况要真实、详尽，重点突出，为分析预测打下坚实的基础；预测部分主要运用议论的方式，用较多结论性的语言，尽量少写或不写分析过程；建议要切合实际，讲究针对性。三部分之间存在着十分紧密的逻辑关系，写作时要注意整体的有机统一。当然，也可根据具体情况适当调整其先后顺序。

(3)结尾。结尾或总结全文，重申主要观点；或展望未来，引起关注；或在预测部分自然收束，不另作结。

3. 署名。市场调查与预测报告，应署作者姓名或集体、单位名称，以示负责。

## 注意事项

1. 强调真实。真实性是市场调查与预测报告的基本要求。只有真实典型的材料才能反映市场营销的规律，只有经过核实的、准确的数字才能作为推论的依据，因此，必须在认真深入调查的基础上，通过大量可靠数据和其他资料，真实客观地反映市场情况。在市场信息错综复杂、不断变化的情况下，还要对大量的新信息进行对比分析，反复核实，力争确凿无误。另外，对事实的分析和结论的推断，都应坚持客观性原则，反对虚假片面、主观臆断。

2. 注重时效。市场行情瞬息万变，决定了市场调查与预测报告具有很强的时效性。只有迅速及时地搜集国内外最新的有价值的经济技术情报和市场信息，及时研究分析，才能为经济管理部门的决策和企业调整生产经营战略、避免盲目生产提供依据；否则，再有价值的信息，如果时过境迁，也会变得一文不值。

3. 讲究科学。市场调查与预测报告通过对未来市场前景的推测，直接引导、影响人们的消费。科学的预测能带来巨大的经济效益；反之，极有可能造成难以估量的损失。科学性要体现在调查与预测的全过程中，从选材、分析到结论，都要实事求是，利用科学的理论和辩证的方法进行论证与推测。

### 【例文】

**2014年中国餐饮市场分析与2015年前景预测报告**

一、2014年全国餐饮业发展与市场运行特点

1. 餐饮市场发展概况

(1)整体市场稳中回暖

2014年，全国餐饮收入27 860亿元，同比增长9.7%，较上年加快了0.7个百分点，终止了2011年以来连续三年增速下滑的颓势。而且，餐饮收入增幅与社会

消费品零售总额增幅(12.0%)的差距也一改近三年来持续扩大的态势,由2013年的4.1个百分点收窄至2.3个百分点,餐饮收入拉动社会消费品零售总额增长1.12%。限额以上餐饮收入止跌回升,全年收入8 208亿元,同比正增长2.2%,比上年大幅提升了4个百分点。

纵观全年,2014年餐饮业理性发展,实现稳中回升,限上餐饮企业也开始转为"正能量"。

(图1 全国餐饮收入及增速状况2002—2014年 略)

(图2 全国社会消费品零售总额及餐饮收入增幅状况2002—2014年 略)

餐饮市场全年各月度的起伏走势与社会消费品零售市场几乎完全吻合,餐饮业将消费品市场乃至国民经济"晴雨表"的功能发挥得淋漓尽致。分月度来看,餐饮市场一直处于不断尝试调整的过程中,波动性贯穿全年。2014年伊始,市场就以9.6%的增速高开,并不断上行,在5月至最高值11%,限上餐饮也达到峰值6.2%。而之后却开始转为下行,8月滑至小低谷,限上餐饮更是再次跌为负增长。随后,整个餐饮市场运行呈现向好趋势,11月、12月进入冲刺阶段,最后以10.1%收官,限上餐饮也逐渐回升至正增长,并以3.8%结束全年。

(图3 2014年全国餐饮收入月度增长状况 略)

从各季度情况来看,相较上年,餐饮市场尤其是限上餐饮已总体上扭转颓势,虽然仍具敏感性,但是正在逐步回暖。整体市场一波三折,餐饮收入、限上餐饮收入增速都在第二季度处于峰值,第三季度又落入低谷,第四季度则开始进入企稳回升阶段。

(图4 2013年以来全国餐饮收入季度增长状况 略)

(2)区域市场大部好转

2014年福建省餐饮收入达到1 039.7亿元,餐饮收入过千亿省市阵营又新增一名成员,预计此阵营省区成员将达10个。从目前已公布数据的省市来看,总体上各地区的餐饮市场发展状况已明显好转。与上年相比,大部分地区发展增速都有不同程度的加快,而且大多都超过了全国平均幅度(0.7个百分点),即便是增速仍比上年放缓的地区,降幅也有所收窄。

同时,相较上年的严峻形势,绝大部分地区限上餐饮收入已然止跌回升。不过也有少数省市仍未走出困境。

(表1 2014年主要省市餐饮市场发展状况 略)

(3)行业景气用工需求均低迷

尽管2014年餐饮业整体发展形势有所回升,但行业景气仍不容乐观。根据国家统计局统计,有半年以上的时间餐饮业商务活动指数都处于临界点以下状态,企业业务总量减少,且新订单指数也低于临界点,市场需求有所减少,尤其是在6、7月份。

同样，餐饮行业用工情况也依然疲软。中国人力资源市场信息监测中心对全国近百个城市的公共就业服务机构市场供求信息的统计显示，因季节因素，2014年一季度全国住宿和餐饮业用人需求大幅上涨，但随后急剧下跌，无论是在同比还是环比上，用工需求都转为负增长，并一直持续至年底。

（图5　2014年各季度住宿和餐饮业用工需求变动情况　略）

2. 餐饮行业发展特点

（1）政策优化继续促进行业发展

2014年5月商务部出台《加快发展大众化餐饮的指导意见》，对全行业来说可谓是期待已久的甘露，起到了一定的振奋作用，《意见》提出大众化餐饮所占比重由当前的80%提高到85%，更是表明了政府对促进餐饮业发展的目标、方向和态度。

11月，《餐饮业经营管理办法（试行）》发布实施，反映出政府有关部门维持餐饮业发展秩序的决心，同时也引起了不小的社会争议。不过，据调查，实际上消费者大多对餐饮企业收取服务费的做法表示体谅和理解。

而且2014年，倍受瞩目的《食品安全法》（修订草案）已经过两次审议和征求意见。此次对现行法律进行了大幅度修订，表明政府正不断加强监管力度，营造食品安全社会共治的环境，切实保障老百姓“舌尖上的安全”。

在不断转型尝试后，政府支持、鼓励餐饮业从商业模式、管理方式、组织方式、产品服务等方面进行创新型发展，促进行业健康持续向前。不过，当前食品安全、营改增、标准工时、消费争议以及餐饮环保排放等问题仍为公众重点关注，亟待得出解决之道。

（2）大众需求旺盛带动市场回升

在政策和市场的双重影响下，餐饮业被迫寻求转型，尤其是高端餐饮。经过手足无措、盲目尝试的转型探索期，全行业认识到，回归市场、回归本质才是出路，餐饮业不断进行结构调整。

当前，大众化餐饮仍然突显出强劲的市场需求，是整个行业趋稳回暖的最大动力。根据中国烹饪协会刚发布的餐饮消费调查，朋友聚餐、家庭聚会、情侣约会等私人社交需求是餐饮消费的最大诉求，占餐饮消费总需求的80%左右；而商务活动明显比上年减少，中央八项规定、遏制公款消费的成果得到进一步巩固。在风味上，以往作为高端餐饮主力的粤菜大众喜爱程度有所增强，这也从一方面说明高端餐饮的亲民转型举措取得了一定的成效。

（图6　除工作餐外消费者外出就餐的原因　略）

（3）餐饮企业多管齐下各显神通

尽管餐饮市场形势有所回升，但是租金、人工、食材、能源等成本仍不断上涨，餐饮企业依然处于微利时代，唯有达到足够高的上座率、翻台率才能有利润可言。

为应对困境，餐饮企业一直积极试水多种转型举措。创新服务方式和服务领域，积极投身早餐、老年、社区餐饮；注重满足客户群体多样性、个性化需求，特色餐饮、体验式餐饮表现抢眼；利用多元化多品牌运作，不断开辟市场，如外婆家旗下品牌不仅涉猎平价餐饮、中端餐饮、特色餐饮，又开始尝试将新品牌开进高端酒店；陆续进驻各大商业综合体，当前餐饮已成为商场、购物中心中客流量最多的品类之一；拓展产业链，业务向食品加工延伸；餐饮联盟持续升温，宁夏、安徽、重庆、内蒙古等地企业纷纷筹划抱团取暖。

随着实战经验的不断累积，餐饮企业逐渐开始找到适合自己并能够发挥自身优势的转型途径，转型发展正从趋同走向务实。

(4)餐饮O2O大热改变消费模式

传统餐饮产业与互联网这一现代化工具的结合早就如火如荼地展开，餐饮O2O现已成为热门词汇。微博微信、APP、电商网站平台，各种工具手段全面利用；推广营销、外卖外送、促销团购等各项服务线上线下双管齐下。如今，抢客户争流量大战已进入白热化阶段，掀起了一阵融资注资热潮。

随着餐饮O2O日益渗透到日常生活中，消费者的消费习惯和消费方式也发生了重大变化。根据餐饮消费调查，点评类网站、微博微信平台对消费者做出餐饮消费选择的影响明显加强。而且，当前消费者对O2O的应用不止集中在预订，还逐渐向点餐、支付等综合功能深入扩展。

（图7　消费者获取餐厅信息的一般途径　略）

(5)本土品牌与国际巨头存差距

与中国境况相同，全球餐饮业也面临着严峻挑战。由于商品成本上涨、竞争激烈且低收入人群手头紧张，全球餐饮行业整体增长近乎停滞。

QSR杂志发布的年度全球快餐休闲餐饮企业排名显示，相比2012年，2013年前十名企业品牌中有六家连锁门店扩张步伐都有不同程度的减缓，其中，Wendy's、Burger King、KFC更是关闭了部分连锁门店。

中国餐饮整体规模虽然已有近2.8万亿，但是产业集中度较低，本土企业规模普遍偏小，海底捞、全聚德、真功夫等知名品牌无论在企业规模还是经营管理等方面都与国外餐饮大型企业相差甚远。并且，目前进军海外市场的餐饮企业仅有海底捞、全聚德、眉州东坡、黄记煌等少数几家，而真正在海外站稳脚跟，能够规模化、连锁化发展的企业几乎没有。

二、2015年餐饮市场前景预测

当前中国经济正处于从投资型驱动向消费型驱动转型的换档期，第三产业占比不断提升，城镇化规模和质量稳步推进，餐饮业充满发展潜力和机会。不过，竞争加剧、企业微利已成为餐饮行业无法改变的事实,并将长期维持。全行业仍需摆正思想认识,在新常态下顺应形势练内功,创新驱动谋发展。

1. 行业发展环境将得到进一步优化

中央对于深化改革的决心是不容置疑的,深化改革将具有空前的广度、力度和深度。继去年商务部出台《加快发展大众化餐饮的指导意见》后,中央将继续以坚定的决心通过一系列调控政策,优化餐饮产业结构,加快制订支持大众化餐饮发展的财政、税收、金融政策,清理不合理收费,减轻企业负担,营造良好发展环境,为加快发展大众化餐饮保驾护航,从而实现保障和改善人民生活、扩大内需、促进就业的现实需要,推动餐饮业向现代生活服务业转型升级,促进餐饮业可持续健康发展。

2. 新常态新形势新发展

针对消费者消费偏好、消费习惯、消费方式的新变化,以及市场需求的新要求,餐饮服务大众化、个性化、多元化成为市场主体;而且,餐饮企业应在追逐“盈利”的同时,找回“产品和服务”这一餐饮行业的本质。消费者在一波一波强烈的宣传攻势下逐渐回归理性,利用互联网进行噱头营销已经不起推敲,提高产品和服务质量、加强自身管理水平依然是增强企业竞争力的正理;此外,在餐饮O2O飞速发展的今天,餐饮企业还应适时调整商业模式和服务模式,与时俱进,以立于不败之地。

经过2014年“找方向”之后,餐饮业逐步进入“修炼内功,提高管理水平,常态化下可持续发展”的阶段,整个餐饮产业组织也将显现出“三小三大”的新特征,即小店面大后台、小产品大市场、小群体大众化。

3. 企业扩张势头逐渐恢复

前两年餐饮市场陷入最艰难困境,餐饮企业也随之收缩放缓扩张速度,有的甚至关闭部分业绩不佳的门店。阵痛期过后,企业开始摩拳擦掌,不仅海底捞、小南国等国内餐企,麦当劳、赛百味、星巴克等国际知名品牌也都计划在2015年之后逐步加快新开店步伐,刚上市的呷哺呷哺、外婆家、必胜客等还打算拓展区域市场、扩大版图布局,而眉州东坡、永和大王还计划在海外市场树立品牌形象。

4. 资本引进来、中餐走出去

随着中国餐饮市场逐渐理性回归,资本市场纷纷涉足投资。弘毅投资基金、CVC、路易威登集团旗下的私募股权基金都已在2014年完成对国内餐饮的投资。并且,越来越多的国际餐饮企业也开始关注中国餐饮,希望可以进一步发掘中国大陆市场。2015年伊始,美国著名的中餐连锁企业Panda集团就与金鹰商贸集团有限公司达成协议,希望可以开展餐饮业务合作。Panda集团在美国拥有包括Panda Express(2013年QSR排名第22位)、Panda Inn、Hibachi - San等多个餐饮品牌。

在引入资本的同时,中国餐饮还在加速“走出去”。通过海外交流考察、赴海外投资开店、参与中餐烹饪技艺国际交流展示、参加国际烹饪技艺赛事等一系列活动,积极向世界宣传推广中华餐饮文化。另外,2015 年中餐世界申遗工作将重新启动,餐饮中国梦的实现将会更近一步。

2015 年是中国餐饮业落实“十二五”目标的收官之年,也是巩固行业转型成效,迈向餐饮收入 3 万亿新阶段的关键时期。走满足大众需求、适应市场变化、提升盈利水平的理性发展之路,就是餐饮业未来发展的“新常态”。预计 2015 年春节餐饮市场将迎来开门红,让我们拭目以待。

(来源:中国烹饪协会)

## 三 外贸商情调研报告

### 概念

外贸商情调研报告是指运用科学的分析方法,对世界经济、贸易的形势、现状、变化趋势以及世界各地区的市场行情、销售环境、流通渠道和竞争结构进行广泛、深入的调查研究之后写出的书面报告。

### 格式写法

外贸商情调研报告一般分为标题、前言、正文和结尾四部分。

1. 标题。标题是根据调研的内容拟定的,有三种形式。

(1)概括调查研究的内容。在标题中一般写出被调查研究的国别、地区、市场、内容和范围,如“科威特鞋类产品的消费情况”“北欧纺织品市场调研”。

(2)揭示观点或提出问题。这类标题特点是把观点集中、醒目地用标题表现出来,如“东欧市场纺织品价格有回升的可能”,“外商对我抽纱质量的反映”;提出问题的标题常常用发问式,使问题醒目,发人深省。如“中国货为什么在法国打不开销路?”

(3)双重标题。这种标题形式是用正、副标题把调查研究的主要内容和调研的主要观点及问题概括起来进行表述,如“明春汇价继续下跌,但不会失控”(正标题)“造成美元疲软原因有四”(副标题)。

标题的写作应力求准确、精练、简洁、新颖、醒目。

2. 前言。外贸商情调研的开头,主要对调研的目的、时间、地点、对象、范围、主旨和调查方法等进行概括介绍。

内容简短单一的调研不写前言,而是开门见山地进行情况介绍、陈述调研内容。

3. 正文。正文是根据调研所得资料的性质及其内在联系,按照调研内容、要

求、目的安排层次,包括以下两项内容:

(1)情况部分。这部分内容是对调查得来的情况、结果加以解释、说明。一般情况可以用简洁的语言加以介绍,重点内容要具体、详尽地说明,可以利用数字和图表。

(2)预测和建议部分。这部分内容是通过对资料的分析、研究,预测市场今后的发展变化趋势。预测应具有科学性,因为预测是否正确关系到决策部门做出的决策、采取的措施是否恰当,因此,写作时必须严肃、慎重。

对调查的情况做出正确判断后,应提出采取的对策和措施,这是外贸商情调研报告的目的。提出的建议应当有科学的依据,要讲究经济效益、切实可行,表达要明确、具体和条理化。

4. 结尾。结尾部分是归纳总结、呼应全文,或重申文章观点,或提出问题加深阅读者对报告的关注。结尾部分可以对调研的情况做一归纳性说明,并对其发展远景进行设想。如果在正文中已详述了这些内容,或仅仅是简短单一的商情调研报告,则可以自然收尾,或省略结尾。

## 注意事项

1. 迅速及时。国际市场千变万化,反映商情信息必须注意时效性。及时提供最新的商情调研报告,可以为决策机关及时做出决策、采取措施提供依据;否则,起不到指导和预测的作用,商情调研报告就失去了意义。

2. 材料真实。商情调研报告运用大量搜集来的材料进行研究,从而阐明自己的观点。这些材料必须真实准确,不能虚构、想象、渲染和夸大。如实反映情况,正确分析判断,预测才能有基础,结论才能可靠、科学。

3. 叙议结合。商情调研报告介绍调查所得的数据和材料离不开叙述,而要阐明材料的分析过程和结论则要靠议论。缺少叙述,观点会显得空泛,缺乏依据;缺少议论,则流于现象,堆砌材料。因此,一方面,必须借助叙述,用事实说话,才可使结论令人信服,使结论更加鲜明突出;另一方面,材料要与观点一致,所举事例、数据一定要典型,要能充分说明问题,防止犯主观性、片面性的错误。

【例文】

### 美国连锁商业考察报告

发展连锁经济是我国改革流通体制和实现流通现代化的一项重要举措。2011年8~9月,我们赴美进行了一个月的连锁商业培训和考察。美国作为最发达的国家,其连锁经营的发展现状、迅速发展的主要原因、未来趋势以及在美国经济中的重要作用等,对我国推动连锁经营的发展具有参考价值。

一、美国连锁经营发展的概况

（一）美国连锁商业的迅速发展及其原因

连锁经营方式首创于美国，到现在已有130多年的历史。从1859年在纽约出现世界上第一家连锁店到第二次世界大战前，连锁商业处于萌芽与成长阶段，这是传统连锁时代。其主要特征是统一商店、商标名称，但在管理制度上统一性较小。这一时期美国的连锁商业发展并不快，1918年时全美连锁公司仅有645家，营业额10亿美元，占全社会销售额的比重不足4%。20世纪50年代以后，伴随着美国经济的繁荣发展，连锁商业也进入了调整发展阶段。到80年代，美国连锁商业从内容到形式日益完善，进入现代连锁商业时代。连锁作为一种非常成熟的经营方式被广泛应用于商业零售、餐饮、旅店等许多服务行业。据美国商务部统计，全美19个较大的行业都已连锁化。1995年，美国零售业销售额23 000亿美元，占GDP的32%，零售业销售额的50%是连锁商业创造的。

连锁商业在美国迅速发展的主要原因是：①第二次世界大战后美国经济繁荣，市场供应与需求扩大，对连锁商业的发展提出客观要求。战后，美国人口大量增加，城市规模迅速扩大，居民收入和消费水平大幅度提高，国内制造业提供的商品更加丰富，这一切都有力地刺激了连锁商业的发展壮大。②交通运输业特别是高速公路网的迅速发展，为货畅其流创造了便利条件。美国的高速公路贯通全国，使商品在全国范围内的配送非常及时便捷。③现代科技的发展和计算机的普及，为连锁经营提供了现代化的管理手段。70年代后，新技术革命的成果在流通业广泛应用，美国90%的连锁商店已基本实现了计算机网络化管理，普遍采用了商品条形码、电子扫描、电子出纳设备等先进技术，通信设施、商品检查及配送中心等都是世界一流水平。这就为连锁经营的高效管理提供了有力的技术支持。④连锁企业的规模优势和组织化程度提高，增强了企业抗风险的能力。据统计，美国5年内开业的商业企业倒闭率为50%，而连锁企业的倒闭率只有5%。⑤一大批高素质的管理人才的成长，以及现代经营管理科学的发展运用，为连锁企业更好地参与市场竞争提供了智力支持。

（二）美国连锁商业的主要经营形态

连锁经营的基本含义是：经营同类商品、使用统一商号的若干企业，在同一总部的管理下，按统一经营方针进行共同的经营活动，以共享规模效益。一般来说，连锁企业至少要由10个以上分店组成，必须做到统一采购配送商品，统一经营，采购同销售相分离。

第一，从组织管理角度分类，美国连锁商业有三种连锁形式。

1. 正规连锁（又称直营连锁、公司连锁）。正规连锁有两个特点：一是所有权统一，全部成员归属同一所有者；二是管理总部掌握着全公司的经营管理权和人事权,统一负责采购、计划、配送和广告等,所属各分店实行标准化管理。在美国,正规连锁所占比重很大,零售业主要采取这种连锁方式,如著名的沃尔玛公司和科斯科仓储式商店即属于这种类型。

2. 特许连锁(又称合同连锁、契约连锁、加盟连锁)。特许连锁有两个特点:一是以特许权的转让为核心,特许权批发商把注册商标和经营模式卖给特许权经营商。总部为转让方,加盟店为受让方。二是所有权分散在加盟店,经营权集中在总部。总部提供技术专利和商品信息,加盟店按总部统一指令经营。美国目前有40%的零售企业采取特许连锁的形式,餐饮业、旅店业等也广泛采用,如麦当劳、肯德基快餐店和柯达胶卷总印店即为典型的特许连锁。

3. 自由连锁(又称自愿连锁、共同连锁)。自由连锁有两个特点:一是所有权、经营权、财务核算都是独立的;二是在协商自愿条件下共同合作,统一进货,分散销售,成员店的灵活性强,自主性大。通常由一家较大的批发商作为龙头企业,诸多零售商参与,形成一个半松散的连锁集团。我们在洛杉矶考察的金证国际超市集团公司就是这类形式。

第二,从便于统计的角度分类,美国零售业连锁中主要有五种经营形态。

1. 超级市场。超级市场主要经营杂货和食品两大类商品,以品种齐全、价格低廉及自我服务为特色。每个店平均面积为 3 252 ~ 3 716 平方米(3.5 万 ~ 4 万平方英尺)。超级市场已全部实行连锁经营。

2. 折扣商店。折扣商店主要经营食品以外的一般性商品,有的店也经营少量食品。商品大众化,大多削价出售,适合工薪阶层购买。每个店平均面积为 8 361 平方米(9 万平方英尺),比超级市场大一两倍,最大的是沃尔玛公司,其次是凯马特公司。折扣店销售额占零售业销售额的比重逐步上升。

3. 仓储式商店(又称平价俱乐部):这种形式是连锁商业的后起之秀,经营范围包括食品和非食品类商品。这种商店的特色是实行会员制,设施简单,以库为店,内部不装修;实行少品种、大批量销售;商品价格低,同样商品的价格比普通商店要低 20% ~ 50%。平价俱乐部的目标顾客是小企业主,但由于其商品售价比超级市场和折扣商品更低,因此也吸引了不少个人会员。美国人日常消费最多的大宗商品中,相当大的比重来自平价商店,比较著名的店有科斯科公司,其次是山姆公司。

4. 超级购物中心。超级购物中心是 20 世纪 80 年代后期在美国零售商业中出现的最新的连锁类型,其特点是许多连锁店集中在一个商城内,规模大,品种全。一般每个购物中心的面积达 13 936 ~ 15 794 平方米(15 万 ~ 17 万平方英尺),商品品种达十几万个。有的购物中心面向高收入者。

5. 便利店。便利店经营日常用品和食品,每个店 9 ~ 19 平方米(100 ~ 200 平方英尺)。80 年代遭到冷落,90 年代东山再起。预计今后便利店销售额的实际增长幅度将超过一般的超级市场。

此外,还有专卖店、无店铺售货(如通过互联网进行销售)等经营形态,其中网络销售发展势头看好。

(三)连锁店基本运作方式及其管理(略)

(四)连锁企业的发展趋势(略)

二、连锁经营的优势和在美国经济中的积极作用

(略)

三、几点启示和建议

(略)

(引自中国管理整合网 www.69169.cn,有删改)

## 四　可行性研究报告

### 概念

可行性研究报告是对拟建项目技术的先进性、经济的合理性、建设的可能性及可供选择的方案的优劣进行综合分析论证后,按照特定的格式和内容要求,将分析论证的成果予以表述的书面报告。可行性研究报告为项目的决策和实施提供科学依据,是向有关部门报批投资项目必须提交的基本文件。

### 格式写法

可行性研究报告是单独成册上报的,一般包括封面(报告名称、承办单位、报告时间等)、摘要、目录、图表目录、术语表、正文、参考文献及附件等。其中,摘要、目录、图表目录、术语表、参考文献及附件可根据具体情况进行选择。下面介绍报告名称、正文的写法及附件的标注方式。

1. 标题(报告名称)。标题一般有三种方式:事由加文种、项目名称加文种、建设单位加项目名称和文种。

2. 正文。正文一般由总论(前言)、论证、结论和建议三部分组成。

(1)总论。总论包括项目提出的背景、目的、范围、投资的必要性和经济意义、可行性研究的概况等。

(2)论证。这部分一般包括营销研究、技术研究、财务研究、管理研究、环境研究和社会经济效益研究等。要求以经济效益为中心,运用系统分析的方法,围绕影响项目的各项因素,通过大量数据资料,论证拟建项目的可行性。

(3)结论和建议。结论是在分析论证的基础上,对拟建项目的可行性做出的

评价和判断。在此基础上,可以就有关问题提出建议,供有关方面参考。

正文部分的写作,可根据具体情况采用不同的编写格式。常见的编写格式有以下三种:

第一种:条目式。按照正文内容的性质设置若干大标题,大标题下分若干小标题,小标题下再细分具体的条目、分条目或子条目,逐条加以阐述。这种形式层次清晰,简洁醒目,适用于内容不太复杂的可行性研究项目。

第二种:提要式。将正文中结论性的意见逐条摘要,将具体分析按内容的性质编成若干附件。正文部分扼要明确,便于领导部门审议决策;各附件的分析部分系统深入,便于专家分析论证。这种形式适用于内容复杂、技术性强以及需要展开分析的可行性研究项目。

第三种:论文或专著式。这种格式常分为篇、章、节、目等,结构庞大,分析兼具广度和深度,论证充分,逻辑严密,系统性强。它适用于决策难度高的重要可行性研究项目。

3. 附录。在正文后以附件、附图和附表等形式列出有关文件、调查研究的资料等,以备查考。

以上是可行性研究报告的一般写法,应根据项目的不同要求确定各部分的内容和重点,但编写的格式一定要规范。

## 注意事项

1. 尊重客观事实。可行性研究报告是投资决策的重要依据,为避免决策不当造成的损失,执笔者一定要坚持客观公正、实事求是的原则,确保报告中的结论是深入调查研究、科学论证的结果。

2. 论证严密有力。编制可行性研究报告的目的是说服决策者,写作时需要在论证方面下足功夫。首先,论点要明确,态度要鲜明,不可含糊其辞;其次,论据要确凿充分,以可靠的数据和事实作为论证的基础,切忌泛泛而谈。

**【例文】**

### 山胡椒基地建设项目可行性报告

一、项目概述

项目名称:××市××区××村山胡椒种植项目

项目性质:新建

项目申报单位:××牧业生态农业示范园

负责人:××先生

联系电话:×××××××××××

项目规模：建设1 000亩优质山胡椒种植基地

项目建设地点：××市××区××村

项目总投资：共计××万元，其中业主投入×××万元，申请巩固退耕还林成果专项建设资金补助×××万元；乡村道路“通达”工程项目补助资金×××万元

项目建设期：××年

项目的主要品种：山胡椒

二、项目建设的意义和必要性

××市××区××村地处川东北丘陵地带，属嘉陵江水系，距××市城区30多公里，人少地多，土地瘠薄，以粮为主单一的种植结构致使农民群众增收困难，农业产业化、现代化进程几经周折仍停滞不前，整个农村状况发展缓慢。以山胡椒的种植生产作为全村的主导产业，适时发展山胡椒的深加工项目，具有良好的自然条件和广泛的群众基础。山胡椒生产是一项投资少、适应性强、增收快，市场前景好的种植项目，对群众增收、提升农业产业化程度以及改善水土环境等都具有很好的经济效益和社会效益，同时以产业发展为中心，配套水利、交通、人居环境、自然生态等建设，逐步改善群众生产生活条件，实现以产业发展为核心的新农村建设飞跃进步。

三、项目可行性分析

1. 自然条件

××村距××市城区30多公里，交通便利。××村远离都市，境内及周边无任何工业污染，生态环境较为优越。××村属四川盆地中亚热带湿润气候区，气候温和、雨量适宜、四季分明，年平均气温为17.5℃，年平均日照数1 490.2小时，无霜期为310～330天，年降水量1 160毫米，日照充足，雨量充沛，其气候条件是山胡椒生长的理想之地。

2. 地理资源

××村地处浅丘，耕地平均海拔380米，村内多连片荒山荒坡，宜林面积很大，为发展山胡椒生产提供了前提条件。土壤以紫色土、红棕泥土、红石骨子土为主，丘陵宽谷的中上部或丘陵的坡腰上坡及顶部主要为红石骨子土。耕地碳酸钙含量平均为16.98%，pH值7.9～8.2，该土种土层浅薄，粗骨性强，跑水跑肥，养分缺乏，土壤供肥能力差，具有“旱、薄、瘦、蚀”等特点，宜种作物少。山胡椒为浅根性树种，耐贫瘠，对土壤要求不严，一般pH在6.5～8.0范围内都能种植，以pH在7.0～7.5的范围内生长最好。年均气温在8℃～10℃的地区均能栽培，山胡椒喜光照，一般要求日照数不少于1 800小时；多在山地上栽培，平原更好，其根系耐水性差，低洼易涝地不宜种植。综上所述，凉水村红石骨子土宜种经济作物山胡椒，也为红石骨子地找到宜种品种，改善群众多年艰难耕种的局面。

3. 群众基础。

山胡椒是四川农村地区传统种植品种之一，群众有一定的种植经验和心理接受能力，并且山胡椒种植劳动强度相对较小，更适合农村留守老弱病残人员经营。山胡椒属多年生，投资少，收益持久，能充分显示其经济效益、生态效益、社会效益。利于统一广大群众的思想认识，为合力打造千亩山胡椒种植基地提供了良好的群众基础。

4. 交通方便。

规划新建的村均通道路，并且境内有“达渝”高速，年底“南大梁”高速也将通车，其运输能力更是一个飞跃。

5. 创新模式。

积极探索符合××村实际的发展路子，由××有限公司成立山胡椒种植与开发有限公司，采取“公司+基地+农户”的经营方式，实行业主建公司基地，基地带农户的模式；同时依托项目带动，促进规模发展；做到规模开发与“四旁”种植相结合；坚持山胡椒种植与开发标准化生产，创新“技术统授，种苗统供，分户经营，收益自得，订单生产”的运行机制。基本实现从山地到平坝，从田间地头到房前屋后的全覆盖，通过创新发展模式，拓宽开发渠道，提高产业发展的速度、质量和效益。

6. 技术支撑

（1）与区农业局菜果站开展技术合作，必要时聘请相关院校专家、教授长期进行栽培、管理技术指导。

（2）聘请山胡椒种植专业能人2～3人实行长期驻点，进村入户负责技术指导。

（3）组成山胡椒基地管理中心，制定切实可行的管理制度和基地建设细则，实行有效管理。

7. 组织领导

××村人民政府成立××村山胡椒基地建设领导小组，由村长任组长，分管农业的副镇长任副组长，财政、农业、水利、交通、林业、国土、农机等部门负责人和涉及村村主任为成员，全面负责组织发动、督查协调、跟踪服务等工作，确保山胡椒基地建设顺利实施。

四、市场预测

山胡椒是多年生的木本植物，山胡椒籽叶富含人体所需的维生素C、铜、铁、锌、锰、硒等多种微量元素，是人们饮食生活，特别是烹制菜肴的重要佐料，全国有20%以上人口喜欢食用，全国每年用量在3万吨以上。山胡椒药用价值高，其性辛热，有消食解胀、健脾强胃、止咳化痰、强风除湿、活血通路等功效，是医药化工行业的重要原料。据市场调查，目前国内调味品生产企业年需山胡椒在5 000万吨以上，医药化工年需山胡椒籽油在10万吨以上，市场供不应求，价格相当可观，通过市场调研，干椒每公斤售价50～60元，经济效益显著。

山胡椒栽培种植过程不需要农药和化肥，是绿色无公害产品，随着人民生活水平的提高，人们对山胡椒及其产品的需求量也越来越大，适时发展山胡椒深加工，发展订单种植，更可以保障农户发展山胡椒产业的积极性。

五、投资估算及来源渠道

投资估算：

本项目总投资为×××万元，其中种苗需资×××万元，栽植人工工资×××万元，配套设施建设×××万元，土地整理×××万元。

（一）种苗投资×××万元

按每亩栽植×××株，需种苗×××××株，每株按××元计算，种苗投资需×××万元。

（二）人工栽植费用×××万元

每亩栽植需人工×××个工日，每个工日按×××元计算，每亩需支付人工费用×××元。栽植×××亩需资×××万元。

（三）配套设施建设投资×××万元

1. 按每100亩建一口微水池，需建50口微水池，每口6 000元，需30万元。

2. 引水渠道××××××米，砖砌30cm×30cm×40cm水渠，每米×××元，需×××万元。

3. 道路维修整治×××千米，每千米×××万元，需×××万元。

4. 耕作路新建×××米，规格××米宽，建成泥结石路，每米×××元，共需×××万元。

（四）土地复垦整理×××万元

1. 坡改梯×××亩，每亩×××元，需资×××万元。

2. 改造次生林×××亩，每亩×××元，需资×××万元。

来源渠道：

实行业主投入与项目帮扶相结合的方式，产业发展由业主实施，涉及公益事业配套设施建设资金，以项目支持为主。

（一）土地复垦整理及配套巩固退耕还林成果专项建设资金补助×××万元项目规划，解决项目资金×××万元。

（二）公路维修整治争取纳入村道路“通达”工程项目规划，解决项目资金×××万元。

（三）种苗款及人工栽植费用计×××万元由业主投入。

六、经济效益分析

本项目的实施是调整农村经济结构和提高农业生产效益的重要途径，是贯彻落实县委、县政府加快发展林竹产业的重要措施,它将为广大山区农民开辟一条种植、加工的绿色经济作物的致富之路,达到农民增收、农业增效、财政增长的目的。

根据山胡椒种植标准,栽植按株距2.5米左右,亩植150~170株,栽后第二年就可挂果,每亩约产干椒×××公斤,树龄×××年,亩产干椒×××kg,树龄5年以上(含5年)亩产干椒×××kg。按市场一般销价×××元/公斤计,每亩山胡椒在盛产期年收入×××元,每亩可盈利×××元,全村实施×××亩,年可创产值××××××万元,仅此一项年人均增收×××元以上。

七、进度安排与区域布局

(一)进度安排。山胡椒生产基地共建1 000亩。一次性建设完。

(二)修建3 000立方米保鲜冻库,在上游工业园区征地、选址,2015年建保鲜山胡椒冻库,2016年建山胡椒加工厂并投入使用。

八、结论

该项目的实施,将使山胡椒产业成为凉水村安民富民的支柱产业,将有效地增加农民收入,促进农村经济发展,会产生巨大的社会效益、经济效益和生态效益,为特色产业的发展创造了良好的先机。

经初步对资源、市场调查研究分析认为,该项目符合国家产业政策,符合区委、区政府关于发展四大产业的规划,符合凉水村实际。

# 五　经济活动分析报告

## 概念

经济活动分析是指以科学的经济理论和现行的经济方针政策为指导,根据计划指标、会计核算资料、统计资料和调查研究所掌握的情况,运用科学的方法,对某一部门或单位的经济活动状况所做的分析研究。经济活动分析报告就是反映经济活动分析研究过程和结果的报告。

## 格式写法

经济活动分析报告由标题、正文、落款三部分组成。

1. 标题。从形式上看,标题有单行标题和双行标题两种。单行标题简洁醒目,由分析单位、时间、分析对象和文种四部分组成,其中单位名称和时间可省略;还可用报告中的观点做标题。双行标题虚实相间,相辅相成。

2. 正文。正文由前言、主体、结尾三部分组成。

(1)前言。前言写法多种多样,主要围绕分析的内容、范围、对象、目的和背景等做概括介绍,提纲挈领,引人注目。

(2)主体。主体是经济活动分析报告的重点内容,集中反映经济活动分析的过程和结果,一般包括基本情况、分析评价和建议措施三方面的内容。

第一,基本情况。以文字和数据相结合的方式反映经济指标的完成、变化情况及存在的问题,是分析的基础。

第二,分析评价。运用恰当的方法对影响经济活动的各种因素及其影响的程度进行具体细致的分析说明,并对经济效益做出客观的评价。

第三,建议措施。要针对经济活动分析的结果,有针对性地提出切实可行的建议和措施。有的分析报告不单列这一部分,而是把它与对经济活动的分析评价糅合在一起进行写作。

(3)结尾。大多数经济活动分析报告在建议措施之后自然收束,不专门做结,但有些篇幅较长的经济活动分析报告,在结尾处进行归纳总结,或照应开头,深化主题;或预测前景,展望未来。

3. 落款。呈报上级的经济活动分析报告,一般在正文的右下方写明单位与日期;公开发表的经济活动分析报告,通常在标题之下注明单位名称与作者姓名。

## 注意事项

1. 重数据更要重分析。任何经济活动分析报告都是围绕特定的目的,为解决经济工作中的问题而写作的。借助计划指标、会计核算资料和统计资料等把经济活动过程综合成指标体系,为经济活动分析提供了比较全面的数据。但仅靠数据资料还不能使管理者对经济活动的认识上升到理性高度,因此,必须对数据进行深入分析,以便从本质上揭示经济发展的规律。分析是报告的根本,报告是分析的结晶。没有科学的分析,就写不出有说服力的报告。

2. 突出总结指导作用。经济活动分析报告的内容是经济活动过程及其结果,必须从现有的经济事实出发,通过必要的回顾和剖析,对经济工作的成绩与问题、经验与教训做出评价。同时,总结对未来的经济活动具有重要的指导意义,可以使企业提高工作的自觉性,避免决策的盲目性。

【例文】

### 2014 年药品流通行业运行统计分析报告

一、药品流通行业发展概况

(一)发展概述

2014 年是贯彻党的十八届三中全会精神、深化医药卫生体制改革、落实药品流通行业"十二五"发展规划纲要各项任务的关键之年。在中国经济发展进入新常态的形势下,随着医改的不断推进深化以及相关政策的实施,药品流通市场规模稳步增长，结构调整取得积极进展，行业集中度进一步提高，企业创新业务和服务模式不断出现，运营效率稳步攀升。

（二）运行分析

1. 整体规模

2014 年药品流通市场销售规模继续提高，增长幅度有所降低。全年药品流通行业销售总额 15 021 亿元，同比增长 15.2%，增速较上年下降 1.5 个百分点，其中药品零售市场 3 004 亿元，扣除不可比因素同比增长 9.1%，增幅回落 2.9 个百分点。

截至 2013 年底，全国共有药品批发企业 1.49 万家；药品零售连锁企业 3 570 家、下辖门店 15.82 万家，零售单体药店 27.44 万家，零售药店门店总数达 43.26 万家。

2. 效益情况

2014 年，全国药品流通直报企业主营业务收入 11 321 亿元，扣除不可比因素同比增长 15.4%，增幅回落 1.6 个百分点；实现利润总额 247 亿元，扣除不可比因素同比增长 14.8%，增幅回落 1.2 个百分点；平均毛利率 6.8%，同比上升 0.1 个百分点；平均费用率 5.3%，同比上升 0.2 个百分点；平均利润率 1.7%，与上年基本持平。

3. 销售品类与对象结构

按销售品类分类，药品类销售居主导地位，销售额占七大类医药商品销售总额的 73.8%；其次为中成药类占 14.6%，中药材类占 4.0%、医疗器械类占 3.6%、化学试剂类占 1.3%、玻璃仪器类占 0.2%、其他类占 2.5%。

据中国医药商业协会典型样本城市零售药店 2014 年品类销售统计，零售药店销售额中的药品（包括化学药品、中成药和中药饮片）销售占主导地位，占零售总额的 78.4%；非药品销售占 21.6%。

按销售对象分类，2014 年对批发企业销售额为 6 426 亿元，占销售总额的 42.8%，比上年降低 0.3 个百分点；纯销（包含对医疗终端、零售终端和居民的销售）为 8 596 亿元，占销售总额的 57.2%，比上年增加 0.3 个百分点。

4. 销售区域结构

2014 年，全国六大区域销售总额比重分别为：华东 39.1%、华北 17.0%、中南 21.6%、西南 13.0%、东北 5.1%、西北 4.2%；其中华东、华北、中南三大区域销售额占到行业销售总额的 77.7%，同比下降 0.9 个百分点。

2014 年，销售额居前 10 位的省市依次为：北京、上海、广东、浙江、江苏、安徽、山东、重庆、河南、云南；10 省市销售额占全国销售总额的 64.3%，同比下降 0.3 个百分点。

5. 所有制结构

药品流通直报企业中，国有及国有控股药品流通企业主营业务收入7 288亿元，占药品流通直报企业主营业务总收入的64.4%，实现利润140亿元，占直报企业利润总额的56.9%；股份制企业主营业务收入2 756亿元，占直报企业主营业务总收入的24.3%，实现利润70亿元，占直报企业利润总额的28.1%。

6. 配送结构

2014年，药品批发直报企业商品配送总额9 460亿元，其中自有配送中心配送额占82.5%，非自有配送中心配送额占17.5%，非自有配送中心配送额占比较上年降低2.3个百分点；物流费用103亿元，其中自主配送物流费用占84.0%、委托配送物流费用占16.0%，委托配送物流费用占比较上年降低2.1个百分点。非自有配送中心配送额和委托配送物流费用占比下降是由于直报系统企业中大型药品流通企业加大自身物流建设，提高自有配送能力，减少了委托及非自有配送比例。物流费用占企业三项费用(营业费用、管理费用、财务费用)总额的18.5%，与上年相比增加了2.1个百分点，占营业费用的比例为32.2%，与上年相比增加了1.7个百分点。基本药物配送额为1 374亿元，其中对本省配送金额占比87.24%，对外省配送金额占比12.76%。

7. 行业资本运作情况

随着一心堂和柳州医药的成功上市，2014年底，药品流通上市公司达到17家，市值总值为2 593亿元，平均市值为152.54亿元。市值100亿以上的企业有8家，分别是国药控股、上海医药、九州通、国药一致、华东医药、中国医药、国药股份和一心堂，其中国药控股和上海医药市值均超过400亿元。

2014年17家药品流通上市公司披露的对外投资活动共有79起，涉及金额54.89亿元，与上年同期基本持平。投资活动主要体现在上市公司对区域市场的布局方面。

8. 对GDP、税收和就业的贡献

2014年全国社会消费品零售总额为26.24万亿元，第三产业增加值为30.67万亿元。全年，药品流通行业销售总额占社会消费品零售总额的5.7%，占第三产业增加值的4.9%，同比分别增长和下降0.1个百分点。其中零售总额占社会消费品零售总额的1.1%，占第三产业增加值的1.0%。

2014年全国药品流通直报企业纳税额60.38亿元，扣除不可比因素，同比增长11.6%，全行业从业人数约为517万人。

二、药品流通行业发展的主要特点

(一)药品流通行业销售总额由高速增长转向中高速增长

近年来，药品流通行业销售总额一直处于高增长态势，但自2011年起增速逐年放缓，从24.6%逐步递减到15.2%。发展态势契合中国经济新常态的特征，即增长进入换挡期，行业已告别连续8年复合增长率20%以上的高速发展阶段，转向中高速增长阶段。近年来行业高速增长的主要推动力，是新一轮医改推进、基本医疗保险扩容所带来的城乡居民用药需求大幅上升。随着基本医保已覆盖全国96%以上人口，居民用药需求的增长趋于稳定，加之国内外宏观经济环境均面临增长放缓的压力，药品流通市场销售增速有所放缓。

（二）大型药品批发企业增速高于行业平均水平

从增长速度来看，前100位药品批发企业主营业务收入同比增长18.1%，其中前10位企业主营业务收入同比增长19.4%，前50位企业主营业务收入同比增长19.0%，增速与上年比分别回落2.0、3.5及1.9个百分点，但仍超过行业增长的平均水平。主营业务收入在100亿元以上的药品批发企业有15家，比上年增加3家；其中在800亿元以上的有3家，比上年增加2家。

从行业市场占有率来看，2014年前100位药品批发企业主营业务收入占同期全国医药市场总规模比例为65.9%，比上年提高1.6个百分点，其中前三位药品批发企业占30.9%，比上年提高1.2个百分点；主营业务收入在100亿元以上的批发企业占同期全国医药市场总规模的48.8%，比上年提高4.3个百分点。数据显示，药品批发行业集中度进一步提高，企业规模化、集约化经营模式取得良好效益。

（三）药品零售行业销售增速明显回落

2014年药品零售市场总体呈现增长态势，但随着国家宏观经济增长放缓，零售企业经营成本上升，医保控费日趋严格，加之基层医疗机构用药水平持续提升和药品零加成政策的推广在短期内挤占零售药店市场空间等原因，药店业务增长空间收窄，零售市场销售总额增速回落至10%以下。

2014年前100位药品零售企业销售额占零售市场总额的28.1%，比上年下降0.2个百分点。其中前5位企业占9.7%，前10位企业占15.2%，前20位企业占19.3%，较上年均有不同程度上升。销售额在10亿元以上的药品零售企业有15家，比去年减少1家，其中在40亿元以上的有6家，比上年增加3家。零售连锁药店占药店门店总数的36.57%，比上年提高0.56个百分点。药品零售连锁率连续三年提升，龙头企业呈现强者愈强态势，但行业整体结构未有明显改变。

（四）医药电子商务企业数量激增

据国家食品药品监督管理总局统计，截至2014年12月31日，全国累计共有353家企业拥有食品药品监管部门发放的《互联网药品交易服务资格证书》，与上年同期相比增加154家，增加幅度创历史新高。从业务形式看，B2C（向个人消费者提供药品）的发展最为迅速，全国累计共有264家企业拥有交易证照，比上年增加127家；B2B（与其他企业进行药品交易）的发展相对缓慢，全国累计共有73家企业具有交易证照，比上年增加22家。第三方交易服务平台加速发展，全国累计共有16家平台具有交易证照，比上年增加5家。

国家食药监总局2014年5月公布了《互联网食品药品经营监督管理办法(征求意见稿)》，提升了企业开展互联网药品经营的积极性，推动医药电商企业快速扩容。但新规未能在2014年落地，加之互联网经营环境不佳、企业缺乏物流服务和人才储备等因素，制约了市场的进一步扩大，也意味着医药电子商务的未来发展仍有较大的空间。

(五)医药物流向专业化、智能化及社会化方向发展

新版《药品经营质量管理规范》(GSP)加紧实施、医药电商加速发展，推动了2014年现代医药物流的快速发展。中国医药集团、华润医药等全国性企业及南京医药、广州医药等地区龙头企业积极建设具有WMS系统、自动化立体仓库、分拣线与传输带等技术设备的现代医药物流中心。据不完全统计，截至2014年12月底，29个省市区已建成现代医药物流中心237个，建筑面积为5 010 587平方米；在建现代医药物流中心64个，建筑面积为1 662 649平方米。

2014年全国药品流通直报企业中，具有第三方医药物流资质的有116家；具有食品药品监管部门颁发的开展第三方药品物流业务确认文件的有93家。专业第三方医药物流得到进一步发展。

(六)创新服务模式成为行业发展的新引擎

面对行业增速放缓的形势，药品流通企业积极探索新型服务模式。药品批发企业积极与医疗机构开展形式多样的创新业务合作，提供各种增值服务。2014年全国药品流通直报企业中，开展物流延伸服务的有68家；承接药房托管的有64家；承接医院药库外设的有22家。药品零售企业积极探索多元化的药店服务模式。广州健民医药与英国联合博姿集团联合打造现代社区药房模式，在购物环境、商品组合及运营服务等方面提出了全新的解决方案；北京医保全新大药房及杭州全德堂药房努力探索DTP(高值药品直送)药房模式，建立起一整套DTP的标准化体系，为厂家提供定制的信息化服务，为患者提供一对一的专业化服务；南京医药依托社区健康体验店，为居民提供免费的慢性病检测与用药咨询、疾病预防等健康服务，开拓以健康服务解决方案为核心的线上线下一体化营销模式，探索新的利润增长点。百洋健康网将医院、医生、患者、药店、企业、政府等各方面要素链接成云服务平台，构成了支持健康产业创新的智慧健康生态圈。

(七)医疗机构拖欠药品批发企业货款问题仍未缓解

2014年度医疗机构拖欠药品批发企业货款时间过长问题仍然存在。据不完全统计，2014年179家药品批发企业对医疗机构平均应收账款周转天数为122天，应收账款总额高达587.07亿元，占对公立医疗机构销售总额的37.6%。个别医疗

机构在6个月回款时给企业开具银行承兑汇票(通常承兑期为半年),将支付药品货款的时间又延长了6个月,制约了药品流通企业流通及运营效率的提高。

三、2015年药品流通行业发展趋势预测

2015年是“十二五”规划的收官之年,是全面贯彻落实党的十八大和十八届三中、四中全会精神,深化医药卫生改革的关键之年。主动适应新常态,奋力开创新局面,是2015年及“十三五”期间药品流通企业发展转型的主线。预计2015年行业销售规模将维持稳定增长,行业结构将进一步优化,行业发展将从要素驱动、投资驱动转向创新驱动。

(一)行业销售总额将保持稳定增长

党的十八大重申了“到2020年全面建成小康社会”的宏伟目标。《全国医疗卫生服务体系规划纲要(2015—2020年)》对药品供应服务保障体系提出了新的要求。随着中国经济整体增速放缓,医改政策导致的药品市场规模高速增长难以再现,行业增长的主要原因转向人口结构、疾病谱和生活方式的变化带来的新的医疗健康需求。当前我国人口老龄化和城镇化趋势明显,全国60岁以上老年人口达2.02亿人,占总人口数比例为15.5%;国内城镇化率已升至54.77%,进城务工人员已达2.53亿人,为医药保健市场的进一步发展提供了空间。社会办医政策的进一步完善,也将为药品需求带来新的增长点。根据《国家食品工业“十二五”发展规划》,到2015年营养与保健食品产值有望达到1万亿元,同时,国民自我诊疗、自我保健意识不断增强,保健品审批制度也在逐步放开,有望带来大健康产业新一轮的需求增长。据国际权威医药咨询机构IMS预测,2013—2017年中国药品市场复合增长率仍将保持在14%~17%间。

(二)企业兼并重组和上市步伐加快

2014年,国药控股完成对四川医药并购,嘉事堂连续收购数十家医疗器械公司,显示未来几年行业内上市公司和龙头企业将以并购整合的方式实现产业集中和结构优化。在IPO逐渐提速、行业再融资和并购重组异常活跃以及新三板的持续繁荣等因素的刺激下,2015年药品流通企业资本运作的步伐有望加快,近期药品零售企业益丰大药房、老百姓大药房的成功上市,预示着通过资本市场实现药品流通企业跨越式发展的良好前景。

(三)现代信息技术的应用促使行业进入全面转型发展新阶段

在国家“互联网+”战略推动下,医药电子商务有望迎来良好的发展机遇,拥抱互联网将是2015年行业发展的一个主要特点。医药电商的发展将形成新的药品流通行业供应链体系,推动健康大数据的应用,进一步提高行业服务能力和管理水平。2015年及今后一个时期内,现代医药物流将进入全面发展阶段,行业将充分利用包括移动互联网技术在内的现代信息技术,加大力度建立布局科学、安全高效、技术先进的专业化、社会化现代医药物流和服务体系，提高药品配送的安全性和便捷性，满足个性化定制需求。同时，合理使用社会物流，构建专业的第三方医药物流配送体系，建立完善跨行业、跨区域的智能医药物流信息服务网络将成为趋势。

（四）药品零售企业将面临深度变革的挑战和机遇

一方面，国家已出台城市公立医院综合改革试点、全面推开县级公立医院综合改革的文件，相关改革的深入将使更多医疗机构取消医药补医，实行药品零差率销售，进一步削弱零售药店的价格优势。同时，新版GSP认证和药品电子监管码的全面实施将大幅提升药品零售企业的经营费用，人工、房租、水电等各项成本的上升，电子商务等新渠道的冲击，将使零售企业传统业务的增长空间进一步收窄，甚至驱使不少难以满足条件的企业退出市场。

另一方面，已推动实施的医改政策明确提出采取多种形式推进医药分开，鼓励患者自主选择在医院门诊药房或凭处方到零售药店购药，药品定价机制改革也为零售药店的发展创造了空间。同时，2014年起开始形成注册在药店的执业药师数量大幅上涨的势头，将有力提升药店的药学服务水平。以治疗、保健、康复为核心的药学服务体验消费及适应移动互联网技术发展的线上线下结合的服务模式，将为未来药品零售行业的发展提供重大机遇。

（五）行业的专业化人才队伍将出现结构性变化

2015年，行业将努力解决影响总体效率提升和可持续发展的适用人才缺乏的问题。据国家食品药品监督管理总局执业药师资格认证中心统计，截至2014年12月，全国41.5万余人获得执业药师资格，其中注册在药店的执业药师近13万人，平均每家零售药店配备执业药师0.3人。随着新版GSP的全面实施，预计2015年药品零售企业将全力提高执业药师保有量和配置率。同时，针对行业发展的新趋势，药品流通企业将重点吸收具备医药专业背景、具备供应链管理意识和大数据应用思维的电子商务人才加盟，培养具有网络技术、医药专业、市场营销等专业知识的多元化的跨界人才，为采用互联网技术融合发展提供人才支持。

（文章来源：商务部市场秩序司 2015－6－18）

## 六　广告策划书

### 概念

企业在推出商品或服务广告之前，通常要对广告活动进行精心策划和周密安排。广告策划书就是反映广告活动策略和具体实施方案的应用文。写作广告策划书是企业营销过程中的一个重要环节。

## 格式写法

由于写作目的、阅读对象、策划项目内容的不同,广告策划书的写作也没有固定的模式,但其一般有标题、正文和落款三部分基本内容。

1. 标题。标题一般采用单标题的形式,由项目所属单位(或产品名称)加策划内容加文种构成,也可以采用主题加副题或引题加主题的双标题形式,虚实相间,相辅相成。

2. 正文。正文包括前言、主体两部分。

(1)前言(又称为引言、缘起、概述、背景)。前言是广告策划的开头部分,要简要介绍策划的缘起、目的、背景材料、问题与机会点和创意的关键等。有的策划书不专列这一部分,而是把有关内容融入主体之中。前言的写作不宜过长,力求简明扼要。

(2)主体。主体是广告策划书的核心部分,包括四项内容。

第一,市场分析。这一部分是在市场调查的基础上,对与策划项目有关的宏观与微观因素进行分析和论述,为下面的广告策略部分提供有说服力的依据。市场分析一般涉及的内容有营销环境分析、消费者分析、产品分析、企业营销战略、企业和竞争对手的竞争状况分析、企业和竞争对手的广告分析。

第二,广告策略。依据第一部分的分析,提出广告的目标与策略,主要包括广告的目标、目标市场策略、广告定位策略、广告诉求策略、广告表现策略和广告媒介策略等。

第三,广告实施计划。它是广告的具体行动计划,包括广告活动的目标、广告活动的时间、广告的目标市场、广告的诉求对象、广告的诉求重点、广告活动的表现(设计草图、电视广告故事板、广告文案讨论稿)、广告媒介计划、其他活动计划和广告费用预算等。

第四,广告活动的效果预测和监控。

3. 落款。落款处要标注策划人的姓名和策划日期。

如有附件,应在策划书后面予以标注。

## 注意事项

1. 重视调查,立足分析。一个成功的广告策划,首先要从市场调查开始,进行广告的市场定位。通过分析产品特征、竞争对手的状况、市场供求等情况,确定目标市场,制定广告策略,确定广告计划和实施方案。

2. 明确目标,突出重点。明确广告目标就是确立一个与营销策略相配合的广告目标,是鼓励原有消费者,还是吸引潜在顾客,是巩固自己的市场定位,还是从竞争者手中夺取市场，目标必须清晰明确。目标一旦明确，就要贯彻于广告策划的每一个环节。写作广告策划书，要注意突出重点，抓住企业营销中所要解决的核心问题，深入分析，提出可行性的对策与具体行动计划，突出针对性，利于实际操作实施。不具操作性的方案，创意再好也无任何价值。另外，还应有意识地把产品的营销广告策划与树立企业形象联系起来，使企业与社会公众之间保持顺畅与持久的沟通，从而也助力企业的长远发展。

3. 创意新颖，美观醒目。广告策划书要结合策划目标，在广告创意方面下功夫，力求“点子”新、内容新、表现手法新，以“全新”吸引公众，以“全新”折服决策者。因此，在广告策划创意中，一要突破常规，用崭新的方式传达意念。二是要优化“组合”。策划者在把握商品、市场、受众多方情况的基础上，通过创造性的劳动，使策划项目的潜在优势升华为受众能够感知的具体的新形象。大型的广告策划书一般还要有设计精美的封面，对封面的包装要力求简单清晰，可以附以设计精美的徽标，使之图文并茂。

**【例文】**

## 移动梦网开拓西安高校市场广告策划书

一、背景资料

伴随着中国信息产业市场多元化进程的加快，电信市场的竞争日趋激烈。中国移动通信公司除了与中国电信、联通、网通等国内企业竞争外，还必须面对跨国公司的疯狂扩张。迫于目前严峻的形势，中国移动通信公司必须寻求新的经济增长点来取胜于激烈的竞争。移动梦网——传统的语音业务向数字业务领域扩展的技术平台，正是在这一形势之下推出的。它是中国移动通信集团公司推出的移动数据业务商业计划，基于移动梦网的技术平台所具备的声讯、WEB、WAP、SMS 和 STK 接入方式，提供客户以移动信息为服务内容的信息查询、点播、个性化定制和电子交易业务。本策划书首先着眼于开拓西安高校市场，向广大大学生进行移动梦网的广告宣传，然后辐射全社会，提升移动梦网在广大互联网用户中的形象。

二、业务简介

目前新推出的数字业务主要有主叫显示、WAP 业务、国际自动漫游、移动 QQ、信息点播、英汉字典和“神州行”储值卡等。（略）

三、市场前景分析

“移动梦网”是中国移动通信公司对外信息的窗口，数字新业务的技术平台，依托中国移动通信集团公司的雄厚实力，从真正意义上实现移动互联，引领时代的潮流。据初步统计，西安高校在校大学生手机普及率在6% ~18%之间，上网人数超过93%，手机持有者基本全部上网。但在所有上网学生中知道移动梦网的学生不足20%，登录过或了解其数字业务的则更少。由此可见，中国移动通信公司对移动梦网及其新业务在大学生中的宣传力度还不足。

从长远战略看，大学生在未来都会成为手机用户，这是一个巨大的潜在消费市场，并且大学生毕业后分散到各行各业，通过他们能够带动和影响部分社会消费者，从而将市场拓展到全社会。（略）

……所以，在高校进行宣传，对移动通信的发展及新业务的开展都有举足轻重的作用。综上分析，高校市场潜力巨大、前景广阔，因而在大学生中做好移动新业务的宣传是非常重要的。

四、市场细分及市场定位

1. 目标市场。以目前在校大学生作为目标消费者，对移动梦网业务进行宣传，既可以争取现有的市场份额，又可极大地开拓未来广阔的潜在市场。以高校宣传作为首要切入点，是一个很明智的选择。

根据移动梦网的业务特点，将目标人群分为两部分：目前没有手机，但即将拥有手机；目前拥有手机，将来需要移动新业务。

2. 消费者分析。目标消费者定位于文化程度较高、经济状况较好、经常上网、拥有手机的人群层次。对于目前拥有手机的人群，应让他们了解并应用新业务，并尽力争取这份市场；对于目前没有手机，将来会拥有的人群，应首先将其发展为中国移动的用户，然后让他们了解并应用新业务。

3. 市场竞争态势。从目前的移动通信市场来看，有联通、网通、铁通等多家通信运营商，我国加入世界贸易组织后，有更多、更强的外国电信公司参与竞争，移动通信市场将变得更加激烈、残酷。从互联网的角度看，网民首选的是比较著名的专业门户网站，而很少选择其他网站（如我国网民一般选择新浪、搜狐、网易等）。只有将二者结合起来，才能增强移动梦网的竞争实力。

4. 市场优势机会。移动梦网将移动通信与互联网很好地结合在一起，实现了移动互联的统一，这在目前看来属于首家，相对单纯的移动通信或互联网存在很大优势，尚不存在大的竞争威胁，需尽早抢占商机，并利用移动梦网做好互联网上的移动新业务宣传。

5. 业务定位。如果说以前很多人是通过电子邮件来了解互联网，那么现在则是通过QQ来了解的，而高校中上网的学生每人至少拥有一个QQ，所以在高校中将主要的宣传业务定位于移动QQ，让他们通过对QQ的了解及应用了解中国移动其他的业务，从而全面拓展移动的数字业务。

五、行销组合策略

1. 户外广告。为了增强消费者的注意力，形成印象积累效果，在大学校园内设立户外广告牌、灯箱、霓虹灯等，使人们以欣赏艺术的轻松心情，自然地接受广告信息。具体地点可以选择在人流集中的地方，如食堂、阅报栏、校园主干道、草地和球场等。

广告应着眼于宣传移动梦网清新亮丽的形象及其新业务，要避免过于商业化，结合大学的校园文化，着重体现企业形象及企业文化，使学生们易于接受。广告内容应形式多样，全方位体现出移动梦网及随之而推出的数字新业务的特点。

广告语言应着重体现出移动互联的业务特点及移动企业的形象，选择生动活泼、表意丰富的广告语言，如："移动梦网，把移动的梦变成现实""沟通无极限"等。让移动梦网的广告牌既体现移动的企业文化与人文精神，又成为一道亮丽的风景线，融移动的企业文化于高校的校园文化中。

2. 领导讲座。利用大学生对成功的渴望及对成功人士的创业经验的渴求，请移动的领导做一些讲座，引导大学生更多地了解移动企业是很有必要的。讲座内容可以结合各高校不同的人文环境和科学环境，以展望大学生的美好前景，定位于以移动倡导的移动互联，展望未来的美好生活，穿插移动的企业文化，使学生无形中对移动通信公司产生好的印象，运用煽动性较强的语言，深化刺激，使学生们对移动梦网产生一定的探索欲望，进而产生购买欲望，达到营销的目的。

讲座时间应选在学期开始至中间的某一周末，以避免与学期末的考试复习相冲突。讲座主题可以选取诸如"移动互联，未来生活新时尚""移动通信的发展前景""中国移动的人才战略""陕西移动领导谈成功经历"等大学生感兴趣的题目。

讲座中注意适量穿插移动企业及业务介绍，但要避免过于商业化，更多地体现出人情味，表现出移动通信公司对人才的重视和渴求，并愿意为人才的发展提供更多的机遇和更好的环境，使学生们对移动公司产生亲切感。

讲座的同时向听众散发企业的业务及形象宣传材料，也可分发小纪念品。

3. 移动杯足球赛。结合足球赛事所营造的浓厚的足球氛围及大学生对足球的热爱，立足于各高校每年都要举行足球赛，可由移动通信公司牵头，每校选拔一支队伍参加，借鉴甲A联赛的经验，按地域将高校分为4组，实行主客场制，小组赛选出八强角逐冠军。

提前在比赛学校设立宣传点，进行全方位宣传，并可以和学报、广播站、足协等组织联手，制造浓厚的氛围。在球场边制作氢气球条幅广告，悬挂横幅，并设立移动宣传资料发放点。（略）

比赛时向球迷免费赠送小喇叭，上面系一张制作精美的移动梦网及移动企业宣传资料的书签等，使每一位同学每天一翻书就能看到移动梦网及移动的形象，使同学们对移动梦网及移动公司有一种亲切感，将宣传活动提升到高潮阶段。

在整个活动中可邀请社会媒体进行跟踪报道，增强宣传力度，提升移动形象，提高社会影响力。

4. 文艺巡回演出。文艺演出丰富了校园文化生活,深受学生的喜爱。可结合元旦或国庆之际学生自己组织的文艺演出,由移动通信公司统一策划,并承担一部分文艺节目,在各校轮流巡回演出。移动通信公司负责演员全部的服饰及部分设备,以移动通信公司的节目为基础,将各高校的节目穿插于移动通信公司的节目中。(略)

5. 设立奖学金。就目前陕西移动通信公司在西安邮电学院设立的移动奖学金而言,效果不甚理想。据对获得奖学金的学生的调查显示,他们将获得移动奖学金看作一项荣誉,而对移动企业及其业务没有任何更深的了解。由于目前各个院校都有不同的公司设立奖学金,奖金数额也不尽相同,以致获奖同学更关心奖金数额,而对是什么公司不是很关心,使设立奖学金的公司收不到预期的效果。

由于获奖同学都是学校的精英,他们都获得过较多的奖项,对多一份移动的奖励不会产生更多的好感。但如果向获奖的同学附一份移动通信公司领导给获奖同学的贺信,同时寄一份宣传移动的企业形象及新型业务的材料,并向他们表示将来欢迎他们到移动工作,让他们了解移动通信公司对人才的重视,将会使获奖学生对移动通信公司产生很强的亲切感和自豪感,这样效果会更加理想。据和部分同学交谈,贺信的作用会比奖金的心理作用更大,而且如果能将他们中的大部分吸收到移动通信公司来,对移动的发展很有益处。

颁发奖金时可举行隆重的由移动领导亲自出席的颁奖仪式,并发表热情洋溢的讲话,扩大移动通信公司的影响力。

6. 移动—环保。针对当前全社会关注的热点问题——环保,提高大学生的环保意识,体现移动通信公司的社会责任感。由移动组织,从各校环保协会选出精英组成"移动环保考察小组",对陕西9条河流的污染情况进行分站考察,同时对经过之处进行环保宣传,散发由移动制作的环保宣传资料,并邀请媒体全方位跟踪报道。

之后,举办考察结果摄影展览,同时举行报告会。在各校举行"移动环保有奖征文"活动。

7. 宣传材料。对以上各活动中使用的宣传材料,在其制作上应力求精美,务实地宣传移动通信公司的新业务。形式可以是招贴、挂历、图卡、广告小装饰品或公司纪念品等,结合不同的目标消费层次,有的放矢地对新业务进行宣传。如在高校大学生中重点宣传移动QQ、手机短信息等,对社会成功人士重点宣传主叫显示、WAP业务等。

8. 消费者信息反馈。召开消费者意见采纳会,广开言路,并成立"移动消费者信息处理中心",设立消费者意见热线电话、意见信箱,定期做市场问卷调查,动态掌握消费热点及消费心理，并根据反馈信息及时调整战略。

六、效果评估

从广告的经济效果看，通过以上长期及短期的广告宣传和诱导，自然会吸引一部分学生消费群体，获取一定的市场份额，给企业带来利润；更重要的是稳定了大部分未来的、潜在的消费者，从而达到广告最基本、最重要的效果——经济效果。

从广告的社会效果看，定位于高校，赞助高校各项活动，就是对社会文化教育的贡献，对社会主义精神文明和物质文明的促进，从而产生深远的意义和影响。

从广告的心理效果看，通过对各种活动的赞助，拉近了消费者与企业和产品的距离，培养了消费者对产品的信任和好感，树立了良好的品牌形象和企业形象。

（引自求知网，有删改）

## 七 导游词

### 概念

导游词是导游服务人员引导旅游者游览过程中的讲解词。导游词不仅是导游员口头解说的范本，而且是各景区的名片，具有宣传旅游景点特色、推销旅游产品的作用。根据解说内容，导游词可分为文物古迹、民俗风情、爱国史迹和山水风光等类型；根据区域的大小，又有地域导游词、景区导游词和景点导游词等。

### 格式写法

导游词非常讲究结构的完整性，一般由标题、前言、正文（总述、分述）和结尾四部分构成。

1. 标题。标题是导游词的“眉目”，一般都以自然景观或人文景观的名称作为标题，简洁明了。当然，在解说时就不用专门提及标题了。

2. 前言。前言部分又称欢迎词或开场白，大致包括导游人员在参观、游览前表示问候、欢迎及自我介绍等方面的内容。开场白没有固定模式，应以简单、平易和明确为原则，让不同类型的游客都能够愉快地接受。

3. 正文。正文是对景区或景点内容的具体介绍，一般包括总述和分述两部分。

（1）总述。总述主要向旅游者陈述景观的概况和旅游价值，对所要游览的内容做一总括介绍。一篇合格的导游词要有层次感，即在介绍景点的地理位置、历史背景时要思路清楚，层次分明，使读者心中有一条清晰的游览线路。

（2）分述。分述是对旅游者游览的景观分别进行具体介绍。这一部分的语言要丰富多变、幽默诙谐，要把景观内涵挖掘透彻，引人入胜。

4. 结尾。这一部分是在游览结束后，对游览的内容做一小结，如有未到之处可简要说明，要尽量使游客产生意犹未尽之感。最后还要对旅游者表示感谢与祝福。

## 注意事项

现代旅游已逐步转向以文化与精神享受为目标的新的文化旅游，这无疑对导游词创作提出了更高的要求。所以，导游词的写作应注意以下四个方面：

1. 注入知识内涵，立足特色，旁征博引，融会贯通，讲究品位。

2. 力求生动形象，激发游客兴趣。可以通过叙述、说明、描写和抒情等多种表达方式，运用比喻、夸张、象征等修辞手法，赋予无生命的景物以生命的灵动，化静态为动态，达到生动形象、栩栩如生的效果；可以穿插趣味盎然的民间故事；也可以一问一答、画龙点睛、巧设悬念或引而不发等。

3. 融有关知识为一体。导游词的内容很宽泛，涉及文学、历史、哲学、美学、音乐及绘画等人文知识和社会科学、自然科学方面的内容，应针对旅游资源的不同特点，结合景区实际，写出锦上添花的导游词。

4. 体现口语色彩，切忌写成抒情诗或散文，更不能像演讲稿。

【例文】

### 鲁迅故居导游解说词

导游内容：鲁迅故居——百草园——三味书屋——鲁迅祖居——鲁迅生平事迹陈列厅——咸亨酒店

各位团友，欢迎你们参观绍兴鲁迅纪念馆。绍兴是座历史文化名城，自古人杰地灵，群星灿烂，我国现代伟大的文学家、思想家和革命家鲁迅就是其中一个杰出的代表。鲁迅原名周树人，1881 年 9 月 25 日诞生于绍兴都昌坊口一个破落的封建士大夫家庭。他 7 岁启蒙，12 岁就读于三味书屋。13 岁时，祖父因科场贿赂案下狱，父亲周伯宜因此一病不起，从此家道中落，饱受世态炎凉。鲁迅 18 岁那年，毅然“走异路，逃异地，去寻求别样的人们”，先后去南京、日本学习。1909 年夏回国后，先后在杭州、绍兴、北京、厦门、广州和上海等地从事教学工作和文学创作。1936 年 10 月 19 日病逝于上海大陆新村寓所，享年 56 岁。

鲁迅一生有三分之一以上的时间是在绍兴度过，他不仅在故乡度过了童年和青少年时代，而且还进行了他初期的教学实践、文学创作和社会革命活动。故乡的生活经历不仅对他的思想发展有很大的影响，同时也是他文学创作的重要源泉。今天我们要踏着这位伟人的足迹，寻访他的故园。

现在我们来到鲁迅先生的出生地——鲁迅故居。鲁迅故居位于都昌坊口周家新台门西首。周家新台门是周家多年聚族而居的地方。它建于清嘉庆年间，坐北朝南，青瓦粉墙，砖木结构，是一座典型的江南特有的深宅大院。1918 年经族人共议将这座屋宇连同后面的百草园卖给了东邻朱姓。房屋易主后，原屋大部分已拆除重建，但鲁迅故居的主要部分幸得保存，所以今天我们能有幸看到这原汁原味的鲁迅故居。

这两扇黑油油的石库台门，原系周家新台门的边门，是鲁迅家人出入的地方。这间普通的泥地平屋是鲁迅家当年用来安放交通工具的地方。大家都知道，绍兴有“东方威尼斯”之称，因此一般家庭中都备有水上的交通工具，那两支高大的橹是大船上所用，而那两支小的是乌篷船上用的桨。轿子是陆上交通工具，其中轿杠系鲁迅家原物。

从右侧门进去，穿过长廊，就到了“桂花明堂”。明堂在绍兴俗称天井，这里原来种着两株茂盛的金桂，桂花明堂由此得名。鲁迅小时候夏天经常躺在桂树下的小板桌上乘凉，他的继祖母蒋氏则摇着芭蕉扇一边打扇，一边给小鲁迅猜谜，讲“猫是老虎的师父”、“水漫金山”等故事，使鲁迅从小就受到民间文学的熏陶，为他以后的文学创作提供了丰富的素材。后来，他在《狗·猫·鼠》《论雷峰塔的倒掉》等文章中均有生动的回忆。

穿过桂花明堂，便来到鲁迅的卧室。1909 年夏，鲁迅从日本留学回国后，从杭州回到故乡，先后在绍兴府中学堂和山会初级师范学堂担任教职。这间卧室是当时他在绍任教期间的卧室兼书房。鲁迅常常在这里备课、写作到深夜。他的第一篇文言文小说《怀旧》就在这里写成。卧室里陈列着的铁梨木床是当年的原物。

穿过石板天井，迎面就是保存完好的鲁迅故居两楼两底。拾阶而上东首前半间是当年鲁迅家吃饭、会客的主要活动场所，绍兴俗称“小堂前”。鲁迅在绍任教时期，经常在这里接待来访的朋友和学生。客厅的右上角那张皮躺椅是鲁迅父亲用过的。当年鲁迅祖父周福清科场舞弊案发后，鲁迅的父亲被革去秀才身份，此后就一蹶不振，郁郁寡欢，借酒消愁，以致病魔缠身后被庸医所误，年仅 36 岁就去世了。从此鲁迅家也就从小康人家坠入困顿，经历了这一系列的家庭变故，少年鲁迅饱受世态炎凉和人情冷暖，看到了上层社会的堕落和丑恶，这些对他的思想产生了极大的影响，从而使鲁迅走上了寻求真理的道路。

与客厅一板之隔是鲁迅母亲的房间。南边那张八脚大床是鲁迅的母亲——鲁瑞睡过的原物。东边这张小床是当年鲁迅的弟弟周建人睡过的床。靠窗桌子上陈列着的是鲁迅母亲做针线活用的物品。鲁迅的母亲鲁瑞是绍兴乡下安桥头人，性格和善而坚毅，以自修达到能够看书的文化水平。鲁迅对他的母亲很佩服，曾经说过：“我的母亲如果年轻二三十岁，也许要成为女英雄呢。”鲁瑞确实是一个很不平凡的母亲，她培养的三个儿子被现代文坛称为“周氏三杰”。

小堂前的西边是鲁迅继祖母蒋氏的卧室。这位继祖母性情开朗，讲话幽默风趣，经常给侄孙辈讲故事、猜谜语，鲁迅对这位继祖母留下了深刻的印象。与鲁瑞卧室相隔一天井,就是鲁迅家烧菜做饭的灶间,也就是厨房。在厨房正前方的这座绍兴旧时大户人家所用的“三眼大灶”,是根据当事人回忆复原的,灶壁上绘有祈福避邪的图画和文字。北面墙上的菜罩是当年鲁迅家的“忙月”章福庆亲手制作的原物。章福庆有时将儿子运水带来帮忙,运水与鲁迅成为形影不离的好朋友。鲁迅和运水第一次见面就在这厨房里。“紫色的圆脸,头戴一顶小毡帽,颈上套一个明晃晃的银项圈”,就是这个运水让鲁迅认识了一个在书本上见不到的陌生世界。1921 年,鲁迅在创作小说《故乡》时,把运水作为模特儿,塑造了“闰土”这个活生生的艺术形象。

后面这三间是鲁迅家存放稻谷、农具的地方,右边这间是章福庆的住所,中间是通向百草园的过道。

各位来宾,现在我们看到的这个园子就是著名的“百草园”,百草园的名称虽雅,但其实是一个普通的菜园,是当时新台门内十几户人家共有的一个荒芜的菜园,平时种一些瓜菜,秋后用来晒稻谷。童年鲁迅经常和小伙伴们在百草园内嬉戏玩耍,夏天在树荫下乘凉,秋天在泥墙根一带捉蟋蟀。冬天就在雪地上捕鸟。对于百草园,鲁迅曾在《从百草园到三味书屋》这篇著名的散文中做了非常形象生动的描述。文中他无限深情地写道:“不必说碧绿的菜畦,光滑的石井栏,高大的皂荚树,紫红的桑葚……单是周围的短短的泥墙根一带,就有无限的趣味。”现在我们所看到的百草园就是鲁迅当年笔下的景致。鲁迅 12 岁时被家人送到三味书屋读书,不得不与他的蟋蟀们、覆盆子和木莲们告别,去全城最严厉的私塾读书。下面让我们告别这里的一切,跟随鲁迅的文章去三味书屋。

从鲁迅故居出来,东行数百步,往南走过一座石板桥,从一扇黑漆竹丝门进去,就到了鲁迅少年时代读书的地方——三味书屋。三味书屋是清末绍兴城里很有名的私塾,它坐东朝西,原是寿家书房,鲁迅 12 岁开始到这儿读书,五年多的学习生涯,使他受益匪浅,积累了丰富的文化知识,为日后从事文学创作打下了非常坚实的基础。

书屋正中悬挂着“三味书屋”的匾额,两边柱子上有一副抱对:“至乐无声唯孝悌;太羹有味是诗书。”都是清朝著名书法家梁同书所写。何为“三味”,根据寿镜吾先生的儿子回忆:“读经味如稻粱,读史味如肴馔,诸子百家,味如醯醢。”其中醯醢是调味品。匾额下挂着一幅《松鹿图》,学生每天上学要先对着匾和图行礼,然后才开始读书。

当时私塾的教学,老师是坐在中间的这张方桌边上的高背椅子上,两旁的椅子则是供来宾歇坐。学生的课桌是自备的,所以看上去参差不一。鲁迅的座位在书屋的东北角,这张硬木书桌和椅子是当年鲁迅使用过的原物。我们现在还可以看到当年鲁迅在桌子右下角亲手刻下的“早”字。关于这个“早”字,这里面还有一个小故事。有一次鲁迅因家中有事，上学迟到了，受到先生的严厉批评，他为了提醒自己，就在书桌上刻下一个“早”字，勉励和告诫自己今后不可再迟到。

三味书屋的老师名叫寿镜吾，这是他的画像。鲁迅评价他是“极方正、质朴、博学的人”。寿老先生品行端正，性格耿直，终身以坐馆授徒为业，他的为人和治学态度给鲁迅留下很深的印象，对鲁迅产生很大的影响。

三味书屋后面有一个小园子，园内种有两株桂花和一株蜡梅，当年鲁迅和小伙伴常在这一方小天地里玩抓蟋蟀、找脱壳的蝉蜕，看蚂蚁背苍蝇等游戏。

请来宾们随我穿过马路。现在大家看到的这组颇具规模的清代建筑群就是我们今天要参观的鲁迅祖居——周家老台门。鲁迅祖居是目前保存最为完好的典型台门建筑群，是鲁迅祖辈世居之地。乾隆十九年(1754 年)，周氏第八代世祖周绍鹏因家业发展的需要，举家迁址于覆盆桥，营造这座台门大院，成为颇具规模的封建士大夫住宅。鲁迅祖居坐北朝南，青瓦粉墙，砖木结构。台门主体建筑有台门斗、大厅、香火堂、后楼共四进。东首有坐东朝西的厢楼九间，西首有坐西朝东的厢楼七间，堂屋之间均有明堂和廊屋贯通。现由“鲁迅祖居复原陈列”和“绍兴民俗陈列”两部分组成。现在请各位先随我参观“鲁迅祖居复原陈列”。

这沿街第一进俗称“台门斗”，建有头门、仪门。头门就是这六扇黑漆竹丝大门，俗称“竹丝台门”。接着便是仪门，左右各有耳房，仪门上方悬挂着一块蓝底金字的“翰林”匾，自右而左书着“翰林”两个字，左右还有泥金小楷的上下款，上款：“巡抚浙江等处地方提督军务节制水陆各镇兼管两浙盐政杨昌浚为”，下款：“钦点翰林院庶吉士周福清立”。这位钦点翰林的周福清便是鲁迅的祖父。这对周氏来说是前所未有的荣耀，因而在周氏聚族的三个台门斗里都挂起完全相同的“翰林”匾。第二进为厅堂，绍兴俗称“大堂前”，是周氏族人举行重大喜庆活动和祭祖的公共活动场所。大厅是三开间的一个通间，正中上方挂着一块长方形白底黑字的“德寿堂”大匾，这是周氏老台门的堂名。大厅两旁的左右柱子上有一抱对：品节详明，德性坚定；事理通达，心气和平。大厅北面隔一天井是第三进，俗称“香火堂前”。是祭祀祖宗和处理丧事之用，原堂前正中上方有神龛，存放周氏历代祖先牌位。香火堂左右各有一间，左边为客厅、餐室，右边为佛堂、客房。香火堂北面再隔一个方形的石板天井是第四进。俗称“座楼”，是周家的主要生活住宅区。座楼中间一间小堂前一般作为平时会客、祭祖用。

各位来宾，我们已参观完整个中轴线部分，现在请大家参观西侧厢。西侧厢自南而北依次是厨房和用人房间。接下来请大家随我一起参观东侧厢。东厢花厅是大书房，是台门子弟启蒙读书的地方。其陈列与三味书屋不同。书房正上方悬挂着一块“志伊学颜”匾额，“伊”指以才著称的商汤宰相伊尹，“颜”指以德著称的孔子弟子颜回。这是教育台门弟子要立志高远，学习认真。墙上挂有一盏灯笼，灯笼上有“文星高照”四个字，灯笼外倒挂着一株葱，灯笼里点一支状元蜡烛，以示弟子聪明之意。

周家老台门是周氏的祖宅，所以当时周氏有重大喜庆活动和祭祖都在老台门的大厅举行，鲁迅在绍兴时期，遇到节庆或祖先忌日，必去老台门行礼。鲁迅最后一次到老台门是1919年举家北迁之时。“鲁迅祖居复原陈列”的参观到此结束。

下面去参观鲁迅生平事迹陈列厅。陈列厅是一座中西结合的建筑，门楣上方“绍兴鲁迅纪念馆”七个鎏金大字为郭沫若所题。进入大门迎面是一座汉白玉鲁迅胸像。序厅左右墙上各挂有鲁迅手迹。我们的参观是从左边开始。整个陈列以鲁迅的思想发展为主线，分五个部分：第一部分介绍鲁迅少年时期的社会环境与生活情况；第二部分是鲁迅青少年时代在南京、日本、杭州、绍兴寻找救国救民的真理与积极投身反清革命斗争的事迹；第三部分是辛亥革命后，鲁迅在北京、厦门、广州继续探索革命的新路，最后举起反帝反封建的文化大旗，成为新文化运动的主将；第四部分是鲁迅在上海辉煌的十年；第五部分介绍了鲁迅逝世后，人们用各种不同的方式纪念他、学习他。

各位来宾，绍兴还有许多与鲁迅有关的人文景观，离鲁迅故居不远有一家因鲁迅的名篇《孔乙己》而名扬四海的百年老店——咸亨酒店，各位如有兴趣不妨去“拜访”一下孔乙己，品一品绍兴酒，嚼一嚼茴香豆，领略鲁迅笔下的绍兴风情。

参观到此结束，谢谢大家。

（引自第一范文网）

## 八　旅游指南

### 概念

旅游指南是介绍旅游线路、景观、设施等情况以及游客注意事项的应用文。它不仅是宣传促销旅游产品的重要手段，也是指导游客游览活动的良师益友。

### 格式写法

旅游指南的内容多种多样，有的针对一个国家、一个地区或一个景点；有的综合性地介绍游、食、住、行、购、娱等各方面的情况，或专门介绍其中某一方面的情况；有的成册，有的单页。但不论哪种形式的旅游指南，一般都包括标题、正文两部分。

1. 标题。旅游指南的标题不拘一格，常见的有两种形式：一是由地名或地名加文种组成；二是在地名前加上能突出旅游地特征的修饰语，如“人间天堂杭州”。

2. 正文。正文部分应以服务游客为目的，紧扣旅游项目的个性特色来展开。其主要内容包括自然资源、人文景观、风俗民情、名优特产以及交通、餐饮、服务等内容。写作时,如果巧妙融入掌故传说、趣闻轶事和公众评价,则能更好地激发旅游者的兴趣。

这一部分的结构形式通常有条目式和短文式两种:条目式是分条列项,分别介绍概况、景观、食宿、交通、特产和娱乐等方面的内容,条目清晰,便于查索,有的旅游指南还配有游览图和景点照片。短文式一般多结合图片使用,文字部分主要是对游览地的概要介绍和对旅游资源的重点说明。

## 注意事项

1. 突出实用性。要紧扣景区特点,为游客提供游、行、住、食、购、娱等方面的实用信息;还要适应社会发展和人们审美情趣的变化,精心设计,满足游客的需要。

2. 讲究真实性。旅游指南是游客活动的重要依据,要坚持实事求是的原则,史料、数据、人名、引文及景观介绍要准确无误,不可张冠李戴、移花接木及任意夸大。

3. 追求艺术性。旅游指南的语言应准确简洁,把优美的文字同动人的景观融为一体,以提升游客的审美体验。

【例文】

### 八大关风景区旅游指南

八大关风景区位于汇泉角景区北部,西邻汇泉湾,南接太平湾,有8条以关隘命名的路,即韶关路、嘉峪关路、函谷关路、正阳关路、临淮关路、宁武关路、紫荆关路、居庸关路。这8条马路纵横交错,形成一个方圆数里的风景区,故称“八大关”(现已增到10条),是最能体现青岛“红瓦绿树、碧海蓝天”特点的风景区。

八大关建筑最早于20世纪初由德国建筑师设计建造,以后俄、英、法、德、美、丹麦、希腊、西班牙、瑞士等国建筑师及中国建筑师陆续设计建造,至20世纪40年代基本完成,形成了300余栋集20多个国家不同建筑风格的别墅建筑群。总建筑面积145 368平方米。建筑结合了西方古典主义与浪漫主义风格,有平面对称、轴线突出的德式,尖塔坡顶的哥特式,装饰粗放的西班牙式等。建筑群依山傍海,与周围自然环境融为一体。

“一看道旁栽种的花木就知道路名”,这是八大关的又一特点。韶关路两侧种植了上百株各色“碧桃”与黄色的连翘;宁武关路上种植的是如火如荼的海棠;正阳关路则是尽显风姿的紫薇,使许多外国朋友称之为“花街”。

近年在八大关东北角又新植了一片桃林,成为春季人们踏青的又一好去处。西南角则绿柏夹道,成双的绿柏隔成了一个个“包厢”,为许多情侣们所钟爱,因此这里又被称为“爱情角”。

这里还有很多著名的景点。

花石楼是八大关中最著名也是最有代表性的一栋别墅，据说是1932年由一位俄罗斯人在此修建，由于是用花岗岩和鹅卵石建成，故名“花石楼”。花石楼的建筑风格是典型的欧洲古堡式，又融入了希腊式和罗马式的风格，也有哥特式的建筑特色。相传新中国成立前国民党特务头子戴笠曾在此住过，也有老百姓说蒋介石在此避过难等，新中国成立后，花石楼成为接待中外贵宾的馆舍，现已对外开放。

花石楼的旁边是第二海水浴场，浴场由宁武关路入口处分为东西两部分，东区更衣室前有一个凉棚，是中共中央政治局会议的旧址。1957年，毛泽东主席来青岛主持召开中央政治局会议，在第二海水浴场游泳时发现这个凉棚面向大海、环境清静而且十分宽敞，于是提议大会在这里召开，工作人员便把凉棚用竹帘围起来，在这里召开了中央政治局会议。

山海关路5号是日寇第二次占领青岛期间，在这里建的一座日本式别墅。该建筑外墙用绿色的釉面砖装饰，显得格外别致，与花石楼一样，新中国成立后，山海关路5号成为中外宾客下榻的宾馆。1957年，时任中共中央总书记的邓小平同志在青岛参加中央政治局会议时就在此下榻。

山海关路再向西走不远就到了山海关路9号，这里接待的宾客大都是外国的国家元首和政府领导人，因此有“青岛钓鱼台”之称。山海关路9号是一幢美式建筑，新中国成立前是美国第七舰队司令柯克上将的官邸，室内的家具全部是美国制造，有的现在还在使用。

青岛钓鱼台一街之隔的是元帅楼，元帅楼也是一幢日式建筑，但与青岛钓鱼台不同的却是红瓦黄墙的“青岛风格”，由于共和国的十大元帅中有五位曾在这里下榻过，故得名“元帅楼”。另外，公主楼、宋家花园、朱德别墅、义聚合别墅等也是十分有特色的建筑。

青岛八大关近代建筑有“世界建筑博览会”之誉，具有较高的历史、艺术和科学价值。

住宿：八大关宾馆——青岛市“国宾馆”坐落在依山傍海、风景绮丽的中国国家级风景名胜游览区——“八大关风景区”。老一辈无产阶级革命家毛泽东、周恩来、邓小平等曾到宾馆下榻工作或疗养。近年来，又接待了党和国家领导人江泽民、李鹏、朱镕基、李瑞环、胡锦涛等，还多次接待外国国家元首。

宾馆由主楼、迎宾楼、贵宾楼和18幢日、俄、德、美等式别墅楼组成。被誉为“万国建筑博览会”。

宾馆设施先进，拥有总统套房、豪华套房、标准间等300余间(套)；宴会厅、多功能厅、酒吧、四季厅20余处；会议中心是一处集多功能音乐厅、餐饮、会务于一体的服务场所，配有先进的同声传译和声像设备。宾馆还有多元化的康乐设施，室内游泳池、保龄球、网球场、桑拿浴、天然海水浴场、娱乐城等尽善尽美，另有商场、花店、商务中心等。

交通：乘26、304、31、314路等公交车可到达八大关景区。

美食：南海鲜鱿饭——南海饭店特色海鲜品牌，选用新鲜鱿鱼，入调好味的糯米饭，再经烧烤而成，成品色泽红亮、味道鲜美。

（引自中国旅游网）

## 九 商品说明书

### 概念

商品说明书是向消费者介绍商品的有关知识及使用方法、保养及维修事项的文书。商品说明书是架设在商品和顾客之间的一座桥梁，它不仅是消费者使用产品的指南，而且随着产品走入千家万户，对生产企业也起到了广告宣传的作用。

### 格式写法

商品说明书一般由标题、正文和结尾三部分组成。

1. 标题。标题由商品名称加文种构成。

2. 正文。正文部分是说明书的主体，因物而异。常见的内容有商品的性能（性质、状态、功能）及特点 、商品的原料及构成、商品的规格型号、商品的使用方法及用量（必要时配以图表）、商品的保养与维修、注意事项、厂家或商家的承诺等。写作时可根据不同类型商品的不同特征，具体细致地介绍说明。其写法主要有三种。

（1）条款式。条款式采用分条列举、逐项说明的方式进行介绍，层次清晰，简洁醒目。

（2）概述式。概述式对商品的有关知识做概要式的介绍，篇幅短小，内容连贯，能突出商品个性，给消费者留下深刻印象，常用于影视剧、书刊等的介绍。

（3）综合式。综合式兼条款式和概述式两者之长，既有概括介绍，又有分项具体说明。这种概述与条款相结合的说明书，一方面可以突出产品的独特之处；另一方面又使常规项目的介绍一目了然，便于消费者理解与使用。

3. 结尾。结尾部分应注明生产厂家的名称、地址、电话号码、网址等，以示负责，同时便于消费者联系查询。

### 注意事项

写作商品说明书，要考虑普通读者的理解接受能力，了解消费者的心理需求。写出真正让消费者易看易懂的说明材料，应达到三点要求。

1. 直截了当。针对大众最为关心或最为重要的信息，直截了当地加以介绍。

若“拐弯抹角”、“含糊其辞”,则说明书形同虚设,毫无意义。另外,说明书不仅要写出产品的独到之处、操作方法,还应将产品的不足或因操作不当可能产生的问题或引发的后果告诉消费者。

2. 通俗浅显。说明书要力求通俗浅近,少用或不用专业术语和生僻词语。

3. 直观具体。说明书对产品的构造、装配方法、操作技术、注意事项等项目的说明,要配以图样、表格做具体形象的解说,使用户把握要领,牢记在心。

**【例文】**

## 鹿王羊绒衫系列制品消费说明书

鹿王羊绒系列产品是中国名牌产品之一,曾获“中国市场抽验优质产品”、“1994 年中国国际名牌产品博览会金奖”、1995 年首届中国国际纺织面料及辅料博览会金奖、“1995 ~ 1997 免检产品企业”,1995 年全国纺织产品展示会上获奖牌四金。企业是“中国企业最佳形象 AAA 级”,信誉度入选“全国信誉度百佳企业”。1995 年被西班牙政府特授予“优秀服务和优良品质国际金奖”,以确认其企业形象和声誉。董事长高丰被评为 1995 年中国纺织会发展中国服装事业特殊贡献功臣,1996 年被国家企业家协会和企业管理协会授予“金球奖”。

本系列制品采用素以“纤维宝石”“软黄金”著称的产于中国内蒙古的世界最优质的山羊绒,并采用国际先进工艺、设备精制而成,具有柔、轻、滑糯、保暖等特性,因而羊绒制品穿着、洗涤和保养对于每一位羊绒衫拥有者来说是非常重要的。

(一)穿着羊绒制品注意事项

1. 由于羊绒衫纤维的物理特性,羊绒衫易起球,起静电。请穿着时注意,西装内袋勿装硬物、勿插笔类等,以免局部摩擦起球。

2. 羊绒衫穿着时注意间歇期,以防羊绒制品疲劳和产生静电。

3. 穿着时注意防腐蚀性物质和油污。

(二)羊绒制品的洗涤

1. 一般情况下应干洗,精编羊绒衫则必须干洗。

2. 对粗纺羊绒衫来说,洗涤之前,要仔细检查衣服是否有油污,若有,请用软的棉布蘸上乙醚在油污处轻擦。

3. 将去完油污的羊绒衫放到不超过 30℃,并加有适量毛织物专用洗涤剂的水中,用手轻洗,脱水后放在下铺毛巾的平台上,用手整理至原形,阴干,用蒸汽熨斗熨平即可。切忌悬挂暴晒。

(三)羊绒制品的保养

1. 羊绒衫在不穿着时切忌悬挂。

2. 避强光，装袋后保存，不与其他衣类混装一袋。

3. 羊绒大衣和羊绒毯则宜干洗。不使用时不要与其他类衣服混放，装袋保存。这样就会使羊绒制品风格依旧。

“鹿王”献给人类的情和爱！

## 十　招商说明书

### 概念

招商说明书是指通过为社会提供一定范围的经营业务或经营场所来吸引社会投资，以获得丰富的资金来源而制作的商务文书。

### 格式写法

招商说明书一般包括标题、正文和落款三部分。

1. 标题。标题一般有两种写法：一种是招商单位 + 事由 + 文种；另一种是事由 + 文种。

2. 正文。正文以说明为主，要做到文字简洁、流畅、内容突出。

3. 落款。应写明发起人姓名，制作的年、月、日，联系方式及其他事项。

### 注意事项

1. 项目齐全。招商说明书应将项目的情况、所需条件、联系方式等写清楚。

2. 态度诚恳。语言既不可过分谦卑，也不可盛气凌人。

【例文】

**× ×数码广场招商说明**

本招商手册用于× ×数码广场招商引资，希望贵公司能与我们共创辉煌。

概念：× ×数码广场是以通讯、数码和电脑为主，涵盖 IT 行业全品类的体验式购物动感主题卖场。× ×数码广场，力倡强劲发展二三级专业市场，集约品牌规模，提升规模化专业服务档次，以求并肩于青岛、济南专业市场，强力构造开发区 IT 专业市场中心地位，牵引开发区 IT 业主流，招揽青岛开发区中高端消费群体。

一、招商目的

× ×数码广场是以通讯、数码和电脑为主，即涵盖 IT 行业全品类的体验式购物动感主题卖场。牵引青岛开发区经济圈 IT 业主流，招揽青岛开发区数码中高端消费群体。力倡强劲发展一级专业市场，集约品牌规模，提升规模化专业服务档次。× ×数码广场，定于 2015 年 10 月下旬正式营业。为此，× ×数码广场以全新的运作模式和经营理念，分阶段分步骤地全面推进招商工作，一方面要走出开发区现有的商圈，在突破传统的商业形态上突出运营规模化、品牌集约化、服务专业化、推广一体化的经营特色，另一方面着力于××数码广场的品牌构建和推广，整合有利于行业发展的社会优势资源，最终形成××数码广场长效发展的核心竞争力，以推动××数码广场步入良性的发展轨道。

二、项目介绍

××数码广场是以通讯、数码和电脑为主，涵盖IT行业全品类的体验式购物动感主题卖场。总面积6 000平方米，营业面积5 000平方米，公共配套服务及停车场面积8 000平方米。一、二、三层为营业场所，负一层为停车场，卖场前5 000平方米广场，举行各类商业活动，进行品牌现场促销。另外，4～8层为××国际公寓酒店，该物业为本公司自主产权。××数码广场，力倡强劲发展二三级专业市场，集约品牌规模，提升规模化专业服务档次。运营规模化、品牌集约化、服务专业化、推广一体化的经营特色，以求并肩于广州、深圳专业市场，强力构造青岛开发区IT专业市场中心地位，牵引青岛开发区IT业主流，招揽青岛开发区中高端消费群体。

三、功能定位

以通讯、数码和电脑为主，辅以配件、耗材、办公系统、数字化家电等，即涵盖IT行业全品类的体验式购物动感主题卖场。市场定位：伫立于青岛开发区中心区域，牵引青岛开发区IT业主流，招揽青岛开发区通讯数码中高端消费群体，与广州、深圳等市场形成鼎足之势。①首层以手机数码为主题，形成大规模品牌集约和时尚互动的体验式区域。②二层以电脑主题涵盖PC、笔记本、数码、DIY配件、耗材，形成品牌与服务互动的全程消费区。③三层以办公自动化系统与家庭影院及数字信息家电系统为主题，形成数字化生存的品牌消费空间。

四、项目优势

位置极其优越，交通极为便利。××数码广场设施一应俱全，给商户提供完善、舒适的经营环境，并提供热情周到的服务。

五、招商对象

国内外名优品牌生产厂家，国内外有较强的经营实力、大经营规模的商业机构，有丰富营销经验的地区级品牌代理商，有一定实力的通讯数码类连锁卖场。

六、招商要求

1. 各厂商必须持有工商部门颁发的营业执照、税务登记证、生产许可证、产品合格证及其他相关证件，并符合国家有关规定；

2. 经营范围中有涉及国家法律、行政法规规定的，须提交有关部门批准；

3. 实行商品保真经营，严禁假冒伪劣商品入场；

4. 所有业主经营户或经营机构均须按招商流程顺序入场。

七、合作方式

租赁经营：交纳租金和相应的物业管理费，经营自主，卖场由××广场商业有限公司统一管理，卖场规划按××数码广场统一规划执行，同时发挥入驻品牌形象的个性化装饰。公用部分使用按经营管理规定执行。租金交纳方式：押一交三。入场租金：首层180元/$m^2$/月（含45%公摊）；二层、三层150元/$m^2$/月（含45%公摊）；物业费30元/$m^2$/月（含公摊）。

八、优惠政策

1. 入场优惠：在2015年5月20日到6月10日招商登记报名并交纳定金者，优惠一个月租金；

2. 合同优惠：合同一年一签，凡享受第一条优惠者，可以一次性按现有租金水平签订2016年合同，享受一年租金保价优惠；

3. 零入场费：2015年5月20日到6月10日入场者，享受零入场费待遇。

联系地址：××市××路××号××公司

联系电话：××××××××××

联系人：××先生

## 十一　希望建立贸易关系函

### 概念

希望建立贸易关系函是指为了表达与对方建立贸易关系的愿望而写作的信函。

### 格式写法

希望建立贸易关系函一般包括标题、称谓、正文和落款四部分。

1. 标题。标题可直接写为“希望建立贸易关系函”。

2. 称谓。顶格写明受函人（公司）名称。

3. 正文。正文要写明以下四方面的内容：

（1）获悉对方信息的途径。

（2）表示己方有意与对方建立贸易关系，希望得到对方的合作。

（3）向对方做自我介绍，包括企业性质、基本业务状况、经营的范围、有哪些分支机构等。

（4）以祝颂语结尾。

4. 落款。落款应写明发函人（公司），并标明年、月、日。

## 注意事项

1. 态度要诚恳,用词表达要准确。
2. 要用礼节性语言。
3. 交代清楚联系方式和联系人。

【例文】

**希望建立贸易关系函**

××公司:

我们从××商会那里看到贵公司的名称及地址,得知你们有兴趣建立进出口商品的业务联系。

如贵公司在本地尚无固定客户,希望考虑以本公司为交易伙伴。本公司经营工业机械在本国的批发零售业务,我们有多年的外贸经验,希望在世界各地建立适宜而持久的贸易关系。由于与生产厂家的长期直接联系,我们在许多行业中尤其是工业机械,是最有竞争力的。我们也愿意从贵国进口一两种优良产品,以有竞争力的价格在美国销售,以期能够持续、长期占领市场。

我们希望聆听贵公司的意见、要求和建议,以及如何才能使双方协力合作,互惠互利。此外,本公司愿意以收取佣金为条件充当贵公司在美国的采购代理。

恭候回音。

××公司(印章)
2016年×月×日

# 十二　希望建立贸易关系答复函

## 概念

希望建立贸易关系答复函是指收到希望建立贸易关系函后给予答复的商业信函。

## 格式写法

希望建立贸易关系答复函一般包括标题、称谓、正文和落款四部分。

1. 标题。应写明“希望建立贸易关系答复函”。
2. 称谓。顶格写明受函人(公司)名称。
3. 正文。首先说明收到来函的日期,然后说明自己的态度、意愿及交代汇寄有关材料的情形。如果不能满足对方的要求,要及时委婉地叙述原因,以便为以后可能的交易留有余地。最后说出本方的明确打算。

4. 落款。写明发函公司名称,并标明年、月、日。

### 注意事项

希望建立贸易关系答复函必须有针对性,不能答非所问;另外,复信要及时。

【例文】

**建立贸易关系答复函**

尊敬的××先生:

非常高兴收到贵公司本月×日有关建立贸易关系的来函。

谨遵要求另函奉上本公司最新的出口商品目录及报价单。如欲订货,请寄发电子邮件或传真为盼。款项须请以不可撤销保兑信用证支付。

××公司出口部
××主管
2016年×月×日

## 十三　询价函

### 概念

询价函是买方向卖方询问某项商品交易条件时所写的信函。

### 格式写法

询价函一般包括标题、称谓、正文和落款四部分。

1. 标题。标题写明“询价函”即可。

2. 称谓。顶格写上受函人(公司)名称。

3. 正文。写明向卖方索要主要商品目录本、价格单、商品样品或样本等,也可以用询价单或发订单的方式询问某项商品的具体情况。

4. 落款。写明发函公司名称,并标明日期。

### 注意事项

询价目的是请对方报价。询价对交易双方均没有法律上的约束力。

【例文】

## 询价函

××公司：

根据杭州市××水库除险加固工程电站重建需要，拟采购主变压器和厂用变压器，特向贵单位发询价函，望贵单位给予复函。

一、规格型号、技术要求及数量

主变压器型号：SCB10－1600/10。数量：2台。厂用变压器型号：SC10－125/10。数量：1台。主变压器及厂用变压器技术参数和性能要求见附件。

二、报价时间

请贵单位就以上设备在2012年×月×日下午4:00之前向我处传真报价。

三、供应商复函须知

1. 报价函请加盖贵单位公章。复函报价内容为：辅助设计、技术协调会、变压器制造、备品备件、运输、协助安装和调试、检验、技术培训及售后服务、税金等费用。

2. 供应商在报价函中应就以下条款给予说明：

(1)供货时间。

(2)提供设备的规格表(包括设备、备品备件等的规格性能、产地、技术参数和主要功能说明等内容)。

(3)供货设备质量满足设计和国家及相关行业标准。

(4)提供设备的明细报价及汇总报价。

(5)确定交货期及相关售后质量及服务承诺。

3. 对本变压器提出合理化建议或意见。

4. 采购合同由成交单位与我处签订。询价函、报价函及其澄清文件均为采购合同的组成部分。

5. 对上述条款应做出响应，非响应性报价均做无用报价处理。

四、结算方式

签订合同出具履约保函后支付合同价的30%作为预付款，设备到货后支付合同总价的50%作为进度款，安装调试完毕、验收合格后支付合同总价的15%，剩余5%作为质量保证金，质保期为一年。

五、联系方式

地址：杭州市××街道××水库管理处

邮编：(略)

本项目联系人：(略)

电话：(略)
传真：(略)
邮箱：(略)

杭州市××管理处(印章)
2012年×月×日

# 十四　报价函

## 概念

报价函是卖方向买方提供商品的有关交易条件所回复的信函。

## 格式写法

报价函一般包括标题、称谓、正文和落款四部分。

1. 标题。写明“报价函”即可。

2. 称谓。顶格写上受函人(公司)名称。

3. 正文。首先应说明询价函已收到；然后说明产品概况，包括产品的价格、结算方式、发货期、产品规格、可供数量、产品包装和运输方式等内容；最后为结尾语，如“恭候佳音”等。

4. 落款。写明发函公司名称，并标明日期。

## 注意事项

1. 正文开头需注明对方询价函的日期。

2. 报价的内容多采用条文式的结构，让人一目了然。

3. 报价函中的报价不同于国际贸易中的报盘。报价起通知买方价格的作用，对卖方没有约束力，可以更改。

【例文】

**报价函**

××县污水处理厂：

贵厂×月×日询价函收悉。谨遵贵厂要求，将本公司产品报价详述如下：

| 项　目 | 内　　容 | | | |
|---|---|---|---|---|
| 产品标的 | 产品规格(mm) | 产品单价 | 跨距要求标准挠度为1/200 | 备注 |
| 玻璃钢格栅 | 50×50×50 | 340元/平方米 | 标准挠度为1/200时跨距为1.0~1.6米，挠度增大需加支撑 | 凹槽 |

续表

| 项　目 | 内　　容 |
|---|---|
| 蒙皮费用 | 110 元/平方米 |
| 安装费用 | 20 元/平方米 |
| 产品数量 | 以切割前的实际尺寸为准 |
| 交货时间 | 合同签订后 30 个工作日后(可分批交货) |
| 交货地点 | 购方仓库 |
| 报价有效期 | 至 2012 年 12 月 15 日 |

说明:1. 上述报价包含了按贵公司选定尺寸的切割费用。
2. 上述报价不包含 17% 的增值税。
3. 上述报价不包含选定尺寸的切割损耗费用和运输费用。
4. 上述报价仅对本项目玻璃钢盖板应用数量有效。
5. 本公司具有玻璃钢行业唯一专业上门安装团队,可依客户要求提供有偿服务。

如果贵公司认为报价符合贵公司的要求,请早日联系我公司。

恭候佳音!

杭州××复合材料有限公司(印章)

2012 年×月×日

# 十五　还价函

## 概念

还价函是指接受报价的一方,认为对方的报价中某些条款不能接受,向报价方提出修改意见的信函。

## 格式写法

还价函一般包括标题、称谓、正文和落款四部分。

1. 标题。标题可直接写为“买方降低原价还价函”。

2. 称谓。顶格写上受函人(公司)名称。

3. 正文。还价函的正文可包括产品的价格、结算方式、交货日期、产品包装和运输方式等内容。

4. 落款。写明发函公司名称,并标明日期。

## 注意事项

还价函可以是买方就卖方的报价还价,也可以是卖方就买方的还价而再还价。

【例文】

**还价函**

××有限公司：

贵公司2015年5月22日还价函收悉。贵公司未能接受我方报价，非常遗憾。

我公司生产的××牌电机品质优良，使用寿命长，价格合理。贵公司的还价我方难以接受，我方最多只能将原报价降低1%。本报价请贵公司考虑。

盼复。

××电机制造公司（印章）
2015年5月28日

## 十六　接受报价函

### 概念

接受报价函是指买方或卖方接受对方提出的交易条件时所发出的信函、传真、电传或电报等。

### 格式写法

接受报价函一般包括标题、称谓、正文和落款四部分。

1. 标题。标题写“接受报价函”即可。

2. 称谓。顶格写上受函人（公司）名称。

3. 正文。接受报价函的正文应写明接受对方的具体报价条件，包括商品的名称、规格、单价，以及结算方式、交货日期、地点等项内容。

4. 落款。写明发函公司名称，并标明日期。

### 注意事项

1. 交易双方表示接受的信函、传真、电传或电报等均可作为成交的承诺，具有法律约束力。

2. 如果是买方同意卖方的报价或还价的接受函，一般都要随函说明所需订购货物的有关事项，在此情况下，买方的接受函实际上也是买方的订购函。

【例文】

**接受报价函**

××电机制造公司：

贵公司2015年5月28日报价函收悉。我公司愿意接受贵公司报价，并愿意按照贵公司报函中的条件订货。订货详情如下：

商品：××型号电机

数量：30 个

规格：一级

单价：每个××元

包装：标准硬纸箱，每箱 1 个

结算方式：商业汇票

交货方式：送货上门

送货日期：收到订单 3 日内

请办理为盼。

××发展有限公司(印章)

2015 年×月×日

## 十七 订购函

### 概念

订购函是买卖双方经过反复磋商，在达成一致意见的情况下，买方按双方谈妥的条件向卖方订购货物时发出的信函。

### 格式写法

订购函一般包括标题、称谓、正文和落款四部分。

1. 标题。标题可直接写为“订购函”。

2. 称谓。顶格写上受函人(公司)名称。

3. 正文。订购函一般应包含商品名称、牌号、规格、数量、价格、结算方式、包装、交货日期、交货地点、运输方式和运输保险等内容。

4. 落款。写明发函公司名称，并标明日期。

### 注意事项

订购函有两种形式：一种是在接受函里说明所需订购的货物；另一种是下订单，即把订购函制成订单式，以表格形式列明各项交易条件，可根据具体情况加以选择。

【例文】

**订购函**

××公司：

贵公司×月×日报价单收悉，谢谢！

贵公司报价较合理，我公司特订购下列货物：

EPSON LQ－100打印机，10台，单价1 500元，总计15 000元。

STAR AR－246 3D打印机，10台，单价900元，总计9 000元。

CICIAEN CKP－5240打印机，10台，单价1 500元，总计15 000元。

交货时间：××××年×月×日之前

交货地点：××市××仓储部

结算方式：转账支票

请及时运送货物，我公司接到贵公司装运函后，即开具转账支票。

请即予办理为盼。

××公司（印章）
2016年×月×日

## 十八　确认订购函

### 概念

确认订购函是卖方在收到客户的订单后，予以回函确认，同时告知客户货物办理程度和货款支付等事宜，并询问客户其他要求的商务信函。

### 格式写法

确认订购函一般包括标题、称谓、正文和落款四部分。

1. 标题。标题可写成“确认订购函”。

2. 称谓。顶格写上受函人（公司）名称。

3. 正文。首先写明收到对方订购函的日期，告知对方货物即将发出，希望对方查收；其次，告知对方货款如何支付；最后简明扼要地询问客户是否还有其他要求，并写上结尾语。

4. 落款。写明发函公司名称，并标明日期。

### 注意事项

写作时要详细说明货物办理情况和货款支付情况，以便对方及时收货和付款；

结尾一般要向对方致谢，并表达继续合作的意愿。

【例文】

**确认订购函**

××公司：

很高兴收到贵方×月×日30台打印机的订购单，我公司即速予办理，货物将按照贵方要求准时运抵××港口。

根据商业汇票的规定，我公司通过××银行开具面额为×××元以贵方为付款人的银行承兑汇票，承兑期限为3个月。我们相信此汇票必得承兑。

贵方对此批货物还有何要求，请即函告。

感谢贵方的惠顾，希望我们能保持经常的贸易联系。

××公司(印章)
2016年×月×日

## 十九　交易磋商函

### 概念

交易磋商函是指交易双方就某项商品买卖的各种具体交易条件反复磋商，最后达成交易的商业往来信函。

### 格式写法

交易磋商函一般包括标题、称谓、正文和落款四部分。

1. 标题。标题可直接写为“交易磋商函”。

2. 称谓。顶格写上受函人(公司)名称。

3. 正文。交易磋商函包括商品的品质、规格、包装、数量、付款、保险、意外事故、索赔和仲裁等方面的内容。

4. 落款。写明发函公司名称，并标明日期。

### 注意事项

写作时应体现协商一致、互利互惠的原则，态度要诚恳，各项内容应明确具体。

【例文】

## 交易条款与价格磋商函

××进出口公司：

贵公司×月×日来信收悉。对贵公司要求与我公司建立业务关系的愿望，我们表示欢迎。从来信中获悉贵公司对中国真丝绢花很感兴趣，并希望了解该商品的有关情况及我方的贸易做法。现将我公司销售绢花的一般交易条款介绍如下：

1. 品质规格：真丝绢花以绫、绸、绢、缎等高级丝绸为原料，品种有月季、寒冬菊、杜鹃、凤尾兰等千余种，式样有瓶插花、盆景、花篮等。真丝绢花质地轻盈，不褪色，耐温耐压。具体规格请参阅全套彩色样本。

2. 包装：纸箱装。大花每箱装20盒，每盒装1打；小花每箱装30、40或80打不等，根据货号决定。纸箱内衬托蜡纸，外捆塑料打包带。每箱体积长×厘米，宽×厘米，高×厘米。每箱毛重×千克，净重×千克。

3. 数量：为便于装运，卖方有权多交或少交5%的货物，多交或少交部分按合同价格结算。

4. 支付货款：买方应通过卖方所接受的银行开具全部货款的、不可撤销的、准许转船、准许分期装运的即期信用证，信用证必须于装运月份前15天送达卖方。其中，装船货物的数量和金额允许增减5%，信用证有效期应规定在最后装运日期后15天在中国到期。

5. 保险条款：如按CIF价格条件成交，卖方概按发票金额的110%投保综合险，以中国人民保险公司有关海洋运输货物的保险条款为准。

6. 不可抗力因素：如因战争、地震、严重的风灾、雪灾、水灾以及其他人力不可抗拒事故而致延期交货或无法交货时，卖方不负任何责任。

7. 索赔：凡有对装运货物质量提出索赔者，必须在货物到达目的港后30天内提出。货物质地、重量、尺寸、花型和颜色均允许有合理差异，对在合理差异范围内提出的索赔，卖方概不受理。

8. 仲裁：凡因执行合同所发生的或与合同有关的一切事宜，双方应通过友好协商解决。如协商不能解决，应提交北京中国国际贸易促进会对外贸易仲裁委员会根据该会仲裁程序暂行规则进行仲裁，仲裁裁决是终局的，对双方都有约束力。

以上一般交易条款已为×国其他进口商所接受，相信这些条款也将为贵公司所接受。如有任何疑问，请向我们提出。

如贵公司有意购买，请即询价。我们相信，在双方良好的配合下，首笔交易必将很快达成。等候佳音。

××××公司（印章）
2012年×月×日

# 二十 催款函

## 概念

催款函是指卖方在买方收到货物后逾期未结算付款的情况下,用来提醒买方及时结算付款的信函。

## 格式写法

催款函一般包括标题、称谓、正文和落款四部分。

1. 标题。标题写明“催款函”即可。

2. 称谓。顶格写上受函人(公司)名称。

3. 正文。催款函一般应写明以下三项内容:

(1)催款单位和欠款单位的全称和银行账号,必要时写上催款单位的地址、联系电话、经办人姓名等。

(2)双方交易往来的原因、日期、发票号码、欠款金额及拖欠货款等情况。

(3)处理意见。

4. 落款。写明发函公司名称,并标明日期。

## 注意事项

1. 催款函应主题明确,要求具体,绝不能含糊其辞,以免引起歧义。

2. 处理意见要切中要害、切实可行,既要有催促作用,又要符合国家有关经济法律、法规,做到合情、合理、合法。

3. 文中涉及的数字、证据、日期、银行账号等要准确无误,以免引起新的争端。语言力求简洁,不必客套,措辞适当。

【例文】

**催款函**

××公司:

感谢贵公司选择我公司的产品,与我公司建立友好合作关系。

根据贵公司与我公司签订的《××××合同》,我公司在交付产品后3日内,贵公司应付清全部货款。现付款期已过,请贵公司本着友好、诚信和互惠互利的原则尽快付款。我公司账户情况如下:

开户银行:×××银行

账户名:××公司

账号：××××××××××
顺祝商祺！

××公司(印章)
2016年×月×日

## 二十一 装运通知函

### 概念

装运通知函是说明货物装运日期、装运车号、所附单据等以便买方办理提货手续的商业信函。

### 格式写法

装运通知函一般包括标题、称谓、正文、落款四部分内容。

1. 标题。写明“装运通知函”即可。

2. 称谓。顶格写上受函人(公司)名称。

3. 正文。一般要写明以下四项内容：

(1)对方订货号、货物品种及数量。

(2)包装情况。

(3)货物装运时间及估计到达时间。

(4)货物装运单据名称和份数。

4. 落款。写明发函公司名称，并标明日期。

### 注意事项

1. 在国内贸易中，货物的提取若是发货形式，卖方应负责装运。为避免意外，卖方还要为货物投保。

2. 装运条件包括装运方式和运费、保险金的支付等。采取何种装运方式以及装运费用、保险金的支付方式，主要根据交易双方的协商而定。

3. 如果买方要求卖方将货物发送到指定地点，则买卖成交后，卖方就应履约，按规定期限将货物装运，并立即用电报、信函等形式通知买方，说明装运日期、装运车号，并将提单、发票、检验单、保险单等单据副本寄至买方，以便买方办理提货手续。

【例文】

**装运通知函**

××公司：

贵公司于2015年10月20日订购的60箱××节能灯管已于2015年10月25日交付托运，预计3日内到达。

60箱××节能灯管分30箱包装，每个包装箱上均有#标志。

兹随函附寄装运单据，以便贵公司顺利提货。各份单据如下：

1. ××号货运提单一份；

2. ××号装箱单一份；

3. ××号保险单一份；

4. ××号检验单一份；

5. ××号发票一张。

非常感谢贵公司的大力支持，希望继续友好往来！

××电子产品公司（印章）
2015年10月26日

## 二十二　包装磋商函

### 概念

包装磋商函是为磋商产品运输包装及销售包装而发出的商业函件。

### 格式写法

包装磋商函一般包括标题、称谓、正文、落款四部分内容。

1. 标题。标题写明“包装磋商函”即可。

2. 称谓。顶格写上受函人（公司）名称。

3. 正文。如果买方发出包装磋商函，一般要写明以下三项内容：

（1）本方对产品的满意程度。

（2）对产品包装方面的要求。

（3）结语。如“愿我们合作愉快”等。

如果包装磋商函系卖方发出，则根据具体情况说明相关事项。

4. 落款。写明发函公司名称，并标明日期。

## 注意事项

写作时语气要谦和得体，以体现合作的诚意和良好的意愿。

【例文】

**包装磋商函**

×××女士：

你方6月2日订单已收悉，谢谢。我们高兴地通知你方，除了包装条款以外，订单中所列其余条款我们均能接受。

你方订单中所述的包装是我方数年前采用的老式包装。此后，我们改进了包装，结果表明我们的客户对近几批货物完全满意。我们的雨衣产品现用塑料袋包装，然后装入纸盒内，10打装一箱，每箱毛重为30千克左右。每一纸箱衬以塑料纸，全箱用铁箍加固，以防内装货物受潮及因粗暴搬运可能引起的损坏。

我们的意见是，由于使用了塑料袋包装，每件雨衣完全可陈列于商店的橱窗，非常美观，这样定将有利于货物的销售。此外，改进的包装分量轻，因而容易搬运。

以上所述供你方参考，如果在本月底前我方没有收到你方的反对意见，我方将相应的完成你方订货。

××雨具有限公司(印章)
2015年6月12日

# 二十三　索赔函

## 概念

索赔函是指合同争议或纠纷发生后，蒙受损失的一方向违约的一方提出赔偿要求时所写的信函。

## 格式写法

索赔函一般包括标题、称谓、正文和落款四部分。

1. 标题。采用事由+文种方式，或者直接写明“索赔函”。

2. 称谓。顶格写上受函人(公司)名称。

3. 正文。索赔条款主要包括索赔的依据、期限、赔偿损失的办法和金额等内容。索赔函一般包括如下内容：

(1)简述事由。

(2)陈述违约事实。

(3)说明索赔理由。

(4)陈述对方违约给自己带来的损失。

(5)提出具体的索赔要求。

4. 落款。写明发函公司名称,并标明日期。

## 注意事项

1. 在写作索赔函之前,要认真研读有关材料,如合同中有关规定的细则、双方交易过程中的有关往来函电,以分清是非责任。

2. 要提出证据,如货物受损时可留有损坏的货物作为凭据或由商检局及其他公证机关检验或公证,并出具证明文件作为依据。

3. 提出索赔要求应合情合理,不能漫天要价。

4. 应根据引起索赔的原因和不同的索赔情形选择相应的措辞和语气。

5. 注意索赔的有效时限。

6. 如有附件,写在信函的左下角。

【例文】

**索赔函**

××玩具公司:

我公司于9月10日收到了贵公司发来的十箱货物。经我方员工检查核对发现,运来的动物玩具和汽车玩具数量短缺很多。我方订购了1 500件动物玩具和1 200件汽车玩具,但分别只收到了500件和800件。我方不能按照规定及时把货物分发给客户,因货物不足,很多客户纷纷要求退款,这对我公司造成了很大影响。

因此,我公司要求贵公司按照合同规定,给予我方经济损失5万元。调查此事并迅速发货弥补缺货。为了不影响我公司正常运转,我方希望早日收到贵公司赔偿。

特此函达,盼复。

××百货公司(印章)
2015年9月10日

# 二十四　理赔函

## 概念

理赔函是指合同争议或纠纷发生后,违约一方受理遭受损失一方的赔偿要求的信函。

## 格式写法

理赔函一般包括标题、称谓、正文和落款四部分。

1. 标题。采用事由 + 文种方式，或者直接写明“理赔函”。

2. 称谓。顶格写上受函人（公司）名称。

3. 正文。写作理赔函一般要写明以下三项内容：

（1）引述来函要点。

（2）表明态度。

（3）提出处理意见。

4. 落款。写明发函公司名称，并标明日期。

## 注意事项

1. 写作理赔函，应认真研读索赔函，判断对方的索赔理由是否成立，函中提供的证据是否有效，索赔金额是否合理，索赔期限是否逾期，然后据此确定不同的理赔策略。

2. 要正确估算赔偿的损失数字。

**【例文】**

### 理赔函

××百货公司：

贵公司10月9日来函收悉。来函中提到贵公司在我公司订购的1 500件动物玩具和1 200件汽车玩具分别只收到了500件和800件，我公司立即进行了调查，经查明情况属实。原因是，我方的装货员误将发往其他公司的货物发给贵公司。由于我方的疏忽，给贵公司带来损失。我方深表歉意，同时我方提出以下解决方案：

1. 我公司依照合同赔偿贵公司5万元。

2. 保证在10月20日前，将货物送到。

愿我们的处理方法能使贵公司满意，也希望这次事件不要影响我们今后合作。我公司保证以后不再出现类似失误，特此函复。

××玩具制造公司（印章）

2015年10月11日

# 二十五 投诉处理函

## 概念

投诉处理函是指回复客户的投诉,并提出处理意见的信函。

## 格式写法

投诉处理函一般包括标题、称谓、正文、落款四部分。

1. 标题。写明“回复投诉函”或“投诉处理函”即可。

2. 称谓。顶格写上受函人(公司)名称。

3. 正文。投诉处理函的内容包括以下三项:

(1)引述投诉函要点。

(2)表明己方态度。

(3)提出处理意见。

4. 落款。写明发函公司名称,并标明日期。

## 注意事项

回复客户投诉,态度必须认真坦诚。信尾应有单位领导的签名。语言要礼貌得体,用词冷静平和。

**【例文】**

**投诉回复函**

尊敬的×××先生:

您好,×月×日来函收悉,感谢您对我公司的批评和建议。

您在来函中提到,近日在我公司××门店新购的电饭煲出现插口接触不良、按键不灵敏等现象。针对这一情况,我公司已经责成公司驻贵市办事处的工作人员去您家中做实际检查,并尽快做出处理意见。我公司将严格遵守《中华人民共和国产品质量法》和我公司销售承诺,妥善解决好您的问题,请您放心。

最后,再次感谢您对我公司的关心,祝您一切顺利!特此函复。

北京市××家电制造有限公司(印章)

2016年×月×日

# 第六章

# 谈判契约文书

## 一　商务谈判方案

### 概念

商务谈判方案又称谈判计划，是正式谈判之前，根据谈判目的和要求拟定的反映具体谈判内容和步骤的文书。

### 格式写法

商务谈判方案一般由标题、主体和落款三部分组成。

1. 标题。一般为事由 + 文种。如“关于进口数码摄像机的谈判方案”。

2. 主体。主体包括以下两项内容：

(1)前言。前言应写明谈判的总体构想、原则以及谈判内容和谈判对象的情况。

(2)具体条款。其中包括谈判主题、谈判目标、谈判程序和谈判组织等内容。

3. 落款。注明方案制定者(集体或个人)名称及日期。

### 注意事项

1. 方案内容要符合国家的有关政策和法律规定。

2. 拟定前要做好调查研究工作，以实际情况和可靠的数据为写作依据。

【例文】

**关于引进××公司矿用汽车的谈判方案**

5 年前我公司曾经经手××公司的矿用汽车，经试用性能良好，为适应我矿山技术改造的需要，打算通过谈判再次引进××公司矿用汽车及有关部件的生产技术。××公司代表于4 月 3 日应邀来京洽谈。洽谈的具体内容如下：

1. 谈判主题

以适当价格谈成29 台矿用汽车及有关部件生产的技术引进。

2. 目标设定

(1)技术要求。①矿用汽车车架承压15 000h不准开裂。②在气温为40摄氏度条件下,矿用汽车发动机停止运转,在接入220V的电源后,发动机能在30min内启动。③矿用汽车的出动率在85%以上。

(2)试用期考核指标。①1台矿用汽车试用10个月(包括一个严寒的冬天)。②出动率达85%以上。

(3)技术转让内容和技术转让深度。①利用订购29台车为筹码,××公司免偿(不作价)转让车架、厢斗、举升虹、转向缸、总装调试等技术。②技术文件包括图纸、工艺卡片、技术标准、零件目录手册、专用工具、专用工装和维修手册等。

(4)价格。①××××年购买××公司矿用汽车,每台FOB单价为23万美元;5年后的今天如果仍能以每台23万美元成交,那么定为价格下限。②5年时间按国际市场价格浮动10%计算,今年成交的可能性价格为25万美元,此价格为上限。

小组成员在心理上要做好充分准备,争取价格下限成交,不急于求成;与此同时,在非常困难的情况下,也要坚持不能超过上限达成协议。

3. 谈判程序

第一阶段:就车架、厢斗、举升虹和总装调试等技术附件展开洽谈。

第二阶段:商定合同条文。

第三阶段:价格洽谈。

4. 日程安排(进度)

第一阶段:4月5日上午9:00~12:00,下午3:00~6:00

第二阶段:4月6日上午9:00~12:00

第三阶段:4月6日晚7:00~9:00

5. 谈判地点

第一、二阶段的谈判安排在公司13楼洽谈室,第三阶段的谈判安排在××饭店二楼咖啡厅。

6. 谈判小组分工

主谈:张××为我谈判小组总代表,为主谈判。

副主谈:李××为主谈判提供建议,或见机而谈。

翻译:叶××随时为主谈、副主谈担任翻译,还要留心对方的反应情况。

成员A:负责谈判技术方面的条款。

成员B:负责分析对方动向、意图,负责财务及法律方面的条款。

矿用汽车引进小组

××××年×月×日

(引自在线技术论坛 http://dev2dev.bea.com.cn,略有删改)

## 二 商务谈判备忘录

### 概念

商务谈判备忘录是指在谈判过程中,记载双方的谅解与承诺并作为下一步洽谈参考的文书。

### 格式写法

商务谈判备忘录主要包括标题、谈判双方情况、事项、落款四部分内容。

1. 标题。一般写成“备忘录”或“××谈判备忘录”。

2. 谈判双方情况。其中包括双方单位名称,谈判代表姓名,会谈时间、地点和会谈内容等。

3. 事项。它是指双方通过谈判后,各自做出的承诺。

4. 落款。双方谈判代表署名,并写明日期。

### 注意事项

商务谈判备忘录要全面体现商务谈判的内容,包括双方存在的分歧、尚未达成共识的事项等,充分体现备忘功能;语言要朴实、准确。

【例文】

**中国××实业有限公司与意大利**
**××股份有限公司谈判备忘录**

中国××实业有限公司(简称A)与意大利××股份有限公司(简称B)的代表于2012年6月6日在A总部就W型传真机的转让制造一事进行了初步协商,在平等友好的气氛下双方交换了意见,并对以下事项达成了初步共识:

一、A要求B将现行生产的W型传真机的生产技术以Knowhow的方式出售给A。

二、A要求向B购买为生产20 000台W型传真机所需的全部设备和材料,以便自行生产,并其设备和材料只向A提供(详见B提供的材料清单)(略)。

三、A所属的划时代电子公司按照上述一、二事项在生产W型传真机时,聘请B的工程技术专家×××为A对该型传真机的生产进行技术指导。

四、A确认对于上述20 000台W型传真机的转让制造,双方同意其付款条件是委托中国银行开立经意大利开发银行通知的以B为受益人的不可撤销信用证,以美元支付。

五、将本备忘录中一、二、三、四事项认定为一个完整的整体(但转让生产技术是可以进一步探讨的)。

六、关于向A转让生产技术,B与意大利有关部门需进行详尽讨论。在研究A所提出的协议书草案后,B将向A发出邀请,派代表团前往意大利参观和进一步讨论W型传真机转让生产技术的可能性。

七、双方都有义务对本备忘录保守秘密,A方保证不向别国转让备忘录和协议书规定的资料。

中国××实业有限公司　　意大利××股份有限公司

经理×××(签字)　　经理×××(签字)

2012年6月6日

(引自豆丁网 http://www.docin.com/)

# 三　谈判纪要

## 概念

谈判纪要是记载谈判的指导思想、谈判目的、谈判主要议程、谈判内容和结果的记录性文件。

谈判纪要是在谈判记录的基础上整理而成的,集中反映了谈判的基本精神和议题、结果,是下一步签订协议或合同的依据。有些谈判纪要经过会谈双方签字确认后,还可以作为意向书。

## 格式写法

谈判纪要一般包括标题、正文和落款三部分内容。

1. 标题。由谈判事由和文件名称构成。如“关于汽车散件进口价格的谈判纪要”。

2. 正文。正文分为开头和主体两部分。

(1)开头。开头是谈判情况的综述,包括谈判时间、地点,谈判双方国别、单位名称及谈判代表姓名,谈判目的、谈判取得的主要成果或就哪些问题达成了初步协议。

(2)主体。主体大致包括:双方取得一致意见的主要目标及其具体事项;双方的权利和义务;需要进一步磋商的问题。或为了留有余地,写明“对未尽事宜另行协商”字样,以便以后的谈判具体化或更趋完善。

3. 落款。在纪要最后,双方谈判代表签名,并注明日期。

## 注意事项

商务谈判纪要的写作对作者的业务素质、归纳概括能力和语言表达能力都有很高的要求,写作时应注意两个问题。

1. 突出纪实性。商务谈判纪要所涉及的内容是各方必须共同遵守执行的,执笔者必须忠实反映,不能因个人的愿望和喜好随意增减和修改。

2. 体现协商性。商务谈判纪要常常使用"双方一致认为""双方商定""甲方要求""乙方同意"等表述方式。

【例文】

### 谈判纪要

谈判时间:2015 年 12 月 20 日

谈判地点:北京国际饭店

谈判双方:北京××公司(甲方)

上海××公司(乙方)

谈判人员:甲方代表:北京××公司经理李××

乙方代表:上海××公司经理王××

经过前期的招标、投标工作,双方已确定由乙方承担甲方火灾报警系统扩容改造项目,此次会谈双方只是就最后的改造方案、价格以及售后服务等问题进行磋商。双方的主要意见如下:

1. 乙方代表介绍,通过进一步考虑甲方公司的实际情况,对高架库的设计方案稍作调整,对所采用的红外光束型号做了更换,但价格未变。甲方认为现有改造方案与原方案相比变化不大,原则上接受了乙方的调整方案。

2. 乙方此次报价为 818 000 元,经过双方协商,乙方同意下浮 3 个百分点,双方最终议定项目价格为 793 460 元。

3. 双方议定售后保修服务期限为两年,雷击损坏也属保修范围。

甲方:北京××公司

经理李××

乙方:上海××公司

经理王××

2015 年 12 月 20 日

## 四 意向书

### 概念

意向书是当事人双方或多方在实质性谈判前,表达和记录某一项目合作意向的文书。

## 格式写法

意向书一般包括标题、正文和落款三部分内容。

1. 标题。写明“意向书”，或采用事由 + 文种的方式，如“投资意向书”。

2. 正文。写明双方出席代表的姓名、时间、地点，以及协商经过，协商的主要事项等。

3. 落款。双方代表署名并注明具体日期。

## 注意事项

1. 把握分寸。意向书不具备法律效力，仅表明合作的意愿和趋向，其作用是为日后签订合同做好准备。因此，有些内容不宜写入，如涉及自身利益的具体内容、须上级批准或与其他部门协调才能办理的事项等。

2. 用语谨慎。意向书是进一步洽谈成交的基础，具有协商性、灵活性和临时性的特征，行文时应周密思考，特别是关涉双方权益的表述要留有余地。

【例文】

### 合作意向书

甲方：中国××××协会

乙方：中国××服务网

2015年2月16日，甲、乙双方本着“互利共赢，共建人才特区”的原则，经过平等协商，达成如下合作意向：

一、合作内容

利用中国××服务网领先的信息技术、丰富的人力资源外包服务经验和先进的运营管理体系，乙方为甲方建立人力资源集约化管理和服务平台，为甲方区内企业和人才服务提供技术支撑，形成产业人才与人才产业互动发展的良好局面。

二、双方职责

(一)甲方职责

1. 甲方是区域人力资源集约化管理和服务平台的组织单位和管理部门，要为人力资源集约化管理和服务平台建设提供必要的政府层面的组织协调工作。

2. 组织开展各项人才政策规范、信息标准和服务标准等一系列标准规则的制定工作。

3. 建设各类人才信息库，及时做好各类人才信息的数据收集、整理、维护和更新工作。

4. 为人力资源集约化管理和服务平台建设、推广提供必要的宣传、导向工作。

（二）乙方职责

1. 负责人力资源集约化管理和服务平台建设的总体策划，按合作内容提供人力资源集约化管理和服务平台建设所需的各类设备、线路、软件，并进行集成和培训。

2. 根据甲方区内企业的需求，分别实施招聘、人力资源管理、教育培训、人力资源整体外包、人事代理和派遣等服务。

3. 在保证甲方和区内企业正常运营的前提下，为甲方相关部门提供人力资源综合信息。

4. 利用乙方的呼叫中心，通过特服号，建立和完善甲方人力资源管理与服务的一站式服务平台。

三、附则

1. 双方合作中应严格遵守国家及双方的相关法律和规定。

2. 本意向书一式两份，甲、乙方各执一份。

3. 未尽事宜，由双方进一步友好协商解决。

甲方：中国××××协会　　　　乙方：中国××服务网
代表：（签字）　　　　代表：（签字）

2015 年 2 月 16 日

# 五 条 据

## 概念

条据是作为某种凭据的便条，日常生活中常见的比较简便的应用文。凭证式条据主要有借条、欠条、收据、领条和发条等。

1. 借条。借到个人或单位的现金、财物时写给对方的条子就是借条。钱物归还后，把条子收回作废或撕毁。

2. 欠条。借了个人或公家的钱物，归还了一部分，还有部分拖欠，对所欠部分所打的条子即欠条。

3. 收条。在收到别人或单位的钱款、财物时写给对方的条子即收条或收据。

4. 领条。向单位领取钱物时，写给负责发放人的条子，称领条。

5. 发条。便条式发条往往限于零担小卖的小额货款，只作为一种付款的简便凭证。一般情况下，应使用税务部门印制的发票，以免违反税务制度。

## 格式写法

凭证式条据通常由标题、正文、落款三部分内容组成。

1. 标题。在条子的上方中间，一般要写上“收条”、“借条”等字样作为标题，醒目地说明是什么性质的条据。这样既扼要地提示了内容，又便于归类保管。

2. 正文。紧靠标题的下方空两格书写正文。条据开头有较为固定的惯用语，一般为“今借到”“今领到”“今收到”等。如果涉及钱物，要写明数量，数字一般用大写，末尾要加上个“整”字。数字如有写错的情况，改正后必须盖章，或重写一张。

3. 落款。条子的右下方为签署部分，应写上制条人姓名（如果是单位，除写明单位名称外，还应写明经办人姓名），然后再下移一行注明日期。

## 注意事项

1. 条据一般属于说明性文体范围，包括四项要素，即写给谁、什么事、谁写的、什么时间写的，要一一写清。

2. 是否要写致敬语，应视条据格式、内容和交往对象而定。

3. 条据应用蓝黑钢笔或签字笔书写，一般不能用红色笔写。重要内容有所改动，应加盖印章。

凭证式条据种类颇多，但格式上比较统一，只要根据不同内容变换字句即可。

【例文】

**借　条**

今借到星火公司椅子叁拾把，以供表彰大会使用，会后立即归还。此据

××公司办公室（印章）
经手人：李××（签章）
2012年×月×日

【例文】

**欠　条**

原借刘××同志人民币壹仟元整，已还款叁佰元整，尚欠柒佰元，本月16日前还清。此据

李××（签章）
2012年×月×日

【例文】

### 收　条

今收到××公司×××送来打印机两台。此据

×××公司办公室(印章)
经手人:王××(签章)
2016年×月×日

【例文】

### 领　条

因工作需要,从公司办公室领取打印纸两包,墨盒两个。

××工作组
经手人:××
2016年×月×日

## 六　借款财产抵押合同

### 概念

借款财产抵押合同是借款人或第三人因借款人向银行借款而与银行签订的抵押合同。抵押合同的签订必须根据《中华人民共和国担保法》签订。合同一经签订,担保方将承担担保责任,抵押的财物变成抵押物。

### 格式写法

借款财产抵押合同一般由约首、正文、约尾三部分内容组成。

1. 约首(也称首部),包括合同的标题和当事人名称。标题写明“借款财产抵押合同”;当事人名称即订立合同的双方单位或当事人姓名。双方名称可简称为甲方、乙方,贷方、借方,以使叙述合同内容条款时行文方便。

比较重要的合同还要在双方当事人名称上方或右上方注明合同编号、签订时间、签订地点。签订时间、签订地点可以放在合同结尾处,也可以同时在两处注明。

2. 正文 。这是借款财产抵押合同的主干和核心部分,一般有引言和主体条款两项内容。

(1)引言。简要概括说明签订合同的依据和目的,常用“根据……为了……经双方协商一致,签订本合同”。

(2)主体条款。主要内容包括如下各项:

①标的。标的是合同当事人双方的权利和义务关系所共同指向的对象。借款财产抵押合同的标的就是合同中规定的"借款、抵押财产"等。

②借款和抵押物的数额与质量、数量等具体情况。借贷双方应当在合同中明确说明借款数额和结算币种。合同应说明抵押物的品种和数量、质量状况和存放地点以及权利证书等事宜。如果抵押物为不动产,还应详细描述该不动产的使用状况和现有状态、坐落地点以及权利证书的归属。如果仅仅知道抵押物的实物,不能按照法律查证其权利证书的具体情况,则很容易引起争议甚至出现骗局。如果抵押物为汽车或者房产,抵押权人可以到交管部门或房产部门查证真相再签订合同等。

③借款利率、履行期限、地点和方式。财产抵押合同中应说明履行期限,包括:A. 借款方的抵押物交付或者财产证书交付期限、交付地点和交付方式,借款的利息率、计息时间和还款方式及地点等。B. 贷款人的款项支付时间和支付方式,支付方式可有现金、支票、转账等。C. 合同履行的时间方式,在时间方式上,要区分合同履行究竟是一次性全面履行完毕,还是分成若干部分分期履行,即合同借款是一次拨付还是分期分批拨付等。D. 在还款方面,有的合同注明提前还款或者延迟还款的具体条款和催还条款。如果订约双方担心一方中途发生主体变更,比如法人的分立或合并,则应订立合并或者分立后的权利义务承担条款。

④款项使用和抵押物保管责任。有的借款合同中还包括借款的使用方向和监管方式,贷款方可以对借款的使用进行监督和检查。抵押物或者权利证书在交付前后,一般还要有相关的保管责任,合同中应当就抵押物(权利证书)交付前后的保管责任做出明确说明。一般在交付前,由抵押方负责保管和看护,交付后,由抵押权人负责抵押物的保管,双方各自承担保管不利的责任。对抵押物抵押期间可否使用或经营及其盈利也应做出明确规定,以免产生纠纷。

⑤担保和保险。如果借款方(抵押方)提供第三方担保(保证),则还应订立担保条款,并明确保证方式和责任形式。究竟属于一般保证还是连带保证责任,如未声明,则依法视为连带保证。对抵押物如果规定应当投保,应明确投保责任和投保期限、投保时限和保权归属。如果无特别注明,合同中一般是抵押权人享有保权以避免抵押物可能灭失或者出现瑕疵造成己方损失。

⑥不可抗力条款。合同还应包括不可抗力条款。对于因不可抗力造成的违约或者履约不能,相关责任方不应承担违约责任。

⑦违约责任。合同应明确双方违约的责任。违约责任的追究要明确、具体,不能写成"如果违反合同就追究违约责任"等,因为这样的表达太空泛、内容不具体,一旦发生违约纠纷,如何追究责任,双方都可以做有利于自己的解释,那就等于没有明确约定违约责任。

⑧解决争议的方法。解决争议的方法是指为处理合同争执、纠纷而采取的方式和程序。双方可约定选择协商、调解、仲裁或诉讼的方式。

3. 约尾。约尾部分包括合同附则、抵押物清单和生效标识。

(1)合同附则。其中包括与合同相关的生效时间、有效期限、合同份数及保存方式等内容。有的合同将期限归入正文部分。

(2)生效标识。其中包括署名和日期两项。署名在正文的下方,包括:双方单位名称,法定代表人及委托代理人签名,双方当事人加盖印章,双方当事人的身份证号码或者护照号码、地址、电话、电挂、邮政编码、传真号码、邮箱、开户银行名称和账号等;若有鉴证或公证单位,还应写明鉴证、公证单位的名称、代表人姓名,要加盖公章或私章。在署名下要写明签订合同的具体日期。有的合同将日期写在约首下方。

(3)附件。抵押物清单可以列在约尾处,并附单页,且加盖双方印章或者签名,以示认可。

## 注意事项

1. 签订借款财产抵押合同时要对非量化抵押资产评估作价,不可笼统含糊,以免发生价值争议。

2. 接受抵押的一方要对抵押财产认真保管,除非另有约定,不能使用也不能转让抵押财产。

3. 如果抵押物有权利或品质瑕疵,抵押权人可以要求抵押人更换或者补充抵押财产。

【例文】

### 财产抵押合同

编号:__________

贷款方:__________

借款方:__________

借款方为取得借款,贷款方为确保贷款安全,经借贷双方协商同意,特签订本财产抵押契约。双方在共同遵守国家法律和信贷政策的前提下,保证恪守下列条款。

第一条 借款方自愿以本单位所拥有的财产作为贷款抵押物抵押给贷款方,包括:固定资产________元,可封存的流动资产________元,有价证券________元,其他________元(详见抵押物清单),评估现值共计________万元。抵押期限最长不超过一年,即从________年____月____日起,至________年____月____日止。贷款方根据抵押率不得超过现值的70%的规定,同意以借款方抵押物为条件,核定借款方最高贷款额度________万元。在这个额度内,按照中国工商银行贷款办法和信贷政策，可以一次申请贷款，也可分次申请贷款。在抵押期限内，贷款归还后可以再申请贷款，但借款期不得超过抵押期。

第二条　经贷款方同意，抵押清单所列由借款方保管（使用）的抵押财产，在抵押期间借款方可继续使用、保管，并负责保养、维修，其费用开支由借款方负担。在借款方保管（使用或封存）的抵押物，未经贷款方同意，借款方不得变卖、转移、租借或另行抵押。在抵押期间，属借款方保管使用的抵押物如有损坏、损失或变质，由借款方负责，并在10日内通知贷款方由借款方另行提供其他等值的财产作为抵押物，或由贷款方核减相应的贷款额。抵押清单所列的由贷款方保管的抵押物，自本契约签订之时，移交贷款方保管。

第三条　借款方不能按期还清借款本息时，贷款方有权处理抵押物，收回贷款本息。如果处理抵押物不足以收回贷款本息时，借款方应以其他资金归还。

第四条　在抵押期间，如果充当抵押物的有价证券到期兑现，由借贷双方共同负责办理并偿还贷款。

第五条　在抵押期间，如果发生抵押物价格下降时，贷款方相应调低放款额度。

第六条　抵押物必须参加财产保险（有价证券等除外）。如果遇保险公司不同意保险或续保，借款方应另找意外财产损失担保人。在抵押期间抵押物保险到期，借款方应负责续保，并将续保的保险单交贷款方保管。如果发生灾害损失，借款方必须以保险理赔款归还贷款本息。

第七条　抵押物的保险、鉴定、登记、运输、保管以及合同公证等费用开支由借款方负担。

第八条　贷款方有权随时对借方保管和使用的抵押物进行监督检查，借款方须在工作上保证协助。

第九条　抵押合同依法需变更或解除的，必须经借贷双方协商同意。协商未果之前，原抵押合同继续有效。

第十条　借款方发生合并、分立时，由变更后的当事人承担或分别承担履行合同的义务和享受应有的权利。

第十一条　借贷双方根据实际情况共同商定增加下列条款：（略）

第十二条　本契约自借贷双方签字并经公证后即具有法律效力，借款方按合同规定归还全部贷款本息（含提前还清贷款本息），抵押物返还借款方，本契约自动终止。

第十三条　本契约一式三份，签约方和公证机关各执一份，均具有同等法律效力，并与借款合同一起保存。

附件：

1. 抵押物列表________张。

2. 房屋产权证________张。
3. 存款单、折________份。
4. 提货仓单________份。

借款方公章：
法人代表章：
2016 年×月×日

贷款方公章：
法人代表章：
2016 年×月×日

附：抵押物清单

抵押契约编号：________

单位：元

<table>
<tr><td colspan="3">企业名称</td><td colspan="5"></td><td colspan="2">经济性质</td><td colspan="2"></td></tr>
<tr><td colspan="3">地　址</td><td colspan="5"></td><td colspan="2">电　话</td><td colspan="2"></td></tr>
<tr><td rowspan="2">抵押物名称</td><td rowspan="2">规格</td><td rowspan="2">单位</td><td rowspan="2">数量</td><td colspan="2">账面价值</td><td rowspan="2">抵押现值</td><td rowspan="2">折扣率</td><td rowspan="2">抵押价值</td><td rowspan="2">存放地点</td><td colspan="2">保险单</td></tr>
<tr><td>原值</td><td>净值</td><td>保险号码</td><td>起止时间</td></tr>
<tr><td></td><td></td><td></td><td></td><td></td><td></td><td></td><td></td><td></td><td></td><td></td><td></td></tr>
<tr><td></td><td></td><td></td><td></td><td></td><td></td><td></td><td></td><td></td><td></td><td></td><td></td></tr>
<tr><td></td><td></td><td></td><td></td><td></td><td></td><td></td><td></td><td></td><td></td><td></td><td></td></tr>
<tr><td></td><td></td><td></td><td></td><td></td><td></td><td></td><td></td><td></td><td></td><td></td><td></td></tr>
</table>

以上所列财产已在保险公司投保，到期后由借方负责续保。保险单据由贷方保管。经双方协商，本单所列抵押财产在________方保管（使用）或封存，按合同要求负责管理。

借方盖章：
法人代表：
经办人：
2016 年×月×日

贷方盖章：
法人代表：
经办人：
2016 年×月×日

（引自华律网 http://www.66law.cn，略有改动）

## 七　融资租赁合同

### 概念

《合同法》第 237 条规定，融资租赁合同是出租人根据承租人对出卖人、租赁物的选择，向出卖人购买租赁物，提供给承租人使用，承租人支付租金的合同。

一般来说，融资租赁要有三方当事人(出租人、承租人和出卖人)参与，本合同通常由一个整合融资、租赁和买卖三方内容的合同或者两个(融资租赁合同、买卖合同)以上合同构成，其内容是融资，表现形式是融物。融资租赁通常的做法是出租人出资购买承租人选定的技术设备或其他物资，作为租赁物出租给承租人，承租人按合同约定取得租赁物的长期使用权，在承租期间，按合同约定的期限支付租金，租赁期满按合同约定的方式处置租赁物。

## 格式写法

融资租赁合同一般由约首、正文、约尾三部分内容组成。

1. 约首(也称首部)。约首部分包括合同的标题和当事人名称。当事人名称可简称为甲方、乙方，出租方、承租方。标题写明“融资租赁合同”即可。比较重要的合同还要在双方当事人名称上方或右上方注明合同编号、签订时间、签订地点。

2. 正文。这是融资租赁合同的主干和核心部分。合同一般有总则和主体条款两项内容。

(1)总则。本部分与“借款财产抵押合同”引言的内容相差无几，不再重复。

(2)主体条款。主要内容包括如下各项：

①租赁物件条款。租赁物件是承租人自行选定并要求出租人即租赁人购买的设备。当事人应在租赁合同中对租赁物件的名称、数量、规格及技术性能等做出明确规定。

②检验方法条款。承租人在受领租赁物件后，应根据买卖合同的规定对租赁物件进行检验。

当事人应在合同中明确约定对租赁物件的检验方法。

③租赁期限条款。为了明确出租人和承租人在合同期内各自的权利和义务，应在租赁合同中给出合同期限的明确定义。

④租金条款。租金条款是租赁合同中的重要条款之一。收费标准、租金的计算方法不同，条款的内容也大不相同，至少应包括以下三项内容：

A. 租金构成。融资租赁合同的租金，应当根据购买租赁物的大部分或者全部成本以及出租人的合理利润确定。一般而言，融资租赁合同的租金应由以下几部分构成：构成租赁物件价值的价款，包括购置租赁资产的货价、运输费及途中保险费；租赁期间的利息费，这项费用与租赁公司的筹资成本有关，大体上包括筹资的基本利率、税收、筹资费用和利差风险费等；租赁手续费；租赁公司的利润；安装调试费；其他费用。

B. 租金的支付期限和支付方式。租金的支付期限是指在还租期限内，每次支付租金的时间间隔期。间隔期可分为每月、每季、每半年、每年后付或先付。先付指的是在还租起算日支付第一期租金，其后各期租金按规定的间隔期支付。

支付方式可分为每期等额支付或每期不等额支付。每期不等额支付方式中主要指的是逐期递增支付或逐期递减支付等。

C. 租金的币种。在国内租赁中，一般采用人民币作为租金货币，但在国际租赁中有时需以外币如美元等作为租金货币。这就涉及我国有关外汇管制的规定和国际金融市场中的汇率风险等。双方应在合同中对此做出相应的规定。

⑤租赁期间届满租赁物的归属条款。一般来说，在融资租赁关系期间届满时，承租人享有以下选择权：将租赁物返还给出租人，或是以预定的租金继续租赁租赁物，或是以支付租赁物残余的价值购买租赁物而取得其所有权。双方应选择一种方式做出约定。

⑥违约责任。合同应明确双方违约的责任，如承租方不能按时交付租金，出租方不能如约购买、交付租赁物等违约责任。违约责任的追究要明确、具体，不能写成“如果违反合同就追究违约责任”等，因为这样的表达太空泛、内容不具体，解释不清，等于没有明确约定违约责任。

⑦不可抗力条款。合同还应包括不可抗力条款。对于因不可抗力造成的违约或者履约不能，相关责任方不应承担违约责任。

⑧解决争议的方法。双方可约定选择协商、调解、仲裁或诉讼的方式。国际融资租赁纠纷解决方式一般为仲裁，地处北京的中国国际经济贸易仲裁委员会/中国国际商会仲裁院是在世界上享有较高声誉的国际仲裁机构，可供仲裁双方选择。当然，巴黎仲裁院等国外仲裁机构也可选择。

3. 约尾。约尾部分包括合同附则和生效标识。本部分内容与“借款财产抵押合同”约尾的内容大同小异，不再详述。

## 注意事项

融资租赁合同签订过程中，务必注意以下事项：

1. 对方的诚信资质和还款能力，担保方的担保义务和担保能力。

2. 租赁物的选择、租金、租期、维修、租赁物瑕疵和租后处理应做出明确规定。

3. 对租金本息的支付时间、地点、币种和条件等应详细列明。

4. 如果另订附则，双方同样应当周密考虑并就内容沟通协商。附则也应有担保方的同意和签署。

**【例文】**

### 融资租赁合同

合同编号：

出租方(以下简称甲方)：________________

承租方(以下简称乙方):________________

甲方和乙方一致同意按照下列条款签订本融资租赁合同,并共同遵照执行。

第一条　合同的标的

根据______________文件批准,乙方拟租赁______________(以下称租赁物件)。甲方经审查同意支付设备价款及有关费用共计人民币______元(大写),购进租赁物件后租给乙方使用,租赁物件明细表作为合同不可分割的一部分。

第二条　对租赁物件的权利和义务

1. 在租期内合同附表所列租赁物件的所有权属于甲方,乙方对租赁物件只有使用权。乙方不得在租期内对租赁物件进行销售、转让、转租、分租、抵押、投资或采取其他任何侵犯租赁物件所有权的行为。

2. 租期内租赁物件由乙方使用,乙方有义务合理和适宜地保护租赁物件,并对由于乙方自己的过失或疏忽或由乙方可防止的任何第三人的行为造成的对租赁物件的灭失或损害负有赔偿义务。

3. 为了保证租赁物件的正常使用和运转,乙方负责对租赁物件按技术要求进行正常的、适时的维修和保养。维修和保养所发生的费用均由乙方自付。租期内,租赁物件无论发生任何属于制造或使用的事故均由乙方负责解决,乙方不能因此而免除向甲方支付租金的义务。

4. 甲方有权对租赁物件的使用情况进行检查,乙方应为甲方的工作提供方便。租期内,乙方每半年应向甲方提供乙方的财务报表,并向甲方报告经营情况。

5. 租期内,乙方不得以任何形式明示或暗示其对租赁物件具有所有权和处分权,如乙方在此期间由于债务纠纷或依法破产,乙方应向法院、债权人或清算委员会申请对租赁物件不具有所有权,亦不得以租赁物件充作诉讼保全或抵偿债务,同时必须及时报告甲方。

6. 租赁期满后,本合同租赁物件的处理。

(1) 留购。甲方同意按合同附表第 12 项所列的留购货价将租赁物件售与乙方。留购货价同最后一期租金一并支付。全部实际租金和留购货价以及出现合同第三条的情况(如有时)增加的税款、利息或延付利息和罚款利息付清后,甲方将租赁物件的所有权转移给乙方。

(2) 续租。甲方同意乙方对合同的租赁物件进行续租,其续租租期、租金金额、租金缴纳日期等租赁条件由甲乙双方在合同期满前三个月内协商确定,并另订续租合同。

(注:留购或续租任择一种,双方确定一种后,另一种在合同中无任何法律效力)

第三条　租期和租金

1. 甲方出租、乙方承租租赁物件的租期共计____个日历月,进口设备的租赁期从设备到港日起算，国内设备租赁期从发货日起算，即自____年____月____日起，至____年____月____日止（包括起止日）。

2. 在本条第一款所列的租期内，乙方不得中止和终止对租赁物件的租赁，并不得以任何理由提出变更本租赁合同的要求。

3. 本条第一款所列租期的全部租金总额包括设备价款、保险、银行费用、利息共计为________元（大写），由乙方按租金偿付表（合同附件）向甲方分______次交付。

4. 乙方向甲方支付本合同项下的租赁手续费为租赁总成本的百分之______，计人民币________元，乙方应将该项手续费在本合同双方签字之日后10天内全额付给甲方（手续费滞交影响合同执行所造成的一切损失由乙方负责）。

5. 为按本条规定支付租金，乙方应在规定的每期租金交付日期（不包括交付日当日）前________日将租金划入甲方的账户。

6. 在租期内，由于国家增减有关税项、税率及银行利率等因素必须变更租金时，甲方书面通知乙方这种变更并提出新的实际租金，乙方承认这种变更并承付。

7. 乙方延迟支付租金时，甲方除按照延付时间继续计收利息外，每日加收延付金额的万分之______的滞付金。

第四条　租赁物件的购货、交货和验收

1. 购货方式有以下三种，甲乙双方商定采用第（　）种方式。

（1）根据贸易有关规定，甲方同意乙方自行签订或委托代理人签订购置租赁物件的合同，乙方或其委托的代理方对该合同承担一切义务。对该合同的履行及租赁物件质量等问题引起的后果，甲方均不承担任何责任，购货原始发票及合同副本、委托书副本由甲方保存。

（2）租赁物件甲乙双方确定后，购货合同由甲方签订。乙方作为甲方代表，负责处理购货合同履行过程中的一切问题，并承担本合同履行过程中由于乙方的过失所造成的经济责任。

（3）乙方与供货方签订购货合同，应由甲方确认盖章后生效，采用托收承付方式付款，供货方办理托收承付时，必须交付铁路运单或乙方自提证明单据。甲方见单后付款并对货物享有所有权。如在运输中发生问题或货物有其他质量、短缺等问题由乙方负责与供货方联系解决，甲方不参与也不承担任何经济责任。

2. 租赁物件运达使用地点后，乙方应在30天内负责验收（包括进行试车），同时将签收盖章后的租赁物件的验收收据一式二份、书面验收结果交给甲方。

3. 如果乙方未按前项规定的时间办理验收，甲方则视为租赁物件已在完整状态下由乙方验收完毕，并视同乙方已经将租赁物件的验收收据交付给甲方。

4. 如果乙方在验收时发现租赁物件由于卖方责任造成租赁物件的型号、规格、数量和技术性能等有不符、不良或瑕疵等情况时，由乙方直接向卖方交涉处理并立即将上述情况书面通知甲方。如卖方延期交货，由乙方直接催交。

第五条　租赁物件的保险

1. 甲方负责在租赁期开始前对租赁物件投保本合同第三条第一款所列租期内的财产险和运输险的保险费计入租赁物件总价款。

2. 如租赁物件发生保险范围内的灭失或损害，乙方应负责及时书面通知甲方。保险公司赔付的款项应直接划归甲方，作为乙方尚未支付的租金。若该项赔付的款项多于乙方应付租金的部分，甲方应转付给乙方。如果该项赔付的款项少于乙方应付租金，不足部分应由乙方如数补交给甲方。如果租赁物件发生部分损害或灭失，保险公司赔付的款项可由乙方使用，但仅限用于更换或修复被损害或被灭失的部件，使租赁物件恢复可正常使用的原状；发生部分损害或灭失至恢复租赁物件原状的过程中，乙方仍应按合同规定向甲方支付租金。

第六条　经济担保

甲方同意________为本合同乙方的经济担保人。乙方应向甲方提供经济担保人的法人证明书、营业执照复印件及上年度末资金平衡表，并由该经济担保人出具不可撤销的经济担保书作为本合同的附件。

第七条　租赁保证金

1. 本合同一经签订，乙方应在合同双方签字之日后10天内向甲方支付规定的租赁保证金人民币________元，作为履行本合同的保证。如因乙方未及时交付保证金致使不能执行合同，所造成的一切损失由乙方负责。

2. 租赁保证金不计利息，在租赁期满归还乙方，或抵最后一期租金的全部或一部分。

3. 乙方违反合同中的任何条款时，甲方应从租赁保证金中抵扣乙方应支付给甲方一部分或全部的款项。

第八条　违约和争议的处理

1. 乙方应根据本合同的规定按时缴纳租金，并遵守合同中关于租赁物件使用的规定。如乙方在应付租金到期后一个月内未能交付租金，或违反租赁物件使用的有关规定，甲方有权终止租赁，并查封、收回所出租的租赁物件。收回、处理租赁物件所发生的任何开支与费用及由此给甲方造成的经济损失应由乙方承担。

2. 在本合同项下发生的一切争议，甲方和乙方及乙方的经济担保人应首先通过协商解决。如协商不能解决时，甲方和乙方及乙方的经济担保人均有权依法通过诉讼解决。

第九条　本合同的附件

本合同附件为合同的不可分割的组成部分。

附件一:租赁物件明细表;(略)

附件二:租金偿付表;(略)

附件三:经济担保书。(略)

第十条　合同文本及生效

1. 本合同正本一式三份,甲方、乙方和乙方经济担保人各执一份。

2. 本合同自甲方和乙方各自的法人或法人授权代表人签字之日起生效。

| | |
|---|---|
| 甲方:(盖章) | 乙方:(盖章) |
| 法人或法人授权代表人:(签字) | 法人或法人授权代表人:(签字) |
| 2016 年×月×日 | 2016 年×月×日 |

(引自天涯法律网 http://www.hicourt.gov.cn,略有改动)

## 八　专利转让合同

### 概念

专利权是国家依法授予的一种排他性权利(也是在专利权有效期内的技术垄断权),未经专利权人许可,任何单位和个人均无权使用其专利。但是,专利权可以转让,在专利权人收取专利权受让人一定的价款后,可将专利权转让他人。专利权转让,让与人与受让人应签订书面的转让合同。《合同法》第 324 条第二款规定:“技术合同涉及专利的,应注明发明创造的名称、专利申请人、专利权人、申请日期、申请号、专利号及专利的有效期限。”

依据《合同法》第 324 条第二款的内容,还可以将与专利有关的技术背景资料、可行性论证、技术评价、技术标准、技术规范及其他相关文档列入合同附件,作为合同的一个组成部分。

### 格式写法

专利权转让合同一般由约首、正文、约尾三部分组成。

1. 约首(也称首部)。约首部分包括合同的标题和当事人名称。双方名称可简称为甲方、乙方或转让方、接受方,并在双方当事人名称上方或右上方注明合同编号、签订时间、签订地点。标题写明“××专利权转让合同”即可。专利权转让还应具备国家专利局的转让批准文号。

2. 正文 。正文是专利权转让合同的主干和核心部分,一般有引言和主体条款两项内容。

(1)引言。本部分的内容与“借款财产抵押合同”的引言相同,在此不赘述。

(2)主体条款。其中包括如下各项内容:

① 项目名称与转让方向接受方交付的资料。专利权转让应当在合同中写明专利名称即项目名称。专利权转让合同中，必须明确转让方应向接受方转让下列资料：全部专利申请文件、专利管理部门批准文件、专利对外许可合同及附件、专利权有效证明材料及专利费用缴纳单据和专利管理部门的专利转让批准文件。如果专利权转让不完全，则应在合同中约定双方各自的专利权使用情况。

② 专利实施和实施许可的情况。双方应在合同中明确所转让专利的实施许可情况，例如，是否允许转让方继续使用，转让方授权受让方如何使用，衍生专利的权利划分和归属，转让方已经做出的专利实施许可的权属转移情况等。合同中应明确双方的保密责任。

③ 转让价款和支付价款的地点、方式、时间和税费承担。合同应明确专利权转让费用即转让价款和相应税款及价款的支付时间、支付方式、支付地点和具体结算币种等结算事宜。

④ 专利权瑕疵处理。专利权转让合同应包含专利权利瑕疵条款，例如，专利被撤销，或者专利被宣告无效，或者专利被诉侵权条件下的责任承担及由此发生的费用担负，已经交付和未交付的专利转让费用返还和损失赔偿，为实现专利转让所做的工作和费用承担及赔偿等。

⑤ 过渡期条款。专利权转让并不能立刻转移，故专利权转让合同必须明确：专利权转让合同签订后到专利权转让管理部门批准前的所有专利相关费用和责任承担，专利权转让批准文告公布后的权利归属和责任承担等。

⑥ 违约责任。合同应明确双方违约的责任。专利权转让中很重要的是专利权利无瑕疵。违约责任追究方式要明确，即是适用违约金并赔偿损失还是解除合同等。违约责任的追究要明确、具体，否则就等于没有明确约定违约责任。

⑦ 不可抗力条款。合同还应包括不可抗力条款。对于因不可抗力造成的违约或者履约不能，相关责任方不应承担违约责任。

⑧ 解决争议的方法。解决争议的方法是指为处理合同争执、纠纷而采取的方式、程序。双方应在合同中约定选择协商、调解、仲裁或诉讼的方式。

3. 约尾。约尾部分包括合同附则、与专利有关的技术资料的详细清单和生效标识。本部分的基本内容与“借款财产抵押合同”的约尾部分相似，不再详述。

## 注意事项

1. 如果合同订有附则，则双方应当共同协商达成一致，并且没有争议条款。

2. 受让方务必注意查询对方转让的专利是否完全是其自身成果。如果该专利技术属于演绎技术，则应当查询转让方是否有权使用基础技术或配套技术，以免出现知识产权瑕疵。

3. 建议受让方向转让方索要与专利有关的技术资料的详细清单等并载入合同。

【例文】

## ________专利权转让合同

前言:

鉴于转让方________拥有________专利,其专利号为________,公开号为________,申请日________,授权日________,公开日________,专利权的有效期为________。

鉴于受让方________对上述专利的了解,希望获得该专利权,鉴于转让方同意将其拥有的专利权转让给受让方,双方一致同意签订本合同。

第一条　转让方向受让方交付资料

1. 向中国专利局递交的全部专利申请文件,包括说明书、权利要求书、附图、摘要及摘要附图、请求书、意见陈述书以及著录事项变更、权利丧失后恢复权利的审批决定、代理委托书等(若申请的是PCT,还要包括所有PCT申请文件)。

2. 中国专利局发给转让方的所有文件,包括受理通知书、中间文件、授权决定、专利证书及副本等。

3. 转让方已许可他人实施的专利实施许可合同书,包括合同书附件(即与实施该专利有关的技术、工艺等文件)。

4. 中国专利局出具的专利权有效的证明文件,是指最近一次专利年费缴费凭证(或专利局的专利法律状登记簿),在专利权撤销或无效请求中,中国专利局或专利复审委员会或人民法院做出的维持专利权有效的决定等。

5. 上级主管部门或国务院有关主管部门的批准转让文件。

第二条　交付资料的时间、地点和方式

1. 交付资料的时间。合同生效后,转让方收到受让方支付给转让方的转让费后××日内,转让方向受让方交付合同第一条所述的全部资料,或者合同生效后××日内转让方向受让方交付合同第一条所述的全部(或部分)资料,如果是部分资料,待受让方将转让费交付给转让方后××日内,转让方向受让方交付其余的资料。

2. 交付资料的方式和地点。转让方将上述全部资料以面交、挂号邮寄或空运等方式递交给受让方,并将资料清单以面交、邮寄或传真的方式递交给受让方,将空运单以面交、邮寄方式递交给受让方。

全部资料的交付地点为受让方所在地或双方约定的地点。

第三条　专利实施和实施许可的情况及处置办法

在本合同签订前,转让方已经实施该专利,本合同可以约定,在本合同签订生效后，转让方可继续实施或停止实施该专利。如果合同没有约定，则转让方应停止实施该专利。

在本合同签订前，转让方已经许可他人实施的许可合同，其权利义务关系在本合同签订生效之日起，转移给受让方。

第四条　转让费及支付方式

1. 本合同涉及的专利权的转让费为（￥，$）__________元，采用一次付清方式，在合同生效之日起××日内，或在专利局公告后××日内，受让方将转让费全部汇至转让方的账号，或以现金方式汇至（或面交）转让方。

2. 本合同涉及的专利权的转让费为（￥，$）__________元，采用分期付款方式支付，在合同生效之日起××日内，或在专利局公告后××日内，受让方即将转让费的______%[（￥，$）__________元]汇至转让方的账号；待转让方交付全部资料后××日内，受让方将其余转让费汇至（或面交）转让方；或采用合同生效后，××日内支付（￥，$）__________元，××个月内支付（￥，$）__________元，××个月内支付（￥，$）__________元，最后在××个月内付清其余转让费的方式。

支付方式采用银行转账（或托收、现金兑付等），现金兑付地点一般为合同签约地。

第五条　专利权被撤销和被宣告无效的处理

根据《专利法》第50条，在本合同成立后，转让方的专利权被撤销或被宣告无效时，如无明显违反公平原则，且转让方无恶意给受让方造成损失，则转让方不向受让方返还转让费，受让方也不返还全部资料。

如果本合同的签订明显违反公平原则，或转让方有意给受让方造成损失的，转让方应返还转让费。

他人向专利局提出请求撤销专利权，或请求专利复审委员会对该专利权宣告无效或对复审委员会的决定（对发明专利）不服向人民法院起诉时，在本合同成立后，由受让方负责答辩，并承担由此发生的请求或诉讼费用。

第六条　过渡期条款

1. 在本合同签字生效后，至专利局登记公告之日，转让方应维持专利的有效性。在这一期间，所要缴纳的年费、续展费（对1992年12月31日前申请的实用新型、外观设计）由转让方支付。

2. 本合同在专利局登记公告后，受让方负责维持专利的有效性，如办理专利的年费、续展费、行政撤销和无效请求的答辩及无效诉讼的应诉等事宜。

（也可以约定，在本合同签字生效后，维持该专利权有效的一切费用由受让方支付。）

3. 在过渡期内，因不可抗力，致使转让方或受让方不能履行合同的，本合同即告解除。

第七条　税费

1. 对转让方和受让方均为中国公民或法人的，本合同所涉及的转让费需缴纳的税费，依中华人民共和国税法，由转让方缴纳税。

2. 对转让方是境外居民或单位的，按中华人民共和国税法及《中华人民共和国外商投资企业和外国企业所得税法》由转让方向中国税务机关纳税。

第八条　违约与索赔

对转让方：

1. 转让方拒不交付合同规定的全部资料、办理专利权转让手续的，受让方有权解除合同，要求转让方返还转让费，并支付违约金__________元。

2. 转让方无正当理由，逾期向受让方交付资料办理专利权转让手续（包括向专利局做著录事项变更），每逾期一周，支付违约金__________元，逾期两个月，受让方有权终止合同，并要求返还转让费。

3. 根据第六条，违约的，转让方应支付违约金__________元。

对受让方：

1. 受让方拒付转让费，转让方有权解除合同并要求返回全部资料，并要求赔偿其损失或支付违约金__________元。

2. 受让方逾期支付转让费，每逾期××（时间）支付违约金__________元，逾期两个月，转让方有权终止合同，并要求支付违约金__________元。

3. 根据第六条，违约的受让方应支付违约金__________元。

第九条　争议的解决办法

1. 双方在履行合同中发生争议的，应按本合同条款，友好协商，自行解决。

2. 双方不能协商解决争议的，提请受让方所在地或合同签约地专利管理机关调处，对调处结果不服的，可向人民法院起诉。

3. 双方发生争议，不能和解的，可向人民法院起诉。

4. 双方发生争议，不能和解的，请求某仲裁委员会仲裁。

（2,3,4 只能选其一）

第十条　其他

（前九条未包括但需要特殊约定的内容，包括出现不可预见的技术问题的约定，出现不可预见的法律问题的约定等。）

第十一条　合同的生效

本合同双方签字后即对双方具有约束力，自专利局对双方所做的《著录事项变更》进行登记并予以公告之日起，合同具有法律效力。

（引自中同律师事务所网站，http://www.zhtlaw.com，略有改动）

# 九　科技协作合同

## 概念

科技协作合同本质上属于技术合同。根据我国技术合同法的规定，技术合同是指法人之间、法人与公民之间、公民之间就技术开发、技术转让、技术咨询和技术服务所订立的确立民事权利义务关系的协议。随着我国技术市场的开放和发展，越来越多的技术成果进入了交换领域，这就促进了科技成果的进一步商品化和社会化，从而推动了我国技术合同（科技协作合同）的广泛应用。

## 格式写法

科技协作合同一般由约首、正文、约尾三部分组成。

1. 约首（也称首部）。约首部分包括合同的标题和当事人名称。标题写明"科技协作合同"即可。双方名称可简称为甲方、乙方或委托方、受托方，如果有保证人（方），也应在合同中写明保证方，以便在叙述合同内容条款时行文方便。在双方当事人名称上方或右上方注明合同编号、签订时间、签订地点。

2. 正文 。正文是科技协作合同的主干和核心部分，一般有引言和主体条款两项内容。

（1）引言。本部分的内容与"借款财产抵押合同"相似，故不赘述。

（2）主体条款。其中包括如下各项内容：

① 协作项目名称及其主要技术、经济要求。技术协作合同应当在合同中写明技术协作名称即项目名称，而且不能仅有名称的描述，必须说明技术协作的技术标准和经济要求。比如，技术要达到的层次和标准，经济方面能够实现的程度等。

② 计划进度。双方应在合同中明确技术协作的日程计划，如何时启动，何时中检，何时完工并进行检查等。

③ 协作方式、报酬。合同应明确双方的协作方式，是包干式还是一方提供资料和数据，对方利用所提供资料进行开发；对所开发的技术成果是委托方独享还是双方共享；双方在技术协作问题上的委托开发费用数额、支付时间和支付方式等。

④ 保证责任。合同应明确双方任何一方提供的技术和资料不得有瑕疵。如有技术瑕疵，应明确此种情况下责任如何分担。如果任何一方提供侵犯他人知识产权的资料或涉嫌抄袭、冒用别人的技术成果均会造成法律责任，这些都应当在合同中明确责任。

如果合同中涉及委托保证方，就应明确在被保证方不提供约定数据资料和经费情况下的保证责任和保证方式；反之，则应规定受托方的技术开发进程、开发结果和技术权利不侵权保证等。

⑤ 评审与监督。技术开发完成后应当进行评审。合同中应明确双方认可的技术评审和监督单位，确保开发的成果符合约定要求。开发完成后，双方还涉及技术保密问题，故必须在本部分明确受托方的保密责任以及委托方的主动泄密责任。

⑥ 违约责任。合同应明确双方违约的责任。违约责任的追究要明确、具体，不能写成“如果违反合同就追究违约责任”等。否则，就等于没有明确约定违约责任。

⑦ 不可抗力条款。合同还应包括不可抗力条款。对于因不可抗力造成的违约或者履约不能，相关责任方不应承担违约责任。

⑧ 解决争议的方法。解决争议的方法是指为处理合同争执、纠纷而采取的方式、程序。双方应在合同中约定选择协商、调解、仲裁或诉讼的方式。

3. 约尾。约尾部分包括合同附则、与开发技术有关的技术资料的详细清单。本部分的内容与“借款财产抵押合同”约尾相似，故不赘述。

## 注意事项

1. 合同中务必清楚说明双方的知识产权权利和义务，比如，双方合作技术的使用范围和使用方法等。

2. 如果合同有附件，附件中应包含与开发技术有关的技术资料的详细清单。

3. 双方务必在合同中写明合作研究成果的收益归属和合作期限等事项。

【例文】

### 科技协作合同

根据《中华人民共和国合同法》，______________厂（委托方）委托______________研究所（受托方），由______________公司做保证人，完成______________科技协作项目。经三方协商一致签订本合同，共同执行。

1. 协作项目名称及其主要内容。

________________________________________

2. 技术经济要求。

(1)技术要求：

①________________________________________

②________________________________________

③________________________________________

(2)经济要求：

①________________________________________

②________________________________________

③______________________________

3. 计划进度。

(1)______________年________月完成______________

(2)______________年________月完成______________

(3)______________年________月全部完全协作项目。

受托方按计划进度须向委托方和保证人报告完成情况。

4. 协作方式。

(1)______________________________

(2)______________________________

5. 经费和物资概算。

(1)经费:______________________________

(2)物资:______________________________

6. 违约责任。委托方在合同生效之日起___天内支付受托方人民币________元,作为委托费。委托方不履行合同时,不得追回该项费用;受托方不履行合同时,应全部退回该项费用。

7. 保证人负责监督合同的执行,并帮助解决委托方和受托方执行合同过程中出现的问题。

8. 受托方完成协作项目后应做出报告,并提交完整的技术资料,经委托方、受托方和保证人三方共同协商确定的专家进行评审,符合合同要求则为完成。

9. 协作项目完成后,委托方付给受托方下列报酬:

(1)______________________________

(2)______________________________

10. 当事人应当对下列技术资料在______________期限内承担保密义务。

11. 争议及解决方法如下:______________。

12. 协作项目完成后的技术成果归________所有。

(注:当事人可以对技术成果的归属做出约定,未做约定的属受托方所有,委托方有免费使用该成果的权利以及在受托方转让时的优先受让权。)

13. 本合同自签订之日起生效。一式三份,委托方、受托方、保证人各执一份。

签订合同各方:

委托方:______________　　受托方:______________

法定代表人或负责人:________　　法定代表人或负责人:________

保证人:______________________

法定代表人或负责人:______________

主要研究人员：______________________

本合同签订于×年×月×日

# 十　图书出版合同

## 概念

出版合同是著作权人与图书出版者就出版图书所订立的一种协议。出版合同可以分为两类：一是约稿合同，即著作权人与出版者约定将来出版作品的合同；二是出版合同，即著作权人向出版者交付作品，出版者向著作权人支付稿酬的协议。

## 格式写法

图书出版合同一般由约首、正文、约尾三部分组成。

1. 约首（也称首部）。约首部分包括合同的标题和当事人名称。标题写明“图书出版合同”即可。双方名称可简称为甲方、乙方或委托方（著作权方）、出版方。重要的合同可以在双方当事人名称上方或右上方注明合同编号、签订时间、签订地点。

2. 正文 。正文是图书出版合同的主干和核心部分，一般有引言和主体条款两项内容。

（1）引言。本部分的内容与“借款财产抵押合同”的引言类似，故不赘述。

（2）主体条款。其中包括如下各项内容：

①双方合意订立出版合同。合同应明确双方合意订立出版合同。

②双方的责任条款。合同中应明确委托方（作者）写作书稿的基本要求，包括内容上和形式上的要求；出版方在一定权限内对书稿修改加工的权力和自行装帧设计出版发行的权利等。

③计划进度与协作方式。合同应明确双方的合作时间：委托方何时交付书稿，出版方接到书稿后何时完成审阅、编辑、排版、校对、封面设计、印刷等，何时正式出版。如果任何一方认为需要修改文稿，则合同中应注明修改时限和任何一方超过时限的责任担负。

④报酬。这里所说的报酬即稿酬，其中包括稿酬的支付标准和方式，支付的时间等。

⑤保证责任。合同必须明确规定委托方的版权责任和内容的合法责任；出版方的装帧设计确保不侵权责任，不利用本书进行任何非合同约定的营利活动。委托方应保证出版方在约定时间内的专有出版权。

⑥违约责任。合同应明确双方违约的责任。违约责任的追究要明确、具体，不能写成“如果违反合同就追究违约责任”等，违约内容表达太空泛、内容不具体，就

等于没有明确约定违约责任。

⑦不可抗力条款。合同还应包括不可抗力条款。对于因不可抗力造成的违约或者履约不能,相关责任方不应承担违约责任。

⑧解决争议的方法。解决争议的方法是指为处理合同争执、纠纷而采取的方式、程序。双方应在合同中约定选择协商、调解、仲裁或诉讼的方式。

3. 约尾。约尾部分包括合同附则、关于书稿资料的详细清单。本部分的内容与“借款财产抵押合同”约尾类似,故不赘述。

## 注意事项

1. 签订出版合同时,出版方要注意审查委托方的书稿有无知识产权瑕疵;委托方应要求出版方不得侵犯自己的知识产权,不得违约出版或者授权他人转卖、转载。

2. 合同中应订明书稿内容的其他法律审查责任,如无反动、淫秽内容等。

## 【例文】

### 图书出版合同

甲方(著作权人):__________

乙方(出版者):__________

作品名称:______________________________

作者署名:______________________________

依照《中华人民共和国著作权法》及其实施条例、《出版管理条例》中的有关规定,甲乙双方就上述作品的出版达成如下协议:

第一条　甲方授予乙方在合同有效期内,在________地区以图书形式出版上述作品________文本的专有使用权。

第二条　甲方保证拥有第一条授予乙方的权利。如因上述权利的行使侵犯他人权益,甲方承担全部责任并赔偿因此给乙方造成的损失,乙方可以终止合同。

第三条　上述作品的内容、篇幅、体例、图表及附录等应符合下列要求:________
______________________________________________________________。

第四条　甲方应于××××年×月×日前将上述作品的誊清稿交付乙方。甲方因故不能按时交稿,应在交稿期限届满××日前通知乙方,双方另行约定交稿日期。甲方到期仍不能交稿,乙方有权终止合同。

第五条　甲方交付的稿件未达到本合同第三条约定的要求,而且甲方拒绝按照合同的约定修改,乙方有权终止合同。

第六条　乙方应于××××年×月×日前出版上述作品。因故不能按时出版，应在出版期限届满××日前通知甲方，双方另行约定出版日期。乙方到期仍不能出版，甲方有权终止合同。乙方除将书稿及时退还甲方外，还应按本合同约定稿酬标准的______%对甲方进行经济补偿。

第七条　在合同有效期内，未经双方同意，任何一方不得将第一条约定的权利许可第三方使用。如有违反，另一方有权要求经济赔偿并终止合同。一方经对方同意许可第三方使用上述权利，应将所得报酬的______%交付对方。

第八条　乙方尊重甲方确定的署名方式。乙方可以在编辑加工过程中更改上述作品的名称，并对作品进行修改、删节，增加标题、图表等，但改动结果应得到甲方认可。

第九条　上述作品的校样由甲方审校。甲方应在××日内审校完毕，签字后退还乙方。甲方未按期审校，乙方可自行审校，并按计划付印。因甲方未按期退还或因修改过多造成版面改动超过______%或未能按期出版，甲方应支付改版费用或承担延期出版的责任。

第十条　乙方向甲方支付报酬的方式和标准：

（一）基本稿酬加印数稿酬：______元/每千字×千字＋印数×基本稿酬___%；或者一次性付酬：______元。

（二）版税：图书定价×___%（版税率）×销售册数（或印数）。

（三）其他方式：（略）

第十一条　上述作品首次出版×年内，乙方可以自行决定重印，重印前应事先通知甲方。如果甲方需要对作品进行修改，应于收到重印通知后××日内答复乙方，否则乙方可按原版重印。

第十二条　乙方重印、再版时，应将印数通知甲方，并在重印、再版后的××日内按本合同的约定向甲方支付报酬。

第十三条　甲方有权核查图书的印数。如果甲方指定第三方进行核查，需要提供书面授权书。如果乙方隐瞒印数和销售册数，除向甲方补齐应付报酬外，还应支付所欠报酬的______%作为赔偿金并承担核查费用。如核查结果与乙方提供的印数相符，核查费用由甲方承担。

第十四条　在合同有效期内，如果图书脱销，甲方有权要求乙方重印、再版。如果甲方收到乙方拒绝重印、再版的书面答复，或乙方收到甲方重印、再版的书面要求后×月内未重印、再版，甲方可以终止合同。

第十五条　上述作品首次出版后×月内，乙方向甲方赠样书____册，并以____折售予甲方图书____册。每次再版后×月内，乙方向甲方赠样书____册。

第十六条　上述作品正式出版后，乙方应于×年内将作品原稿退还甲方。如有遗失，应赔偿甲方______元。甲方若表示不要原稿，则由乙方自行处理。

第十七条　甲方授权乙方许可报社、杂志社刊载上述作品的一部分或全部。乙方应及时将刊载使用作品的情况通知甲方，并将所得报酬的____%交付甲方。

第十八条　双方因合同的解释或履行发生争议，由双方协商解决。如果协商不成，由________________著作权合同仲裁机构仲裁，或向人民法院提起诉讼。

第十九条　合同的变更、续签及其他未尽事宜，由双方另行商定。

第二十条　本合同自签字之日起生效，有效期为×年。

第二十一条　本合同一式两份，双方各执一份。

甲方(签章)：____________　　　　乙方(签章)：____________

联系电话：　　　　　　　　　　联系电话：

通信地址：　　　　　　　　　　通信地址：

×年×月×日

## 十一　房地产开发合同

### 概念

房地产开发合同，是指当事人订立的以提供土地使用权、资金等作为共同出资、共享利润、共担风险合作开发房地产为基本内容的协议。

### 格式写法

房地产开发合同一般由约首、正文、约尾三部分组成。

1. 约首(也称首部)。约首部分包括合同的标题和当事人名称。标题写明“房地产开发合同”。双方名称可简称为甲方、乙方或投资方、施工方，如有保证方也应在约首列明。比较重要的合同还要在双方当事人名称上方或右上方注明合同编号、签订时间、签订地点。

2. 正文。正文是房地产开发合同的主干和核心部分，一般有引言和主体条款两项内容。

(1)引言。本部分的内容与“借款财产抵押合同”相似，故不赘述。

(2)主体条款。合同应明确合同标的及合作项目的具体内容，如房地产开发合同——“春水桃园住宅小区”开发项目。合同还应明确合作项目的具体规模，如“春水桃园住宅小区20万平方米住宅楼”施工建设项目。

① 资金筹措和支付。双方应在合同中明确投资方负责建设资金的筹措和支付，具体费用应包括征地费用、拆迁费用、建设费用和后期装饰安装费用等，还应明确费用的支付时间和支付方式等。

② 工程计划进度与合作方式。合同应明确双方合作时间：总工程用时间，时间始终期；工程分项始终时间：征地时间、拆迁时间、建设时间和安装时间等。还应在本部分明确双方在每一承担部分的始终期及延期责任承担办法，说明双方的合作方式，即双方应分别承担的具体约定任务等，务必交代明确。

③ 财务管理和利润分配。房地产开发耗资巨大，资金使用和管理涉及双方权力与利益。合同应明确所用资金的存放银行、资金的使用划拨方向、资金使用的检查监督、资金管理人员的检查监督、成本核算、工程预算和决算及财产清偿等问题。如果施工方也是本项目的股东，则牵涉工程最终盈利的利润分配问题，因此对利润分配比例和分配方法等也应在合同中明确说明。

④ 双方负责内容和工程监理及验收。其中包括的内容为：工程勘察和图纸承担、工程建材材质的检查检验、工程监理单位的选择和费用承担、工程竣工后的检查验收等。

⑤ 违约责任。违约责任追究方式要明确，如适用违约金并赔偿损失还是解除合同等，不能写成“如果违反合同就追究违约责任”等，因为这样的表达太空泛、内容不具体，一旦发生违约纠纷，双方都可以做有利于自己的解释，纠缠不清，那就等于没有明确约定违约责任。

⑥ 不可抗力条款。对于因不可抗力造成的违约或者履约不能，相关责任方不应承担违约责任。

⑦ 解决争议的方法。解决争议的方法是指为处理合同争执、纠纷而采取的方式、程序。双方应在合同中约定选择协商、调解、仲裁或诉讼的方式。

3. 约尾。约尾部分包括合同附则、工程所涉规划以及图纸等资料的详细清单等。本部分的写法与“借款财产抵押合同”类似，故不赘述。

## 注意事项

1. 合同中务必明确可能发生的工伤事故责任。
2. 合同应对工人的劳动保障义务承担方和具体责任做出明确规定。
3. 为防止拖欠工程款等行为的发生，合同可以规定承建方的工程留置权利。
4. 合同中应明确对承建方的建筑资质要求以及竣工验收的验收单位。

### 【例文】

**房地产开发合同**

甲方：________________________________

地址：________________________________

电话：________________________________

法定代表人:________　　职务:________

乙方:________
地址:________
电话:________
法定代表人:________　　职务:________

根据《中华人民共和国合同法》及其他有关法律、法规之规定,为明确责任,恪守信用,特签订本合同,共同遵守。

第一条　项目内容及规模

总投资及资金筹措:

总投资________万元(其中:征地费________万元,开发费________万元,建筑安装费________万元)。投入资金规模________万元,甲方出资________万元,分________次出资,每次出资________万元,预收款________万元;乙方出资________万元,分________次出资,每次出资________万元。

第二条　合作及经营方式

合作方式:________

各方负责:

甲方:________

A 阶段:________

B 阶段:________

C 阶段:________

乙方:________

A 阶段:________

B 阶段:________

C 阶段:________

经营方式:________

第三条　资金偿还及占用费

资金占用费按月利率________‰计付,并于每季末的前________天内付给出资方。资金的偿还按如下时间及金额执行________。

最后一次还款时,资金占用费随本金一起还清。

第四条　财务管理

1. 成本核算范围:________

2. 决算编制:________

3. 财产清偿：________________________________

4. 利润分配：________________________________

第五条　违约责任

______________________________________________________

第六条　其他

1. 该项目资金在__________行开户管理。

2. __________方经济责任由__________担保。保证方有权检查督促__________方履行合同，保证方同意当__________方不履行合同时，由保证方连带承担经济责任。

3. __________方愿以__________作为抵押品，另附明细清单作为本合同的附件。__________方不履行合同时，__________方对抵押品享有处分权和优先受偿权。

第七条　本合同正本一式______份，甲方执______份，乙方______份。合同副本______份，报送__________等有关单位各存1份。双方代表签字后生效。

本合同附件有____________________与本合同有同等效力。

第八条　本合同的修改、补充须经甲乙双方签订变更合同协议书，并须保证方同意作为合同的补充部分。

甲方：__________________（公章）　　乙方：__________________（公章）

法人代表：______________（签章）　　法人代表：______________（签章）

开户银行及账号：______________　　开户银行及账号：______________

________年________月________日　　________年________月________日

保证方：____________________（公章）

地址：____________________

法人代表：____________________（签章）

开户银行及账号：____________________

________年________月________日

（引自法律快车网，http://www.lawtime.cn/beijing，略有改动）

## 十二　建设工程征用土地合同

### 概念

建设工程征用土地合同是指工程建设单位作为征用土地单位同被征土地单位

签订的确定双方因征用土地所产生的权利、义务关系的合同。依据该合同，被征用土地单位向工程建设单位提供土地的使用权，工程建设单位向其支付补偿费、安置补助费并负责安置剩余劳力。

## 格式写法

建设工程征用土地合同一般由约首、正文、约尾三部分组成。

1. 约首（也称首部）。包括合同的标题和当事人名称。标题写明“建设工程征用土地合同”即可。双方名称可简称为甲方、乙方或征地方、被征地方，以便在叙述合同内容条款时行文方便，如有保证方也应在约首列明。比较重要的合同还要在双方当事人名称上方或右上方注明合同编号、签订时间、签订地点。

2. 正文。正文是建设工程征用土地合同的主干和核心部分，一般有引言和主体条款两项主要内容。

（1）引言。本部分内容与“借款财产抵押合同”引言类似，故不赘述。

（2）主体条款。包括以下各项内容：

① 征用土地的批文、征地数量及方位。征地应依法进行且必须得到县级以上政府及土地和建设管理等部门的批准，故合同必须载明征地批准文告。此外，还应明确征用土地的数量及征用土地的地理位置。

② 征用土地的各类补偿费用和安置补助。双方应明确征用土地的各类补偿费用标准和计算方法，人员安置办法、安置数量和安置标准。补偿费用包括耕地补偿费、青苗费、安置补助费、搬迁费、新菜地建设开发费用（被征地为菜地）和地上附着物补偿费用等。

③ 双方责任担负。合同应明确双方各自承担的责任。例如，明确规定征地方负责被征地方的搬迁和安置，按期支付各类补偿费用等；被征地方按期拆除被征用土地上的建筑物、收割农作物，按期离开被征用的住宅等。征地方的费用支付条款应包括支付时间、方式和批次、转账银行等。

④ 建设工程临时用地条款。如果所征用土地用于建设，则应明确建设工程临时用地条款。临时用地条款应包括土地临时征用用途、用地补偿、用地规模和时间、损坏赔偿、完工后的地上附着物清除和土地恢复责任。对于被征地方，则应在合同中规定容忍和配合义务。

⑤ 减免税赋。由于征地依法应由政府征用后再转让或划拨给使用者，故合同中也常规定除补偿费用、安置人员费用外的其他待遇。如果政府同意赋税减免，则在合同中应明确规定减免内容、减免年份和减免幅度。如果征地发生在农村，则该减免还应包括公粮减免。

⑥ 违约责任。违约责任追究方式要明确、具体，内容太笼统就等于没有明确约定违约责任。

⑦ 不可抗力条款。合同还应包括不可抗力条款。对于因不可抗力造成的违约或者履约不能,相关责任方不应承担违约责任。

⑧ 解决争议的方法。解决争议的方法是指为处理合同争执、纠纷而采取的方式、程序。双方应约定选择协商、调解、仲裁或诉讼的争议解决方式。征地纠纷多用诉讼或调解方式处理,具体选择可由双方合意决定并载于合同之中。

3. 约尾。本部分的内容与"借款财产抵押合同"约尾相似,故不赘述。

## 注意事项

1. 合同中应注明土地征用方和使用方,二者并不相同。

2. 合同中务必说明征用依据和政府发布的征用政令,被征用人的征用补偿费用、费用发放办法,被征用人的安置办法和被征用人的安置责任承担单位等。

3. 合同内容应包含明确的禁止任何一方使用暴力征用或阻拦征用的行为。

【例文】

### 建设工程征用土地合同

征用土地单位(甲方):____________________

地址:____________邮编:____________电话:____________

法定代表人:____________职务:____________

被征土地单位(乙方):____________________

地址:____________邮编:____________电话:____________

法定代表人:____________职务:____________

根据____________(审批权力机关)批准的____________建设项目的计划任务书和工程选点报告等文件,按照《国家建设征用土地条例》规定,经甲方向征地所在地的土地管理机关申请和____________人民政府审查批准,经甲乙双方实地查看、协商一致,特签订本合同,以供双方共同遵守。

第一条 征用土地数量及方位

甲方征用乙方土地共____亩,其中稻田____亩,水塘____亩,菜地____亩,坡地____亩,宅基地____亩,林木____亩,共有树木____株。所征土地东起____,南起____,西起____,北起____。

第二条 征用土地的各类补偿费和安置补助费

1. 根据____省(或自治区、直辖市)政府关于征用土地的补偿规定,各类耕地(包括菜地)按该地年产值的×倍(一般为该耕地年产值的3~6倍)补偿。征用无收益的土地,不予补偿。(征用园地、鱼塘、藕塘、苇塘、宅基地、林地、牧场草原等的补偿标准，按省、自治区、直辖市政府制定的办法执行；征用城市郊区的菜地，还应按当地政府的有关规定，向国家缴纳新菜地开发基金。）

2. 根据____省（或自治区、直辖市）政府的规定，所征土地上的青苗按该地年产值的____%补偿，所征土地上的水井、林木、水塘等附着物按________办法补偿。房屋的补偿办法另订拆迁合同。乙方人员在开始协商征地方案以后抢种的作物、树木和抢建的设施，甲方一律不予补偿。

3. 各类耕地的年产值按耕地被征用前3年的平均年产量和国家规定的价格核定，稻田按平均亩产稻谷____千克计算，每千克计价____元，年产值每亩核定为____元；旱地按平均亩产玉米（或小麦）____千克计算，每千克计价____元，年产值每亩核定为____元；菜地按平均亩产大白菜____千克计算，每千克计价____元，年产值每亩核定为____元。

4. 根据《国家建设征用土地条例》的规定，乙方需要安置的农业人口数，按征地前农业人口和耕地面积的比例及征地的数量计算，共计____人；甲方对乙方农业人口的安置补助费标准，按所征耕地每亩产值的2～3倍计算（年产值按被征用前3年的平均年产量和国家规定的价格计算，但每亩耕地的安置补助费最高不得超过其年产值的10倍）；征用宅基地不付安置补助费（征用园地、鱼塘、藕塘、林地、牧场、草原等土地的安置补助费，按省、市、自治区政府制定的标准计算）。

甲乙双方在本合同上签字，并实地勘验征用地界、树立永久性界桩后____日内，甲方向乙方一次（或商定于某段时期内几次）支付全部各类补偿费、安置补助费共____元（其中，土地补偿费和安置补助费的总和不得超过被征土地年产值的20倍），付款均通过建设银行转账托付。

第三条　减免公、余粮交售任务

甲乙双方按照____人民政府的规定，根据被征土地的亩数，向____人民政府呈递减免公、余粮交售任务的申请报告。实际减免量以____人民政府的批文为准。

第四条　安置办法

乙方因被征用土地造成农业剩余劳力，甲方应与有关单位联系，采取以下第（____）项办法解决：

1. 发展农业生产。甲方协助乙方改良土壤，兴修水利，改善耕作条件；在可能和合理的条件下，经县、市土地管理机关批准，适当开荒，扩大耕种面积；也可由甲方结合工程施工帮助造地，但要从安置补助费中扣除甲方的资助费用。

2. 发展工副业生产。在符合国家有关规定的条件下，甲方帮助乙方因地制宜，兴办对国计民生有利的工副业和服务性事业，但要从安置补助费中扣除甲方的资助费用。

3. 迁组或并组。土地已被征完或基本征完的村民小组，在有条件的地方，可以组织迁组;也可按照自愿互利的原则,与附近村民小组合并。甲方要积极为乙方迁组或并组创造条件。

按照上述途径确实安置不完的剩余劳动力,经____省(或自治区、直辖市)人民政府批准,在劳动计划范围内,符合条件的可以安排到集体所有制单位就业,并将相应的安置补助费转拨给吸收劳动力的单位;甲方如有招工指标,经____省(或自治区、直辖市)人民政府同意,也可以选招其中符合条件的当工人,并相应核减被征地单位的安置补助费。乙方的土地被征完,又不具备迁组、并组条件的,乙方原有的农业户口,经省(或自治区、直辖市)人民政府审查批准,可转为非农业户口或城镇户口,乙方原有集体所有的财产和所得的补偿费、安置补助费,由县、市以上人民政府与有关乡村商定处理,用于组织生产和不能就业人口的生活补助。

乙方用补偿费和安置补助费兴建生产生活设施所需建设物资,乡村能够解决的,由乡村自行解决;乡村不能解决的,由当地政府协助解决;地方无法解决少数统配部管物资,经县(或市)土地管理机关审查核实后,由甲方随同建设项目向国家有关部门申请分配,物资价款由乙方支付。

第五条 甲方的责任

1. 甲方征用土地上有青苗的,在不影响工程正常进行的情况下,应当等待乙方收获,不得铲毁;凡在当地一个耕种收获期内尚不需要使用的土地,甲方应当与乙方签订协议,允许乙方耕种。

2. 甲方已征用2年还未使用的土地(铁路沿线以及因安全防护等特殊需要,符合国家规定的留用土地,不得视为征用未用的土地),除经原批准征地的机关同意延期使用的土地外,当地县(或市)人民政府有权收回处理,甲乙方均不得擅自侵占或处理。

3. 甲方如逾期不向乙方支付征地的各种补偿费和安置补助费,乙方可凭本合同正本申请建设银行从甲方银行账户内拨付,并可请求甲方按银行关于延期付款的规定偿付违约金。

第六条 乙方的责任

1. 自本合同订立之日起,乙方有责任告知所属村民不得在征用土地内种植作物,不得砍伐林木和损坏其他附着物,有违反者,乙方必须赔偿甲方的损失。经甲方同意在征用地上种植作物的,乙方应统一安排,不得逾期。

2. 乙方在本合同订立后需在征用土地上架设电线、兴修沟渠等,应经甲方同意,乙方应在不影响建设工程的前提下动工,否则按侵犯公有财产报请有关机关处理。

第七条 工程临时用地

甲方在工程施工过程中,需要建设材料堆场、运输通路和其他临时设施的,应当尽量在征地范围内安排。确实需要另行增加临时用地的，由甲方向原批准工程项目用地的主管机关提出临时用地数量和期限的申请，经批准后，同乙方签订临时用地协议，并按乙方前3年土地平均年产值逐年给予补偿。甲方在临时用地上不得修建永久性建筑物。甲方使用期满，应当恢复乙方土地的耕种条件，及时归还乙方，或按恢复土地耕种条件的工作量向乙方支付费用。

第八条　其他约定

______________________________________________________________。

本合同自甲乙双方签字之日起生效，合同生效后，甲乙双方均不得擅自修改或解除合同。合同中如有未尽事宜，须经双方共同协商，做出补充规定。补充规定与本合同具有同等效力。

合同执行中如发生纠纷，双方协商不能解决的，可报请建设工程管理部门和____县(或市)政府调解，调解不成的，可报请合同管理机关仲裁，也可提请有管辖权的人民法院裁决。

本合同正本一式两份，甲乙双方各执一份；合同副本一式____份，送____人民政府、计委、建委、建设银行、农委……各留存一份。

征用土地单位(甲方)：________(盖章)　被征土地单位(乙方)：________(盖章)
代表人：__________　代表人：__________
____年____月____日　____年____月____日

(引自下沙网 http://oa.xiashanet.com，略有改动)

## 十三　房地产转让合同

### 概念

房地产转让合同(或称“商品房买卖合同”)是指买卖双方以房屋为交易标的物依法签订的协议书。

### 格式写法

房地产转让合同(商品房买卖合同)一般由约首、正文、约尾三部分组成。

1. 约首(也称首部)。约首部分包括合同的标题和当事人名称。标题写明“房地产转让合同”(或“商品房买卖合同”)即可。双方名称可简称为甲方、乙方或转让方、购买方。

2. 正文。正文是房地产转让(商品房买卖)合同的主干和核心部分，一般有引言和主体条款两项内容。

(1)引言。本部分的内容与“借款财产抵押合同”的引言类似,故不赘述。

(2) 主体条款。包括如下各项:

① 商品房具体情况和购买情况。合同应明确所涉商品房的具体坐落位置和户型结构、建设年份、使用状况、房屋建筑面积、实际使用面积、房屋基础硬件配置(水、暖、电、通信等)、房屋建设批准文号和楼层等。

② 销售标准和房屋价格、税费承担。应在合同中明确所销售房屋为现房或预售房,写明现房的销售批准机构和批准文号,或预售房的销售批准机构和批准文号,并列明房屋价格、计算标准和实际计价以及税费的承担问题等。

③ 各方的责任。合同中应列明:销售方应如约交房、保证房屋符合约定要求、承担房屋产权办理或过户、保证房屋不一房多售等;购买方则应如约验房、收房并缴纳房款;并列明交房时限和付款时限,如有房价优惠条款,也应在本部分列明。

④ 房屋的误差处理和责任担负。应在本部分明确房屋的面积计算标准和短缺增益问题。如房屋实有面积超出约定的计价和处理,房屋面积短缺情况的计价和处理。还应列明房内所涉及的各种基础设备(水、电、暖、通信)等出现问题时的责任担负和处理,以及房屋质量问题的责任担负以及修缮等。同时,还应列明负责勘验、评估的独立第三方和费用承担。

⑤ 特殊变更和物业问题。为防止房屋建设过程中国家法律法规出现修改所带来的建设变更,合同应列明不可抗力所带来的特殊变更,如户型、面积、房顶设计等问题。合同应列明物业管理费用标准和收取办法以及详细的服务项目。

⑥ 违约责任。违约责任追究方式要写得明确、具体,不能太宽泛、太笼统。

⑦ 不可抗力条款。对于因不可抗力造成的违约或者履约不能,相关责任方不应承担违约责任。

⑧ 解决争议的方法。解决争议的方法是指为处理合同争执、纠纷而采取的方式、程序。双方应在合同中约定选择协商、调解、仲裁或诉讼的方式。

3. 约尾。约尾部分包括合同附则、房屋平面图、售房批准文号等资料的详细清单。本部分的写法与“借款财产抵押合同”约尾相似,故不赘述。

## 注意事项

1. 签订商品房买卖合同应特别注意房屋面积的计算办法和双方同意的勘察单位。

2. 合同中应写明与房屋使用必须配套的公用设施的归属、使用和收费办法,物业管理单位的选择权及物业费用等。

3. 合同中应明确双方在订约后的违约责任承担和追究方式。

【例文】

## 商品房买卖合同

本合同双方当事人：

卖方(以下简称甲方)：______________________

注册地址：______________________

营业执照号码：_________邮政编码：_________

法定代表人：_________职务：_________联系电话：_________

委托代理人：_________职务：_________

地址：______________________________________

邮政编码：_________联系电话：___________

委托代理机构：______________________________________

注册地址：______________________________________

营业执照号码：_________邮政编码：_________

法定代表人：_________职务：_________联系电话：_________

买方(以下简称乙方)：____________________________

(本人)(法定代表人)姓名：_________国籍：_________

(身份证)(护照)(营业执照号码)：___________________

地址：______________________________________

邮政编码：_________联系电话：___________

委托代理人：_________国籍：_________电话：_________

地址：_________邮政编码：_________

根据《中华人民共和国合同法》《中华人民共和国城市房地产管理法》及其他有关法律法规的规定，在平等、自愿、协商一致的基础上，就乙方向甲方购买商品房，甲、乙双方达成如下协议：

第一条　甲方用地依据及商品房坐落位置

甲方以_________方式取得位于_________、编号为_________的地块的土地使用权。

(土地使用权出让合同号)(土地使用权划拨批准文件号)为_________。划拨土地使用权转让批准文件号为_____________。土地使用权证号为_________，土地面积为_________。地块规划用途为_________，土地使用权年限自____年____月____日至____年____月____日止。

甲方经批准，在上述地块上建设商品房，(现定名)(暂定名)_________，主体建筑物的性质为__________，属__________结构，建筑层数为______层。工程建设规划许可证号为__________。

第二条　乙方所购商品房的面积

乙方向甲方购买商品房（以下简称该商品房）建筑面积共______平方米（其中实得建筑面积______平方米，公共部位与公用房屋分摊建筑面积______平方米），共______（套）（间）。（该商品房屋平面图见本合同附件一，房屋以附件一中的标示为准）。

该商品房分别为本合同第一条规定的项目中的：

第______（幢）（座）______层______号房；

第______（幢）（座）______层______号房；

第______（幢）（座）______层______号房；

第______（幢）（座）______层______号房。

上述面积为（甲方暂测）（房地产产权登记机关实际测定）面积。如暂测面积与房地产产权登记机关实际测定的面积有差异的，以房地产产权登记机关实际测定面积（以下简称实际面积）为准。

根据法律规定的房屋所有权与该房屋占用土地范围内的土地使用权一致的原则，该商品房相应占有的土地使用权，在办理土地使用权登记时由政府主管部门核定。

第三条　该商品房销售特征

该商品房为（现房）（预售商品房）。

预售商品房批准机关为__________，商品房预售许可证号为__________。

该商品房为（内销）（外销）商品房。

外销商品房批准机关为__________，外销商品房许可证号为__________。

第四条　价格与费用

该商品房（属于）（不属于）政府定价的商品房。按实得建筑面积计算，该商品房单位（售价）（暂定价）为每平方米______元，总金额为____亿____千____百____拾____万____千____百____拾____元整。除上述房价款，甲方依据有关规定代政府收取下列税费：

1. 代收______，计____亿____千____百____拾____万____千____百____拾____元整。

2～5（略）。

6. 代收______，计____亿____千____百____拾____万____千____百____拾____元整。

第五条　该商品房实际面积与暂测面积差别的处理

该商品房交付时，房屋实际面积与暂测面积的差别不超过暂测面积的±____%（不包括±____%）时，上述房价款保持不变。

实际面积与暂测面积差别超过暂测面积的±____%（包括±____%）时，甲乙双方同意按下述第____种方式处理：

1. 乙方有权提出退房，甲方须在乙方提出退房要求之日起____天内将乙方已付款退还给乙方，并按____利率付给利息。

2. 每平方米价格保持不变，房价款总金额按实际面积调整。

3. ________________________________________。

第六条　价格与费用调整的特殊约定

该商品房出现下列情况之一时，房价款和代政府收取的税费可做相应调整：

1. 由于该商品房属于政府定价的预售商品房，有权批准单位最后核定的价格与本合同第四条规定的价格不一致，按政府有关部门最后核定的每平方米价格调整。

2. 预售商品房在开发建设过程中，甲方代政府收取的税费标准调整时，按实际发生额调整。

3. ______________________________________________________。

第七条　付款优惠

乙方在____年____月____日前付清全部房价款____%的，甲方给予乙方占付款金额____%的优惠，即实际付款额为（____币）____亿____千____百____拾____万____千____百____拾____元整。

第八条　付款时间约定。

乙方应当按以下时间如期将房价款当面交付甲方或汇入甲方指定的____银行（账户名称：____，账号：____）：

1. ____年____月____日前支付全部房价款的____%，计____亿____千____百____拾____万____千____百____拾____元。

2～4（略）。

5. ____年____月____日前支付全部房价款的____%，计____亿____千____百____拾____万____千____百____拾____元。

第九条　交接商品房时的付款额约定

在双方交接该商品房时，乙方累计支付的款额应当占全部房价款的____%，计____亿____千____百____拾____万____千____百____拾____元。其余房价款在房地产产权登记机关办完权属登记手续之日起____天内付清。

第十条　乙方逾期付款的违约责任

乙方如未按本合同第八条规定的时间付款，甲方对乙方的逾期应付款有权追究违约利息。自本合同规定的应付款限期的第二天起至实际付款之日止，月利息按____利率计算。逾期超过____天后，即视为乙方不履行本合同。届时，甲方有权按下述第____种约定，追究乙方的违约责任：

1. 终止合同，乙方按累计应付款的____%向甲方支付违约金。甲方实际经济损失超过乙方支付的违约金时，实际经济损失与违约金的差额部分由乙方据实赔偿。

2. 乙方按累计应付款的____%向甲方支付违约金，合同继续履行。

3. ________________________________________________。

第十一条　交付期限

甲方须于____年____月____日前，将经竣工验收（包括建筑工程质量验收和按规定必需的综合验收）合格，并符合本合同附件二所规定的装饰和设备标准的该商品房交付乙方使用。但如遇下列特殊原因，除甲、乙双方协商同意解除合同或变更合同外，甲方可据实予以延期：

1. 人力不可抗拒的火灾、水灾、地震等自然灾害。

2. ________________________________________________。

3. ________________________________________________。

第十二条　甲方逾期交付的违约责任

除本合同第十一条规定的特殊情况外，甲方如未按本合同规定的期限将该商品房交付乙方使用，乙方有权按已交付的房价款向甲方追究违约利息。按本合同第十一条规定的最后交付期限的第二天起至实际交付之日止，月利息在____个月内按____利率计算；自第____个月起，月利息则按____利率计算。逾期超过____个月，则视为甲方不履行本合同，乙方有权按下列第____种约定，追究甲方的违约责任：

1. 终止合同，甲方按乙方累计已付款的____%向乙方支付违约金。乙方实际经济损失超过甲方支付的违约金时，实际经济损失与违约金的差额部分由甲方据实赔偿。

2. 甲方按乙方累计已付款的____%向乙方支付违约金，合同继续履行。

3. ________________________________________________。

第十三条　设计变更的约定

预售商品房在开发建设过程中，甲方对原设计方案做重大调整时，必须在设计方案批准后____日内书面通知乙方。乙方应当在收到该通知之日起____天内提出退房要求或与甲方协商一致签订补充协议。乙方要求退房的，甲方须在乙方提出退房要求之日起____天内将乙方已付款退还给乙方，并按____利率付给利息。

第十四条　交接通知与乙方责任

预售商品房竣工验收合格后，甲方应书面通知乙方办理交付该商品房手续。

乙方应在收到该通知之日起____天内，到甲方指定地点付清本合同第九条规定的应付款项。若在规定期限内，乙方仍未付清全部应付款项，甲方有权按本合同第十条规定向乙方追究违约责任。

第十五条　交接与甲方责任

在乙方付清本合同第九条规定的应付款之日起____天内，双方对该商品房进行验收交接、交接钥匙、签署房屋交接单。若因甲方责任在乙方付清全部应付款之日起____天后仍未进行验收交接，乙方有权按本合同第十二条的约定追究甲方的违约责任。

第十六条　甲方关于装饰、设备标准承诺的违约责任

甲方交付使用的商品房的装饰、设备标准达不到本合同附件二规定的标准的，乙方有权要求甲方补偿双倍的装饰、设备差价。

第十七条　质量争议的处理

乙方对该商品房提出有重大质量问题，甲、乙双方产生争议时，以____出具的书面工程质量评定意见作为处理争议的依据。

第十八条　甲方关于基础设施、公共配套建筑正常运行的承诺

甲方承诺与该商品房正常使用直接关联的下列基础设施、公用配套建筑按以下日期投入正常运行：(略)

第十九条　关于产权登记的约定

在乙方实际接收该商品房之日起，甲方协助乙方在房地产产权登记机关规定的期限内向房地产产权登记机关办理权属登记手续。如因甲方的过失造成乙方不能在双方实际交接之日起____天内取得房地产权属证书，乙方有权提出退房，甲方须在乙方提出退房要求之日起____天内将乙方已付款退还给乙方，并按已付款的____%赔偿乙方损失。

第二十条　关于物业管理的约定

该商品房移交后，乙方承诺遵守小区(楼宇)管理委员会选聘的物业管理公司制定的物业管理规定；在小区(楼宇)管理委员会未选定物业管理机构之前，甲方指定____公司负责物业管理，乙方遵守负责物业管理的公司制定的物业管理规定。

第二十一条　保修责任

自乙方实际接收该商品房之日起，甲方对该商品房的下列部位和设施承担建筑施工质量保修责任，保修期内的保修费用由甲方承担：

1. 墙面：保修______月。

2. 地面：保修______月。

3. 顶棚：保修______月。

4. 门窗：保修______月。

5. 上水:保修______月。
6. 下水:保修______月。
7. 暖气:保修______月。
8. 煤气:保修______月。
9. 电路:保修______月。
(略)

保修期内,因不可抗力的因素或其他非甲方原因造成的损坏,甲方无须承担责任,但可协助维修,维修费用由乙方承担。

第二十二条　乙方购买的房屋仅作______使用,乙方使用期间不得擅自改变该商品房的房屋结构和用途。除本合同及其附件另有规定者外,乙方在使用期间有权与其他权利人共同享用与该商品房有关联的公共部位和设施,并按占地和公共部位与公用房屋分摊面积承担义务。

甲方不得擅自改变与该商品房有关联的公共设施、公共用地的使用性质。

第二十三条　甲方保证在交接时该商品房没有产权纠纷和财务纠纷,保证在交接时已消除该商品房原由甲方设定的抵押权。如交接后发生该商品房交接前即存在财务纠纷,由甲方承担全部责任。

第二十四条　自该商品房交付之日起,______号划拨土地使用权批准文件、甲方与______签订的______号土地使用权出让合同中规定的甲方权利、义务和责任依法随之转移给乙方。

第二十五条　本合同未尽事项,由甲乙双方另行议定,并签订补充协议。

第二十六条　本合同之附件均为本合同不可分割的部分。本合同及其附件内,空格部分填写的文字与印刷文字具有同等效力。

本合同及其附件和补充协议中未规定的事项,均遵照中华人民共和国有关法律、法规和政策执行。

第二十七条　甲乙一方或双方为境外组织或个人的,本合同应经该商品房所在地公证机关公证。

第二十八条　本合同在履行中发生争议,由甲乙双方协商解决。协商不成的,甲乙双方同意由______仲裁委员会仲裁(甲乙双方不在本合同中约定仲裁机构,事后又没有达成书面仲裁协议的,可向人民法院起诉)。

第二十九条　本合同经甲乙双方签字、经______公证(指外销商品房)之日起生效。

第三十条　本合同生效后,甲乙双方任何一方无正当理由要求终止合同的,除双方签订补充协议外,责任方须按本合同及其补充协议的有关条款的规定承担违约责任,并按实际已付款(已收款)的____%赔偿对方损失。

第三十一条　本合同自生效之日起____天，由甲方向____申请登记备案。

第三十二条　本合同连同附表共____页，一式____份，甲乙双方各执一份，均具有同等效力。

甲方（签章）：
代表人/代理人：
（签章）
____年____月____日
签于____________

乙方（签章）：
代表人/代理人：
（签章）
____年____月____日
签于____________

附件一：房屋平面图（略）
附件二：装饰、设备标准（略）

（引自法律图书馆网 ttp://www.law－lib.com，略有改动）

# 十四　房屋拆迁合同

## 概念

房屋拆迁合同是拆迁人与被拆迁人依照房屋拆迁安置补偿的相关法律、法规的有关规定，就房屋拆迁安置补偿达成的协议。

## 格式写法

房屋拆迁合同一般由约首、正文、约尾三部分组成。

1. 约首（也称首部）。约首部分包括合同的标题和当事人名称。标题写明“房屋拆迁合同（协议）”即可。双方当事人名称可简称为甲方、乙方或拆迁方、被拆迁方。

2. 正文。正文是房屋拆迁合同的主干和核心部分，一般有引言和主体条款两项内容。

（1）引言。本部分的内容与“借款财产抵押合同”引言类似，故不赘述。

（2）主体条款。包括如下各项：

① 拆迁依据。合同应写明拆迁依据，列明拆迁批文。这是从文字合同上保证依法拆迁、拒绝非法拆迁的基本要求。

② 拆迁房屋的情况。合同中应明确所涉被拆迁房屋的具体坐落位置和户型结构，该房屋的建设年份、使用状况、房屋建筑面积、实际使用面积、房屋基础硬件配置（水、暖、电、通信等）和楼层、市场价格和居住人口。如果有非居住建筑，也应一并在本部分列明。

③ 补偿办法和补偿费用。应在本部分明确对于被拆迁户的补偿办法、补偿标准

和补偿费用。如果补偿包括人员工作安置、社会保障解决或者户口调整以及临时住房安置，则应当在合同中列明解决人口、解决标准和落户接受情况及临时住房面积、位置和维护费用等。如果仅仅给予货币补偿，则应当列明补偿标准、补偿数额、支付方式和支付期限。涉及货币补偿的，则应当列明独立第三方评估机构及费用承担。

④ 搬迁条款。应在本部分明确被拆迁户的搬迁时限和搬迁工具、搬迁费用承担。如有特殊搬迁补助应一并列明。

⑤ 注销登记。合同中应列明房屋注销登记条款，注明拆迁完成后谁负责房屋注销、注销时限和具体注销内容。

⑥ 违约责任。拆迁方拒绝支付货币补偿或支付短缺，提前拆迁、强行拆迁、暴力拆迁和过度拆迁均构成违约，合同应予列明。如果被拆迁方在签约后拒绝按期搬迁也构成违约。违约责任追究方式要明确，即是以违约金并赔偿损失还是解除合同等，不能写成“如果违反合同就追究违约责任”等，因为这样的表达太空泛、内容不具体，一旦发生违约纠纷很难分清责任。为防止暴力拆迁，应在本部分列明一旦发生暴力拆迁则合同作废，所有损失均由拆迁方负责赔偿并承担一切责任。

⑦ 不可抗力条款。对于因不可抗力造成的违约或者履约不能，相关责任方不应承担违约责任。

⑧ 解决争议的方法。解决争议的方法是指为处理合同争执、纠纷而采取的方式、程序。双方应在合同中约定选择协商、调解、仲裁或诉讼的方式。

3. 约尾。约尾部分包括合同附则、房屋平面图、拆迁批准文号等资料的详细清单。本部分的写法与“借款财产抵押合同”约尾相似，故不赘述。

## 注意事项

1. 合同中务必说明拆迁依据和政府发布的拆迁政令，被拆迁人的拆迁面积、补偿标准和给付期限，被拆迁人的拆迁补偿费用总额和费用发放办法，被拆迁人的其他安置办法和被拆迁人的安置责任承担单位等。

2. 合同内容应包含明确的禁止任何一方使用暴力拆迁或阻拦拆迁的行为。

3. 合同内容应详细说明拆迁争议的解决办法，无论是采取诉讼、仲裁还是调解方式，都应当考虑到该办法的可操作性和可信任度。

【例文】

### 房屋拆迁补偿安置合同

拆迁人（以下简称甲方）：____________________

被拆迁人（以下简称乙方）：____________________

拆迁人经__________批准，在__________市__________地区进行项目建设，修建__________。拆迁人遵照国务院《城市房屋拆迁管理条例》和其他法律法规的规定，于______年______月______日取得______字______号《拆迁许可证》。双方按照批准的拆迁安置方案规定，协商订立以下协议共同遵守：

第一条　房屋拆迁依据

建设项目名称__________，建设地点__________，建设单位__________，《拆迁许可证》文号__________。

第二条　被拆除房屋现状

(一)乙方在拆迁范围内有房屋__________间，建筑面积__________平方米，使用面积__________平方米，居住面积__________平方米。

(二)乙方有正式户口__________人，常住人口__________人，应安置人口__________人，分别是(姓名、性别、年龄、关系等)__________。

(三)被拆迁房屋的产权属于__________。

第三条　拆迁安置

(一)乙方安置到__________，房屋__________间，建筑面积__________平方米，使用面积__________平方米，居住面积__________平方米。甲方负责为乙方办理住房进住手续。

(二)乙方临时过渡到__________，房屋__________间。

(三)乙方临时过渡期限自______年____月____日至______年____月____日。

甲方保证乙方在过渡期限内回迁，乙方在收到正式安置通知______日内，应迁入安置用房。

第四条　安置房屋的标准

1. 甲方提供给乙方的安置房屋，其建造标准应当符合__________颁发的__________标准；

2. 建造质量应当符合____________________；

3. 房屋内应当有以下设施：

(1)________________________________________________________________

(2)________________________________________________________________

(3)________________________________________________________________

(4)________________________________________________________________

(5)________________________________________________________________

第五条　拆迁安置房屋产权

(一)乙方被安置房屋的产权属于____________________

乙方应与__________签订房屋租赁合同并交纳房租及其他费用。

（二）乙方被安置房屋的产权属于____________________。

甲、乙双方应另行签订__________买卖合同，持该合同办理房屋产权签订手续，该合同作为本合同附件与本合同具有同等法律约束力。

第六条　房屋拆迁补助

甲方支付乙方搬家补助费__________元；，临时过渡费（含交通补助、供暖补助等）__________元；转学补助费__________元；提前搬家奖励费__________元；其他补助费__________元，共计人民币__________元。

第七条　被拆迁房屋补偿

甲方对被拆除房屋的产权人按以下方式进行补偿：

1. 作价补偿。

被拆迁房屋__________间，建筑面积__________平方米，按每平方米__________元作价补偿，甲方支付乙方拆迁补偿费__________元。本合同签订后，由乙方负责办理被拆除房屋产权注销手续。

2. 产权调换。

甲方以__________地点，__________房屋，__________间，__________平方米，补偿乙方；

乙方需支付：__________

（1）结构差价__________元；

（2）面积差价__________元；

（3）房屋成新差价__________元。

3. __________

第八条　乙方在______年______月______日前应将原住房腾空，并交甲方拆除。

第九条　乙方私自搭建的违章建筑或附属设施应在______年______月______日前自行拆除，逾期不拆除的，甲方有权拆除。

第十条　乙方安置属于临时过渡的，应在收到甲方正式安置通知______日内迁入安置住房内。逾期不搬迁的，不再享受各种补助费，并每逾期一天罚款______元。

第十一条　乙方安置属于临时过渡的，在临时过渡期内，甲方按每月__________元支付乙方临时过渡费。

第十二条　甲方应在本合同第三条第三项约定的临时过渡期期满前保证乙方按期回迁，逾期不能回迁的，甲方应在临时过渡期满__________天前通知乙方，并按以下方法之一处理：

1. 甲方提供同面积、同质量的安置房屋。

2. 逾期______个月内，甲方按本合同第十一条约定的临时过渡费的______%向乙方加付临时过渡费，逾期超过______个月，甲方按本合同第十一条约定的临时过渡费的______%向乙方加付临时过渡费。

3. ______________________________________________

第十三条　特殊情况下安置逾期的处理

如果出现下列情况，乙方同意甲方逾期提供安置房屋：

1. 不可抗力造成安置房屋建设延期；

2. 因拆迁户搬迁迟延造成安置房屋建设延期；

3. ______________________________________________

出现上述情况，甲方应当在情况发生的________天内通知乙方。

因以上情况造成安置延期时，逾期安置时期的临时过渡费按以下方法处理：

第十四条　本合同自双方签字盖章之日起生效。

第十五条　本合同一式三份，甲、乙双方各持一份，另一份报房屋拆迁主管部门备案。

拆迁人(盖章)：______________　　被拆迁人(盖章)：______________

法定代表人(签字)：__________　　法定代表人(签字)：__________

委托代理人(签字)：__________　　委托代理人(签字)：__________

签订地点：__________________　　签订地点：__________________

______年______月______日　　______年______月______日

(引自110合同范本，http://hetong.110.com/，略有改动)

## 十五　房屋租赁合同

### 概念

房屋租赁合同是房屋所有人与租住房屋人就房屋租赁签订的合同。

### 格式写法

房屋租赁合同一般由约首、正文、约尾三部分组成。

1. 约首(也称首部)。约首部分包括合同的标题和当事人名称。标题写明“房屋租赁合同”即可。双方名称可简称为甲方、乙方，或者称为出租方、租赁方。

2. 正文。正文是房屋租赁合同的主干和核心部分，一般有引言和主体条款两项内容。

(1) 引言。本部分的写法与“借款财产抵押合同”引言类似，故不赘述。

（2）主体条款。包括如下各项：

①房屋情况。合同应明确房屋的具体位置、产权号码、房号、楼层、具体面积和户型结构。房屋租赁合同具有这些条款是确定双方诚信交易的基础，也是据以定价的基础。如果日后发生纠纷，可据此由法院判定合理的房租价。列明产权号码是防止有人虚假出租，冒名出租。

②租金和租期。双方应在合同中明确房屋的租赁始终时限，房屋的租金价格和具体支付办法及支付时间。

③使用办法。合同中应明确对于所涉房屋的使用办法和使用用途，使用办法包括能否装修、能否转租、能否出借以及不得从事非法活动等；使用用途包括属于居住或商用等。

④管理和修缮。合同中应明确房屋在租赁期间的管理责任归属，包括房屋在出租期间的房屋组成部分或屋内设施和家具损坏的修缮责任和费用负担。

⑤税费承担。合同中应列明房屋租赁期间物业费用的担负责任和其他相关税赋的承担责任。当然，像水电费之类的费用照惯例是由承租人承担的。

⑥违约责任。违约责任的追究方式要明确、具体，不可笼统宽泛。

⑦不可抗力条款。合同还应包括不可抗力条款。对于因不可抗力造成的违约或者履约不能，相关责任方不应承担违约责任。

⑧解决争议的方法。解决争议的方法是指为处理合同争执、纠纷而采取的方式、程序。双方应在合同中约定选择协商、调解、仲裁或诉讼的方式。

3. 约尾。约尾部分包括合同附则、房产证和设备登记表等详细清单。本部分的写法与“借款财产抵押合同”相似，故不赘述。

## 注意事项

1. 签订房屋租赁合同时，应明确禁止在出租房内从事非法活动。

2. 承租人务必查验对方的房产证明；出租人则应查验对方的身份证明，并提供详细的家具、设施清单及出租前的状况。

3. 如果所订租金缴纳时限为季度缴纳或年份缴纳，则承租人可以考虑订立中立第三人代管租金，如银行等单位。

4. 合同中也应明确电话使用等无形消费的使用责任和费用缴纳办法。

### 【例文】

**房屋租赁合同**

出租方（以下简称甲方）：

承租方（以下简称乙方）：

甲、乙双方在平等、自愿的基础上，就甲方将房屋出租给乙方使用事宜，经协商一致，订立本合同。

一、乙方承租甲方自有住房一套。

二、房屋的坐落、面积和设施情况如下：

1. 房屋位于××市××区××街×号楼×××号。房型：×室×厅。建筑面积____平方米。

2. 该房屋现有设施、设备情况详见合同附件。该附件作为甲方按照本合同约定交付乙方使用和乙方在本合同租赁期满时交还该房屋的验收明细单。

三、租赁期限、用途

1. 该房屋租赁期限为____月。自____年____月____日起，至____年____月____日止。

2. 乙方承诺，租赁该房屋仅作为居住使用。

3. 租赁期满，甲方有权收回出租房屋，乙方应如期归还。

4. 乙方如要求续租，应在租赁期满前__个月通知甲方。双方协商一致后，可重新签订租赁合同。

四、租金及支付方式

1. 该房屋每月租金为______元人民币，年度租金共计______元人民币。

2. 租金支付方式及时间：

租金以现金分_______支付。具体支付时间为_______、_______、_______、______。

五、租赁期间相关费用

1. 乙方应按时缴纳在合同有效期间自行负担的费用，包括水费、电费、燃气费、有线电视收视费、卫生费、电话费和上网费。若迟付，滞纳金由乙方负担。

2. 本合同未列明的费用由甲方承担。

六、房屋修缮及使用

1. 该房屋及所属设施的维修由甲方负责。乙方提出维修申请后，甲方应及时维修，保证乙方的正常使用及安全。

2. 乙方应合理使用并爱护该房屋及附属设施。因不当使用造成房屋及附属设施损坏的，乙方应立即修复或赔偿。

3. 乙方保证安全使用燃器、电器等，若因不当使用造成事故，后果自负。

4. 甲方在通知乙方后，可随时检查房屋使用情况。

5. 乙方不得改变房屋的内部结构或进行对房屋结构有影响的装修或添置。否则，甲方有权要求乙方恢复原状或要求对添置于房屋的装修归甲方所有。家具位置的变换除外。

七、合同的变更、解除、终止及责任

1. 双方协商一致可变更或终止合同。

2. 未经甲方同意,乙方有下列行为之一,甲方可解除本合同,并由乙方承担违约金______元人民币。

(1)将房屋转租给他人使用的。

(2)变动或损坏房屋结构的。

(3)改变房屋约定用途,或利用该房屋进行违法活动的。

(4)租赁期间擅自解除、中止本合同的。

3. 未经乙方同意,甲方有下列行为之一的,乙方有权要求甲方退还已交付的未履行合同部分的租金,并由甲方承担违约金______元人民币。

(1)租赁期间擅自解除、中止本合同的。

(2)未按约定退还保证金的。

八、免责条款

1. 因不可抗力致使本合同不能履行或造成双方损失的,甲、乙双方互不承担责任。不可抗力是指不能预见、不能克服并不能避免的客观情况,如地震、水灾等。

2. 因政府有关政策拆除或改造该租赁房屋,致使双方造成损失的,互不承担责任。

3. 因上述两条原因中止本合同的,租金按照实际使用天数计算。

九、保证金

乙方应向甲方交付______元人民币,作为合同有效期内应由乙方负担但乙方未支付的实际发生的各项费用(见第五条第1款)的保证金。未有担保事项发生或担保后的剩余部分,在合同解除或终止时,由甲方归还乙方。

十、合同的成立和生效

本合同自双方签字之日起成立,并于______年___月___日生效。

本合同一式两份,甲乙双方各执一份。

| | |
|---|---|
| 甲方: | 乙方: |
| 身份证号: | 身份证号: |
| 工作地址: | 工作地址: |
| 联系电话: | 联系电话: |

____年____月____日

附件:设备清单(略)

# 十六 补偿贸易合同

## 概念

补偿贸易合同是指中国的经济实体与外国的经济实体之间就补偿贸易关系而签订的书面协议。

## 格式写法

补偿贸易合同一般由约首、正文、约尾三部分组成。

1. 约首(也称首部)。约首部分包括合同的标题和当事人名称。标题写明“补偿贸易合同”即可。双方名称可简称为甲方、乙方或买方、卖方,以便在叙述合同内容条款时行文方便,如有保证方也应在约首列明。比较重要的合同还要在双方当事人名称上方或右上方注明合同编号、签订时间、签订地点。

2. 正文。正文是补偿贸易合同的主干和核心部分,一般有引言和主体条款两项内容。

(1)引言。引言部分写法与“借款财产抵押合同”引言类似,故不赘述。

(2)主体条款。包括如下各项:

① 贸易内容。合同应明确贸易的具体内容,列明买卖商品或服务的名称和数量,交易的全部价款和交易时限(从××××年×月×日至××××年×月×日)。

② 价款和时限。合同中应明确具体交易商品或服务的单价及结算方式和结算时限。价格和运输方式的确定有 FOB\FCA\FAS\DDU\DDP 等数十种交易方式可选择,合同应列明具体结算种类,并明确结算方式,是信用证(可撤销、不可撤销等,即期、远期或担保信用证等)还是托收或其他方式。此外,还应列明交易渠道,是电子汇兑还是传统货款交割。同时,应列明付款时限和付款批次、交货时限和交货批次。

③ 品质与包装。合同应明确商品或服务的技术要求、规格和质量等级(大路货、上等货等),符合交易惯例的包装类型、包装材料和包装等次等。

④ 装运、检验和通知。合同应明确商品的检验机构和检验标准,检验时间和检验地点;货物的装运地点和运输方式,是否转运、联运等,并应列明双方间的通知方式,是电话、传真、电子邮件还是其他方式等,以便对方接收信息。

⑤ 保险、保证和单证。合同中应列明保险责任和费用担负,交易保证方和保证方式,交易单证的交付时间和交付条件等。

⑥ 违约责任和索赔。合同应明确双方违约的责任。买方开列虚假信用证、付款不及时或拒绝付款或拒绝接货、验收等都构成违约;卖方不按期如约发货、货品或服务质量不合格、单证不完整、不清洁等也构成违约。索赔条款应明确索赔标准

和索赔率，赔偿支付和拒绝赔偿下的自救等问题。此外，违约责任追究方式要明确，即是以违约金并赔偿损失还是罚金抑或解除合同等，不能写成"如果违反合同就追究违约责任"等，因为这样的表达太空泛、内容不具体，一旦发生违约纠纷难以追究责任。国际贸易合同务必字斟句酌，交代清楚，责任明确，周到细致。否则，一旦发生意外，则可能损失巨大且无法挽回。

⑦ 不可抗力条款。合同应列明不可抗力条款，以解决在发生天灾、罢工、政变或战争、法律变更等人力不可抗拒的事件发生时的责任免除，以及合同是否推迟履行或解除履行等问题。

⑧ 解决争议的方法。解决争议的方法是指为处理合同争执、纠纷而采取的方式、程序。双方应在合同中约定选择协商、调解、仲裁或诉讼的方式。国际贸易纠纷一般采用仲裁方式。地处北京的中国国际经济贸易仲裁委员会/中国国际商会仲裁院是在世界上享有较高声誉的国际仲裁机构，可供仲裁双方选择。当然，巴黎仲裁院等国外仲裁机构也可选择。

3. 约尾。约尾部分包括合同附则、保证函、双方资信证明等资料的详细清单。本部分的写法与"借款财产抵押合同"约尾相似，故不赘述。

## 注意事项

1. 补偿贸易合同中应写明供料方（买方）的样品要求和知识产权、卫生等法律责任。

2. 卖方应明确己方的质量和包装责任，以及双方间的验货标准、时间和方法，并设立专门条款明确对方所提供样品的保管责任和方法。

3. 为防止货款意外，卖方应接受即期不可撤销信用证，并要求对方提供付款保证人。

4. 双方都应考虑己方和对方国家的法令要求，以免违法导致贸易合同无效。

【例文】

### ××补偿贸易返销合同

合同号：______

本合同是在______号补偿贸易协议基础上签订，由___国______公司（以下简称买方）向中国______公司（以下简称卖方）购进返销产品______，其交易条件如下：

一、金额：买方购买金额与买方在__________合同项下售给卖方设备金额的相等的返销产品，计__________元。

二、期限：买方的购买必须在______年___月___日以前完成。每年返销金额

__________元，占整个返销额的1/5，每年的___月至___月交货。

三、商品名称：__________________。

四、数量：__________，具体内容详见合同附件1。

五、品质规格：卖方提供返销产品的品质、规格详见合同附件2。

六、价格：______（贸易术语，类似FOB、C2F）______（港口），______元，（买方对返销货物支付的价格以世界市场价值为基础，结合考虑该货物的其他成交条件）。

七、包装：根据商品的特点及运输方式，由卖方确定适当的包装，唛头也由卖方自行设计，发货以后即另以函电通知买方。凡由于卖方对货物包装不妥，货物在装运前保管不良，致使货物遭到损坏时，卖方均应负责更换或赔偿。

八、保险：买方负责。

九、装运日期：______年___月至___年___月。

十、装运港：__________。

十一、目的港：__________。

十二、支付条件：本合同项下的支付，在每一次的返销商品装运前15天，买方通过______国__________银行开立以中国__________公司为受益人的不可撤销的__________元即期信用证。

十三、单据：货物装船离岸后，卖方应向议付银行提供下列议付单据：

1. 发货票5份。

2. 品质、产地证明书两份。

3. ……

装运船只离港后5天内卖方应航寄买方及卸货港__________公司以上各项单据副本一份。卖方还应随船带交买方在目的地的指定收货人以上各项单据副本两份。

十四、装运：

1. 在开始装运月份前20天，买方应以电报通知卖方当月装运数量和装货船名，卖方应在接到买方上项电报通知5天内电复买方。

2. 装货船到达装运港5天前，买方应将装货船名与国籍，预计到达装港日期、装运数量以电报通知卖方。装货船到达装货港48小时前，对方应对上述内容发出上述通知。

3. 装船结束后24小时内，卖方应以电报将合同号、商品名称、装货船名、收货人、装货数量、目的港、发票金额和装货船只离港日期通知买方。

十五、检验：

1. 品质、数量按照装运港中国商品检验局签发的证明书。提单上的数量应作为买卖双方交货数量的根据。

2. 买方在装货船到达目的港后，有权对货物的数量和品质进行复检，由买方委托的__________机构负责复检。复检费由买方负责。如果发现品质和/或数量与合同不符，买方有权向卖方索赔，索赔证书由买方委托的检验机构出具，但对运输途中品质与数量的自然损失或变化不得提出索赔。索赔期限为货物到达目的港____天。

十六、不可抗力：由于不可抗力原因或其他任何超出买方控制能力范围的原因而造成买方不能接货或不能付款，买方不予负责；卖方由于不可抗力原因或其他任何超出卖方所能控制的范围的原因而造成的卖方不能按时交货，卖方不予负责。

十七、保证、赔偿与处罚：

1. 如果发现货物有缺陷，买方应在到货后半年内书面通知卖方，并有权依照本合同第十八条取消合同。

2. 卖方保证货物品质、规格符合卖方的规格说明。

3. 如果买方不能按合同规定的日期购买本合同规定的货物，致使本合同部分或整批不能按时执行，对卖方造成了损失，买方应按本合同总值的___%向卖方交付罚金。如果卖方不能按本合同规定部分或整批交货对买方造成了损失，则卖方应按本合同总值的___%交付罚金。

______号协议赔偿与处罚规定也适用于本合同。

十八、解除合同：如果卖方没有按时、按议定的品质条件交货，或在卖方不能履约时，买方有下述权利：

1. 有关货物已运抵买方，不论财产权是否转移，买方的货物均可退回卖方，费用由卖方负担；买方可撤销全部或部分订单，不论撤销时货物是否运出或财产权是否转移。在上述情况下，卖方应立即退还已付款项，买方对此概不负责。

2. 买方将取消回头产品的购买义务，不再购买尚未购买的回头货物。

十九、银行担保：本合同自生效之日起______个月，至迟不超过卖方与买方所签订第_____号合同付款前，买方应向卖方提供银行保函，一旦买方不能购买或不能付款时，由银行负责支付货款或支付罚款。银行保函见合同附件3。

二十、仲裁：有关本合同和本合同执行中所发生的争议，应通过签约双方友好协商加以解决，双方通过协商未达成协议，则此项争议案件应提交仲裁。仲裁地在被告的国家。仲裁裁决即为终局裁决，对于双方均有约束力，仲裁费由败诉方承担。

二十一、效力条款

本合同由双方代表在__________签字，有关合同生效，终止及其他规定与______号协议的规定相同。

卖方
中国__________公司
地址:中国__________
电话:__________
电挂:__________

买方
______国__________公司
地址:______国__________
电话:__________
电挂:__________

附件1:__________
附件2:__________
附件3:__________

(引自中国普法网 http://www.legalinfo.gov.cn,略有改动)

## 十七 国际劳务合同

### 概念

国际劳务合同是指合同当事人一方向另一方派遣劳务人员,提供劳务或技术服务,另一方支付一定报酬,为明确双方权利、义务而签订的书面协议。提供劳务服务的一方称受雇方或受聘方,按受劳务服务的一方称为雇主或聘请方。

### 格式写法

国际劳务合同一般由约首、正文、约尾三部分组成。

1.约首(也称首部)。约首部分包括合同的标题和当事人名称。标题写明"国际劳务合同"即可。双方名称可简称为甲方、乙方或派遣方、接受方。比较重要的合同还要在双方当事人名称上方或右上方注明合同编号、签订时间、签订地点。

2.正文。正文是国际劳务合同的主干和核心部分,一般有引言和主体条款两项内容。

(1)引言。引言的写法与"借款财产抵押合同"引言相似,故不赘述。

(2)主体条款。包括如下各项:

① 人员派遣、接受和更换。合同应明确双方议定的派遣人员数目、性别、工种、技术等级、身体状况、派遣时间和对方接纳时间,俟有人员因病因伤或其他原因不能工作时的人员替换问题。

② 工资、工时、食宿、加班、休假及旅费。双方应明确工人的工资标准、支付币种和支付时间、支付方法,劳动时间、住宿条件、伙食标准、加班时的工资支付标准和劳动时限、节假日休息及安排、来往的旅费承担、探亲假安排及旅费承担等问题。

③ 安全、卫生、法律保障及劳动保护。双方应在合同中明确工人到达聘用方后的人身和财产安全保障及费用负担、医疗卫生保障标准和费用负担、所在国的法

律环境保障及工作的劳动保护条款及费用负担。近年来,恐怖活动日益增多,传染病出现情况增多,人身安全内容绝对不能有任何马虎,详细周到的安全和卫生等保障条款是必不可少的。

④ 保险、税金、签证和通关事宜。合同应明确人员保险责任归属和所带设备、财产保险问题,出国和通过接受国海关时的签证、护照办理、资料办理及必要的费用负担情况。工人工资和双方费用结算所应缴纳的税费承担等也应在合同中一并列明。

⑤ 费用支付和检查监督。合同中应列明双方在费用方面各自承担的内容,工人工资的支付方法,接受方(聘用方)给予派遣方劳务费用的支付办法和支付时间。派遣方为探望工人和检查接受方履约情况的来往及食宿、旅行等各种费用的负担。

⑥ 违约责任和索赔。合同应明确双方违约的责任。派遣方不能如约派遣合格人员或派遣不合格人员等情况应属违约;接受方付款不及时、不付款、不支付工资、虐待工人及强迫劳动、食宿无保障、违约要求加班等均属违约,这些都应在合同中列明责任承担。此外,违约责任追究方式要明确,即是以违约金并赔偿损失还是罚金抑或解除合同等,不能写成"如果违反合同就追究违约责任"等,因为这样的表达太空泛、内容不具体,不利于追究责任。国际商务交往文书务必字斟句酌,交代清楚,责任明确,周到细致;否则,一旦发生意外,则可能损失巨大且无法挽回。

⑦ 不可抗力条款。合同应写明在天灾、罢工、政变或战争、法律变更等人力不可抗拒的事件发生时的责任免除,以及合同是否推迟履行或改变履行方式等问题。

⑧ 解决争议的方法。双方应约定选择协商、调解、仲裁或诉讼的争议解决方式。国际商务纠纷一般采用仲裁方式。地处北京的中国国际经济贸易仲裁委员会/中国国际商会仲裁院是在世界上享有较高声誉的国际仲裁机构,可供仲裁双方选择。当然,巴黎仲裁院等国外仲裁机构也可选择。此外,仲裁费用的负担也应明确约定。

3. 约尾。约尾部分包括合同附则、保证函、双方资信证明等资料的详细清单。本部分的写法与"借款财产抵押合同"约尾相似,故不赘述。

## 注意事项

1. 国际劳务合同中最重要的是安全责任承担和意外事故的责任担负以及保险办理责任。

2. 提供劳务方务必查清对方的资质和信用情况。

3. 合同中可附注我国驻雇用劳务方国家的使领馆联系方式及外交救援权利和责任。

4. 提供劳务方可要求对方在合同中列明保证金或者保证单位,以确保能够拿到劳务收入。

5. 提供劳务方务必要求合同列明可接受的卫生和正常休息的保障责任与办法。

【例文】

## 国际劳务合同

PMH 公司(其总部设在＿＿＿＿＿，以下称“甲方”)与 CHC 工程公司(其总部设在＿＿＿＿＿，以下称“乙方”)，经过友好协商，乙方同意为甲方在 EMS 国的 ZZZ 项目的施工提供劳务，为此与甲方签订本劳务合同。

(一)合同目的

乙方根据本合同条款向甲方提供技术工人、工程技术人员和其他人员(以下称为派遣人员)，甲方向乙方支付报酬。

为保证甲方工程的顺利完成，双方应互相协作，认真执行合同。

(二)人员派遣

1. 应按双方商定的计划派遣人员(详见附件 2)。甲方对所需派遣的人员应提前两个月书面正式通知乙方。乙方同意在派出前一个月向甲方提交派遣人员一览表，包括姓名、出生年月日、工种、护照号码及 EMS 国申请入境所需要的资料。

2. 乙方负责办理乙方人员(从其居住国)的出境手续，并承担与此有关的各项费用。在 EMS 国的入境和居住手续由甲方办理，并负担与此有关的各项费用。

3. 根据工程计划的需要，派遣人员可随时增加或减少。

4. 如需增加派遣人员时，甲方同意提前两个月向乙方总部提出派遣人员计划。增加人员的工资，按本合同附件 1 所列工资标准支付。增加如系新工程，其工资标准应由双方驻工地的代表商定。

5. 根据工程进度，如现场需要减少人员，则应由双方现场代表商定后实施。

(三)准备费

甲方同意付乙方派遣人员的准备费每人＿＿＿美元。准备费应在向乙方提交派遣计划的同时电汇乙方＿＿＿银行＿＿＿账号。

(四)工资

1. 派遣人员原工资应按附件中所商定的工资支付。工资的计算应从派遣人员离开乙方所在国 STU 机场之日起到离开 EMS 国＿＿＿机场之日止。乙方同意在安排航线时尽可能取最短路线，以缩短在途时间。

2. 派遣人员的基本工资详见附件 1。

3. 基本工资以月计算，凡不满一个月的按日计算，日工资为月工资的＿＿%。

4. 根据 EMS 国目前的经济情况，派遣人员基本工资每年应增长＿＿%。

（五）工作时间及加班

1. 乙方人员的工作时间为每月 25 天，每周 6 天，每天 8 小时。

2. 每周休假一天，具体休假日期可由双方在现场安排。

3. 由于材料短缺、气候条件等影响不能正常施工时，经双方协商可以临时调整工作内容，如因上述及其他甲方原因造成停工时，甲方同意支付乙方人员的工资。

4. 如工作需要并经双方同意，乙方人员可以加班。甲方按下列标准支付加班工资：

（1）平时加班工资为基本工资的 125%；

（2）平时夜间加班（22 点至次日晨 5 点）以及休假日加班，工资为基本工资的 150%；

（3）节日加班工资为基本工资的 200%；

（4）加班工资计算方法为：（月基本工资 ÷200 小时）× 加班小时数 × 加班工资的百分率；

（5）上述加班工资和基本工资同时支付。

（六）伙食

1. 甲方同意向乙方提供厨房全套炊餐具及冷藏设备，由乙方自行办理伙食。

2. 甲方同意付给乙方每人每天______美元的伙食费，包干使用。

3. 食堂用水、用电和燃料以及生活物资采购用车由甲方提供并支付费用。

（七）节日和休假

1. 所有乙方人员有权享有 EMS 国政府的法定节日。

2. 所有乙方人员在工作满 11 个月零 10 天后，应享受 20 天的回国探亲假，其 ESM 国______机场至 STU 机场的往返机票由甲方支付。应尽可能安排最短的航线。

3. 如果现场施工需要乙方人员推迟回国休假，乙方同意说服其人员延期休假。甲方同意为了补偿乙方人员的损失，给予适当的报酬。

4. 关于补偿上述损失的报酬，可根据当时的情况由双方现场代表商定。但这项补偿不应少于 EMS 国______机场至 STU 机场之间的单程机票价金额。

5. 乙方人员由于家属不幸等原因，工作满半年以上时，经双方现场代表协商同意，可以提前享用探亲假。如有关人员已享受回国休假，其往返旅费应由乙方负担，对这一事假甲方不支付工资。

（八）旅费及交通

1. 甲方负担乙方人员从 STU 机场至工程现场之间的往返旅费和航空公司招待之外的必需的食宿费，但乙方应努力减少这项额外费用的开支，甲方同意支付乙方人员进入 EMS 国的入境费用（如机场税等）。

2. 甲方负责提供乙方人员上下班交通工具，同时也提供现场代表、工程师及其他管理人员的工作用车。

3. 乙方应凭机票或收据(按购票当日银行公布的外汇牌价)向甲方结算。

(九)税金

乙方人员应在＿＿＿＿＿＿(其原居住国)缴纳的一切税金由乙方缴纳；乙方人员在EMS国缴纳的一切税金由甲方负担。

(十)社会保险

1. 乙方人员在合同有效期内的人身保险由乙方自行办理。甲方同意支付乙方派遣人员每月＿＿＿美元的人身保险费。

2. 乙方人员在工地发生工伤，甲方只承担其医疗费用，如发生死亡事故，乙方应负担所有费用，包括善后安葬和抚恤。

3. 如果乙方人员因工作事故或疾病死亡时，遗体运回其原居住国或就地埋葬，遗物运回其原居住国，一切有关费用由甲方负担。

4. 派遣人员经医生证明因疾病或工伤而缺勤30天以内者，发给基本工资；在30天和90天之间者发给基本工资的60%；超过90天者则不发工资。

(十一)医疗

1. 乙方所有人员在EMS国发生工伤或疾病时，其医疗及住院费由甲方支付。

2. 现场医务室需用的常用药品和器具，由乙方向甲方提出购置计划，经甲方同意后，由乙方在其本国或其他地方采购，费用由甲方支付。

3. 乙方人员在200人之内，配备医生一名，男护士一名。超过200人时，是否增加医务人员，由双方现场代表研究确定。

(十二)劳保用品

甲方同意支付乙方派遣人员所有的劳动保护用品，包括每人每年两套工作服、工作鞋、手套、眼镜、安全帽和安全带等。

(十三)支付办法

1. 除机票费和准备费全部支付美元外，甲方应支付乙方的其他各项费用均按80%美元与20% EMS国货币×××的比例支付，如需改变这一比例，须经双方代表同意。

2. 休假工资和应付乙方的机票费应于休假当月之初支付。

3. 乙方现场会计每月末编制派遣人员工资及其他各项费用表，包括基本工资、加班费、伙食费等项，经甲方审查和批准后于次月10日前支付。其中80%美元部分由甲方电汇＿＿＿＿＿＿银行＿＿＿＿＿＿账号，银行汇费由甲方承担。20%的EMS国×××在现场支付。

4. 美元与EMS国×××的兑换率，按支付日当天EMS国政府银行公布的买卖中间价折算。

5. 乙方派遣人员到达现场后，甲方同意预支每人一个月的伙食费，如需预支其他费用，由双方现场代表协商解决。

（十四）住房和公共用房

1. 甲方将按下列标准免费提供乙方人员的住房：

(1)代表、工程师、总监工每人一间；

(2)助理工程师、技术员、医生、会计师、翻译及其他管理人员两人一间；

(3)其他工人每人约 4 平方米，但每间不超过 12 人。

2. 住房内包括空调和卫生设备、家具和卧具等备品。

3. 甲方同意提供乙方行政人员所使用的办公设备（如打字机、计算器、复印机等）、洗涤设备和用品。

（十五）人员替换

1. 乙方负责派遣身体健康、技术熟练的合格人员到 EMS 国现场工作，如甲方认为派遣的人员不能胜任工作，经双方现场代表同意后，由乙方负责替换，由此而发生的费用由乙方负责。

2. 乙方人员必须遵守 EMS 国政府的法令和尊重当地的风俗习惯。如违反当地法令和风俗习惯而必须送回国的，经双方协商后，由乙方负责送回，机票费由乙方负担。如需另派人员替代时，则乙方应负责 STU 机场至现场的旅费。

3. 乙方人员因疾病和工伤，经甲乙双方指定的医生证明确实不能继续工作者，应回其原居住国的，其旅费由甲方负担。如身体状况不合格者，经双方医生检查证实，是因乙方体检疏忽，必须送回其本国内，其旅费应由乙方负担。

（十六）不可抗拒因素

1. 由于天灾、战争、政治事件等人力不可抗拒的事故而工作不能继续进行，甲方应负责将乙方人员送回（其原居住）国。

2. 如遇上述情况时，甲方人员不撤退，乙方人员亦不撤退，但甲方应支付乙方派遣人员的工资。

（十七）争议及仲裁

1. 在合同执行中，如双方发生争议时，双方同意通过友好协商解决。如协商无效，可提交被告方的仲裁机构裁决：乙方是：____________________；甲方是：__________。

2. 争议一经裁决，双方必须忠实履行，所发生的费用由败诉方负担。

（十八）合同有效期及其他

1. 本合同于______年____月____日在__________签订。本合同自双方签字之日起生效至本工程结束，所派遣人员返回（其原居住）国，以及双方应付账目结清后失效。

2. 本合同与附件及工程内容，不经另一方允许，任何一方不得向第三方泄露。

3. 本合同用______文、______文书就；两种文本具有同等效力，双方各持两份。

4. 本合同未尽事宜，双方可友好协商补充，经双方同意的补充条款应为本合同的组成部分。

甲方代表：　　　　　　　　　　乙方代表：

见证人：　　　　　　　　　　　见证人：

附件：（略）

______年______月______日

（引自如何网 http://www.ruhezuo.com，略有改动）

## 十八　加盟连锁合同

### 概念

加盟连锁合同是指主导企业或加盟授权方把自己开发的产品或服务的营业系统（包括商标、商号等企业形象、经营技术、营业场合和区域）以营业合同的形式，授予加盟店规定区域内的经销权或营业权的协议书。

### 格式写法

加盟连锁合同一般由约首、正文、约尾三部分组成。

1. 约首（也称首部）。约首部分包括合同的标题和当事人名称。标题写明“连锁加盟合同”即可。双方名称可简称为甲方、乙方或授权方、加盟方。

2. 正文。正文是加盟连锁合同的主干和核心部分，一般有引言和主体条款两项内容。

（1）引言。本部分的写法与“借款财产抵押合同”引言相似，故不赘述。

（2）主体条款。主要包括如下各项：

① 合同始终时限。本部分应明确双方议定的合同开始和结束的时间。

② 加盟条件与权利。加盟条件包括：加盟金数额、支付时间、支付办法，能否退换，店铺装修及费用负担，授权方不得同地多方授权加盟等；加盟方获得的权利包括：使用特殊标志和相关信息，免费获取相关培训和指导，分享商业情报，本地排他性独享加盟权利，商业改进和发展权利等。

③ 商务联系（知识产权、进货、销售与报账等）。其中包括：加盟方可以免费使用授权方的特殊标志和特殊经营手段，授权方给予加盟方的知识产权使用地域和使用标准及使用程度；加盟方可以进行商务宣传；加盟方从授权方进货的价格和渠道、销售价格确定和货款回笼与支付；加盟方向授权方的商务总结报告和建议等内容。

④ 保密与保险。加盟方负有特殊保密责任和相关商业秘密保守义务。授权方在加盟方所在地不得授予第三方加盟权,保守商业秘密,尽到商业技术的保险责任等。

⑤ 退出机制与办法。其中包括:合约结束或者合同解除的条件,双方各自应承担的费用支付和设备返还,双方关于对方的资料和商业信息保密及不使用义务,双方关于对方商业信誉的保护和容忍义务等各项内容。

⑥ 违约责任和索赔。授权方不能如约提供加盟授权、提供虚假授权、多方提供授权、授权不充分、授权条件不平等等情况均属违约,应在合同中列明;加盟方付款不及时、不付款、滥用或乱用对方的知识产权或商业信息,不能正常维持加盟授权的良好形象等均属违约,应在合同中列明责任承担。此外,违约责任追究方式要明确,即是以违约金并赔偿损失还是罚金抑或解除合同等,不能写成“如果违反合同就追究违约责任”等,因为这样的表达太空泛、内容不具体,一旦发生违约纠纷就很难追究责任。

⑦ 不可抗力条款。其中包括在天灾、罢工、政变或战争、法律变更等人力不可抗拒的事件发生时的责任免除,以及合同是否推迟履行或改变履行方式等问题。

⑧ 解决争议的方法。双方应约定选择协商、调解、仲裁或诉讼的方式。如选择诉讼,可以依法明确诉讼地点和诉讼法院;选择仲裁也可以同样处理并约定仲裁费用承担。

3. 约尾。约尾包括合同附则、担保资料、双方资信证明等资料的详细清单。本部分的写法与“借款财产抵押合同”约尾相似,故不赘述。

## 注意事项

1. 加盟方在签订合同前,一般应了解所加盟事项的发展状况和加盟成本。

2. 签订连锁加盟合同时,加盟方可与对方协商并要求在合同中列明己方的加盟费用缴纳及使用、退还办法。

3. 为保障双方的知识产权及邻接权,合同应详尽列明诸如商标、专用技术和外观设计等权利的使用范围、办法和期限等。

4. 加盟方最好在签订合同前尽力查明对方资信并做适当的市场调查。

**【例文】**

### 自由连锁加盟合同

加盟者(或加盟店)赞成C公司主导的连锁理念,协约遵守其运营规章中的各项条款,并申请加盟,C公司亦承认其加盟。两者就有关加盟事项缔结如下合同。

第一条　组织

1. C公司(以下称“总部”)主导本事业,并拥有“C公司”登记商标。

2. 总部适应需要,可在每个加盟者的地区集团设“地区总部”或直辖的“分部”(与前款一样,统称“总部”)。

3. 总部在没有设地区总部或直辖分部的地区,可将总部事业的一部分委托给第三者,并称作委托业务的“支部”(以下称“支部”)。

第二条　加盟

1. 加盟金。每个店铺为＿＿＿＿＿元,在缔结加盟合同时向总部支付,并自双方在相互确认书上签字时起,此加盟金即充作委托保管的加盟申请保证金。此加盟金不返还。

2. 加盟者是位于＿＿＿＿＿(商店住所)的商店“C公司＿＿＿＿＿店”的经营者,本商店作为C公司连锁的加盟店具备以下条件,并决心遵守本合同,诚实地从事经营:

(1)依照总部的标准化计划,保持商店的结构;

(2)维持不接受第三者制约的经营体制;

(3)加盟者是由自身或适合法律规定资格的代理者专门从事经营,或者要使从业者具有统一的连锁意识;

(4)在积极地协助连锁活动的同时,努力提高管理水平,改善经营;

(5)要认识作为C公司连锁商店的社会使命,忠实地为顾客服务,做一个永远提供便宜商品的商店。

第三条　加盟特权

加盟者要具备以下基本的特权:

1. 依靠使用“C公司”徽记进行营业,能享受“C公司”的知名度和信用。

2. 进货“C公司”商标的商品,才能使用“C公司”的商标进行经营活动。

3. 在商店的新设或装修方面,按照总部(支部)规定的标准化计划执行,争取商店的现代化。

4. 加盟店的商品计划,按照总部(支部)制定的标准化计划,可以接受适合商店店址条件的商品供应计划的综合性援助。

5. 被选定的商品能以较稳定的价格进货,因此可以获取进货的合理化、精简化;另外,还可得到适时的特价商品。

6. 可以参加总部(支部)策划并进行的特卖促销、广告宣传、集会活动以及其他共同活动。

7. 有关加盟店的全面经营,可利用总部(支部)的各专门职能,接受正确的指导援助。

8. 经理业务,依靠对总部(支部)的委托,可以得到正确的经营诊断建议。

9. 加盟者及从业人员可以接受教育培训。

10. 可以适时地得到商店经营所必需的信息。

第四条　登记商标的使用

1. 总部承认加盟者使用“C 公司”的徽记，以及为销售商品和作为促销、广告手段使用“C 公司”徽记及商标。

2. 有关“C 公司”徽记及商标的使用有如下规定：

(1)在加盟店的店头及其他地方使用徽记，仅限于由总部提供或指定的徽记。其使用方法，要按照总部(支部)的指定进行；

(2)带有商标商品及徽记的物品类，均由总部进货。若在加盟店制作、使用或出示时，事先必须征得总部的承认；

(3)欲做有关“C 公司”的对外广告时，要使用由总部提供或承认的资料，并按总部的指定进行。

3. 登记的商标，仅限本合同以内使用，不得在合同以外使用。

第五条　进货商品

1. 加盟店按照总部(支部)规定的标准化计划确定商品结构。加盟店经营的商品，原则上由总部(支部)进货。

2. 加盟店在经营前款以外的商品时，要征得总部(支部)的认可。

3. 依据本条款进货的商品所有权在总部(支部)，当加盟店结算完货款(即有关票据、支票结算完成)时转为加盟店所有。但是，在加盟店货款结算完成之前也可以卖给其他人。在这种情况下，必须在规定的日期将每天卖出的商品内容(依据 C 公司连锁运营规章第 27 条第一款的营业日报)向总部(支部)报告。

第六条　销售数据的处理、管理手续费、经理业务手续费

有关 C 公司连锁运营的规章第 27 条营业日报提出的义务及该规章中的第 28 条经理业务的委托，由加盟者负担手续费。其规定如下：

1. 销售数据的处理、管理手续费：月额为 15 000 元；延迟呈报营业日报的违约金：每天为 1 000 元。

2. 经理业务手续费(包括销售数据的处理、管理手续费)：个人经营的情况，月额为 20 000 元，结算处理费每件为 30 000 元；法人经营的情况，月额为 20 000 元，结算处理费每件为 40 000 元。

第七条　情报管理

加盟店为了连锁的利益，在将总部(支部)分析加工的单品及不同部门销售数据灵活用于其他方面时，必须事先得到承诺。

第八条　技术指导费

作为对总部(支部)的技术指导费，加盟者依照以下计算方式，向总部(支部)

交付每一商店每月总销售额的一定比率。销售额比率如下：

2 000 元以下部分交 1.50%；

2 000 元以上 3 000 元以内部分交 1.00%；

3 000 元以上 4 000 元以内部分交 0.75%；

4 000 元以上 5 000 元以内部分交 0.50%；

5 000 元以上部分交 0%。

第九条　商品手续费

有关从总部(支部)进货的特定商品，加盟者必须支付《合同缔约书》中规定费用比率的手续费。

第十条　共同宣传费

对总部(支部)开展的共同宣传费用，加盟者必须负担每月总销售额的 0.2%。

第十一条　联机系统机器的设置及其费用负担

作为加盟店与总部(支部)之间的订发货及其他信息传递手段，在设置由总部指定的连接计算机终转机的同时，加盟者必须负担《连续性交易合同书》中规定的使用费。

第十二条　特别配送费

总部(支部)在原则上是将其所在地区作为单位，对所有加盟店以同等的条件进货商品。但是，当因距离远、金额少(或数量少)等进货增大了总部(支部)的负担时，加盟店必须以额外用途为由，负担特别配送费。

第十三条　负担特别费用

总部(支部)为了加盟店而开展共同活动，或进行指导援助时，加盟店要负担以下费用或手续费。其负担金额按以下基准由总部决定：

1. 特卖促销、广告宣传、集会活动、教育培训以及其他共同活动的实际费用，或分担金额。

2. 在土地建筑物的买卖或租赁时，对有关物件的调查选定、交涉、合同等的手续费为交易额的 2%，或租赁费的 1 个月份额。

3. 有关商店的新设或装修的手续费：

(1) 商店选址的市场调查费，每调查一个选址费用为 20 元；

(2) 商店的设计以及制订商店计划书的手续费，每计划一项费用为 20 元；

(3) 有关建筑物的设计工程以及内外装修施工的交涉指导手续费为施工额的 2%；

(4) 设备器材交涉指导手续费为搬运、设置安装、施工额的 3%；

(5) 开业准备以及在开店实施期间的商店作业费用为销售场地面积每坪(折合 3.3 平方米)10 000 元，但最低总金额应足 30 元；

(6)交涉委托业者时的交涉费为保证金的3%或租赁费的1个月金额。要收取两者中的最高者;

(7)金融交涉或有关筹措资金的援助费用为实际费用或定额;

(8)其他进行特别指导援助的费用为实际费用或定额。

第十四条　债务保证

加盟者对于与总部(支部)交易中所发生的债务,必须保证公司连锁运营规章第25条规定的债务。

第十五条　合同结束后的债务处理

当本合同结束时,加盟者对一切债务已失去期限权益,必须立即清算之。

当加盟者对债务失去了期限的权益时,总部(支部)可将其预约委托金等用来充偿,或可立即实行担保权。

实行担保权,除拍卖手续外,总部(支部)在任意处理的基础上,可将扣除诸费用后的剩余额充偿债权。

第十六条　保密义务

加盟者不得随意将有关C公司连锁的计划及运营活动等内容向第三者泄漏。尤其对以下事项要作为重要的机密加以保守,若有违反,并给总部(支部)以及有关者造成损害时,必须根据其要求予以赔偿:

1. 有关交易商品及物品类的品种、价格、条件以及进货对象的事项。

2. 有关加盟店经营的计划以及实际业绩和进货、销售、盈亏、资金等的具体计算及内容。

3. 其他由总部(支部)指定的事项。

第十七条　禁止事项

加盟者不得有以下行为,若认为有必要时,必须以书面形式征得总部(支部)的承认:

1. 向其他业者转让或提供经营的商品及物品类。

2. 向他人转让或转用配发的物品、文件以及情报等,或复制复印。

3. 不管以本人名义还是以他人名义,加入实质性的同业种的其他连锁,或有连锁关系。

4. 向他人转让或担保抵押只有缔结本合同才享有的权利及加盟店的营业权、租借权和与营业有关系的动产、不动产或债权等。

5. 其他由总部(支部)等禁止的事项。

第十八条　更改劝告

当加盟者没有充分实行本合同的条文及总部(支部)的指示,或缺少诚意时,或者因加盟者自身经营管理不妥,或被认为不热心时,总部(支部)要以书面形式劝告更改。加盟者对此劝告必须予以确实的答复并加以实行。

第十九条　不可抵抗的免责

在由于天灾、灾害及没有任何争议的原因给商品进货及其他总部(支部)活动造成障碍时,加盟者应承认是不可抵抗的,不得提出异议。

第二十条　加盟者的解除权

加盟者根据自己的意愿,可以随时解除本合同。在此情况下,应在6个月前以书面形式向总部(支部)提出预告。但在接近规定的事业年度中旬已向总部(支部)交付了6个月的技术指导费时,可将预告期缩短为30日前。

第二十一条　总部的解除权

1. 当加盟者适合以下各项条款之一时,总部(支部)有权解除本合同:

(1)缺少本合同第2条规定的加盟条件时,或者对本合同、运营规章因故意或过失而出现重大违反时;

(2)不坚持向总部(支部)集中进货的原则,在规定外进货,或者不遵照总部(支部)的指导与其他业者进行连续性的交易时;

(3)不遵照总部(支部)的更改劝告,或不予以确实的答复时;

(4)滞付商品货款、技术指导费、手续费、负担金以及其他债务返还,或不遵守支付期限及规定的支付方法时;

(5)当总部(支部)判断商店的全部或部分不能使用,或财务状况明显恶化,或营业陷入不景气等不能继续进行正常的经营时;

(6)接受破产禁治产的通告、准禁治产的申述或抵押、临时抵押,或者与犯罪有关系等,总部(支部)判断其作为连锁店不合格时;

(7)加盟店停止营业时;

(8)有损害作为连锁信用的言行,或者妨碍了连锁活动及欲妨碍时;

(9)因法人的组织、代表者、干部、股东、社员等的变更或合并,使法人实体发生变更,总部(支部)认为其内容不合适时,或者因继承给财产状况带来变化,总部(支部)认为不合适时,或者继承人不是亲自经营在没有得到总部(支部)的承诺将经营委托给第三者的情况时;

(10)延迟呈报营业日报或总部(支部)指定的财务资料等,使总部(支部)不能掌握经营状况时。

2. 当加盟者适合前款第(4)项或第(9)项时,总部不需任何预告就可以解除本合同。

第二十二条　终结合同的处理

1. 解除本合同时,加盟者必须履行以下事项:

(1)立即停止使用“C公司”的徽记以及因合同所行使的权利;

(2)立即撤掉或取消总部指定的商店的内外装修、招牌标志、广告牌等,还要将总部提供或许可的徽记、标志、广告牌等上交总部(支部),所需费用由加盟者负担;另外,不得索要其购买设备时所付的费用等;

(3)立即返还订货簿、商品目录、价格表,以及其他由总部(支部)配备的文件及一切物品等;

(4)返还接受总部(支部)指定的商标商品等,其交换价格由总部(支部)审定;

(5)立即清算对总部(支部)及其他关系者的债务。

2. 当加盟者未撤掉、取消"C 公司"的徽记及标志等时,总部可自行执行,在此情况下,撤掉、取消这些标志所需要的费用由加盟者负担。另外,对建筑物等损伤补修等由加盟者进行并负担费用。

3. 加盟者即使在解除合同以后,也要严守本合同第 16 条规定的保密义务的条款。另外,要保证不得有对 C 公司不利的言行。

第二十三条 合同时间

本合同的期限为缔结之日起的 2 年。以后在期满时两者都没有表示任何反对意见时,本合同就视为再连续一年而自动延长,以后也是同样。

第二十四条 管辖法院

有关本合同发生纠纷时的诉讼,要将管辖总部(支部)所在地的法院作为第一审法院。

总部:______________(印章) 加盟者:____________(印章)

法定代表人:________(印章) 法定代表人:________(印章)

____年____月____日 ____年____月____日

(引自北京合同律师网 http://www.bjhetong.com,略有改动)

# 第七章

# 公司财务文书

## 一　银行开户申请书

### 概念

银行开户申请书是单位向银行申请开设银行结算账户的文书。

银行账户是各单位为办理结算和申请贷款在银行开立的户头，也是单位委托银行办理信贷和转账结算以及现金收支业务的工具。银行账户分为基本存款账户、一般存款账户、临时存款账户和专用存款账户。各类账户均有不同的设置和开户条件。

基本存款账户是指企业可以办理现金、支票和汇票结算业务的账户，单位可自主选择银行开立基本存款账户。各单位只能选择一家银行开立基本存款账户，但可根据本单位的结算需要开立辅助的一般结算账户。一般存款账户可以办理转账结算和交存现金，但不能支取现金。一般存款账户除不能支取现金外，其他功能与基本存款账户一致。在开立基本存款账户的银行不得开立其他一般账户，但在非基本账户的银行可以开立多个一般账户。临时存款账户是指存款人因临时经营活动需要开立的账户。专用存款账户是指银行为单位开立的具有特殊用途的银行账户。

单位开立银行账户要向银行信贷部门提供有关材料，包括营业执照正本复印件（开立基本账户需提供营业执照正本）、组织机构代码证正本复印件、银行开户许可证复印件、单位公章、财务章、人名章、经办人身份证原件、法人身份证的复印件、授权经办人办理开户事宜的授权书和“银行开户申请书”。

### 格式写法

1. 标题。标题应写明申请单位的名称及主题。

2. 正文。开立银行账户所需要的名称、地址及相关证照的号码等。

### 注意事项

1. 申请书中要详细填列申请开户单位的账户名称及电话、邮政编码、单位类别、组织机构代码、工商注册批准文号、税务登记证号码和账户信息等项目。

2. 若有上级主管单位,应将其相关信息进行披露。

3. 填写完毕加盖公章后与相关文件复印件一并交银行经办人员审核。

【例文】

## 开户申请书及客户资料备考(私人账户)

## Private Opening Application Form and Information Reference

Please complete this application form by ticking in (√) in the appropriate box and using BLOCK CAPITALS. All the fields marked with * are not mandatory. Please ensure the form has been appropriately signed.

请在适用空格内打(√),并使用正楷或大写字母填写本表。所有带*的部分为非必填项目,并请您按照要求签名。

---

Account Holder Identity Details 账户持有人身份资料

| Title 称谓:Mr. 先生☐ Mrs. 夫人☐ Miss 小姐☐ | | Mr. 先生☐ Mrs. 夫人☐ Miss 小姐☐ | |
|---|---|---|---|
| Name in Chinese<br>中文姓名 | | Name in Chinese<br>中文姓名 | |
| Name in English<br>英文姓名 | | Name in English<br>英文姓名 | |
| Birthday<br>出生日期 | | Birthday<br>出生日期 | |
| Natonality & ID No.<br>国籍和证件号码 | | Natonality & ID No.<br>国籍和证件号码 | |

Present Permanent Residential Address 现永久居住地址

| |
|---|
| |

Please provide a correspondence address, if it is not the same as your Present Permanent Residential Address.

如果您的联系地址不同于现永久居住地址,请提供具体细节。

Correspondence Address 联系地址

| |
|---|
| |

Reason for difference with Present Permanent Residential Address

银行账单 Statement　请邮寄我处 Send to me/us ☐　暂存贵行 Keep in your Bank(Hold – Mail) ☐

Contact Details 联系方式

| * Office Tel. No.<br>单位联系电话 | | Home Tel/Fax. No.<br>家庭电话、传真 | |
|---|---|---|---|
| Mobile<br>移动电话 | | E – mail address<br>电邮地址 | |

---

Employment Details 职业资料

Employed full - time ☐ 全日制雇员　Embassy staff ☐ 使领馆工作人员　Self - employed ☐ 自雇　Retired ☐ 退休　Restaurant Owner ☐ 餐饮业主

Full - time education ☐ 全日制学生　Other (please specify) 其他(请具体注明) ______

Occupation 职业 ______　Position 职位 ______

Name of Employer 工作单位名称: ______

Address of Employer 工作单位地址: ______

---

Regular Income Level 收入状况

Annual Salary income: 年工资收入 ______　* All other income 所有其他收入 ______

Activity Scale 业务经营状况 ______

Reason for opening account 开户原因 ______　Source of opening deposit 开户存款来源 ______

* Proof of source of income 收入证明文件 ______　* Evidence of Address 住址证明文件 ______

---

Declaration and signature 声明与签字

1. What is /are the service(s) you are looking for?
   您需要银行提供何种服务?

   Deposit ☐ 存款　Loan ☐ 贷款　Structured Product ☐ 结构性产品　Securities ☐ 证券　Derivatives ☐ 金融衍生产品

2. What is/are your investment objective(s)?
   您的投资目标?

   Long term ☐ 长线　Medium Term ☐ 中线　Capital Growth ☐ 增值　Dividend Growth ☐ 股息收入

   Secured ☐ 担保　Dynamic ☐ 动态　Or specify☐ 其他

3. How would you qualify your experience of the financial markets?
   您的金融市场投资经验?

   NIL ☐ 无　1 to 5 years ☐ 1到5年　5 to 10 years ☐ 5到10年　>10 years ☐ 超过10年

4. Categorization of customer subscribing investment services as detailed in the G T C:
   同意根据银行开户章程中客户分类标准确定我/我们的账户种类为:

   Retail Client ☐ 零售客户　Professional Client ☐ 专业客户

5. Are you a US tax payer according to the US tax regulations? Yes □ No □
是否为美国纳税人？ 是 否

6. Are you or have you or does a close relative(s) exercise a mandate?
您/你们或者您/你们的亲属中有无社会公众人物？
No □ If Yes: Public □ Electoral □
不是 如果是：公众人物 参选人

7. Do you want to give a *Power of Attorney Application* to a designated person to act on behalf of the account?
您/你们是否需要授权指定有关人士以您/你们的账户名义办理银行交易？
Yes □ No □
是 否

8. You declare that you are the sole economical beneficiary of this account. Yes □ No □
兹声明您是此账户的实际受益人。 是 否

9. You confirm that all the information given on this form is true and complete. Acknowledge to have read and agree with the General Terms and Conditions as well as the risk disclosure provided by the bank.
您确认本表格中所提供的信息真实、完整，已阅读并接受《开户合约》中所有条款，同时确认已经完全了解银行风险披露声明涉及的所有内容。

10. Do you want to sign a *Facsimile Indemnity Form* application to authorize transaction by Fax? Yes □ No □
您是否需要通过传真办理有关银行业务？ 是 否

11. Do you need telephone confirmation from bank to verify your FAX instruction? Yes □ No □
您是否需要银行对传真指令进行电话回复确认？ 是 否

12. Iinstructions of signature(s) below will be effective by Any one □ Both two □
账户印鉴使用说明： 单签有效 双签有效

Signature of the account holder
账户持有人预留签字样式

Date and name of the first account holder (第一账户持有人正楷签名及日期)

______________________

Date and name of the second account holder(第二账户持有人正楷签名及日期)

______________________

For Bank use only 银行专用：

客户账号：Client's A/C No. ______________________

是否同意开立此账户(如拒绝，需注明原因)Approval to open the account, or if not, the reason:

经办员 Made By ____________ 负责人 Authorized Signature ____________ 日期 Date: ____________

# 二 财务分析报告

## 概念

财务分析报告又称为财务情况说明书，它是在分析各项财务计划完成情况的基础上概括、提炼、编写的具有说明性和结论性的书面材料，是改进财务管理、挖掘内部潜力、提高经济效益的重要材料。财务分析报告按其涉及内容的范围不同，可以分为全面分析报告、简要分析报告、典型分析报告、专题分析报告和分列对比分析报告等。

## 格式写法

财务分析报告由标题、正文和落款三部分组成。

1. 标题。包括企业名称、时间界限和分析内容等。

2. 正文。正文由开头、主体、结尾三部分组成。

(1)开头。开头应以简洁的文字概述分析对象的基本情况和财务活动情况，取得的主要成绩和存在的问题，以及对财务状况的基本评价。

(2)主体。主体是财务分析报告的核心部分，是对各项指标的完成情况及有关其他情况的说明，并对影响指标增减变化的原因进行分析。

(3)结尾。结尾通常指出存在的问题，提出建议和措施。

3. 落款。包括报告单位名称和写作日期。

## 注意事项

1. 数据精确。财务分析报告是财务独立的企业定期或不定期地对财务收支情况进行分析总结后撰写的书面报告。数据不准确，就不能得出可靠的结论。写作时需要对来自计划、报表凭证、账表及调查所得的各种数据反复核实，为分析打下坚实的基础。

2. 分析深入。企业财务状况的好坏，直接反映企业经营的成败。财务分析报告的价值在于通过现象和数据，得出正确、深刻、中肯的结论。因此，数据材料不能单摆浮搁，应联系经济活动实际，对影响财务指标的因素进行细致分析，总结取得的成绩和经验，找出存在的问题和原因。分析用语要贴切简明、直截了当，力避含混不清、模棱两可。

**【例文】**

**×××有限公司2015年度财务分析报告**

×××有限公司是于1984年成立的有限责任公司，隶属于×××集团公司，是以机械设备及电子产品批发为主业的中型企业，企业所在地为×××省。现将

×××有限公司的财务状况分析报告如下。

一、企业基本情况

根据2015年度财务决算报告，×××有限公司2015年末资产总额为20 978.5万元，负债总额为14 631.1万元，净资产为6 347.5万元（其中，少数股东权益0万元，所有者权益6 347.5万元），资产负债率69.74%。2014年全年实现主营业务收入32 935.5万元，实现利润总额1 444.1万元（其中，非经常性损益76.9万元），净利润1 219.3万元。

（一）企业集团结构。2015年年底，×××有限公司所属全部子企业共3户，纳入2014年度财务决算合并范围的有3户，占100%。

（二）企业集团盈亏情况。2015年，×××有限公司纳入财务决算合并范围的总户数为3户。其中，盈利企业3户，盈利面为100%。

（三）人员及工资。2015年年末，×××有限公司从业人员总数为161人，全年平均从业人数为155人，人工成本总额为1 357.7万元，比上年增长13.15%，人均人工成本为9.1万元，人工成本占销售收入的比重为4.29%。其中，职工工资总额为1 258.5万元，人均工资为8.1万元，比上年降低8.86%。

二、企业财务状况

（一）资产负债结构。2015年年末，×××有限公司资产总额20 978.5万元，比上年降低17.47%；负债总额14 631.1万元，比上年降低18.21%。其中，流动负债14 628.3万元，占负债总额比例达99.98%；资产负债率为69.74%，比上年下降0.67个百分点；流动比率为1.08，比上年降低0.03个百分点；速动比率为0.86，比上年降低0.06个百分点。公司资产变化情况如图7-1所示。

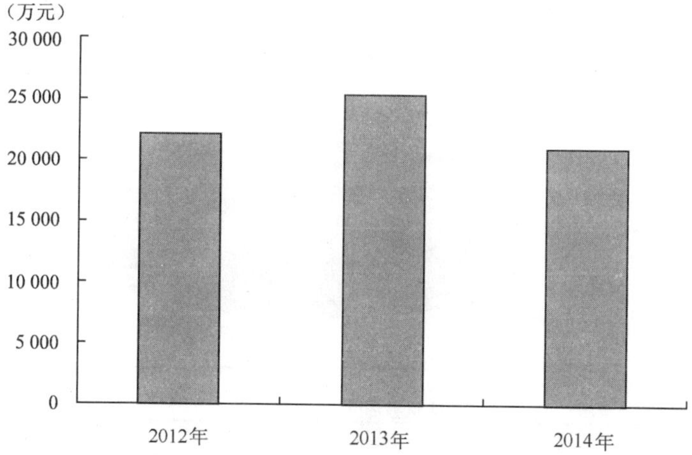


**图7-1　×××有限公司资产变化情况**

（二）经济效益状况。2015 年，×××有限公司主营业务收入为32 935.5万元，比上年降低9.73%；利润总额为1 444.1 万元，比上年增长 182.9 万元，增长 14.5%；上缴税金 851.5 万元，比上年增长 44.26%；净资产收益率为17.57%，比上年上升 3.07 个百分点；总资产报酬率为 8.66%，比上年下降 1.07 个百分点。公司利润总额变化情况如图 7－2 所示。

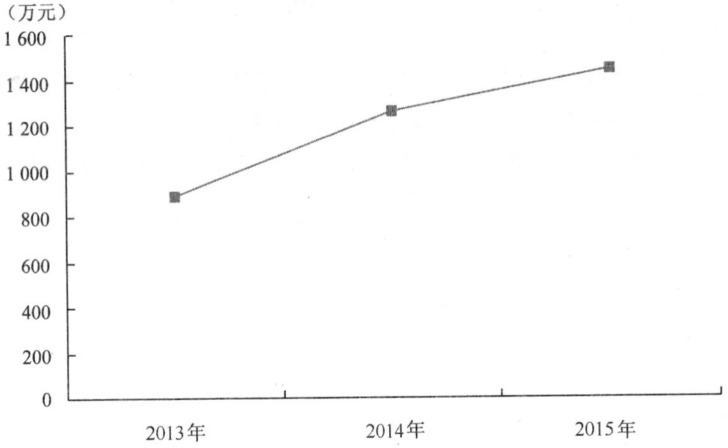


**图 7－2　×××有限公司利润总额变化情况**

（三）成本费用状况。2015 年，×××有限公司成本费用总额为31 574.8万元，比上年降低3 816.5 万元，降低 10.78%，低于主营业务收入增幅 1.06 个百分点；成本费用总额占主营业务收入的比重为 95.87%，比上年下降 1.13 个百分点。其中，主营业务成本为 28 213.2 万元，比上年降低11.07%；三项期间费用为 3 256.1 万元，比上年降低 3.35%。2015 年公司成本费用构成如图 7－3 所示。

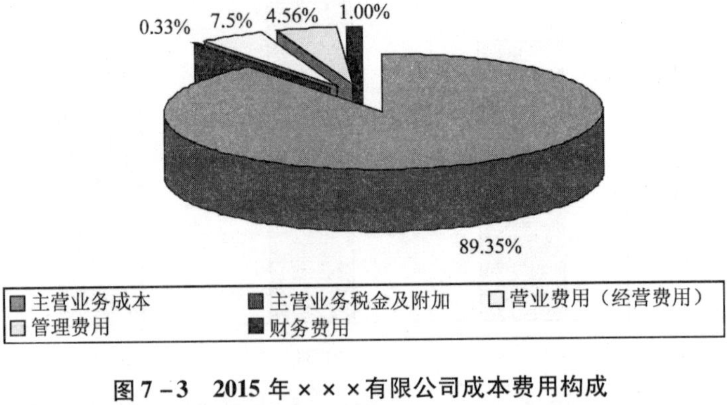


**图 7－3　2015 年×××有限公司成本费用构成**

（四）现金流量情况。2015 年，×××有限公司经营活动产生现金流量 2 973.2万元，投资活动产生现金流 -44.8 万元，筹资活动产生现金流量 -2 175.1 万元。截至2015 年末，×××有限公司货币资金余额为1 620.1万元，盈余现金保障倍数为 2.44，现金流动负债比率为 20.33%。

三、重点财务指标分析

（一）应收款项情况。2015 年年末，×××有限公司应收账款余额8 907.6万元，已计提坏账准备 694.1 万元。其中，3 年以上应收账款余额 688 万元，已计提坏账准备 666.5 万元；按个别认定法计提的坏账准备 0 万元。其他应收款 203.5 万元，已计提坏账准备 0.6 万元。此外，2014 年年末，逾期应收账款 123.4 万元，逾期其他应收款 0.8 万元。如图 7-4 所示。

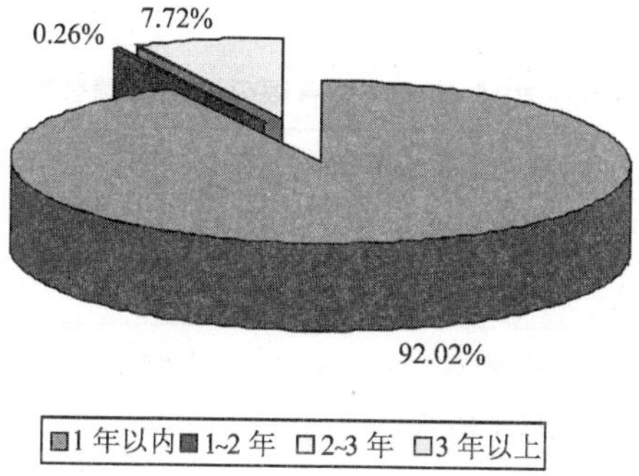


**图 7-4　2014 年×××有限公司应收账款账龄结构**

（二）存货情况。2015 年年末，×××有限公司存货账面余额 3 168.9 万元，已计提跌价准备 66.3 万元。其中，库存商品（产成品）3 168.9 万元，已计提跌价准备 66.3 万元。存货中非正常存货账面余额 84.8 万元，已计提跌价准备 33.4 万元。

（三）长期投资情况。2015 年年末，×××有限公司长期股权投资账面余额 381.3 万元，已计提减值准备 15.3 万元。

（四）盈余公积情况。2015 年年末，×××有限公司法定盈余公积 134.9 万元。其中，从法定公益金转入 105 万元；任意盈余公积 105 万元。

（五）未分配利润情况。×××有限公司 2014 年年末余额 3 660.5 万元，2015 年期初共调整 0 万元。其中，重大会计差错调整 0 万元；其他调整因素调整 0 万元；调整后年初未分配利润为 3 660.5 万元。2015 年年末未分配利润为 2 473.5 万元。

四、其他相关财务指标情况

（一）利润分配情况。2015 年，×××有限公司可供分配利润 4 879.8 万元；提取公积金及基金 0 万元；向投资者分配利润 2 406.3 万元。其中，应付利润2 406.3

万元，应付普通股现金股利 0 万元，年末未分配利润 2 473.5 万元。

（二）资产减值准备财务核销管理。2015 年，×××有限公司共核销资产减值准备 8.1 万元，相应核销资产损失 9.2 万元。此外，2015 年×××有限公司预计资产损失金额为 776.4 万元，直接在当期损益中处理资产损失1 万元。

（三）高风险业务。2015 年委托理财本金年末余额 0 万元，当年实际盈亏 0 万元。基金投资年末余额为 0 万元，当年实际盈亏 0 万元；股票投资年末余额为 0 万元，当年实际盈亏 0 万元。

（四）担保情况。2015 年年末，×××有限公司担保总额为 0 万元（其中，对内担保 0 万元，对外担保 0 万元），比上年减少 0 万元（其中，对内担保减少 0 万元，对外担保减少 0 万元），降低 0%。担保金额占净资产比率为 0%，比上年下降 0 个百分点。

2014～2015 年×××有限公司综合绩效评价基本指标见表 7－1。

**表 7－1　2014—2015 年×××有限公司综合绩效评价基本指标**

| 项　目 | 指　标 | 2015 年 | 2014 年 | 增减（±） |
|---|---|---|---|---|
| 盈利能力状况 | 净资产收益率（%） | 17.57 | 14.5 | 3.07 |
| | 总资产报酬率（%） | 8.66 | 7.59 | 1.07 |
| 资产质量状况 | 总资产周转率（次） | 1.42 | 1.53 | －0.11 |
| | 应收账款周转率（次） | 3.79 | 4.66 | －0.87 |
| 债务风险状况 | 资产负债率（%） | 69.74 | 70.37 | －0.63 |
| | 已获利息倍数 | 3.53 | 3.32 | 0.21 |
| 经营增长状况 | 销售（营业）增长率（%） | －10.31 | 37.35 | －47.66 |
| | 资本保值增值率（%） | 116.19 | 115.64 | 0.55 |

综上情况显示，×××有限公司经营状况良好，可持续发展能力较强，股东投资回报率较为优良，具有较大的发展潜力。存在问题主要是存货、应收账款余额偏大，存在一定的债权风险；资产负债率达 70%，接近风险值。下一年度要提高销售增长率，加速资金周转，降低库存和应收款项，强化风险控制措施，确保国有资产的持续保值增值。

×××有限公司财务部

2016 年 1 月 30 日

# 三　年度会计决算说明书

## 概念

年度会计决算说明书是对年度内生产经营、资金周转、利润实现及分配等会计年度决算情况的综合性分析报告，是年度会计决算报告的重要组成部分。

年度会计决算说明书是对年度会计决算报表的补充，它以财务指标和相关统计指标为主要依据，运用趋势分析、比率分析和因素分析等方法对相关财务指标的完成情况进行横向、纵向的比较，评价和剖析单位一年内经营过程的利弊得失，以客观反映单位财务状况和发展趋势，促进单位的经营管理和业务发展；同时便于财务会计报告的使用者方便、快速地了解有关单位一年来的财务情况，考核评价其经营业绩。

## 格式写法

年度会计决算说明书主要由标题和正文两部分组成。

1. 标题。标题由编制单位名称、时间加文种组成。

2. 正文。正文的主要内容有如下各项：

（1）简单介绍单位的基本情况。包括单位性质、经营范围、人员情况、会计报表合并范围和主要业务内容等。

（2）详细描述当期收入、利润实现、分配及年内盈亏情况。通常包括：当期实际完成的指标、年度计划中应完成的指标、完成或未完成指标的主要原因；成本费用发生变动的主要因素、其他业务收支的增减变化、同比影响收益变化的因素、利润分配情况；利润表中同比变化较大项目的原因；税负、会计政策的变更对当期的影响等。

（3）资金、资产增减变化和周转情况。主要包括现金流情况、各项资产所占比重和同比增减情况、流动负债和长期负债比率及偿债能力情况、其他需要具体说明的问题等。

（4）预算执行情况及对财务状况、经营成果和现金流量有重大影响的其他事项。

（5）针对本年度经营管理中存在的问题，下年度拟采取的改进措施及发展计划。

## 注意事项

1. 数据要精确。差之毫厘，谬之千里，使用数据材料不可疏忽大意。

2. 重视对比分析。应对主要财务指标的完成情况进行数据对比分析，数据材料的使用要有明确的目的性。若涉及面广、数据多，可使用图表。

【例文】

## 财务情况说明书

一、企业生产经营的基本情况

(一)企业主营业务范围:

公司设有董事会、监事会;公司下属××家控股子公司,分公司××家;所处行业为××业。

纳入合并范围子公司基本情况

| 企业名称 | 注册资本 | 投资额 | 持股比例 | 注册地址 | 法定代表人 | 与母公司关系 |
|---|---|---|---|---|---|---|
| | | | | | | |
| | | | | | | |
| | | | | | | |

(二)本年度生产经营情况:

全年实现销售XXXX达YY吨,较去年同期XXXX吨增加YY%,销售XXXX达YY吨。实现收入XXXX万元,较去年同期XXXX万元增加了YY%。实现毛利XXXX万元,较去年同期XXXX万元增加了YY%。实现利润总额XXXX万元,较去年同期XXXX万元增加YY%。

本年流动资产周转次数达XX次,较去年同期XX次提高YY次。本年净资产收益率为XX%较去年同期XX%增加YY%。

(三)开发、在建项目的预期进度及工程竣工决算情况

| 项目名称 | 年初余额 | 本期增加 | 本期减少 | 其中 | 年末余额 |
|---|---|---|---|---|---|
| | | | | 转增固定资产 | |
| 合计 | | | | | |
| | | | | | |
| | | | | | |
| | | | | | |
| | | | | | |
| | | | | | |
| | | | | | |
| | | | | | |
| | | | | | |

XX年新建工程YY项，共投入资金XXXX元，其中：XXXX期初投入资金YYY元，已转增固定资产XXXX元；XXXX期初投入资金YY元，现已全部竣工，全额转增固定资产；新增XXX项目YY元。XX年在建工程XX项，XX工程年初余额YY元，现已全部竣工，全额转增固定资产；XX改造工程年初余额YY元，现已全部竣工，全额转增固定资产；XX工程年初余额YY元，现已全部竣工；XX改造工程及XX工程现已全部竣工，年初余额YY已全额转增固定资产；XX工程、XX改造工程、XX工程、现已全部完工。截至2015年12月31日，在建工程转增固定资产总计金额YY元。

（四）经营中出现的问题与困难

从经营指标的完成进度来看有一定的差异，主要是上半年各项指标完成情况差异很大，其原因一是（省略），二是（省略），三是（省略）。

二、利润实现、分配情况

（1）实物量分析

| 项目 | 同期对比 | | | |
|---|---|---|---|---|
| | 本年实际 | 去年同期 | 增减 | 差异% |
| 销售量（吨） | | | | |
| 其中：XXXX | | | | |
| VVVV | | | | |
| XXXX | | | | |
| YYYY | | | | |

从上表可看出今年销售XXXX的量为YYYY吨，较去年同期增加XXXX吨、增长率达YY%。（以下省略。）

（2）收入成本分析

| 项　目 | 本年实际金额 | 上年同期金额 | 变动情况 | |
|---|---|---|---|---|
| | | | 金额 | 变动率 |
| 主营业务收入 | | | | |
| XXXX收入 | | | | |
| YYYY收入 | | | | |
| 主营业务成本 | | | | |
| 毛利总额 | | | | |

从上表中可看出全年实现收入 XXXX 万元，较去年同期 XXXX 万元增加了 YY%。实现毛利总额 XXXX 万元，较去年同期 XXXX 万元增加了 YY%。以下省略。

(3)三项费用分析

| 项　目 | 本年实际金额 | 上年同期金额 | 变动情况 | |
|---|---|---|---|---|
| | | | 金额 | 变动率 |
| 三项费用 | | | | |
| 营业费用 | | | | |
| 管理费用 | | | | |
| 财务费用 | | | | |

本年发生的三项费用总计 XXXX 万元，较去年同期 XXXX 万元增加了 YY%，其中营业费用 XXXX 万元，较去年同期 XXXX 万元节约了 Y%；管理费用 XXXX 万元，较去年同期 XXXX 万元增加了 YY%，剔除 XX 因素实际增加 XX 万元，主要是 XX 费增加 XX 万元；财务费用 XX 万元，较去年同期 XX 万元增加了 YY%，主要原因是随着公司贸易的扩大，对资金的需求量也在扩大，短期借款比去年同期增加了 XX 万元，应付票据比去年同期增加了 XX 万元，中小企业融资量的增加促使利息成本增加，财务费用也就随之发生增长。(具体分析省略。)

(4)利润总额分析

| 项　目 | 本年实际 | 上年同期 | 变动情况 | |
|---|---|---|---|---|
| | 金额 | 金额 | 金额 | 变动率 |
| 主营业务收入 | | | | |
| 主营业务成本 | | | | |
| 毛利 | | | | |
| 三项费用 | | | | |
| 营业费用 | | | | |
| 管理费用 | | | | |
| 财务费用 | | | | |
| 投资收益 | | | | |
| 营业外收支净额 | | | | |
| 利润总额 | | | | |

从上表中可看出，全年实现利润总额 XXXX 万元较去年同期 XXXX 万元增加 XX 万，主要原因是由主营业务收入增加了 XXXX 万元，主营业务成本同时增加 XXXX 万元，毛利总额增加 XXXX 万元，营业费用减少 XXXX 万元，财务费用增加 XXXX 万元，管理费用增加 XXXX 万元，营业外收支净额增加 XXXX 万元，是多种原因共同作用的结果。

(5)利润分配说明

利润分配年初数为 XXXX 元，本年实际分配为 XXXX 元，分配情况如下：

| 股东名称 | 金额 |
|---|---|
| XXXXXX | |
| YYYYYY | |
| XXXXXX | |
| YYYYYY | |
| XXXXXX | |
| 合 计 | |

本年支付 XXXXXX 公司股利 YYYY 元，支付 XXXXXX 公司股利 YYYY 元，支付 XXXXXX 公司股利 YYYY 元，支付 XXXXXX 股利 YYYY 元，支付 XXXXXX 股利 YYYY 元。

三、资产情况

| 项 目 | 本年数 | | 上年数 | | 变动情况 | |
|---|---|---|---|---|---|---|
| | 金额 | 比例 | 金额 | 比例 | 金额 | 变动率 |
| 一、资产总计 | | | | | | |
| 其中:流动资产 | | | | | | |
| 长期投资 | | | | | | |
| 固定资产 | | | | | | |
| 其他资产 | | | | | | |
| 二、负债合计 | | | | | | |
| 其中:流动负债 | | | | | | |
| 长期负债 | | | | | | |
| 三、少数股东权益 | | | | | | |
| 四、所有者权益 | | | | | | |
| 五、资产负债率 | | | | | | |

资产总额XXXX万元,较去年同期XXXX万元增加了YY%,主要原因是流动资产较去年同期增加了XXXX万元,同比增加YY%,其中存货较去年同期XXXX万元增加了XXXX万元;长期投资较去年同期增加了XXXX万元,固定资产比去年同期增加了XXXX万元,同比增加YY%;其他资产比去年同期减少了XX万元。(具体分析省略。)

负债总额XXXX万元,较去年同期XXXX万元增加了YY%。主要原因是流动负债较去年同期XXXX万元增加了XXXX万元,同比增加YY%,其中短期借款较去年同期增加了XXXX万元,同比增加YY%;应付票据较去年同期增加了XXXX万元,同比增加YY%;长期负债比去年同期XXXX万元增加了XXXX万元,主要是长期应付款中XXXX构成。(具体分析省略。)

少数股东权益XXXX万元,较去年同期XXXX万元增加了YY%。所有者权益XXXX万元,较去年同期XXXX万元增加了YY%。资产负债率XX%,较去年同期增加了YY%。(具体分析省略。)

四、所有者权益(或股东权益)增减变动及国有资本保值增值情况

公司注册资本XXXX万元,其中:国有资产XXXX万元,占注册资本的YY%,年初净资产XXXX元,年初国有资本及权益总额为XXXX元,本年实现净利润XXXX元,致使本年国有资本及权益增加(经营积累)XXXX元,由于XXXX有限公司接受捐赠致使我公司资本公积增加XXXX元,本年国有资本及权益增加XXXX元,本年支付红利XXXX元,本年国有资本及权益减少XXXX元。年末国有资本及权益总额为XXXX元,国有资本保值增值率为YY%。

五、现金流量及资金管理情况

| 项目 | 本年实际 | | 上年实际 | | 差异 | |
|---|---|---|---|---|---|---|
| | 金额 | 比重 | 金额 | 比重 | 金额 | 与上年比 |
| 经营活动现金流入 | | | | | | |
| 投资活动现金流入 | | | | | | |
| 筹资活动现金流入 | | | | | | |
| 现金流入量小计 | | | | | | |
| 经营活动现金流出 | | | | | | |
| 投资活动现金流出 | | | | | | |
| 筹资活动现金流出 | | | | | | |
| 现金流出量小计 | | | | | | |
| 现金净增加额 | | | | | | |

今年现金流入总量XXXX万元，比去年同期XXXX万元增加了XXXX万元，同比增加YY%，其中经营活动现金流入XXXX万元，占现金流入总量的YY%，比去年同期XXXX万元减少XXXX万元，同比减少YY%；投资活动现金流入XX万元，比去年同期XX万元增加了XX万元，筹资活动现金流入XX万元，占现金流入总量的YY%，比去年同期XX万元增加了XX万元，同比增加YY%。具体分析省略。

今年现金流出总量XXXX万元，比去年同期XXXX万元增加了XXXX万元，同比增加YY%，其中经营活动现金流出XXXX万元，占现金流出总量的YY%，比去年同期XXXX万元减少了XXXX万元，同比减少YY%；投资活动现金流出XXXX万元，占现金流出总量的YY%，比去年同期XXXX万元减少了XXXX万元，同比减少YY%；筹资活动现金流出XXXX万元，占现金流出总量的YY%，比去年同期XXXX万元增加了XXXX万元，同比增加YY%。（具体分析省略。）

全年现金净增加额XXXX万元，比去年同期XXXX万元增加了XXXX万元。

六.主要财务指标完成情况及分析

| 指标名称 | 本年实际 | 上年实际 |
|---|---|---|
| 一、盈利能力指标 | | |
| 1.净资产收益率 | | |
| 2.总资产报酬率 | | |
| 3.销售收入利润率 | | |
| 二、资产周转能力指标 | | |
| 1.总资产周转率 | | |
| 2.流动资产周转率 | | |
| 三、偿债能力指标 | | |
| 1.资产负债率 | | |
| 2.已获利息倍数 | | |

本年净资产收益率为XX%较去年同期XX%降低了YY%；总资产报酬率为XX%较去年同期XX%降低了YY%；销售收入利润率为XX%较去年同期XX%降低了YY%。总资产周转率为XX较去年同期XX增加了YY%；流动资产周转率为XX较去年同期XX增加了YY次；资产负债率为XX%较去年同期XX%增加了YY%；已获利息倍数为XX较去年同期XX降低了YY。（具体分析省略。）

七、财务管理主要工作

我部依据公司2005年工作思路，全面落实科学发展观，坚持发展是企业第一要务，认真、科学、细致地做好财务年度预算、决算、审计以及日常核算工作，建立健全各项管理制度，堵塞管理漏洞，巩固清产核资成果，促进企业管理水平和经营效益的提高；积极创新资金管理模式，成立内部结算中心，充分发挥公司集团化管理和整合优势，完善公司内部管理考核机制，实现资金运行的安全、规范、扁平、快捷，以获取最大的资金整体规模效益。

（一）继续做好企业财务管理信息化建设工作，在信息中心和用友公司配合下对公司会计电算化系统进行了全面升级，并以用友软件系统为依托，购置安装结算中心模块，进一步完善公司内部财务管理信息网络系统，全面提升财务管理工作水平，使之成为公司管理创新的突破口。

（二）重视会计核算基础工作建设，不断完善内部财务管理制度，以扎实的基本功，顺利通过各级部门的各项审计检查。今年我部先后接受了 XXXX 会计师事务所对 2014 年决算报表审计；XX 地税对 2014 年企业所得税汇缴清算审计；XX 集团经济效益审计工作小组对 XXXX 经营期间经济效益审计；今年审计工作与往年相比具有更加细致、更加深入、工作量大、范围广、要求高等特点，我部人员积极协助配合他们工作，加班加点，根据要求及时提供所需的各类原始凭证、基础报表、资料，由于公司资金管理、财务管理、会计核算工作、资产管理制度健全、技术设备较先进，为其工作提供了良好的条件和环境，使之工作顺利完成，各项审计结束后，均得到相关部门的好评。

（三）认真做好清产核资工作。今年 XX 月 XX 日至 XX 月 XX 日我部组织相关财务人员对本公司及子公司进行了清产核资专项自查工作，做到全面彻底、不重不漏，以保证企业账账相符、账证相符，在完善清产核资基础上建立健全了各项管理制度，堵塞管理漏洞，巩固清产核资成果，促进提高企业管理水平和经营效益。

（四）创建公司内部结算中心，依据新的业务模式，重理资金流程，完善公司内部管理考核机制，加强资金的统一计划、管理，实现资金运行的安全、规范、扁平、快捷，以获取最大的资金整体规模效益。

结算中心的设立和运行，充分发挥出公司集团化管理和整合的优势，为公司内部管理考核提供了科学依据，资金有效的统一监控和调配，加速了资金的周转，降低了资金占用成本，在资金紧缺情况下，保证了资金头寸，使有限的资金发挥出较大的整体规模效益。

（五）坚持以效益为中心，以财务管理为手段，全面参与提高企业的经济效益为指导思想，以为企业内部经营活动提供服务为核心开展工作，以资金的价值实现为标准衡量工作成效。为与企业经营规模、贸易范围不断扩大相适应，我们积极参与到经营过程之中，了解经营项目资金需求，研究提出可行的筹资方案并切实落实到位。今年我们为企业在 XX 银行增加中小企业融资 XXXX 万元；与采购等事业部合作，采用工商银协议形式在 XXXX 银行增加贷款 XXXX 万元；在公司领导支持协调下，获得 XXXX 委托贷款 XXXX 万元，确保了经营所需。

（六）我们本着量入为出、统筹调度的原则，通过资金预算来平衡资金的收支，实现资金资源效益的最大化。一是做到年度有资金总体预算，月度有具体预算，并在此基础上，根据经营活动的变化及需求，及时对预算进行调整，实时反映资金预算盈缺，为经营决策提供依据。二是根据预算不断对预算指标体系进行调整，突出重大收支项目在预算指标中的地位，并进行时间上的分解细化，使预算的编制更加科学、合理、准确、有效。三是在预算的执行过程中，我们与相关部门密切合作，充分考虑每笔资金使用的合理性，并在支付手续上严把责任关，严格按照用款审批流程操作，控制预算外开支项目，做到不合理的不付，可缓付的缓付，防止资金的流失。同时，我们加强对资金款项回笼计划完成情况的监控，保证资金链的连接，保持资金的高效、合理循环。

XX 年工作思路：

1. 做好库存物资的定期盘点工作，使库存物资的管理正常化，做到账账相符，账卡相符，账实相符。

2. 继续做好资金管理和监控工作，为与公司经营规模的快速发展壮大相适应，使资金的使用发挥最大的效率。

3. 按照现代企业制度的规定，做好对子公司的财务管理工作，组织财务人员加强专业知识的培训和学习，以适应企业快速发展的需求，全面提高和确保公司系统内的会计核算质量。

4. 遵守国家税务政策，按章纳税，和税务部门保持良好的合作关系。

5. 加强财务信息化管理，维护和健全公司系统内的财务局域网络。

八、经营管理中存在的问题，及新年度拟采取的措施

（一）存在问题

（以下省略）

（二）应对措施

（以下省略）

公司

×年×月×日

（引自中国会计网）

# 四　内部审计报告

## 概念

内部审计是指由单位内部专设的审计机构和审计人员，依据国家有关法规

和本单位的规章制度，按照一定的程序和方法，相对独立地对本单位财务收支、经营活动和内部控制的适当性、合法性和有效性进行监督检查的行为。内部审计报告是在审计任务完成以后，就其结果所出具的书面工作总结报告。

内部审计报告不仅可以帮助单位规避风险，为本单位领导的经营决策提供依据，还可以促进单位内部制度的完善，维护本单位的合法权益，促进单位资产的保值增值。

## 格式写法

审计报告应当客观、完整、清晰、及时、具有建设性，并体现重要性原则。审计报告应当包括标题、前言、正文、结尾和附件。

1. 标题。采用公文式标题，包括被审计单位名称、审计的内容。

2. 前言。包括被审计单位的基本概况、审计的依据、审计的目的、范围、审计的起止时间和审计的内容等。

3. 正文。正文是审计报告的主体，包括审计依据、审计发现的问题、处理意见和建议。

（1）审计依据：应声明内部审计是按照内部审计准则的规定实施，若存在未遵循该准则的情形，应对其做出解释和说明。

（2）审计结论：根据已查明的事实，对被审计单位经营活动和内部控制所做的评价。

（3）审计决定：针对审计发现的主要问题提出的处理、处罚意见。

（4）审计建议：针对审计发现的主要问题提出的改善经营活动和内部控制的建议。

4. 结尾。包括审计机关或审计人员签字盖章，并写清年、月、日，抄报、抄送机关的名称。

5. 附件。审计报告的附件包括对审计过程与审计发现问题的具体说明、被审计单位的反馈意见、相关重要审计证据等。

## 注意事项

1. 实事求是。内部审计报告的编制应实事求是，客观公正。涉及的问题必须有充分可靠的材料作为证据；证据不足或未经查明的事项可暂时搁置，不能写入报告中。

2. 善抓重点。对于审计过程中收集的大量材料要精心筛选，抓住重点，通过典型事例说明问题，切忌不分主次。

3. 准确定性。写作内部审计报告，不仅要反映问题，而且要针对单位经营活动和内部管理的缺陷，根据有关的规定确定问题的性质，提出切实可行的建议，以利于单位改进工作。

【例文】

## ××××供水有限公司内部审计报告

各位股东代表：

按《公司法》与公司章程的要求，我们××××供水有限公司（下简称公司）第一届监事会，组织4位监事并外邀一位专业技术人员一起，于2016年×月×日至×日，重点对公司2015年度财务收支情况、内部控制制度的建立和执行情况以及公司经营班子对有关公司董事会决定及要求的落实情况进行检查，履行出资人监督职责。监事会有关人员依照国家现行有关财经法律法规的精神和参照现代企业管理惯例和需要，在公司管理层确保提供资料真实性、完整性的基础上，根据实际需要采用了一定的程序，运用分析性复核、抽查、询问、现场盘查考察等方法，在有关人员的积极配合下，圆满地完成了工作，现将内审结果报告如下：

一、基本情况

公司是在××××供水公司的基础上，在××市政府的指导下，采用增加股东、重组股权的办法，由××市××流域水利电力综合开发总公司、×××经济开发总公司、××区国有资产投资经营有限公司、××县国有资产投资经营有限公司4家单位按合同约定的出资额组建，总股本为××××× 万元，公司××××年××月××号核准登记。主要供水工程位于××县及××区境内，构成该区域必不可少的基础设施，供给工业和居民生活用水，兼营相应配套服务产业及资产经营。供水工程于××××年动工兴建，××××年××月竣工验收。工程总投资×××××万元，经评估为×××××万元。

公司本部设有办公室、计财科、生技科、保卫科、营业部，工程沿线设有4个基层作业管理站点，在册员工共计×××人。

至2015年底，公司提供未经审计的会计报表反映：资产总额×××××万元，负债×××××万元，所有者权益×××××万元。其中，固定资产×××××万元……年度亏损××××万元。

目前，公司主要业务客户有×××××工业公司和国电××电厂，日供水量约×万吨；另有××炼油一体化项目和××××工程等也确定了购水意向。主要水源为××水流、××水库和××江水。

对外投资×××万元，系对××区××供水有限公司的股权投资。

二、发现的主要问题和整改意见

（一）会计核算与管理方面

1. 收入和支出明细分类不够详细，附着原始资料不足。如收入缺少业务部门经审核的收入明细表。管理费用内容杂而繁多，费用类别有待进一步划分调整。

2. 目前固定资产适用的折旧年限是按设计年限确定的，与现实折旧有较大差异，如供水管道××年，房屋××年。由于折旧问题涉及企业固定资产的更新能力、企业盈亏和纳税问题，因而应综合实际使用情况慎重确定。

3. “其他应付款”账户列示“调节池建设×××万元”……建议按实调整，避免虚列资产和虚挂无名负债。

4. 有些代借款项的利息误列为本会计主体费用，要分别按各主体应承担的份额分摊挂账并予催收。

（二）内部控制与管理

1. 部分费用报销不够规范。抽查中反映，一些电话费用没有由使用主体确认而由代理人签字报销，如××××年×月份和××月份报销的高管人员的移动电话费用均无使用人签字……经座谈询问了解，一些汽车维修费用的发生是由使用者事后确认补签，对企业高管人员通信费用的控制缺少审核依据和过程。以上问题应予规范、调整和完善。

2. 费用控制不严格。临时工工资和企业奖金未列入工资总额，形成人事费用的增支口子，同时，工资发放的人数亦忽多忽少，不稳定；企业还承担有关部门和单位的会议费用。因此，建议在目前企业效益低下、冗员浮事的状态下，应控制和紧缩工资费用，并抵制外来的有关摊派费用，减轻企业的负担。

3. 会计出纳人员之间票据移交缺少记录依据，不利于责任划分；不相容职务分工中，银行账户的预留印鉴同为一个人保管，而且游离于会计监督。我们认为这是一个严重失控地带，企业应认真加以整改，加强内控制度建设，体现会计控制的意义和堵塞制度漏洞。

4. 修建工程项目的管理存在问题。施工主体单一，修建预算制定和签订协议时间与施工时间不协调，协议条款缺少有关返修金预留支付、验收办法等有关保全措施约定，现场监督和验收制度、验收手续不明确、不齐备。我们认为，公司应立即制定出一套修建工程项目管理的具体制度，实行项目分级管理，设立等级界限，按项目标的大小分别施行招标或邀标确定承建者，严格现场管理责任和严把验收质量关，纠正不规范化的行为，减少漏损，维护企业自身利益。

三、评估意见和建议

公司基本能建立起核算和反映企业收支的账套，并按国家的有关制度规定进行核算和管理，收入和支出的重大方面较为真实，会计处理的重大办法和程序遵循了一致性和相关性原则，会计报告基本合乎规范。财务管理上沿袭历史惯例，能建立重大事项集体研究制度，坚持“一支笔”的审批制度，收入和支出的手续基本是完整和合乎发生过程控制的，但内部控制制度的不少方面需要花工夫加以整改、修订和落实。为此，我们提出如下工作建议：

1. 各股东均有不同程度的出资短款现象，现在临近支付期，面对巨额的负债，公司应加强协商，想方设法力促资金及时到位，避免被代支的借款利息卷入财务危机。

2. 公司应建立总经理办公会议制度，对重大事项研究、决策，要完善记录备忘制度，由出席者签署并妥善保管以备查。

3. 财务管理方面，预算的基础较为薄弱，公司应着手制定预算管理办法，本着“事财结合”的原则，在各部门年度工作计划的基础上，确定各部门的预算收入和支出，由财务部门统筹和平衡年度预算，按公司管理程序报批施行。同时，要强调预算的约束力，不能朝令夕改、人为调整，避免预算制度失去严肃性。

4. 面对目前生产能力未能充分发挥的现实，经营层应努力多渠道拓展市场，提升市场份额、提高盈利水平，同时开源节流，对冗员浮事也要提出相应的措施加以整改，以在册员工取代临时工，压缩费用。今后增员增资应由公司董事会统一把关。

5 ~6(略)。

7. 其他应收款挂有工程款×万元和代职工垫付有关保险费用×万元，应抓紧清理收回，减少公司资产的无益占用。

以上报告请予审议。

公司监事会

2016 年×月×日

（引自动力审计论坛，有删改）

# 五 企业评估报告

## 概念

企业评估报告是对企业的经营业绩、资金周转、经济效益、资产状况、经济管理能力和企业发展前景、持续经营能力等方面的情况进行综合分析和公平地评估后所写的专项书面材料。通过阅读企业评估报告，可以对企业的经营现状、财务状况有初步的了解。

## 格式写法

企业评估报告由标题、企业概况、对企业的评估、评估报告的各类附表说明及相关备查文件和落款组成。

1. 标题。应在“评估报告”的前面加上企业名称。

2. 企业概况。简略、概括地反映企业的全貌。

3.对企业的评估。包括对企业的资金信用评估、经济效益评估、经营管理能力评估和企业创新能力评估。还要介绍评估采用的方法、评估范围及对象、评估原则、评估依据、评估过程、评估价值定义、评估假设和限制条件。

4.附表说明及相关备查文件。这是评估报告的补充部分。

5.落款。包括评估者署名及评估报告时间(年、月、日)。

## 注意事项

1.客观公正。应依据国家有关资产评估的法律与规定,本着客观、独立、公正和科学的原则写作企业评估报告。

2.逻辑严密。评估报告附表是构成评估结论的基础底稿,原则上要对评估对象的内容逐一列示并做出评估。附表与文字说明部分应相互补充,前后一致,不可相互矛盾。

3.语言准确。企业评估报告的语言要贴切严谨,结论性的意见和评价措辞要讲究分寸,不能模棱两可,含混不清。

【例文】

**吉林化纤股份有限公司拟出售资产事宜**
**涉及的该公司部分房地产项目**
**资产评估报告书**
**中科华报字〔2014〕第155号**

北京中科华资产评估有限责任公司

二〇一四年十一月二十五日

本册目录

七、评估方法

八、评估程序实施过程和情况

九、评估假设

十、评估结论

十一、特别事项说明

十二、评估报告使用限制说明

十三、评估报告日

评估报告附件

注册资产评估师声明

一、我们在执行本资产评估业务中，遵循相关法律法规和资产评估准则，恪守独立、客观和公正的原则；根据我们在执业过程中收集的资料，评估报告陈述的内容是客观的，并对评估结论合理性承担相应的法律责任。

二、评估对象涉及的资产清单由委托方、产权持有单位申报并经其签章确认；所提供资料的真实性、合法性、完整性，恰当使用评估报告是委托方和相关当事方的责任。

三、我们与评估报告中的评估对象没有现存或者预期的利益关系；与相关当事方没有现存或者预期的利益关系，对相关当事方不存在偏见。

四、我们已对评估报告中的评估对象及其所涉及资产进行现场调查；我们已对评估对象及其所涉及资产的法律权属状况给予必要的关注，对评估对象及其所涉及资产的法律权属资料进行了查验，但无法对评估对象的法律权属真实性做任何形式的保证。

五、我们出具的评估报告中的分析、判断和结论受评估报告中假设和限定条件的限制，评估报告使用者应当充分考虑评估报告中载明的假设、限定条件、特别事项说明及其对评估结论的影响。

六、注册资产评估师执行资产评估业务的目的是对评估对象价值进行估算并发表专业意见，并不承担相关当事人决策的责任。评估结论不应当被认为是对评估对象可实现价格的保证。

七、我们在评估过程中没有考虑将来可能承担的抵押、担保事宜，以及特殊交易方式可能追加付出的价格对评估结论的影响，也未考虑国家宏观经济政策发生变化以及遇有自然力和其他不可抗力对评估结论的影响。我们对评估基准日后有关资产价值发生的变化不负责任。

八、我们对在已实施的评估过程中不能获悉的评估对象和相关当事方可能存在的瑕疵事项对评估结论的影响，亦不承担责任。

# 吉林化纤股份有限公司拟出售资产事宜
# 涉及的该公司部分房地产项目
# 资产评估报告摘要
# 中科华评报字〔2014〕第155号

吉林化纤股份有限公司：

北京中科华资产评估有限责任公司接受贵公司的委托，根据有关法律、法规和资产评估准则、资产评估原则，采用资产基础法，按照必要的评估程序，对吉林化纤股份有限公司拟出售资产涉及的部分资产在2014年11月18日的市场价值进行了评估。现将评估报告主要内容摘要如下：

一、经济行为：吉林化纤股份有限公司拟出售部分房地产。

二、评估目的：确定部分房地产评估基准日的公允市场价值，为吉林化纤股份有限公司拟出售资产提供参考意见。

三、评估对象：吉林化纤股份有限公司部分房地产市场价值。

四、评估范围：为吉林化纤股份有限公司申报的评估基准日位于吉林经济技术开发区九站街516－1号建筑面积为2 167.2平方米的一栋建筑物(北至吉林奇峰化纤股份有限公司，南至吉林化纤股份有限公司，西至吉林化纤股份有限公司，东至吉林化纤股份有限公司)和面积为16 783.96平方米的土地使用权。资产账面原值合计为3 146 976.16元，账面净值合计2 161 588.21元。

五、价值类型：市场价值。

六、评估基准：2014年11月18日，一切取价标准均为评估基准日有效价格标准。

七、评估方法：重置成本法。

八、评估结论：经实施评估程序后，于评估基准日，委估吉林化纤股份有限公司委估房地产在原地持续使用的假设前提下的市场价值为724.75万元。评估增值508.59万元，增值率235.38%。评估结论见下表：

被评估单位：吉林化纤股份有限公司

| 建筑物部分 | | | | | |
|---|---|---|---|---|---|
| 序号 | 权证编号 | 规划用途 | 建筑面积（$m^2$） | 评估单价（元/$m^2$） | 评估总价（万元） |
| 1 | 吉林市房权证九字第XZ00000559号 | 工业 | 2 167.2 | 286 | 61.98 |
| 小计 | | | 2 167.2 | | 61.98 |

续表

| 土地部分 | | | | | | |
|---|---|---|---|---|---|---|
| 序号 | 权证编号 | 地类（用途） | 证载面积（$m^2$） | 评估面积（$m^2$） | 评估单价（元/$m^2$） | 评估总价（万元） |
| 1 | 吉市国用(2010)第220202005479号 | 工业用地 | 22 874.52 | 16 783.96 | 395 | 662.97 |
| 合计 | 房地产总价:724.95万元 | | 人民币大写金额:柒佰贰拾肆万玖仟伍佰元整 | | | |

评估结论详细情况见评估明细表。

九、特别事项:评估报告使用者应关注下述特别事项对评估结论的影响。

(一)产权瑕疵

1. 估价对象《国有土地使用权证》(复印件)记载土地使用权面积为22 874.52平方米,根据委托方要求及委托方提供的“关于委托评估面积的说明”,确定本次评估面积为16 783.96平方米。

除上述事项外,未发现吉林化纤纳入评估范围的资产存在产权瑕疵。

(二)未决事项、或有事项、法律纠纷等不确定因素

未发现吉林化纤股份有限公司纳入评估范围的资产存在未决事项、或有事项、法律纠纷等不确定因素。

(三)重大期后事项

未发现吉林化纤股份有限公司纳入评估范围的资产存在重大期后事项。

(四)其他需要说明的重要事项

1. 勘察受限

评估师未对建筑物的隐蔽工程(非肉眼所能观察的部分)做技术检测,评估师在假定产权持有者提供的有关工程资料是真实有效的前提下,在未借助任何检测仪器的条件下,通过实地勘察做出的判断。

2. 本评估结论未考虑评估值增减可能产生的纳税义务变化。

评估报告使用者应关注上述特别事项对评估结论的影响。

十、报告使用有效期:本评估报告的使用有效期原则上为自评估基准日起一年,即从2014年11月18日起至2015年11月17日的期限内有效。

十一、评估报告日

本评估报告正式提出日期为2014年11月25日。

以上内容摘自评估报告正文,欲了解本评估项目的详细情况和合理理解评估结论,应当阅读评估报告正文。

# 吉林化纤股份有限公司拟出售资产事宜
# 涉及的该公司部分房地产项目
# 资产评估报告
# 中科华评报字〔2014〕第155号

吉林化纤股份有限公司：

北京中科华资产评估有限责任公司接受贵公司的委托，根据有关法律、法规和资产评估准则，采用资产基础法，按照必要的评估程序，对吉林化纤股份有限公司拟出售资产涉及的部分资产在2014年11月18日的市场价值进行了评估。现将资产评估情况报告如下：

一、委托方、产权持有单位和委托方以外的其他评估报告使用者概况

本次资产评估项目的委托方及产权持有单位均为吉林化纤股份有限公司（以下简称吉林化纤），委托方以外的其他评估报告使用者为本经济行为的政府审批部门、转让的相关方和国家法律、法规规定的评估报告使用者。

（一）委托方概况

名　　称：吉林化纤股份有限公司

类　　型：股份有限公司（上市、国有控股）

住　　所：九站街516－1号

法定代表人：宋德武

注册资本：人民币叁亿柒仟捌佰贰拾伍万元

成立日期：1988年11月9日

营业期限：1988年11月9日至2023年11月1日

经营范围：粘胶纤维、合成纤维及其深加工品；工业控制系统组态安装；粘胶纤维销售；经营本企业自产产品的出口业务和本企业所需的机械设备、零配件、原辅材料的进口业务，但国家限定公司经营或禁止进出口的商品及技术除外；进出口贸易（国家限定品种除外）。

联系人：李女士

联系电话：153546046××

吉林化纤股份有限公司系经吉林省经济体制改革委员会以吉改批〔1993〕35号文批准，由吉林化学纤维厂为独家发起人，采取定向募集方式设立的股份制企业。1996年7月经中国证券监督管理委员会证监发字〔1996〕114、115号文的批复，向社会公开发行3 097.6万股人民币普通股股票，并在深交所挂牌上市（股票代码000420）。

(二)其他评估报告使用者概况

本经济行为的政府审批部门和国家法律、法规规定的评估报告使用者。

(三)委托方和产权持有者之间的关系

委托方与产权持有者为同一单位。

二、评估目的

确定部分房地产评估基准日的公允市场价值,为吉林化纤股份有限公司拟出售资产提供参考意见。

该经济行为已获《吉林化纤股份有限公司董事会决议》文件的批准。

三、评估对象和评估范围

(一)评估对象和评估范围

评估对象为吉林化纤的部分资产市场价值。

评估范围为吉林化纤股份有限公司申报的评估基准日位于吉林经济技术开发区九站街516 -1号建筑面积为2 167.2平方米的一栋建筑物(北至吉林化纤股份有限公司,南至吉林化纤股份有限公司,西至吉林化纤股份有限公司,东至吉林化纤股份有限公司)和面积为16 783.96平方米的土地使用权。资产账面原值合计为3 146 976.16元,账面净值合计2 161 588.21元。

经核实,委托评估的资产范围与经济行为涉及的资产范围一致。

(二)评估对象的基本情况如下:

1.委托评估资产的数量

| 名称 | 计量单位 | 数量 | 账面原值 | 账面净值 |
|---|---|---|---|---|
| 房屋 | $m^2$ | 2 167.2 | 632 168.88 | 31 608.44 |
| 土地 | $m^2$ | 16 783.96 | 2 514 807.28 | 2 129 979.77 |

2.法律权属状况

| 名称 | 权属名称 | 权属证件号 | 用途 |
|---|---|---|---|
| 房屋 | 房屋所有权证 | 吉林市房权证九字第XZ00000559号 | 工业 |
| 土地 | 土地使用权证 | 吉市国用(2010)第220202005479号 | 工业 |

3.经济状况

吉林化纤拟出售资产为生产经营使用。

4.物理状况

(1)建筑物部分

根据委托方提供的《房屋所有权证》复印件,证号为吉林市房权证九字第

XZ00000559号；房屋所有权人：吉林化纤股份有限公司；房屋坐落：吉林经济技术开发区九站街516－1号；登记时间：2012年1月18日；规划用途：工业，总层数为1层；所在层数为第1层，建筑面积：2 167.2平方米；建成年份：1983年；房屋结构为混合，产别为股份制企业所有房产，房屋取得方式为自建，房号：314043Ⅱ101050001001。在价值日期，建筑物为红砖围护结构（部分已拆除），现存部分破损，水泥地面，跨度18米，檐下高度7米，无水、暖设施，使用状况差。

（2）土地部分

根据委托方提供的《国有土地使用证》复印件，证号为吉市国用〔2010〕第220202005479号；土地使用权人：吉林化纤股份有限公司；土地坐落：吉林市吉林经济技术开发区九站街；地号：020140140123006；图号：Ⅰ－22314－1043－；地类（用途）：工业用地；使用权类型：出让；终止日期：2045年9月20日；使用权面积：22 874.52平方米。根据委托方要求及委托方提供的“关于委托评估面积的说明”，确定本次评估面积为16 783.96平方米。容积率0.13。宗地形状较规则，地势平坦，地基承载力足够。基础设施配套状况为红线外六通（即通路、供电、通信、通上水、通下水、供暖），红线内六通（即通路、供电、通信、通上水、通下水、供暖）及土地平整。无城市规划限制。未设定他项权利。

四、价值类型及其定义

（一）价值类型

本次评估采用的价值类型为市场价值。

（二）价值类型定义

市场价值是指自愿买方和自愿卖方在各自理性行事且未受任何强迫的情况下，评估对象在评估基准日进行正常公平交易的价值估计数额。

（三）选择价值类型的理由。

采用市场价值类型的理由是市场价值类型与其他价值类型相比，更能反映交易双方的公平性和合理性，使评估结果能满足本次评估目的之需要。

五、评估基准日

（一）根据资产评估业务约定书之约定，本次评估的基准日为2014年11月18日。

（二）评估基准日的确定，是委托方、被评估单位根据以下具体情况协商择定的：

1. 评估基准日与评估日期较接近，减少实物量的调整工作，增加市场价格的询价和资信调查的准确度、透明度。

2. 本评估基准日最大程度地达成了与评估目的的实现日的接近，有利于保证评估结果有效地服务于评估目的。

（三）本次评估工作中所采用的价格标准均为评估基准日有效的价格标准。

所选定的评估基准日邻近期间，国际和国内市场未发生重大波动，各类商品、生产资料和劳务价格基本稳定，人民币对外币的市场汇率在正常波动范围之内，因而，评估基准日的选取不会使评估结果因各类市场价格时点的不同受到实质性的影响。

六、评估依据

（一）行为依据

1.《吉林化纤股份有限公司董事会决议》；

2. 吉林化纤股份有限公司与公司签订的《资产评估业务约定书》。

（二）法律依据

1.《中华人民共和国公司法》（中华人民共和国主席令第 42 号）；

2.《国有资产评估管理办法》（国务院令第 91 号）；

3.《国有资产评估管理办法施行细则》（国资办发〔1992〕36 号）；

4.《财政部关于改革国有资产评估行政管理方式加强资产评估监督管理工作意见的通知》（国办发〔2001〕102 号）；

5.《国有资产评估管理若干问题的规定》（财政部第 14 号令）；

6.《国有资产评估项目备案管理办法》（财企字〔2001〕801 号）；

7.《企业国有资产监督管理暂行条例》（国务院第 378 号令）；

8.《企业国有产权转让管理暂行办法》（国务院国有资产监督管理委员会、财政部令第 3 号）；

9.《企业国有资产评估管理暂行办法》（国务院国有资产监督管理委员会令第 12 号）；

10.《关于加强企业国有资产评估管理工作有关问题的通知》（国资委产权〔2006〕274 号）；

11.《中华人民共和国土地管理法》（2004 年 8 月 28 日中华人民共和国主席令第 28 号）

12.《中华人民共和国城市房地产管理法》（2007 年 8 月 30 日中华人民共和国主席令第 72 号）

13.《中华人民共和国物权法》（2007 年 3 月 16 日中华人民共和国主席令第 62 号）

14.《中华人民共和国土地管理法实施条例》（中华人民共和国国务院令第 256 号）

15.《中华人民共和国城镇国有土地使用权出让和转让暂行条例》（1990 年 5 月 19 日中华人民共和国国务院令第 55 号）

16.《吉林市人民政府关于公布全市征地统一年产值标准和区片综合地价的通知》

17.《吉林市人民政府关于调整更新吉林市城区基准地价等土地价格的通知》（吉市政发〔2010〕1 号）

18. 吉林省城乡建设环境保护厅文件关于印发《吉林省城镇房屋新旧程度(成新)评定暂行办法》的通知吉建住字〔1989〕7 号

19. 国家、地方相关法律、法规及政策文件

(三)准则依据

1.《资产评估准则—基本准则》(财企〔2004〕20 号);

2.《资产评估职业道德准则—基本准则》(财企〔2004〕20 号);

3.《注册资产评估师关注评估对象法律权属指导意见》(会协〔2003〕18 号);

4.《资产评估准则—业务约定书》(中评协〔2007〕189 号);

5.《资产评估准则—评估程序》(中评协〔2007〕189 号);

6.《资产评估准则—工作底稿》(中评协〔2007〕189 号);

7.《资产评估价值类型指导意见》(中评协〔2007〕189 号);

8.《资产评估准则——不动产》(中评协〔2007〕189 号);

9.《资产评估准则—评估报告》(中评协〔2007〕189 号);

10.《企业国有资产评估报告指南》(中评协〔2004〕218 号);

11.《企业会计准则—基本准则》、具体准则、会计准则应用指南和解释等(财政部 2006 年颁布);

12.《确定评估基准日指导意见》。

(四)权属依据

1. 吉林化纤股份有限公司营业执照;

2. 吉林化纤股份有限公司提供的《资产清查评估明细表》;

3. 吉林化纤股份有限公司提供房屋所有权证、土地使用证。

(五)取价依据

1.《房地产估价规范》(中华人民共和国国家标准 GB/T 50291—1999);

2. 城镇土地估价规程(GB/T 18508—2001)

3. 城镇土地分等定级规程(GB/T 18507—2001)

4. 中华人民共和国国家标准《土地利用现状分类标准》(GB/T 21010—2007)

5. 吉林省《房地产估价规程》(DB22/T 475—2009)

6.《房屋完损等级评定标准》原城乡建设环境保护部发布;

7.《关于下发吉林省新型墙体材料专项基金征收使用管理实施办法的通知》(吉林省财政厅、吉林省墙体材料改革办公室吉财综〔2003〕272 号 );

8.《散装水泥专项资金征收和使用管理办法》(吉省财综〔2004〕256 号);

9.《关于整顿城市基础设施配套费的通知》(吉省价经字〔2003〕25 号);

10.《吉林省建筑工程预算定额》;

11.《吉林省建筑工程消耗定额基价表》(吉林省建设厅 JLXDJ - JZ - 2006 号);

12.《吉林省建筑工程投资估算指标》;

13.《吉林建设工程造价信息》;

14.《最新资产评估常用数据与参数手册》(中国统计出版社);

(六)其他参考依据

1. 委托方、被评估单位撰写的《关于进行资产评估有关事项的说明》;

2. 委托方及被评估单位承诺函;

3. 评估人员现场清查核实记录、现场勘察所收集到的资料,以及评估过程中参数数据选取所收集到的相关资料。

七、评估方法

(一)评估方法简介

按照《资产评估准则》评估法规规章的规定,评估方法一般有市场法、收益法和成本法等三种方法。评估过程中根据评估对象、选择的价值类型、资料收集情况等相关条件,分析三种方法的适用性,恰当选择一种或多种方法进行评估。

市场法是指利用市场上相同或类似资产的近期交易价格,经过比较、分析从而确定估测被评估资产价值的一种评估方法。采用市场比较法必须具备以下前提条件:

1. 需要有一个充分发育活跃的市场,以获得与被评估资产相同或类似资产的市场价格;

2. 参照物及其与被评估资产可比较的指标、技术参数等是可收集到的。

收益法是通过估算被评估资产在未来期间的预期收益并使用一定的折现率折成评估基准日的现值,以各收益期收益现值累加之和作为被评估资产价值的评估方法。其适用条件是:

评估对象使用时间较长且具有连续性,能在未来相当期间取得一定收益;评估对象的未来收益和评估对象的所有者所承担的风险能用货币来衡量。

成本法即资产基础法,是指在合理评估企业各项资产价值和负债的基础上确定评估对象价值的评估思路。具体是指将构成企业的各种要素资产的评估值加总减去负债评估值求得企业价值的评估方法。

(二)本次评估采用的方法

由于被评估资产均为工业房地产,房地产位于工业园区中心位置,缺少交易案例,故市场法不适用;委估资产虽然具备单独获利能力,但是未来收益无法准确预测,所以未采用收益法,因此仅采用重置成本法进行评估。

重置成本法是以重新建造或重新购置该项资产的现行市值为基础确定重置成本,同时通过现场勘察和综合技术分析确定成新率,据以估测资产价值的评估技术方法。

1. 房屋建筑物类评估

对于房屋建筑物类主要采用成本法进行评估。

重置成本法是求取估价对象在价值日期的重置价格或重建价格，扣除折旧，以此估算估价对象的客观合理价格或价值的方法。即先用估算法计算出工程的建安综合造价，再加上有关费用形成该工程的重置全价，以重置全价乘以综合成新率得出评估值。

A. 重置全价的确定

重置价值 = 建筑安装工程费 + 工程建设其他费用 + 资金成本 + 利润 + 税金

B. 成新率的确定：成新率采用理论成新率和现场勘察成新率加权平均的方法综合确定。公式如下：

综合成新率 = 耐用年限法成新率 ×0.4 + 实际观察法成新率 ×0.6

2. 土地使用权评估方法

(1) 成本逼近法

成本逼近法是以开发土地所耗费的各项费用之和为主要依据，再加上一定的利息、利润、应缴纳的税金和土地增值收益来确定土地价格的估价方法。

计算公式：

土地价格 = 土地取得费 + 相关税费 + 土地开发费 + 投资利息 + 投资利润 + 土地增值收益

(2) 市场比较法

市场比较法，是指与价值日期近期有过交易的类似土地进行比较，对这些类似土地的已知价格做适当的修正，以此估算估价对象的客观合理价格或价值的方法。

比准价格 = 比较实例价格 × 待估宗地情况指数/比较实例宗地情况指数 × 待估宗地估价期日地价指数/比较实例宗地交易日期地价指数 × 待估宗地区域因素条件指数/比较实例宗地区域因素条件指数 × 待估宗地个别因素条件指数/比较实例宗地个别因素条件指数

(3) 最终土地价格的确定

由于本次评估地价为在地价定义中设定的限制条件下的土地使用权价格，所以地价确定方法首先依据上述两种方法测算的价格确定单位面积的土地使用权价格，然后结合评估土地实际用途及特点进一步确定土地总价格。

两种方法测算结果从不同角度反映了地价水平。根据以上估价结果，综合考虑各种估价方法的特点和吉林市工业土地市场状况，结合评估宗地的条件及相关法律法规的规定，遵循谨慎原则，最终以两种方法的加权平均值作为估价对象最终估价结果。

八、评估程序实施过程和情况

本项目评估于2014年11月18日开始，至2014年11月25日结束。整个评估工作分以下四个阶段进行：

（一）评估准备阶段

与委托方洽谈，明确评估业务基本事项，对自身专业胜任能力、独立性和业务风险进行综合分析和评价；接受委托，签订资产评估业务约定书，明确评估目的、评估范围、评估基准日；确定项目负责人，组成评估项目组，编制评估计划；辅导委托方填报资产评估申报表，准备评估所需资料。

（二）现场调查及收集评估资料阶段

根据此次评估业务的具体情况，按照评估程序准则和其他相关规定的要求，评估人员通过询问、核对、盘点等方式进行实地调查，从各种可能的途径获取评估资料，核实评估范围，了解评估对象现状，关注评估对象法律权属。

（三）评定估算阶段

对收集的评估资料进行必要分析、归纳和整理，形成评定估算的依据；根据评估对象、价值类型、评估资料收集情况等相关条件，选择适用的评估方法，选取相应的公式和参数进行分析、计算和判断，形成初步评估结果。

（四）编制和提交评估报告阶段

根据资产的初步评估结果，编制相关评估说明，在核实确认相关评估说明具体资产项目评估结果准确无误，评估工作没有发生重复和遗漏情况的基础上，依据资产评估说明进行资产评估汇总分析，确定最终评估结论，撰写资产评估报告；根据相关法律、法规、资产评估准则和评估机构内部质量控制制度，对评估报告及评估程序执行情况进行必要的内部审核；与委托方或者委托方许可的相关当事方就评估报告有关内容进行必要沟通；按资产评估业务约定书的要求向委托方提交正式资产评估报告。

九、评估假设

由于企业所处运营环境的变化以及不断变化着影响资产价值的种种因素，必须建立一些假设以便注册资产评估师对资产进行价值判断，充分支持我们所得出的评估结论。本次评估是建立在以下前提和假设条件下的：

（一）一般假设

1. 交易假设

交易假设是假定所有待评估资产已经处在交易的过程中，评估师根据待评估资产的交易条件等模拟市场进行估价。交易假设是资产评估得以进行的一个最基本的前提假设。

2. 公开市场假设

公开市场假设是假定在市场上交易的资产，或拟在市场上交易的资产，资产交易双方彼此地位平等,彼此都有获取足够市场信息的机会和时间,以便于对资产的功能、用途及其交易价格等做出理智的判断。公开市场假设以资产在市场上可以公开买卖为基础。

(二)特殊假设

1. 本次评估以本资产评估报告所列明的特定评估目的为基本假设前提。

2. 经济环境稳定假设:是假定评估基准日后国家现行的有关法律法规及政策、国家宏观经济形势无重大变化,本次交易各方所处地区的政治、经济和社会环境无重大变化,无其他不可预测和不可抗力因素造成的重大不利影响。

3. 无重大变化假设:是假定国家有关利率、汇率、赋税基准及税率、政策性征收费用等不发生重大变化。

4. 无不利影响假设:是假定无其他人力不可抗拒因素及不可预见因素对委估资产造成重大不利影响。

5. 无瑕疵假设:委托方、产权持有单位提供的财务数据和文件资料真实、合法、完整。

当出现与前述假设条件不一致的事项发生时,本评估结果一般会失效。

十、评估结论

估价人员根据估价目的、遵循估价原则、按照估价程序。在认真分析现有资料的基础上,根据估价对象的现实情况,选用科学合理的估价方法(建筑物采用重置成本法,土地采用成本逼近法和市场比较法);结合估价经验和对影响房产价格的各项因素的分析,经过测算,估价对象于价值日期 2014 年 11 月 18 日的估价结果为:

币种:人民币

<table>
<tr><td colspan="7">建筑物部分</td></tr>
<tr><td>序号</td><td>权证编号</td><td>规划用途</td><td colspan="2">建筑面积($m^2$)</td><td>评估单价(元/$m^2$)</td><td>评估总价(万元)</td></tr>
<tr><td>1</td><td>吉林市房权证九字第 XZ00000559 号</td><td>工业</td><td colspan="2">2 167.2</td><td>286</td><td>61.98</td></tr>
<tr><td colspan="2">小计</td><td></td><td colspan="2">2 167.2</td><td></td><td>61.98</td></tr>
<tr><td colspan="7">土地部分</td></tr>
<tr><td>序号</td><td>权证编号</td><td>地类(用途)</td><td>证载面积($m^2$)</td><td>评估面积($m^2$)</td><td>评估单价(元/$m^2$)</td><td>评估总价(万元)</td></tr>
<tr><td>1</td><td>吉市国用(2010)第 220202005479 号</td><td>工业用地</td><td>22 874.52</td><td>16 783.96</td><td>395</td><td>662.97</td></tr>
<tr><td>合 计</td><td>房地产总价:724.95 万元</td><td colspan="5">人民币大写金额:柒佰贰拾肆万玖仟伍佰元整</td></tr>
</table>

评估结论详细情况见评估明细表。

十一、特别事项说明

(一)产权瑕疵

1. 估价对象《国有土地使用权证》(复印件)记载土地使用权面积为22 874.52平方米,根据委托方要求及委托方提供的“关于委托评估面积的说明”,确定本次评估面积为16 783.96平方米。

除上述事项外,未发现吉林化纤纳入评估范围的资产存在产权瑕疵。

(二)未决事项、或有事项、法律纠纷等不确定因素

未发现吉林化纤纳入评估范围的资产存在未决事项、或有事项、法律纠纷等不确定因素。

(三)重大期后事项

未发现吉林化纤纳入评估范围的资产存在重大期后事项。

(四)其他需要说明的重要事项

1. 勘察受限

评估师未对构筑物的隐蔽工程(非肉眼所能观察的部分)做技术检测,评估师在假定产权持有者提供的有关工程资料是真实有效的前提下,在未借助任何检测仪器的条件下,通过实地勘察做出的判断。

2. 本评估结论未考虑评估值增减可能产生的纳税义务变化

评估报告使用者应关注上述特别事项对评估结论的影响。

十二、评估报告使用限制说明

(一)本评估报告只能由评估报告载明的评估报告使用者使用,且只能用于评估报告载明的评估目的和用途。评估报告使用者应按有关法律、法规以及资产评估业务约定书的要求正确、恰当地使用本评估报告,任何不正确或不恰当地使用报告所造成的不便或损失,将由报告使用者自行承担责任。

(二)未征得公司同意,评估报告的内容不得被摘抄、引用或披露于公开媒体,法律、法规规定以及相关当事方另有约定的除外。

(三)本评估结论是在以2014年11月18日为评估基准日时,对吉林化纤资产价值的客观公允反映。发生评估基准日期后重大事项时,不能直接使用本评估结论。

(四)本评估报告的使用有效期原则上为自评估基准日起一年,即从2014年11月18日起至2015年11月19日的期限内有效。如果资产状况、市场状况与评估基准日相关状况相比发生重大变化,委托方应当委托评估机构执行评估更新业务或重新评估。

十三、评估报告日

本评估报告正式提出日期为2014年11月25日。

资产评估机构:北京中科华资产评估有限责任公司

法定代表人:曹宇

注册资产评估师:许彩丽

注册资产评估师:孙绍刚

# 第八章

# 常用法律文书

## 一　公证申请书

### 概念

公证申请书是自然人、法人或其他组织，请求公证机构依照法定程序对其一定的民事法律行为、有法律意义的事实或文书的真实性、合法性予以认证并出具证明文件的文书。

### 格式写法

我国现行的公证申请书的格式有文字叙述形式和表格形式两种。表格形式只需申请者按要求依表填写，比较简单，所以我们在这里只介绍文字叙述形式的写法。

文字叙述形式的公证申请书由首部、正文、尾部三部分组成。

1. 首部。首部包括标题和申请人基本情况。

(1)居中写标题“公证申请书”；或加上请求公证事项，如“××公证申请书”。

(2)写明申请人的基本情况。申请人是自然人，应依次写明姓名、性别、年龄、民族、文化程度、工作单位和地址；申请人是法人或其他组织，则应写明单位名称、所在地、法定代表人或负责人的姓名、职务、电话和住址等。

2. 正文。正文包括申请公证的缘由、请求公证的事项以及有关证据的说明等。

(1)申请公证的缘由。可以根据情况，简要说明请求公证的动因、必要性和紧迫性等。

(2)请求公证的事项。请求公证的事项通常是某种有法律意义的文书、证件，或法律事实、法律行为，如合同、学历证书、遗嘱、财产分割或招标投标等。

(3)有关证据的说明。可以根据需要，说明请求公证事项产生的背景或相关证据的来源。

3. 尾部。包括公证机构名称、申请人签名或盖章、申请日期及附注事项。

**注意事项**

为便于公证机关审核受理，公证申请人撰写公证申请书应注意三个问题：一是要准确无误地写明申请人的基本情况；二是要提供与申请事项有关的真实、合法、充分的证明材料；三是在表达上要具体、准确、明了。

【例文】

**公证申请书**

申请人：××××公司(单位全称)，法定代表人：×××，性别：男，年龄：××，职务：总经理，电话：×××××××××，住所地：×××××××××(详细住址)，与××××厂(单位全称)，代表人×××，性别：男，年龄：××，职务：该厂厂长，电话：×××××××××，住所地：×××××××××(详细住址)，经协商拟于××××年×月×日在×××××××××(签约地点)签订《××××合同》(合同全称)。为确定该合同合法有效，避免日后纷争，特申请贵处对上述当事人资格及合同内容进行审查，给予公证，并派员现场监督拟于上述时间、地点举行的签字仪式。现将有关资格证明材料及合同待签文本呈上，请予审查。如对拟定的签约日期、地点有异议，亦请从速通知申请人。

此致

××××公证处

申请人：××××公司

×年×月×日

附：1. 证明材料××份；

2. 合同××份。

## 二 合同公证书

**概念**

合同亦称契约，是当事人双方或数方对设立、变更、终止一定的民事权利、义务关系意思表示一致的书面文书。合同公证书是公证机构根据合同当事人的申请，依照法定程序证明当事人之间签订合同的行为及所签合同真实、合法的文书。

**格式写法**

合同公证书由首部、正文、尾部三部分组成。

1. 首部。首部由标题和编号组成。

(1)标题。居中写明“公证书”或“合同公证书”。

（2）编号。编号标在标题的右下方，由年度编码、公证处简称及公证类别编码、公证书序号编码组成。如（2011）××公证处×字第×号。

2. 正文。正文即公证词，要写明当事人签订合同的事实。依次填写合同当事人的单位名称和法定代表人（或法定代表人的代理人）的姓名（当事人为自然人的，应写明其姓名、性别、出生年月、身份证号码和住址等）；写明签订合同的时间、地点以及合同的名称等基本情况；然后写明公证结果，即认定签订合同的行为和合同内容符合相关的法律、法规或规章的规定。

3. 尾部。尾部包括制作和出具文书的公证处的名称（加盖公证处公章），承办公证员的签名（签名章）和出证日期等内容。

## 注意事项

在撰写公证词时，法人的名称在第一次出现时要写全称，文中涉及的期限、金额和数量等数字都要用大写。合同有担保人的，应在证词中列明担保人。

**【例文】**

### 合同公证书

（年份）××公证处×字第×号

兹证明××××（单位全称）的法定代表人（或法定代表人的代理人）×××与××××（单位全称）的法定代表人（或法定代表人的代理人）×××于××××年×月×日，在××××（签约地点或本公证处），在我的面前，自愿签订了编号为××的《××××合同》（合同全称），该合同于×年×月×日生效。

经查，上述双方当事人签订合同的行为，符合《中华人民共和国民法通则》第五十五条的规定；合同上双方当事人的签字、印章属实；合同内容符合《××法》（可根据情况援引相关的法律、法规、规章）的规定。

中华人民共和国××省××市（县）公证处（盖章）

公证员××（签章）

×年×月×日

说明：

1. 此格式适用于《中华人民共和国合同法》规定的各类国内和涉外经济合同、技术合同进行公证后制作公证书。

2. 如果合同并非是在公证员面前签订的，证词中“在我的面前”一句不写。

3. 当事人为自然人的，应写明其姓名、性别、出生年月、身份证号码、住址。

# 三　招标投标公证书

## 概念

招标投标公证书是公证机构根据当事人的申请，参与招标人和投标人在招投标过程中的招标、投标、开标、评标 4 个环节的活动，依法证明其招投标行为的真实性和合法性出具的文书。

## 格式写法

招标投标公证书由首部、正文、尾部三部分组成。

1. 首部。首部由标题和编号组成。

(1)标题。居中写明“公证书”或“招标投标公证书”。

(2)编号。编号标在标题的右下方，由年度编码、公证处简称及公证类别编码、公证书序号编码组成。如(2011)××公证处×字第×号。

2. 正文。正文可以分为两部分内容。

(1)招标投标事实。应依次写明招标的单位名称、招标时间、招标地点、招标项目名称、各投标单位名称及招标结果(中标或未中标单位)。

(2)审查与现场监督情况与结论。应写明招标投标单位是否具有合法资格，其招标投标文书和招标投标行为以及招标投标结果是否合法有效。

3. 尾部。包括制作文书的公证处的名称(加盖公证处公章)，承办公证员的签名(签名章)，出证日期等内容。

## 注意事项

正文部分的写作应力求具体、简明扼要，一般须写明：公证员对某项目招标投标活动进行审查的情况；投标单位标书是否密封完好；标书开启后，投标单位的代表宣读的投标书副本上的总标价和总工期与正本所记是否相符等。对决标后的公证书的制作，在正文部分应写明某项目开标后的结果、某单位中标等。

【例文】

**招投标公证书**

(年份)××公证处×字第×号

兹证明××××(招标单位全称)于××××年××月××日××××(地点)对××××(招标项目名称)举行了公开招标。××××、××××、××××(投标单位全称)参加了投标，××××(中标单位全称)中标(或全部投标单位均未中标)。

经审查和现场监督，招标项目与招标活动已获主管部门批准，招标方××××与投标方××××、××××、××××（投标单位全称）（均）具有合法的招标、投标资格［或根据情况需要增加：××××（投标单位全称）因××××（原因），不具有投标资格］。招标文件合法，投标方××××、××××、××××（投标单位全称）所投标书（均）符合招标文件的规定，为有效标书［或根据情况需要增加：××××（投标单位全称）所投标书，因××××（原因）无效］。投标、开标、评标、定标活动均符合《××××法》（相应的法律、法规、规章）和招标文件的规定，招标结果合法、有效。

中华人民共和国××省××市（县）公证处（盖章）
公证员××（签章）
×年×月×日

## 四　商标注册公证书

### 概念

商标注册公证书是公证机构根据法律的规定，应当事人的申请，依法证明其申请公证的商标已经由商标主管机关审核注册，并享有专有权的文书。

### 格式写法

商标注册公证书由首部、正文、尾部三部分组成。

1. 首部。首部由标题和编号组成。

（1）标题居中写明“公证书”或“商标注册公证书”。

（2）编号标在标题的右下方，由年度编码、公证处简称及公证类别编码、公证书序号编码组成。如：(2011)××公证处×字第×号。

2. 正文。正文内容根据办理方式的不同可以有两种写法：一种是写明哪一家公司（或工厂）生产的哪一种产品上的哪一商标已经注册，其商标注册证书系国家工商行政管理局出具；另一种是写明某产品商标注册影印本与国家工商行政管理局出具的原本相符。

3. 结尾。一般不专作结尾。

### 注意事项

如果某商标注册公证书在境外使用，使用国要求提供译文的，应在该商标注册公证书中注明外文译本与中文原本的内容相符合。

【例文】

**商标注册公证书**

（年份）××公证处×字第×号

兹证明我国××公司（或工厂）生产的××××（产品名称）上的××商标业经注册，其商标注册证××××（编号或登记号）系国家工商行政管理局出具，该商标的专有权属于我国××公司（或工厂）。

商标图案附后。

中华人民共和国××省××市公证处（盖章）
公证员×××（签名）
×年×月×日

## 五　授权委托书

### 概念

法定代表人授权委托书是企业法人委托他人代行某种法律行为的法律文书。法定代表人因故不能亲自处理某项事务时，可以通过授权委托方式，指派他人代为办理。在这种情况下，需要制作法定代表人授权委托书，指定被委托人在授权的范围内代行使委托人的权力。

### 格式写法

授权委托书包括标题、正文和落款三部分。

1. 标题。居中写“委托书”即可。

2. 正文。正文要清楚地写明法定代表人（委托人）委派何人为其代表（被委托人），被委托人代表委托人在哪些范围内行使何种权力。例如，代表委托人就某一项目谈判并签订合同或协议书，处理合同或协议书中规定的事宜等。

3. 落款。包括委托单位（公章）、法定代表人签字和委托日期。

### 注意事项

在授权委托书中，委托人必须写明被委托人的姓名、性别、年龄、工作单位和职务等基本情况；必须明确授权的范围，应逐项写明所授权限的内容，而不能简单地写成“全权委托”。结语一定要写明委托书的有效时限。

【例文】

**授权委托书**

委托单位：

所在地址：

法定代表人：　　　　　　　　　　　　　　　职务：

法人授权责任人/受委托人姓名：　　　　　　　职务：

工作单位：

住址：　　　　　　　　电话：

现委托__________在我单位与__________一案中，作为我方参加诉讼的委托代理人。委托权限如下：(具体说明代理的事项和内容，包括谈判权、签订合同权、代为承认或者放弃一定权利等)。

本授权有用期为此授权书签发之日起至法人代表书面声明本授权作废为止。

后附法定代表人身份证复印件(加盖人名章或署名)和法人授权责任人身份证复印件(加盖人名章或署名)。

委托单位：(公司全称＋盖印)

法定代表人：(署名或盖印)

受委托人/法人授权责任人：(署名或盖印)

×年×月×日

声明：

1. 法人授权委托书所签发的署理限期必须涵盖署理人全部具名为有用时刻。

2. 委托书内容填写要明晰，笔墨要工整清晰，涂改无效。

3. 委托书不得转借、转让，不得交易。

4. 署理人按照授权范畴，以委托单元的名义签署条约，并将此委托书提交给对方作为条约附件。

(引自中国法律网，http://www.5law.cn/略有改动)

# 六　起诉状

## 概念

起诉状是公民、法人和其他组织在其合法权益受到侵害或者与当事人的另一方对有关权利和义务发生争议时，为维护自身权益，根据事实和证据，依照相关法律规定提起诉讼，请求人民法院依法审理、判决的诉讼文书。

虽然按照起诉状内容性质的不同，可以分为民事起诉状、行政起诉状和刑事自诉状(或者刑事附带民事诉状)三类,但其结构形式和写作要求是基本相同的。在这里,我们主要介绍与商务活动相关的民事起诉状和行政起诉状的写作。

## 格式写法

起诉状的结构由首部、正文、尾部三部分组成,每一部分都有相对固定的内容和写法。

1. 首部。首部包括标题和当事人基本情况。

(1)标题。根据诉状的性质,居中写“民事起诉状”“行政起诉状”,或写“起诉书”即可。

(2)当事人基本情况。应依次分别写明原告和被告的姓名、性别、年龄、民族、籍贯、职业(含工作单位)、住址、邮政编码及联系方式;如果有数名原告或者被告人,应依主次分别写明每个人的基本情况。当事人是法人或者其他组织的,则应依次写明单位的全称、所在地址及邮政编码,法人代表姓名、职务和电话号码,企业的性质、工商登记核准号、经营范围和方式,开户银行和账号等。

凡当事人有委托代理人的,应写明委托代理人的姓名、性别、年龄、职业、住址及与原告的关系;若代理人是律师的,则只需写明律师的姓名和其所在的律师事务所。

2. 正文。正文由“诉讼请求”“事实与理由”和“证据和证据来源、证人姓名和住址”三部分组成。

(1)诉讼请求。诉讼请求反映原告的基本主张和诉讼目的,应当写得明确具体、简明扼要、于法有据、切实可行。

民事起诉状的诉讼请求一项,要写明请求法院解决的有关民事权益争议的具体问题和与之相关的具体要求。如要求侵权损害赔偿、债务清偿、履行合同、遗产继承或离婚等,不要写“请求法院依法判决,保护我的合法权益”之类的非常笼统的话。以工程承包合同纠纷为例,诉讼请求可写为:“请求依法判令被告履行合同,按合同规定返工并偿付延期罚款××万元”。

行政起诉状的诉讼请求一项,要表明对哪一个行政机关和行政机关工作人员的哪一项具体行政行为不服,请求法院依法撤销被告做出的哪项行政决定,或者判令被告履行何种义务或职责;也可根据实际情况同时提出具体的赔偿要求。例如,“请求撤销××市土地管理局(2010)×行处字第×号行政处罚决定。”

此外,在诉讼请求中还可根据案情写明诉讼费用由谁承担。

(2)事实与理由。民事起诉状与行政起诉状尽管因性质不同,事实与理由部分在内容上会有一些差异,但写法上却是基本相同的。为了条理清楚,在书写起诉状时,事实和理由一般都是分开来写。

在民事起诉状中,事实部分应写明当事人有关权益争执的具体内容和主要分歧，明确指出被告人侵权的具体事实及给原告造成的损害和损害程度。在陈述事实时，一要根据案情交代清楚当事人之间的法律关系，如合同关系、婚姻关系等；二要把被告的侵权行为或者当事人双方争执发生的时间、地点、原因、经过以及后果写清楚，把双方争执的焦点和实质性分歧写明白（如原告在纠纷中亦负有一定责任，也应如实承认），以便于法院全面了解事实真相，分清责任。理由部分，先要对所述事实进行概括归纳；然后依据相关法律、法规，认定被告人侵权或者违法的性质、造成的后果以及应承担的民事责任；再援引有关法律条款，请求法院依法判决。

在行政起诉状中，事实部分须清楚地陈述行政争议发生的起因、时间、地点、过程、结果及给原告造成的伤害，具体写明是哪一个行政机关因何事项做出了何种行政行为及其行为的依据和详细内容；如果原告曾申请行政复议，要将复议情况加以说明。理由部分应准确地援引有关法律、法规的规定，对案情的客观事实进行分析，指明被告的行政行为违法或者有失公正，请求法院依法判令撤销或予以纠正。

（3）证据和证据来源、证人姓名和住址。这一部分要提供能证明所诉事实的具体证据，包括证物、证言和证人。通常应按照证据证明力的大小排列顺序，列举出证据材料、证据来源、证人姓名和住址。证据是法院认定事实做出审判的主要根据，是起诉状的关键部分，因此，列举的证据必须来源合法、真实具体、充分有效。

3. 尾部。尾部的主要内容有以下两项：

（1）起诉状呈送的人民法院名称、起诉人具名（法人单位要写明全称并加盖公章，还应有法人代表的签章）和具状日期等。

（2）附项。应依次列举本状副本×份，物证×份，书证×份。副本份数应与被告人数相等。

## 注意事项

事实与理由是起诉状的核心部分，起诉能否被受理，原告能否胜诉，都与这项内容写得如何密切相关。在写作时要注意以下三个问题：

1. 事实和理由都要以诉讼请求为中心，紧密地围绕着诉讼请求来写。

2. 要选择明确、可靠，而且是有证据可以证明的事实。事实叙述要条理清楚，层次分明，突出主要情节，不必详及与案情无关或者关系不大的枝节问题。

3. 要注意事实与理由之间的逻辑关系。所陈述的事实在逻辑上可以归纳或者推导出所阐释的理由。理由部分要依照相关法律法规对所陈述的事实进行深入分析，阐明诉讼请求的合理性和合法性，说理要透彻，援引法律要具体恰当，准确无误。

【例文】

## 民事起诉状

原告:李××,女,1962 年 1 月 9 日出生,汉族,住贵州省黔西县城关镇××村××组,电话:1398511××××。

被告:贵州××电力建设工程有限公司,贵阳市南明区××村××路。

法定代表人:胡××,总经理　　联系电话:1398488××××。

被告:彭××,男,1983 年 4 月 24 日出生,汉族,住贵州省黔西县××乡××村××组,电话:1368511××××。

第三人:中国人民财产保险股份有限公司贵阳市云岩支公司

地址:贵阳市中山东路 123 号

主要负责人:孙××　　　　联系电话:0851－×××××

### 诉讼请求

1. 请求法院依法判决二被告连带赔偿原告各项损失共计××元(包括医疗费××元、误工费××元、护理费××元、住院生活补助费××元、交通费××元);

2. 请求法院依法判决第三人在道路交通事故责任强制保险责任限额范围内将以上费用直接赔付给原告;

3. 本案诉讼费由被告承担。

### 事实与理由

2014 年 8 月 16 日 9 时 30 分,驾驶人彭××驾驶贵 AP××××号轻型普通货车从天平方向沿莲城大道往大转盘方向行驶,途径黔西县城关镇中心医院二分院门口时,因超速行驶碰撞正在公路上打扫卫生的原告李××,造成原告受伤。原告受伤后,于当天被立即送往黔西县中心医院住院治疗,于 2014 年 9 月 4 日出院,共住院 19 天。

另外,彭××驾驶的贵 AP××××号轻型普通货车属于贵州××电力建设工程有限公司所有,驾驶人彭××是该公司的工作人员,在履行职务过程中发生交通事故导致原告受伤。另查,贵 AP××××号轻型普通货车在第三人中国人民财产保险股份有限公司贵阳市云岩支公司投保了交强险,保险期限自 2014 年 6 月 26 日至 2015 年 6 月 25 日。

原告出院后,被告拒不赔偿原告的各项损失,故原告依法诉至人民法院,请法院判决支持原告诉讼请求。

### 证据和证据来源

1. 交警队的交通事故认定书一份。

2. 医院开具的伤情证据。包括入院记录、出院记录、出院小结、病历本、损伤初期和治疗终结后的CT、X片及诊断报告、医药费发票等。

此致

××市××区人民法院

起诉人:李××

二〇一四年七月二十六日

附:1. 起诉状副本4份;

2. 身份证复印件1份;

3. 交通事故认定书复印件1份。

注:1. 事实和理由中应写清合同签订的经过、具体内容、纠纷产生的原因、诉讼请求及有关法律、政策依据。

2. 原告应向法院列举所有可供证明的证据。证人姓名和住所,书证、物证的来源及由谁保管,并向法院提供复印件,以便法院调查。

3. 本诉状适用于被告为法人或其他组织。

# 七　答辩状

## 概念

答辩状是各类诉讼案件中的一审被告人针对原告起诉状的诉讼请求或者二审被上诉人针对上诉人上诉状的上诉请求,根据事实和法律给予回答或者辩驳的文书。根据诉讼性质不同,答辩状可以分为民事答辩状、行政答辩状和刑事答辩状;根据审判程序的不同,又可分为一审程序答辩状(被告人针对原告人的起诉状而提出的答辩)和二审程序答辩状(被上诉人针对上诉人的上诉状而提出的答辩)。

被告人或者被上诉人使用答辩状应诉,行使法律赋予的答辩权,有利于维护自身的合法权益。答辩人可以通过答辩状,揭示事实真相,阐明法律依据,针对起诉状或者上诉状中的不实之词和无理要求予以反驳,进而全部或者部分否定对方的诉讼请求。人民法院则可以通过答辩状了解被告人或者被上诉人的意见和要求,有利于法院全面查明案情、分清是非,做出公正的裁决。

## 格式写法

答辩状由首部、正文、尾部三部分组成。

1. 首部。首部包括标题和答辩人的具体情况。

(1)标题。可按照诉讼的性质,居中写“民事答辩状”“行政答辩状”或者“刑事答辩状”,或写“答辩状”即可。

(2)答辩人的具体情况。包括答辩人的姓名、性别、年龄、职业、住址及联系方式等。如是法人或者其他组织,则写明单位全称、法定代表人姓名、职务;有委托代理人的,写明代理人的姓名、年龄、职业、住址和与被代理人的关系;代理人是律师的,只写姓名和律师事务所名称。

2. 正文。正文包括案由、答辩理由和答辩意见三部分内容。

(1)案由。案由要写明因何案而答辩。一般写为:“因×××一案,提出答辩如下”;或者写为:“因×××与×××(当事人姓名)××××一案(案件性质和类别,如民事赔偿等),根据原告(或自诉人、上诉人、申诉人)提出的起诉状(或自诉状、上诉状、申诉状)答辩如下”;也可写为:“答辩人于××××年×月×日收到你院转来的原告人(或上诉人)因××××一案的起诉状(或上诉状)副本,现提出答辩如下”。

(2)答辩理由。这一部分是答辩状的核心部分,也是答辩人能否胜诉的关键所在,一定要抓住对方诉状的主要问题进行辩驳。可以从以下四个方面入手写作:

①针对事实错误进行辩驳。事实是法院审理案件,做出裁决的根据。错误的事实必然导致判断的失误,因此,答辩状首先要澄清事实,明辨是非,使法院了解真相,以做出公正的裁决。

②针对理由不当进行辩驳。诉状中的理由是具状人对案情事实的分析和判断,与诉讼的胜败关系密切。所以,答辩状可以针对对方理由论证方面的错误予以反驳。如可就其观点是否缺乏根据、援引法律是否不当、结论是否不合逻辑或者论证是否不合情理等,予以指明和反驳。

③针对举证不当进行辩驳。证据是认定案情事实,阐述理由的基础。答辩人如果能发现并能证明对方诉状中有举证失当甚至存在伪证的情况,就可以从根本上否定对方的诉讼请求。

④针对语言逻辑错误进行批驳。诉状中如果有违背事实、事理的情况,在语言表述上一定会出现逻辑混乱、前后矛盾等破绽而难以自圆其说。答辩状应当针对这些错误予以辩驳,以引起法官的重视。

(3)答辩意见。在充分阐述答辩理由的基础上,通过综合归纳,客观而明确地提出自己对处理纠纷的意见和主张。一般也可以分三个层次来写:首先,根据事实与法律,说明自己部分行为或全部行为的合理、合法性;其次,指出对方指控的不实之处和失实程度或其诉讼请求的不合理之处;最后,提出自己的主张,请求人民法院依法公正裁决。

3. 尾部。包括所呈送人民法院的名称、答辩人具名、具状日期及附项。答辩状副本按原告人数提交。

## 注意事项

《民事诉讼法》《行政诉讼法》和《刑事诉讼法》中都有明确规定：法院在收到原告的起诉状和上诉人的上诉状以后，应当在规定的期限内将诉状副本送达被告或者被上诉人；被告人或者被上诉人应当在规定期限内提出答辩状，逾期不提交答辩状，不影响人民法院对案件的审理。因此，对于被告来说，在开庭之前向法院提交答辩状并不是必需的。

【例文】

### 答辩状

答辩人：赵××，男，白族，1980年2月14日生，云南省大理州剑川县人，住云南省大理州××村。身份证号53293××××××××，联系电话××××××××。

被答辩人：李××，男，白族，49岁，住云南省大理州××村34号，系死者李××之父。

被答辩人：刘××，男，36岁，农民，白族，住云南省大理州××村27号。

答辩人就被答辩人李××提起人身损害赔偿纠纷一案答辩如下：

请求事项：

1. 请求驳回原告的全部诉讼请求；

2. 本案诉讼费用由原告承担。

事实和理由：

一、答辩人赵××不应该对李××的死亡承担任何法律责任，所支付的6 000.00元为补偿款而非赔偿款。

1. 被答辩人李××以“事发当天答辩人邀约死者到街上吃饭”为由，要求答辩人承担赔偿责任，没有任何法律依据。答辩人邀约死者到街上吃饭和李××的死亡之间没有直接的因果关系，吃饭并不会必然导致李××的死亡。

2. 2011年4月5日晚上，李××驾驶摩托车自己摔倒致伤后因抢救无效死亡，其死亡完全是自己酒后擅自驾驶摩托车，加之车速过快导致的，和答辩人没有任何法律上的因果关系。

3. 本案原被告三方就李××的死亡达成的协议性质属于补偿协议，而不是赔偿协议。

2011年4月5日晚上，李××驾驶摩托车自己摔倒致伤后，赵××、刘××从朋友角度出发，积极打电话通知其家人，并积极参与了李××从镇卫生所、县医院、州医院的系列抢救工作。李××死亡后，在溪南村委会工作人员的主持下，赵××和刘××从人道主义的角度出发，于2011年4月8日与被答辩人李××就李××死亡问题签订了“协议书”。根据该协议书第1条约定：“赵××、刘××二人自愿一次性弥补李××家属壹万贰仟元(12 000.00 元),每人承担 6 000.00 元”,该协议书明确地载明该 12 000.00 元是“弥补”款,即补偿款,而不是赔偿款。说明在签署该协议时,各方当事人认可这是一份补偿协议,而不是赔偿协议。

二、答辩人李××不顾已经发生法律效力并已经履行的协议约定,再次将此事诉至人民法院,是一种出尔反尔、背信弃义的行为。

根据三方 2011 年 4 月 8 日签订的协议书第 2 条约定:“李××家属无异议,付清弥补资金后,当事三方和睦相处、互相关照,三方签字后,三方不得以任何借口纠缠此事”;据此约定,赵××和刘××进行一次性补偿后,三方不得以任何借口纠缠此事。赵××和刘××已经按照协议履行了补偿款支付义务,意味着三方因李××死亡而产生的民事权利义务关系已经终止。

三、原被告三方签订的补偿“协议书”使原有的法律关系变成了合同关系。

原被告三方于 2011 年 4 月 8 日达成的补偿协议书,双方的意思表示真实、内容合法、赔偿金额合理,符合民事法律行为的要件,具有法律效力,应认定为合法有效,根据《中华人民共和国合同法》第八条规定:“依法成立的合同,对当事人具有法律约束力。当事人应当按照约定履行自己的义务,不得擅自变更或者解除合同。依法成立的合同,受法律保护。”本案当事人三方自愿达成补偿协议,并已实际履行,该补偿协议并不违反我国法律、行政法规的强制性规定,对双方当事人具有约束力,当事人应当依照补偿协议的约定履行相应责任。当事人三方就李××死亡自行达成补偿协议,应视为三方以协议排除了法律规定的侵权损害赔偿责任的适用,三方因自愿协商而达成协议这样一个法律事实,使原有的赔偿法律关系变成了合同关系。因此,本案中三方签订的一次性补偿协议,符合民事法律行为的要件,具有法律效力。三方基于合同关系形成的合同之债,不是侵权之债,应由合同法予以调整。

四、当事人赵××和刘××已经全面、完整地履行了该协议书,意味着原被告三方因李××死亡而产生的权利义务关系已经终止。

协议签订后,如果义务人不履行义务则承担违约责任,如果义务人已将补偿协议履行完毕,那么合同之债权债务关系就随之消灭。本案三方签订的补偿协议对原被告三方均具有约束力,被告既然已经依协议支付相应补偿款,就无须再承担任何责任。

综上所述,答辩人认为:本答辩人对李××的死亡没有任何过错和责任,不应该对李××的死亡承担任何法律责任;本答辩人在李××死亡后,考虑朋友关系,从人道主义的角度出发,与其他两方当事人就李××的死亡补偿问题达成了补偿协议书,该协议书各方意思表示真实、内容合法、赔偿金额合理,符合民事法律行为的要件,具有法律效力,应认定为合法有效;答辩人已经全面、完整地履行了协议约定的补偿义务，当事人三方因李××的死亡而产生的民事权利义务关系已经终止，但被答辩人出尔反尔、背信弃义，在达成补偿协议并获得履行后诉至法院，其诉讼请求违反了我国民法的诚实信用原则，也违反了我国《合同法》第八条的规定，没有任何法律依据，起诉显系滥用诉权，请求人民法院依法予以驳回。

此致

××县人民法院

答辩人：赵××

×年×月×日

注：若答辩人或被答辩人为公司，需注明公司名称、地址，法人代表，职务和联系方式。

## 八　上诉状

### 概念

上诉状是各类案件的诉讼当事人或者其法定代理人，对地方各级法院第一审案件判决不服，依照法定程序，在法定上诉期限内，提请上一级人民法院撤销、变更原审法院的判决或者发回重新审理的文书。根据诉讼性质的不同，上诉状可以分为民事上诉状、行政上诉状和刑事上诉状三种。

上诉状是诉讼当事人行使法律赋予的上诉权的必要手段，也是二审人民法院受理案件的重要依据。通过上诉状，二审法院可以了解上诉人对一审判决在认定事实、适用法律或者是定罪量刑等方面存在的异议、不服的理由及二审诉讼请求。这有助于二审法院辨明是非，及时发现并纠正一审判决出现的错误，从而维护法律的公正与威严，保护当事人的合法权益。

我国的《民事诉讼法》《行政诉讼法》和《刑事诉讼法》都明确规定：诉讼当事人使用上诉状行使上诉权受法律保护；同时还规定，上诉状必须在法定的期限内提出。因此，在一审判决后，当事人如果不服判决并决定上诉，应依照法律规定撰写并呈送上诉状。

### 格式写法

上诉状由首部、正文、尾部三部分组成。

1. 首部。首部包括标题和当事人基本情况。

(1)标题。根据诉讼性质，居中写“民事上诉状”“行政上诉状”或者“刑事上诉状”即可。

(2)当事人基本情况。当事人称“上诉人”和“被上诉人”(用括号注明其在原审中的诉讼地位)，其基本情况的具体项目及写法与起诉状相同，不赘述。

2. 正文。正文由上诉案由、上诉请求和上诉理由三项内容组成。

(1)上诉案由。上诉案由主要写明上诉的缘由，表明上诉人对原审法院的判决或者裁定不服的态度。通常写为：上诉人因××××一案，不服××人民法院××××年×月×日×字第×号民事判决(裁定)，现提出上诉。

(2)上诉请求。上诉请求要针对原审法院的裁定或判决的错误，请求二审法院撤销、变更(或部分变更)原判或者发回重新审理。上诉请求要针对原审判决的不当，不要针对对方当事人；引述原审裁判内容要简明扼要、集中概括，严禁断章取义或者歪曲原意；行文要确切、肯定、简明，不需要详述案情。

(3)上诉理由。这部分要根据事实和法律，紧密围绕着上诉请求对原审裁定或判决的错误展开辩驳。根据案情和一审裁判的不同情况，可从三个方面考虑有的放矢地提出上诉理由：针对原审裁判认定事实不清、证据不足的错误，说明事实真相并提供相应证据；针对原审裁判认定案件性质、定罪量刑或者处罚失当等适用法律错误的问题，以法律为依据提出纠正或者否定的理由；针对原审裁判违反程序的错误，提出要求纠正的事实和法律依据。

3. 尾部。上诉状尾部的项目、写法与起诉状尾部的项目、写法相同，不再赘述。

## 注意事项

上诉的目的是要求纠正一审法院不公正的裁定或判决。因此，上诉状虽然将对方当事人列为被上诉人，但其内容并不是针对对方当事人的，而是针对原审判决或裁定提出异议并予以全部或部分否定。这就要求上诉状的写作，态度一定要鲜明，内容要明确具体、针锋相对，切忌含糊其辞、模棱两可。

**【例文】**

### 民事上诉状

上诉人：北京××有限公司

住所：北京市××区××路×号×号楼

法定代表人：丁××　　　　职务：总经理

委托代理人：刘××，××律师事务所律师　　　　电话：略

上诉人：丁××，男，19××年12月4日出生，汉族，北京××有限公司法定代表人，住××省××市××大街××号××号楼×单元××号　　电话：略

上诉人：刘×，男，19××年×月×日出生，汉族，北京××有限公司工程师，住××市××区××路××弄××号××室　　电话：略

原审被告：王××，男，19××年×月×日出生，汉族，北京××有限公司工程

师,住××市××区××小区×楼×门×号

被上诉人:浙江省××有限公司

住所地:××省××市××区××号

法定代表人:丁戎江　　　　职务:浙江省××有限公司总经理

上诉人不服浙江省慈溪市人民法院2014年做出的(2012)甬慈商初字第××号民事判决书,现提起上诉。

上诉请求:

1. 请求撤销原审判决,依法改判,驳回被上诉人的诉讼请求;

2. 本案诉讼费用由被上诉人承担。

事实与理由:

一、原审决对相关证据的认定明显偏袒被上诉人。

对被上诉人提交的证据A4中的绝大部分认定错误。庭审中上诉人对被上诉人的90份证据与本案无关的进行了分类质证,而判决书只是排除了其中11份证据(见判决书42页),而对另外79份证据则称:"被告方持有异议,但均示举证证明其异议成立,本院对其余的报表予以认定。"该认定将被上诉人的虚假证据当合法有效证据认定,并称上诉人没有证据证明异议成立,借以支持其不合理的诉求,该认定不尊重事实,故意偏袒被上诉人。在庭审中我们向法庭提交的质证意见,白纸黑字俱在,该判决却视而不见,对上诉人的证据、质证意见要么回避,要么否定。而对被上诉人提交的证据除第一部分被法院排除外,其余一律认定,有违司法公正。判决书对下述证据认定均不成立。

1(略)。

2(略)。

综上,原审判决无视客观事实,颠倒是非,将被上诉人出示的伪证或不构成设备质量问题的证据当作合法证据予以采信,对上诉人的正确的无懈可击的质证意见以不成立为由,一否了之。

二、原审判决对鉴定组组成人员及资格能力、鉴定报告的结论认定错误。

(一)对鉴定人员资质和能力认定错误

(略)

(二)判决对鉴定结论分析与认定错误

1. 判决对鉴定方法存在重大缺陷,缺少必要的检材视而不见。

2. 原审判决对鉴定报告的分析结论是错误的。

3. 一审法院脱离鉴定依据,以鉴定组的鉴定计划取代鉴定依据的认定显然是错误的。

三、原审判决解除合同存在严重错误。

该判决称:“讼争系统经鉴定机构鉴定存在质量问题,导致产能受限,生产效率低下。多次维修后,系统依旧存在质量问题……讼争系统的故障实际已不能通过原被告双方自行解决,故合同约定的解除条件已经成就,原告有权解除冷轧机、中轧机的系统的买卖合同,被告应当返回相应的货款”。(判决书65页)该认定存在如下错误:

1.(略)

2.(略)

3.(略)

四、判决被上诉人在诉讼中超期变更诉讼请求违反法定程序

原审法院在庭审已经进行到法庭辩论阶段时被上诉人变更诉讼请求予以准许是错误的。被上诉人在第三次开庭已进入法庭辩论阶段后,向法庭提交了变更诉讼请求申请书,法院也做了送达,但是该变更诉讼请求超过了举证期间,违反了最高人民法院《证据规则》第34条第3款:当事人增加、变更诉讼请求或者提出反诉的应当在举证期限届满前提出,为此,上诉人已提出了书面意见。不可思议的是,判决书却称“重新指定价格期限内变更诉请,未超过法定期限”,重新指定价格举证是单项举证,不能取代证据规则的30天的举证期限,该判决将价格举证期限嫁接到变更诉求上,是张冠李戴,故意偏袒被上诉人。更为重要的是,此次开庭法院也未就变更诉讼请求部分进行审理,就做出了全部解除合同的判决,实属胡判乱断。

五、原审判决存在判决漏判、错判等问题

1.判决书主文第三项判令原告返还给德众通公司设备,那么请问设备已经不是新设备,是否应该恢复原状。按合同法97条2款之规定:“合同解除后,尚未履行的,终止履行;已经履行的,根据履行情况和合同性质,当事人可以要求恢复原状、采取其他补救措施,并有权要求赔偿损失”。在我们的法庭辩论、代理意见中都明确指出,解除合同的法律后果是双向的,要求恢复原状。然而判决书,判令返还的是已使用一年的旧设备,而设备款却是全额返还,这显失公平。

2.原审判决称:被告未就使用费问题提出反诉,双方也未就使用费的问题提供任何证据,本案中对使用费问题不予处理,被告可另行主张。这是不能成立的。①上诉人当庭提出解除合同要赔偿已使用一年多的设备经济损失,庭审有记录、有代理词为证。②最高法关于买卖合同司法解释三:第三十一条规定:买卖合同当事人一方因对方违约而获有利益,违约方主张从损失赔偿额中扣除该部分利益的,人民法院应予支持。按此规定,这不属于反诉内容,应当一并审理做出判决。③按照最高法的审判精神,已使用的设备可以按同类设备租赁费计算,并冲抵设备款。然而,原审法院对上诉人的请求不予理睬,并要求另案起诉,真是岂有此理。

综上所述,原审判决解除合同事实不清,证据不足,适用法律错误,明显侵犯上诉人合法权益。希望二审法院查明事实,依法撤销错误判决,驳回被上诉人的诉讼请求。

此致

××市人民法院

上诉人:北京××有限公司(盖章)

丁××(签字)

刘×(签字)

×年×月×日

# 九 财产保全申请书

## 概念

财产保全申请书是民事案件当事人中享有债权的一方请求人民法院对负有债务的另一方的财产采取强制保全措施(查封、扣押、冻结等)所提交的文书。申请的目的是避免出现负有给付义务的当事人将财产转移、出卖、损毁、隐匿或挥霍,致使判决难以执行或无法执行的情况。财产保全申请书既可以在起诉前出现紧急情况下提出,也可以根据情况在民事诉讼过程中提出。

## 格式写法

财产保全申请书由首部、正文、尾部三部分组成。

1. 首部。首部包括标题和当事人基本情况。

(1)标题。标题写"财产保全申请书"或"诉讼财产保全申请书"均可。

(2)当事人基本情况。包括申请人基本情况和被申请人基本情况,应当写作的项目和写法与起诉状相同,不再赘述。

2. 正文。正文包括案由、请求事项、事实和理由。

(1)案由。应写明申请人申请财产保全的缘由。其中包括申请人与被申请人因何事发生了何种性质的纠纷;申请人已向法院起诉(或即将提起诉讼);申请人认为被申请人一方的行为或者其他原因,有可能使诉讼标的物受损等内容。

(2)请求事项。应简要写明请求人民法院采取的具体保全措施。如查封被申请人的全部或部分财产,冻结被申请人账户(存款)等。

(3)事实和理由。先要陈述事实,应简明扼要地写明纠纷发生的原因,需要保全的财产名称、数量、价值及需要保全的原因;再论述理由,要根据事实做出判断,说明请求财产保全的必要性和迫切性,并写明法律依据;最后要依法写明申请人请求财产保全的担保人、担保物及担保方式。

3. 尾部。尾部包括呈送单位、落款及附项。附项可根据情况，或列举相关证据，或提供要求查封（扣押）的财产的地点、要求冻结资金的开户银行和银行账号等。

## 注意事项

当事人向人民法院提出财产保全申请，应根据有关法规提供担保，同时要注意法律规定的时效。我国《民事诉讼法》规定：人民法院对于可能因当事人一方的行为或者其他原因，使判决不能执行或者难以执行的案件，可以根据对方当事人的申请，做出财产保全的裁定；申请人不提供担保的，驳回申请；人民法院接受申请后，对情况紧急的，必须在 48 小时内做出裁定。裁定采取财产保全措施的，应当立即开始执行。必须特别注意的是：如果是诉前提出财产保全申请，而申请人在人民法院采取保全措施后 15 日内不起诉的，该法院将解除财产保全。财产保全的范围限于请求的范围，或者与本案有关的财物。

【例文】

### 财产保全申请书

申请人：××商贸有限公司
法定代表人：张××
地址：××市××区××大街××号　电话：（略）
联 系 人：王××（139××××××××）
被申请人：××贸易有限公司
法定代表人：李××
地 址：××市××区××大街××号　电话：（略）
联系人：赵××（136××××××××）

申请人已就申请人与被申请人之间因购销合同纠纷，于×年×月×日向你院提起诉讼。由于被申请人有转移财产的可能，特申请采取财产保全强制措施。

请求事项

立即冻结被告银行存款人民币××万元或查封、扣押其相当于××万元人民币的财产。

事实和理由

2011 年×月×日，申请人与被申请人之间订立了购销合同，约定申请人以每件××元的价格向被申请人供应××牌衬衫××万件，货值共计人民币××万元；

同时,约定被申请人在收到货物后30日内将货款给付申请人。合同订立后,申请人依约按期按质供货,但是被申请人却以该货销售不佳、资金困难为由,至今尚欠申请人货款××万元没有付清。为此,申请人已向××区人民法院提起诉讼,请求依法判决被申请人立即给付拖欠的货款及违约金。以上事实,有申请人向人民法院提供的购销合同、双方货款往来的票据等证据材料为证。

如因申请人申请采取保全措施不当,给被申请人造成财产损失,申请人愿承担相应责任。为此,申请人愿以申请人名下的部分资产(详见附件3)作为抵押担保。

此致

××市××区人民法院

申请人:××商贸有限公司(盖章)

法定代表人:张××(签章)

×年×月×日

附:1. 申请人营业执照复印件一份;

2. ××市××区人民法院立案通知书一份;

3. 担保抵押财产清单一份;

4. 被申请人开户银行及账号:××银行;账号:××……××

## 十　仲裁协议书

### 概念

仲裁协议书是当事人双方在争议发生前或争议发生后,专门订立的将某项争议提交仲裁委员会仲裁的书面协议。根据《中华人民共和国仲裁法》(以下简称《仲裁法》)的规定,只有合同纠纷或者财产纠纷才能通过仲裁解决。

仲裁协议书是仲裁机构办理案件的法律依据。任何仲裁机构都不受理无仲裁协议的案件。仲裁协议独立存在,如果合同发生变更、解除、终止或者无效等情况,均不影响仲裁协议的效力。

### 格式写法

仲裁协议书由首部、正文和结尾三部分组成。

1. 首部。包括标题和当事人基本情况。对于标题,居中写"仲裁协议书"即可。当事人基本情况,应写明当事人的姓名、性别、年龄、职业、工作单位和住所等。如果当事人是法人或者其他组织,应当写明单位的全称和所在地址及邮政编码、联系电话,法定代表人或者主要负责人的姓名、职务和联系电话等。

2. 正文。正文是仲裁机关审理案件的依据,应根据《仲裁法》对仲裁协议应当具备的内容的规定，依次写明以下三方面的内容：

（1）请求仲裁的意思表示。可表示为“当事人双方愿意提请××仲裁委员会按照《仲裁法》的规定，仲裁如下争议”。

（2）仲裁事项。要明确具体地写明双方发生争议需要仲裁的事项。可表述为“提请仲裁的事项包括……”

（3）选定的仲裁委员会。由于仲裁没有管辖制度，当事人可以约定全国任何一个依法设立的仲裁机构对其纠纷进行仲裁。可以表述为：“双方当事人一致同意选择××仲裁委员会依据《中华人民共和国仲裁法》及该会的规则，对双方的纠纷做出裁决。”

以上三项内容必须齐备，缺少其中的任何一项都将导致仲裁协议无效。

3. 结尾。包括订立协议人双方签名盖章及协议签订的日期。

## 注意事项

通过仲裁只能解决合同纠纷或者财产纠纷。有些纠纷是不能通过仲裁解决的，如婚姻、扶养或继承纠纷等。另外，劳动争议由各级劳动行政部门的劳动争议仲裁委员会进行仲裁，而不是由根据《仲裁法》成立的仲裁委员会仲裁。因此，当事人约定的仲裁事项不能超出仲裁机构有权仲裁的范围，否则，该仲裁协议无效。

**【例文】**

### 仲裁协议

甲方：××省××市贸易公司

地址：××省××市××路××号　　　　电话：略

法定代表人：王××　　　　职务：经理

乙方：××县××公司

地址：××省××县××路××号　　　　电话：略

法定代表人：于××　　　　职务：经理

当事人双方自愿提请××市仲裁委员会按照《中华人民共和国仲裁法》规定，仲裁如下争议：

双方于2015年3月签订购销鲜蘑合同。在合同履行中，因买方对卖方提供的鲜蘑质量等级提出异议，导致双方发生争议，经协商不成。双方一致同意选择××市仲裁委员会依据《中华人民共和国仲裁法》及该会仲裁规则对双方合同中涉及蘑菇的质量等级和双方如何继续履行合同做出裁断。

本案仲裁手续费用，由双方共同承担。

本协议一式三份，甲乙双方各执一份，呈送××贸易仲裁委员会一份。

此致

××市仲裁委员会

甲方：××贸易公司（盖章）
法定代表人：王××（签字）
×年×月×日

乙方：××县××公司（盖章）
法定代表人：于××（签字）
×年×月×日

## 十一 仲裁申请书

### 概念

仲裁申请书是平等主体的公民、法人和其他组织之间发生合同纠纷和其他财产权益纠纷，一方当事人根据双方达成的仲裁协议（包括合同中订立的仲裁条款和以其他书面方式在纠纷发生前或者纠纷发生后达成的请求仲裁的协议）提请仲裁委员会仲裁，以保护自己合法权益的法律文书。

《中华人民共和国仲裁法》第二十一条规定：当事人申请仲裁应当符合下列条件：①有仲裁协议；②有具体的仲裁请求和事实、理由；③属于仲裁委员会的受理范围。

### 格式写法

《中华人民共和国仲裁法》第二十二条规定，仲裁申请书应当载明下列事项：①当事人的姓名、性别、年龄、职业、工作单位和住所，法人或者其他组织的名称、住所和法定代表人或者主要负责人的姓名、职务；②仲裁请求和所根据的事实、理由；③证据和证据来源、证人姓名和住所。

在法律实践中，仲裁申请书已逐渐形成了比较固定的结构方式和写法，通常由首部、正文和尾部三部分构成，每一部分又有比较固定的相应的内容。

1. 首部。包括标题和当事人基本情况两个部分。

（1）标题，居中写“仲裁申请书”即可。

（2）当事人（即申请人和被申请人）基本情况。应依先后次序写清楚申请人和被申请人的姓名、性别、年龄、民族、职业、工作单位和住所等。如果当事人是法人或者其他组织，应当写明单位的全称和所在地址及邮政编码、联系电话，法定代表人或者主要负责人的姓名、职务、联系电话等。当事人有委托代理人的，应写明代理人的姓名、年龄、职业、住址和与被代理人的关系；若代理人是律师，只写姓名和律师事务所的名称。

2. 正文。包括案由、仲裁请求、事实和理由、证据和证据来源及证人姓名和住所四部分。

(1)案由。可用一句话概括案件的事由,如“买卖合同纠纷”。

(2)仲裁请求。仲裁请求是申请人对有关合同纠纷或者其他财产纠纷的基本主张,体现申请人申请仲裁的目的。如果属于合同纠纷,要明确是要求仲裁合同的有效性、继续履约或解除合同,还是要求对合同的具体内容予以确认或者变更;属于财产纠纷的,要写明申请何种财产权益以及具体数额。另外,可以根据情况要求仲裁费用由对方负担。有多项请求的,应依主次分项写出。

(3)事实和理由。为条理清楚,这一部分可以分开来写。

①事实。应从四个方面写明纠纷的事实:当事人之间的关系;纠纷发生的起因、时间、地点、经过及后果;当事人之间争执的焦点、对民事权益争执的具体内容;被申请人应承担的责任。这一部分的写作要力争做到条理清楚、简明具体、重点突出。

②理由。应根据当事人有关纠纷的事实,阐明纠纷的性质、后果、责任和所依据的法律法规规定,以证明被申请人应负的民事责任以及申请人仲裁请求的合法性和合理性。理由的阐述一定要建立在对事实分析的基础之上,二者之间应有紧密的逻辑关系,做到推理有据,恰如其分,准确恰当,具有说服力。在事实和理由陈述写毕之后,可援引相关法律条文,请求仲裁机构依法仲裁。

严格地说,仲裁属于非诉程序。因此,仲裁申请书在语言表述上,措辞要把握分寸,做到“义正”而不“辞严”,以期与对方仍能继续保持合作关系。

(4)证据和证据来源及证人姓名和住所。要列举证据材料的种类、名称、件数、来源何处;证人的姓名(名称)、单位和住所。

3. 尾部。包括致送机关名称、申请人具名(签章)、制作文书日期及附项(包括与申请仲裁有关的重要材料的正本或复本)。

## 注意事项

写作仲裁申请书时应当注意,只有通过合法方式取得的证据才有证明力。同时,要尽量提供证据原件或者原物,提供原件或者原物确有困难的,应注明所提交的是非原件、非原物,如复印件、影印件等,并且要说明理由。证据可以写在事实和理由之后,也可列在尾部附项附注事项里 。

**【例文】**

### 仲裁申请书

申请人:××省××县××经贸公司

地址：××省××县××路××号
法定代表人：×××；职务：经理
仲裁代理人：×××；××律师事务所律师
被申请人：××省××县××有限公司
地址：××县××路××号
法定代表人：×××；职务：经理
案由：货物买卖纠纷
仲裁请求：
1. 终止合同。
2. 赔偿因被申请人所交货物的低质给申请人造成的损失××万元人民币。
事实和理由：
(……)
基于上述事实，为维护申请人合法权益，根据合同中约定的仲裁条款，特申请××仲裁委员会予以仲裁。
证据和证据来源
1. ××年××月××日申请人与被申请人签订的货物买卖合同；
2. ××年××月××日××食品研究所的质检报告。
此致
××市仲裁委员会

申请人：××县××经贸公司
法定代表人：A
×年×月×日

附：1. 货物买卖合同1份；
2. 质检报告1份；
3. 本申请书副本×份。

## 十二　仲裁答辩书

### 概念

仲裁答辩书是仲裁被申请人针对仲裁申请人提出的仲裁申请书的内容进行答复和辩驳的法律文书。

### 格式写法

仲裁答辩书通常由首部、正文、尾部三部分组成。

1. 首部。包括标题和答辩人的基本情况两部分内容。

(1)标题,居中写“仲裁答辩书”即可。

(2)答辩人的基本情况,写明答辩人的姓名、性别、年龄、职业、工作单位及住址等。答辩人是法人或者其他组织的,则应写明单位全称、所在地址,法定代表人姓名、职务和联系电话等,也可写明申请人的基本情况。

2. 正文。包括案由、答辩意见。

(1)案由。可以写为:“就×××(仲裁申请人)因与我方发生的×××争议向你会提出的仲裁请求,现提出答辩如下”;或者写为:“答辩人于××××年×月×日收到你会转来的申请人×××因与我方之间的×××纠纷而提交的仲裁申请书,现提出答辩如下”。

(2)答辩意见。应针对申请人的仲裁请求,逐项给予明确的答复或者辩驳,清楚地表明自己对案件的态度、主张和理由。具体内容因案而异,可以根据案件从三个方面写:①就事实部分进行论证,指出申请人在申请书中所述的事实错误,提出证据证明事实真相。②就适用法律进行答辩,对申请人在申请书中对相关法律规定援引或者理解的错误据理反驳。③提出答辩主张。在上述答辩的基础上提出答辩人对本案的明确主张,请求仲裁机构公正裁决。

3. 尾部。包括致送仲裁委员会名称、答辩人具名(签章)、制作文书的日期及附项等。

## 注意事项

仲裁被申请人并不一定要在仲裁前提交答辩书。根据《中华人民共和国仲裁法》第二十五条的规定:被申请人收到仲裁申请书副本后,应当在仲裁规则规定的期限内向仲裁委员会提交答辩书。仲裁委员会收到答辩书后,应当在仲裁规则规定的期限内将答辩书副本送达申请人。被申请人未提交答辩书的,不影响仲裁程序的进行。

### 【例文】

**仲裁答辩书**

答辩人(第二被申请人):郑××,男,汉族,19××年××月××日出生,××省××县××镇××东路××号

答辩人(第二被申请人):林××,男,汉族,19××年×月××日出生,××省××县××镇××村××南路××号

仲裁申请人:陈××,男,汉族,19××年×月××日出生,××省××市××区××镇××新城×座×××室

仲裁申请人：王××，男，汉族，19××年×月×日出生，××省××市××镇××巷×××号

被申请人：本答辩书所称的第一被申请人××市××房产代理有限公司，××市××路××号××××大厦××层×座。

法定代表人：王××

答辩人就申请人因与答辩人的争议向你会提出的仲裁请求，提出答辩如下：

一、本案主合同无效，导致保证合同无效。保证人没有过错，依法不承担保证责任和赔偿责任

×年×月×日，两申请人与本案第一被申请人签订合同书，双方就“开盘销售‘××国际商城’费用投入及回报事宜”达成协议，并就该项目的资金投入、回报及运作进行了约定。根据约定，申请人的回报率高达167%以上，且不承担任何风险责任，明显与法律规定的公平、等价等基本原则相冲突，且直接违反了法律的强制性规定，应当认定为无效。依据《担保法》的规定，主合同无效，保证合同也无效，保证人不承担保证责任。并且，主合同是申请人与第一被申请人双方订立，双方就款项专用、甲方（申请人）控管、高回报额进行了约定，因其违反法律的强制性规定而无效，与答辩人无关，答辩人对此不存在过错，也就不存在承担赔偿责任的问题。

因此，仲裁机关应依法驳回申请人对答辩人的仲裁请求。

二、主合同未经仲裁，并对债务人财产依法强制执行，亦应驳回申请人对答辩人的仲裁请求

合同第六条约定：“以上合同乙方如果不能及时归还甲方本金及回报款×××万元的人民币时，担保人应在10天内负责补足付还甲方×××万元人民币”。根据此约定，是在第一被申请人“不能”给付本金及回报后，答辩人才有承担保证责任的义务。依据《担保法》的规定，此种保证方式是一般保证。

依据《担保法》的规定，一般保证的保证人享有先诉抗辩权。保证人在主合同纠纷未经仲裁，并就债务人的财产依法强制执行仍不能履行债务前，有权拒绝承担保证责任。申请人提出的第一被申请人住所变更，致使其要求第一被申请人履行债务发生重大困难，没有事实和法律根据。因此，在本案中，仲裁机关应依法驳回申请人对答辩人的仲裁请求。

此致

××市仲裁委员会

答辩人：郑××　林××

×年×月×日

# 十三　劳动争议仲裁申诉书

## 概念

劳动争议仲裁申诉书，是劳动者与用人单位因双方的权利义务发生矛盾纠纷，又调解不成时，当事人向劳动争议仲裁委员会申请仲裁时使用的文书。

## 格式写法

劳动争议仲裁申诉书一般由首部、请求事项、事实和理由、结尾及附项四部分组成。

1. 首部。包括标题和当事人的身份概况。标题要写明“劳动争议仲裁申诉书”字样。当事人的身份概况包括申诉方和被诉方的姓名、性别、年龄、民族、籍贯、职业、住址或单位名称、单位性质、法定代表人姓名、代理人姓名、职务、地址及联系电话等。

2. 请求事项。请求事项是指申诉要达到的目的和要求，应写明申诉人向劳动仲裁机关提出哪些具体请求，也就是自己权利义务指向的对象，即要求解决的问题。

3. 事实和理由。事实部分主要写明被诉人侵害申诉人合法权益的具体事实，包括时间、地点、动机、目的、方式、手段、行为过程和后果等。尤其要把被诉人违法侵害申诉人合法权益的原因或产生争议的原因及争议的关键性问题写清楚，以便仲裁机关调查取证。理由部分要列举证据、证人证言，援引有关法律、法规来支持和说明维护自己权利的事实根据。

4. 结尾及附项。结尾处分行写明“此致”“××市(县)劳动争议仲裁委员会”字样。落款要签署申诉人姓名、申诉时间。附项部分主要写明“申诉书副本×份、证件×份”等。

## 注意事项

1. 事实和理由部分是劳动争议仲裁申请书的核心部分。在写作时要实事求是，既不夸大，也不要缩小；不要滥用套语和形容词，应力求语言准确朴实，如实地反映情况，突出主要情节，写明因果关系，说理要中肯，举证要有力，援引法律法规要恰当。

2. 提出仲裁要求的一方，应当自劳动争议发生之日起60日内向劳动争议仲裁委员会提出书面申请。仲裁裁决一般应在收到仲裁申请的60日内做出。对仲裁裁决无异议的，当事人必须履行。

【例文】

## 劳动争议仲裁申诉书

申请人：饶××，男，1968年××月出生，湖北省武汉市人，原武汉××有限责任公司员工，住武汉市洪山区××号。

被申请人：武汉××有限责任公司，住武汉市洪山区××。

法定代表人：王××，董事长。联系电话：×××××××××××

仲裁请求：

1. 裁令被申请人因未签订书面劳动合同而应支付申请人加倍工资16 100元；

2. 裁令被申请人支付拖欠申请人2015年6月的工资1 610元；

3. 裁令被申请人出具解除劳动关系的证明；

4. 裁令被申请人支付申请人经济补偿金8 855元；

5. 裁令被申请人因违法解除劳动合同而应支付申请人赔偿金17 710元；

6. 裁令被申请人按社会保险经办机构规定的缴费比例补办补缴申请人2015年2月至2015年6月养老保险，若补办补缴不能，则被申请人一次性支付申请人社会基本养老保险补偿费22 346.7元；补办补缴医疗保险，若补办补缴不能，一次性赔偿申请人医疗保险损失1 442.6元；补办补缴失业保险，若补办补缴不能，一次性赔偿申请人失业生活补助费损失2 887.5元。

事实与理由：

申请人于2015年2月6日进入被申请人处工作。在工作期间，被申请人未与申请人签订书面的劳动合同，未依法为其办理各项社会保险，拖欠申请人2015年6月份的工资。申请人多次要求被申请人为其办理各项社会保险，被申请人一直拒绝。2015年6月期间被申请人以申请人自己每月支付300元的社保费用为条件才为其办社保，申请人拒绝了被申请人的违法要求。同月29日被申请人以申请人拒绝其违法要求为由违法解除与申请人的劳动合同。

现申请人为维护自身合法权益，特向贵委依法提起仲裁。恳请贵委依法裁决。

此致

洪山区劳动争议仲裁委员会

申请人：×××

×年×月×日

附：申请书副本×份；书面证据材料×页。

# 十四　劳动争议仲裁答辩书

## 概念

劳动争议仲裁答辩书是被诉人在收到申诉书后，对申诉人在申诉书中提及的有关仲裁要求提出不同意见并进行反驳，以维护自己的权益时所使用的文书。

## 格式写法

劳动争议仲裁答辩书一般由首部、前言、主体和结尾及附项四部分组成。

1. 首部。应写明答辩人的姓名、性别、年龄、职业、住址及联系方式等。如是法人或者其他组织，则应写明单位全称、法定代表人姓名、职务；有委托代理人的，应写明姓名、年龄、职业、住址和与被代理人的关系；代理人是律师的，只写姓名和律师事务所名称。

2. 前言。写明“根据某劳动仲裁委员会××号应诉通知和提供的申诉书副本予以答辩”的说明性文字。

3. 主体。答辩书的主体，主要是针对申诉人提出的问题，逐一做出回答。在陈述事实、说明问题时，一是要针对性强，切忌离开申诉人提出的问题长篇大论，应当就申诉人提出的问题议论，与案情只有一般关系的问题略写，无关的问题不写；二是可以从有利于保护自己的权利出发，提出必要的反问；三是恰当地运用逻辑推理，增强答辩的说服力；四是根据答辩的内容，附上有关证据，为劳动仲裁机关调查核实提供方便。

4. 结尾及附项。结尾处分行写明“此致”“××市（县）劳动争议仲裁委员会”字样。落款要签署答辩人姓名及时间。附项可列明有关证据。

## 注意事项

根据《劳动法》的有关规定，被诉人应当自收到申诉书副本之日起15日内提交答辩书和有关证据。被诉人没有按时提交或者不提交答辩书的，不影响案件的审理。因此，对于被诉人来说，在开庭之前向劳动争议仲裁委员会提交答辩书并不是必需的。但一般说来，提交答辩书便于仲裁机关了解案情，做出公正的裁决。

【例文】

### 劳动争议仲裁答辩书

答辩人：B计算机有限公司

地址：××

法定代表人：××　　　　　职务：董事长

委托代理人：钟亲元　　　　电话：×××××××××××

对A劳动争议仲裁申诉一案提出答辩如下：

事实与理由：

向贵会申诉之我公司员工A，与其解除合同理由如下：

一、不服从我公司的薪资调整（不同意薪资调整，不愿意重新签订合同）。

二、2014年4月2日及2014年7月21日各记大过一次，同时2014年8月28日值班时睡觉，造成恶劣影响。见证据目录1、2。

根据以上申诉人的综合表现，申诉人A已经严重违反我公司劳动纪律和规章制度，于是我公司于2014年10月6日做出了《终止劳动合同通知》（见证据目录3）的决定，提出将与2014年11月6日与申诉人A正式终止合同，并已经提前30天通知。按照《江苏省劳动合同条例》第二十九条“劳动者有下列情形之一的，用人单位可以解除劳动合同：……（二）严重违反劳动纪律或者用人单位规章制度，按照用人单位规定或者劳动合同约定可以解除劳动合同的；……用人单位按照前款规定解除劳动合同的，应当书面告知劳动者理由。”我公司完全可以直接通知其解除合同，根本不必提前30天通知；现已经提前30天，我公司已经仁义尽至了。

根据《劳动法》《江苏省劳动合同条例》以及双方签订的劳动合同，我公司做出的决定合法合理，有根有据。

关于申诉人提出的加班费，我公司在招聘该员工A时就已经说明并征得申诉人A的同意：其所得的待遇就是按照每天上班12小时，每周工作6天的工作条件相对应的待遇。因此其每个月获得的劳动报酬已经包括了该加班费，即我公司已经支付了平时和周末的加班费；因此不必另行支付。见证据目录5。

关于夜班补助，我公司的薪资里显示了“夜班津贴”，也即夜班补助，也就是说平时每个月的该补助已经包含在发给申诉人的薪资中，已经支付，所以不必再支付。见附件4。

关于“合同终止补偿金”，根据以上申诉人的严重违反我公司劳动纪律的行为，我公司根本不必提前30天通知申诉人终止合同，何况已经提前了30天通知，所以不存在《劳动法》《江苏省劳动合同条例》等有关我公司需要支付补偿金的情况。

最后，敬请仲裁委员会充分考虑我公司之答辩，驳回申诉人提出的所有申诉要求。

此致

××市劳动争议仲裁委员会

答辩人：B计算机有限公司（盖章）

法定代表人：（签章）

委托代理人：（签字）

×年×月×日

# 第九章

# 公关礼仪文书

## 一 公司简介

### 概念

公司简介是向社会介绍公司或企业的历史、现有规模、组织机构、经营范围和管理经营特色等信息的应用文。作为全方位、多角度地介绍公司或企业基本情况的工具,公司简介对于树立企业形象,提升企业知名度,扩大企业影响具有重要的作用。

### 格式写法

公司简介由标题和正文两部分组成。

1. 标题。标题常由企业名称加"简介"组成,也可省略"简介"二字。

2. 正文。正文部分介绍的内容主要有公司的地理位置、公司性质和经营范围、固定资产及建筑面积、生产设施及规模、管理方式与水平、产品特色及获奖情况、员工数量及素质、人才培训情况、在同行业中的位置和企业前景展望等。

以上内容并非缺一不可,可根据公司的具体情况不拘一格、有所侧重地介绍。要突出特点,展示个性,实事求是,充满自信。

### 注意事项

1. 突出专长。公司简介是推销公司形象的工具,一定要突出公司的业务专长,要充分展示公司情况,忌过于简单。

2. 条理清晰。公司简介如果布局不合理,结构混乱,会造成阅读和理解上的困难,引起阅读者的反感,因此,要重点突出,层次分明,交代清楚。

3. 实事求是,忌虚假夸张。

【例文】

### 腾讯公司简介

腾讯成立于1998年11月，是目前中国领先的互联网综合服务提供商之一。成立10多年以来，腾讯一直秉承“一切以用户价值为依归”的经营理念，为亿级海量用户提供稳定优质的各类服务，始终处于稳健发展的状态。2004年6月16日，腾讯控股有限公司在香港联交所主板公开上市（股票代号700）。

通过互联网服务提升人类生活品质是腾讯的使命。目前，腾讯把为用户提供“一站式在线生活服务”作为战略目标，提供互联网增值服务、网络广告服务和电子商务服务。通过即时通信工具QQ、移动社交和通信服务微信和WeChat、门户网站腾讯网（QQ. com）、腾讯游戏、社交网络平台QQ空间等中国领先的网络平台，满足互联网用户沟通、资讯、娱乐和电子商务等方面的需求。截至2015年第四季度，QQ的月活跃账户数达到8. 53亿，最高同时在线账户数达到2. 41亿；微信和WeChat的合并月活跃账户数达6. 97亿。腾讯的发展深刻地影响和改变了数以亿计网民的沟通方式和生活习惯，并为中国互联网行业开创了更加广阔的应用前景。

面向未来，坚持自主创新，树立民族品牌，是腾讯的长远发展规划。目前，腾讯50%以上员工为研发人员，拥有完善的自主研发体系，在存储技术、数据挖掘、多媒体、中文处理、分布式网络、无线技术六大方向都拥有了相当数量的专利，在全球互联网企业中专利申请和授权总量均位居前列。

成为最受尊敬的互联网企业是腾讯的远景目标。腾讯一直积极参与公益事业、努力承担企业社会责任、推动网络文明。2006年，腾讯成立了中国互联网首家慈善公益基金会——腾讯慈善公益基金会，并建立了腾讯公益网（gongyi. qq. com）。秉承“致力公益慈善事业，关爱青少年成长，倡导企业公民责任，推动社会和谐进步”的宗旨，腾讯的每一项产品与业务都拥抱公益，开放互联，并倡导所有企业一起行动，通过互联网领域的技术、传播优势，缔造“人人可公益，民众齐参与”的互联网公益新生态。

（引自腾讯公司官方网站）

## 二　董事长介绍

**概念**

董事长介绍是介绍企业董事长个人情况的实用文书。

## 格式写法

董事长介绍由标题和正文两部分组成。

1. 标题。标题的形式主要有两种：一种是单标题形式，通常由董事长姓名或修饰语加董事长姓名组成；另一种是双标题形式：或由主标题加副标题组成，或由引题加主标题组成。无论何种形式，都力求简洁、贴切、醒目。

2. 主体。主体部分涵盖的内容有：董事长的履历、经营理念、经验成就及所获荣誉称号等。写作中要结合企业发展和企业形象，突出表现人物的精神品质和经营管理理念，力求让个人“名片”成为扩大企业知名度的有力工具。

## 注意事项

1. 条理清晰。在陈述董事长个人业绩时，往往涉及大量的事实，要注意条理性。在介绍其工作经历和教育背景时，可以用倒叙的方式。

2. 注意分寸。在突出董事长业绩的同时，切勿一味标榜个人，独占成绩，以免引起读者的反感。

【例文】

### 张瑞敏：中国家电企业第一位 CEO

张瑞敏，海尔集团公司董事局主席、海尔集团公司党委书记，中共“十四大”“十五大”代表，海尔集团首席执行官。1949 年 1 月 5 日出生，山东莱州人，中国科技大学工商管理硕士，高级经济师。张瑞敏 1984 年出任青岛电冰箱总厂厂长，以“名牌战略”为指导，将一个亏空 147 万元的集体小厂发展成为现在的海尔集团。

张瑞敏先后创造性地提出了诸如“OEC 管理理念”“斜坡球体理论”“企业文化激活休克鱼”“市场链”等多种先进的管理理念，并成功运用到实践中。1995 年，张瑞敏荣获“中国经营大师”称号；1997 年荣获《亚洲周刊》社颁发的“1997 年度企业家成就奖”，张瑞敏是中国内地唯一得主；1998 年 3 月 25 日，张瑞敏将“企业文化激活休克鱼”理论成功搬上哈佛课堂，成为登上哈佛课堂的第一位中国企业家。1999 年，张瑞敏被英国《金融时报》评选为全球最受尊重的企业家，名列第 26 位。

2000 年 6 月，海尔集团对组织体系做出重大调整，张瑞敏由集团总裁改任首席执行官，成为中国家电企业的第一位 CEO。

张瑞敏才思敏捷，博学多才，人称“儒商”。他对待成就的哲学是：“永远战战兢兢，永远如履薄冰。”张瑞敏非常注重以技术创新为核心发展企业，并且身体力行从事科技创新工作。他曾荣获多项国家级、省部级科技进步奖，并担任多家科技管理协会的理事长。在他的带领下，海尔集团的技术创新工作取得了显著成绩。目前，海尔集团已经形成 58 个系列、9 200 多个规格型号的庞大产品群，1999 年共开发新产品287项，申报专利582项，平均每天开发1项新产品，每天申报2项专利。

作为一个热爱企业的企业家，张瑞敏心系海尔。他把题为“新经济时代的网络化海尔”的演讲搬上“高交会论坛”，称一个涉及家电、信息、通信等领域，网络遍及全世界，与全球用户共享新经济时代的海尔世界已经形成。张瑞敏已经实现了他的目标，将海尔带入了世界500强的殿堂。

（摘自 http://zhangruimin.bokee.com/459657.html，略有改动）

# 三 请柬

## 概念

请柬又称请帖，是邀请领导或客人时使用的礼仪文书。在庆祝会、纪念会、联欢会、招待会、宴会、订货会等各种会议及其他商务活动中，都可以通过请柬邀请有关人员，以示主办方的热情和诚意。

## 格式写法

请柬一般由标题、称谓、正文、敬语和落款五部分组成。

1. 标题。标题可写“请柬”“邀请函”或“邀请书”。如果请柬是折页纸，封面写“请柬”二字，封面还要做些艺术加工，如图案装饰，文字用美术体，并可套红或烫金；如果请柬是单页纸，第一行正中写“请柬”二字。

2. 称谓。写被邀请者（单位或个人）的名称。如“××公司”“ ××先生”“××教授”等。称谓一般写在正文之上抬头顶格处；若有信封，称谓可写在信封上，请柬上就不再重复。

3. 正文。正文部分要写清邀请的目的、活动的时间和地点以及需要注意的事项等。为了清楚明白，可分条列项。

4. 敬语。敬语常写“敬请光临指导”“敬请届时出席”或“此致敬礼”等，以示尊敬。

5. 落款。落款处应注明发请柬的单位或个人，并写明发请柬的日期，单位所发的请柬一般需加盖公章。

## 注意事项

1. 写作态度要认真严肃。请柬虽短，但要讲究层次分明，谦恭热情。写作时要反复核对时间、地点和人名等，避免差错。

2. 行文用语要“达”、“雅”兼备。“达”就是通顺、明白，避免堆砌辞藻或套用公式化语言；“雅”就是根据具体场合、内容、对象，采用得体、客气、文雅、热情的措辞。若能恰当夹杂文言词语，更能体现主办方的郑重与品位。

3. 如果有需要被邀请人注意的事项，可在请柬背面注明。

4. 请柬制作后需要掌握好发送的时间。发送太早容易被对方遗忘，太晚又会贻误时间，应根据轻重缓急程度和客人居住地的远近考虑发送时间，尽量使对方有充足的时间赴约。

【例文】

请　柬

××小姐/先生：

仰首是春，俯首成秋，××公司又迎来了她的第×个新年。我们深知在发展的道路上离不开您的合作与支持，我们取得的成绩中有您的辛勤工作。久久联合，岁岁相长。作为一家成熟专业的××公司，我们愿意与您一起分享对新年的喜悦与期盼。故在此邀请您参加××公司举办的新年酒会，与您共话友情、展望将来。如蒙应允，不胜欣喜。

地点：

时间：

××公司敬约

2013 年 4 月 25 日

## 四　欢迎词

### 概念

欢迎词是行政机关、企事业单位领导人在欢迎仪式或宴会上向来宾的致辞，是表示热烈欢迎和美好祝愿的演讲稿。

### 格式写法

欢迎词一般由标题、称谓及问候语、正文、结语等四部分构成。

1. 标题。欢迎词的标题有三种：一是只写“欢迎词”3 字；二是在“欢迎词”前加欢迎仪式或庆典的名称；三是欢迎仪式或庆典名称前再加致辞者的职务和姓名。当然，标题只限于书面刊登，致辞时就不必宣读了。

2. 称谓及问候语。称谓前要用敬辞，并写全称，如“尊敬的××董事长阁下”、“敬爱的××先生”等。如果来宾来自不同的方面，要一一顾及，应使所有来宾都能感受到欢迎仪式的亲切、庄重和热烈。称谓之后通常加问候语“你们好”。

3. 正文。正文的写法灵活多样，一般包括如下三项内容：

(1)欢迎。首先要表明自己的身份和代表谁(个人或团体或二者兼有)致辞,接着对来宾的到来表示欢迎。

(2)致谢。回顾交往历史,畅叙合作经历,表达真挚谢忱。

(3)祝愿。展望合作前景,表达美好祝愿。

4. 结语。再次向客人致谢。

欢迎词的写作要求是:突出尊敬之意,感情真挚,用语通俗流畅。

## 注意事项

1. 体现热情诚恳。撰写欢迎词的正文,语言要朴实、热情、简洁,语气要亲切、诚恳,感情要真挚,宜多用短句,言辞应力求格调高雅。

2. 注重短小精悍。回顾以往的叙述要简洁,议论不要过多,力求精当;对主要宾客的赞颂和评价要热情、中肯。可以有适当的联想与发挥,但是整个篇幅不宜过长。

3. 营造友好气氛。如果来宾的意见、观点与主人不一致时,可恰当采用委婉语或者模糊语句,坚持求同存异的原则,多谈一致性,不谈或少谈分歧,尽力营造友好和谐的气氛。

【例文】

**A公司董事长×××致市政府有关领导和合作伙伴的欢迎词**

尊敬的市政府领导、各方合作伙伴代表:

欢迎你们出席本公司成立20周年庆典暨新一届董事会就职典礼。我们十分高兴地迎接你们的到来。在此,我谨代表本公司,向各位领导和各方合作伙伴代表,表示热烈的欢迎和衷心的感谢!

中国改革开放以来,广州的经济、社会获得了巨大的发展,焕发出勃勃生机,本公司是一家中外合资的企业,20年来的风雨历程,造就了20年来的辉煌业绩。此次庆典活动我们将以"为企业创造价值"为主题,让我们共同回顾本公司在20年来所经历的风风雨雨、所取得的辉煌成绩。

本公司的发展,除了公司全体成员的支持与我们自身的努力外,离不开各方,特别是市政府领导、合作伙伴B公司、D公司和C公司等的资助与支持。我们真诚地希望,通过举办本公司成立20周年庆典暨新一届董事会就职典礼,与你们共同分享我们的成果,推动广州经济的发展,增进我们各方的友谊和交流合作。

我相信,我们将会进一步地健全机制、提升理念、强化落实,不断优化企业发展环境,提高企业工作质量,团结和带领公司全体人员扎实工作、激情钻研,推进我公司业绩再上新台阶。

祝各位身体好、工作好、家庭好、事业好、一切安好！

谢谢！

×××

20××年×月×日

## 五 欢送词

### 概念

欢送词是行政机关、企事业单位、社会团体或个人在公共场合欢送友好团体回归或亲友出行时致辞的讲话稿。其主要功用与欢迎词除应用的时间、场合不同，并无实质性的区别。除内容外，写法与欢迎词大致相同。

### 格式写法

同欢迎词一样，欢送词也由标题、称谓、正文和落款组成。

1. 标题。标题的写法一般有两种：第一种，单独以文种命名，如“欢送词”；第二种，由活动内容和文种名共同构成，如“在××研讨会闭幕式上的欢送词”。

2. 称谓。称谓要写在开头顶格处。要写出宾客的姓名称谓。如“尊敬的各位先生们、女士们”，“亲爱的×××大学各位同仁”。

3. 正文。欢送词的正文一般由开头、主体和结尾三部分构成。

(1)开头。开头通常应说明此时在举行何种欢送仪式，发言人是以什么身份代表哪些人向宾客表示欢送的。

(2)主体。这一部分要回顾和阐述双方在合作或访问期间在哪些问题和项目上达成了一致，取得了哪些突破性的进展，陈述本次合作交流中给双方带来的益处，阐述其深远的历史意义。私人欢送词还应注意表达双方在共事合作期间彼此友谊的加深增进，以及分别之后的想念之情。若为朋友送行，还要加上一些勉励的话。

(3)结尾。通常在结尾处再次向来宾表示真挚的欢送之情，并表达期待再次合作的心愿。亲朋远行尤其要表达希望早日团聚的惜别之情。

4. 落款。欢送词在落款处要署上致辞的单位名称、致辞者的身份、姓名，并署上成文日期。

### 注意事项

1. 体现惜别性。欢送词要表达亲朋远行时的感受，所以依依惜别之情要溢于言表。当然，格调也不可过于低沉，尤其是公共事务的交往更应把握好言辞的分寸。

2. 突出口语性。同欢迎词一样，口语性也是欢送词的显著特点之一。遣词造句应注意使用生活化的语言，使送别既富有情趣又自然得体。

3. 体现谦诚性。要根据宾客身份选用恰当的尊称，语言要热情、友好、温和、礼貌，感情要真挚、诚恳，措辞要慎重，尊重对方的风俗习惯。

4. 注意简洁性。欢送词要言简意赅，篇幅不宜过长。

【例文】

### 欢送词

尊敬的各位来宾，女士们、先生们：

今天是我校德高望重的老领导、桃李满天下的老教师×××同志的退休喜宴。在这样喜庆的美好时刻，我代表××县××中学、代表×××校长，向光荣退休的×××校长表示崇高的敬意！向前来祝贺的各位来宾表示深深的谢意！

一支粉笔两袖风华，三尺讲台四季晴雨，滴滴汗水滋润桃李芬芳满天下。×××校长既是我们的同事，又是我们的长辈，更是我们的老师。从他的身上，最能体现××中学教师的精神，最能看到××中学的成就与辉煌。

×××校长1972年4月投身教育事业，踏上了为师从教的漫漫人生路。从那时起，他就扬起了理想的风帆，勇敢而坚定地摇动着人生的小舟，历经时代变迁的风浪，紧跟教育发展的步伐，终于声闻遐迩、功成名就。我们为我们有×××校长这样一位师长而倍感骄傲和自豪！

×××校长几十年如一日，为××教育做出了巨大的贡献。××中学的每一项成就，××中学的每一个变化，××中学的每一次发展，都饱含着×××校长的心血和汗水。不管是在教学岗位上还是在领导岗位上，都兢兢业业，甘于奉献，像春蚕吐尽心中的爱，像红烛燃放心中的情。“倾尽丹心育桃李，奉献韶华铸师魂。”他以无私的奉献和缤纷的桃李赢得了社会的尊敬。让我们再次用最诚挚的谢意，感谢×××校长对教育的倾注和执着，对学校的关心和厚爱！

××教育的兴盛，决然离不开这样无私奉献的人民教师！××人民的记忆，也决然忘不了这样辛勤付出的人民教师！尊敬的×校长，学生、家长、学校、社会将永远不会忘记您！

退休教师的今天就是我们在职教师的明天，我们要始终把退休教师工作摆在重要位置，努力使老同志老有所养、老有所为、老有所学、老有所乐。同时，也希望老同志一如既往地关心、支持教育，继续为××中学的教育改革、教育发展做出新的贡献。我们坚信，有退休教师的关心支持，有在职教师的辛勤耕耘，有全校上下的共同努力，××中学的明天一定会更加美好！

尊敬的×校长,××中学永远是您的家,欢迎您常回家看看! ××中学全体师生感谢您为学校发展所付出的心血和努力。我们一定会传承文明的薪火,不辜负您的殷切期望,为把××中学办成人民满意的学校而不懈努力!

祝×校长身体健康,心情愉快,福如东海,寿比南山!

×××

××××年×月×日

(引自 http://www.lz13.cn/zhufuyu/56281.html)

## 六 开幕词

### 概念

开幕词是在重要的论坛、展会或商务会议开始时,主要领导人或德高望重的权威人士的致辞。开幕词是会议的序曲,它为会议定下了总的基调,也体现了会议的中心内容。

### 格式写法

一则得体精妙的开幕词,可以给会议带来一个良好的开端。开幕词一般由标题、称谓、正文三部分组成。

1. 标题。标题有两种写法:一种是会议全称加文种"开幕词",标题下面注明开会时间,外加括号,在下面写上宣读人的姓名;另一种是把宣读人姓名写进标题中去。

2. 称谓。标题下第一行顶格写称谓,通常加敬语。

3. 正文。正文包括开头、主体、结尾三部分。

(1)开头。以"你们好"之类的问候语开头,然后宣布会议正式开幕。有时还要交代会议筹备工作和说明参会人员的情况,或者介绍出席会议的领导和来宾姓名,并对他们表示欢迎。

(2)主体。主体部分是开幕词的中心,一般围绕三项内容展开:①概括说明召开会议的历史背景,简要回顾过去;或者是概括当前形势,讲明召开会议的意义所在。②说明会议的中心议题,宣布大会的议程。③阐明会议的指导思想,以便于与会者交流讨论。上述三项可以根据会议的需要取舍,突出其中的一部分或两部分。

(3)结尾。向与会者发出倡议,并就会议做出预示性的评价,最后以"预祝大会圆满成功"作结。用语要简短有力、热情洋溢。

## 注意事项

1. 内容详略得当。撰写开幕词一定要把握会议的性质,着重阐述会议的特点、意义、要求和希望,对于会议本身的情况如议程介绍等,则只需概括说明,点到为止。

2. 行文热情明快。整篇开幕词的行文要明快、流畅,语言要坚定有力,充满热情,富于鼓动性。结语一般都要使用“祝大会圆满成功”等祝颂语。

【例文】

### 开幕词

尊敬的各位专家、各位同道、朋友们:

大家上午好!

今年北方的春天,比以往来得慢了半拍,但急诊医学的春天依然如期而至了。一年一度的“北京协和急诊医学国际高峰论坛”再一次迎来了来自全国各地的专家和朋友们。

首先,让我代表大会主席于学忠教授以及大会组委会对各位领导、专家和朋友们的莅临表示诚挚的感谢和热烈的欢迎。

昨天是阴历“三月初三”,是风筝放飞的日子。中国人很喜欢“三”这个数字,因为它是基本数字中的最大数,从四开始,就可以分为两个数的乘积。正因为这样,“三”字倍受青睐。以“三”开头的成语很多,三阳开泰、三年化碧、三生有幸、三顾茅庐,还有一个大家更熟知的词,叫:三十而立。

今年,就是包括北京协和医院急诊科在内的很多急诊科的“而立之年”。正因为这样,今年的年会,将不只是一次学术的盛筵,更是我们而立之年“温故知新,开创未来”的里程碑,是我们将急诊医学向更高处放飞的新起点。

三十年前,也是在百花即将开放,万物即将复苏的早春时节,一群怀着共同梦想、勇于创新的医务人员,在卫生部的大力支持下,开启了“急诊医学”的篇章。三十年的风风雨雨,三十年的跌宕起伏,急诊医学经历了自然灾害、瘟疫侵袭,急诊人承受了发展历程中的误解、责难。10 年前抗击 SARS,急诊人就曾展示了非凡的战斗力;而今天我们又战斗在抗击 H7N9 病毒的第一线。试想,哪个 H7N9 的病人没有经过急诊科这一关?上海陆一鸣教授等专家,就因为这样一个特殊事件,今天无法到会。但是我们知道,这正是考验我们的时候,我们更知道:不经历风雨,怎么能见到彩虹!

三十年后的今天,我们看到了一个个腾飞的急诊科,看到了蓬勃发展的急诊医学,看到了精神抖擞的急诊人。急诊医学已经成为医学领域中一个成熟的、负责任的大学科。急诊人成为医院里名副其实的特种兵!

小时候，我曾看过一本书，叫作“成功的秘密”，里面列举了全球各著名人士的成功年龄——30～40岁。因为在这个年龄段，我们的记忆力尚好，我们的理解力最强，我们的精力旺盛，我们身体强壮。三十岁的急诊医学，我们明确了前景，我们积攒了经验，我们捋清了关系，我们凝聚了人气。荆棘坎坷，我们毅然前行；风霜雪雨，我们昂首高飞。

相信在大家的共同努力下，我们的前途会越来越好，我们的事业会越来越强。

最后，预祝大会圆满成功。祝各位专家、代表在京期间健康快乐！

谢谢大家！

（引自 http://blog.sina.com.cn/s/blog_8f5c60d90101ctxw.html）

## 七　祝酒词

### 概念

祝酒词是在酒席宴会的开始，主人对来宾表示热烈的欢迎、亲切的问候、诚挚的感谢、衷心的祝愿等内容的应酬之辞。祝酒词的结构形式有简约型和书面型两种：简约型多用一两句精粹的词语，把自己最美好的祝愿表示出来，有时也可以引用诗句名言来表达自己的心意，另一种文章式祝酒词全文由标题、称谓、正文和祝愿语等内容构成；书面型可以直接写为“祝词”、“祝酒词”等，也可以由讲话者姓名、会议名称和文种构成，如“×××在××会上的祝酒词”、“×××在××宴会上的讲话”等。

### 格式写法

1. 标题。标题直接写“祝酒词”即可。

2. 称谓。标题下一行顶格写称谓，通常加敬语，如“尊敬的×××”。

3. 正文包括三部分：①致辞人（或代表谁）在什么情况下，向出席者表示欢迎、感谢和问候；②谈成绩、作用、意义；③展望未来，对面临的任务、使命充满信心。

4. 结尾。结尾常用“请允许我，为×××（谁）或×××××××（什么事）而干杯”等惯用语。

### 注意事项

1. 突出祝愿性。主要表达祝愿合作成功或祝愿未来更美好、幸福等内容。

2. 语言口语化。语言要简洁、风趣，用令人轻松愉悦的口语，要与宴会的热烈气氛相吻合。

【例文】

## 学院院长2016年新年晚会致辞

尊敬的各位来宾,老师们,同学们,校友们:

大家晚上好!

北国正是雾雪时,南疆如春暖意浓。今天,我们欢聚一堂,回顾2015年成长的点滴,迎接2016年新的希冀。

我谨代表××学院,向遍布世界、心系学院发展的广大校友,向兢兢业业、辛勤工作的全体教职员工,向刻苦求学、热爱生活的莘莘学子,向关心支持北大成长的各界朋友,致以亲切的问候和诚挚的谢意!并祝大家圣诞快乐,新春如意!

在即将过去的2015年里,在全体师生和社会各界的鼎力支持下,我院各项工作不断完善,在打造世界一流的商学院的道路上又迈出了重要的一步。

这一年,我院的教师队伍进一步壮大。现在全院已有54名全职教师,其中外籍教师23人,占总数的43%。我院的学生队伍也在进一步壮大。在校全日制硕士生数量达到930名。学院国际化水平进一步提高。今年入学全日制留学生43人,另有73名来自世界各个院校的交换生来我院求学。目前,我院在校国际学生已达172人,其比例在全国商学院中名列前茅。众多国外商学院来访探讨深入合作事宜,与我院签约合作的国际院校已达到97所。

这一年,学院举行了多场高水平的学术交流活动,邀请海内外优秀学者来我院举办讲座。学院师生与各界知名学者一起深入探讨国内外经济与金融问题,不仅开阔了师生的学术视野,也提升了学院的影响力。金融实验室正式启用,实验室配备了全国领先的数据库与终端,为促进师生在经济金融学科的教学与科研提供了最好的条件。

这一年,我院EMBA代表队出征第十届商学院戈壁挑战赛"戈十",取得A队第13名的佳绩,在戈十新军中名列第一,并捧得全员完赛的沙克尔顿奖第一名。我院全日制硕士同学获得了深研院趣味运动会的团体第一名,在体育赛场上大放光彩。MBA师生经过激烈拼搏,在与其他七所大学的竞争中脱颖而出,获得了明年参加亚太地区商学院沙漠挑战赛的资格。我院师生跑了深圳马拉松,"红色军团"点燃了深圳的冬天。由我院留学生担任主力的北大深研院足球队在大学城运动会中所向披靡,横扫球场,奋勇夺冠。

无论是国外的学术竞赛、案例大赛,还是体育文娱活动,我院的同学们活跃在各种赛事上,挥洒汗水,收获荣誉。他们的成功是商界军校培养学生宽阔视野、综合能力、健康体魄、坚强意志的一个缩影。

相比精彩纷呈、热闹非凡的2014年,即将过去的2015年是相对平静的一年。

但平静并不意味着停顿。在十年院庆之后，我院将更多的精力用于反思、整顿和提升。快速发展的十年中，我院取得了很大的成绩，但也存在很多的不足。面对国际国内的变化，我院也面临更多的挑战。

过去的一年里，学院整顿了 EDP 部门的工作，加强了对培训工作和学员社团的管理，更加注重企业家培训项目的质量，努力使之成为我院创建世界一流商学院的重要组成部分。学院对 MBA 项目进行了必要的调整，使之更国际化、更具特色。我院加强了全院规章制度的完善和落实，各方面的工作更加井井有条。我院继续坚持“商界军校”理念，在学术道德方面，在遵纪守信方面，在拒绝浮躁、端正学风方面，严格要求，一丝不苟，对于任何的不当行为，坚决制止，严肃处理，毫不留情。这样做不仅是为了更好地教育与培养学生，也是为了更好地推动社会的进步和发展。

一所优秀的商学院，要在“能”、“智”、“体”、“德”四个方面注重对学生的培养。所谓“能”，是解决问题、发展事业的知识和能力，包括各种职业需要的课程和经历。这是一所商学院最基本的功能，也是大多数商学院能够做到的。所谓“智”，指的是这些职业能力背后的知识和智慧。我院的学生不但要知道怎么做，还要知道为什么这么做。这些课程看起来不那么实用，但都是决定学生眼界心胸，培养未来领袖所必需的。一流大学的商学院都会强调这一点。所谓“体”，是学生的身体和精神状态。蔡元培老校长说，“完美人格，首在体育”。这里的“体”，不是指体育成绩，而是强调强健的体魄和充满激情的拼搏精神。这也是我院坚持军训、积极参与各项团体竞赛的原因。一个成功的人，必定是一个强健的，乐观的，充满正能量、敢于拼搏的人。否则，再多的知识和技能也缺乏载体来实现。现在，越来越多的商学院开始注重这一点。所谓“德”，指的是一个人的道德修养，素质情操。“诚信”“公正”“荣誉”“责任”“理想”“奉献”，这些都是未来领袖和商界精英的最重要的素质，也是人生成功的最高境界。只有真正的一流商学院会强调这一方面，而北大××学院就是这样一所一流的商学院。

培养学生的“能”“智”“体”“德”，既是一流商学院使命的四个方面，也是商学院水平的四个层次。我坚信，企业和社会不仅需要有知识有能力的人，更需要有理想有激情有责任的人。我院一定要在这四个方面继续努力，为社会培养德、体、智、能全面发展的商界领袖和社会精英。

每年新年晚会都是对过去一年的回顾与总结，对新一年的寄语与展望。今年的主题是“信念·情怀”，希望全院师生坚定创建“商界军校”信念，以坚实的脚步实现我们的梦想，更希望大家不忘情怀，以青春的激情来坚持我们的信念。

坚定的信念源于对理想的执着、对事业的热爱和永不言弃的精神。在新的一年里，我们要坚定信念，不忘初心，以北大××人的情怀，继续办好中国独树一帜的商界军校。

2016年，我院将进一步改进教学、推动科研，办好与中国留美经济学会一起主办的国际论坛以及其他高端学术会议。全体师生要充分利用学院优越的教学设备和金融实验室资源，开展创新型教学科研。我们要把握时代脉搏，钻研前沿课题，多发表高质量的学术论文和科研报告，在学术发展中取得更大的进步。

2016年，我院将进一步重视学生的综合素质教育。在学生培养工作中，建立一整套有特色的培养流程，坚持扎实的理论功底，提高他们的国际竞争力，还要致力于学生的品德素质和礼仪教育，加强学生领导力及团队精神教育，打造具有北大××特色的高素质国际化人才。

2016年，我院要加快国际化建设的步伐，提高我院的国际影响力。我院将从国际上聘请更多有所建树的杰出教师，招收更多文化背景不同的留学生，举办更多的国际研讨会，邀请更多海内外优秀学者前来学术交流，广泛开展国际交流活动，积极参与全球商学院的认证工作。

2016年，我院要进一步提升管理能力和服务水平、强化校友工作，加强校企关系，做好对教学科研的支持工作。

总而言之，我希望明年的年会上，我可以有更多的好消息向各位老师、同学和嘉宾们汇报。

老师们，同学们，朋友们！

回首过去，心潮澎湃，展望未来，任重道远。我们身处的时代，是呼唤人才也造就人才的时代；我们投身的事业，是挥洒青春也成就青春的事业。宏图已绘就，号角已吹响；壮志在心头，扬鞭在脚下。让我们在新的一年里，珍惜荣誉，勇担责任，坚定信念，满怀豪情，再创新一年的辉煌，用激情与智慧共同谱写××学院未来的华彩乐章！

最后，祝大家在新的一年里身体健康，生活幸福，万事如意！谢谢！

（引自 http://www.5ykj.com/Article/yjzcjqzc/151997.htm，有删改）

## 八　答谢词

### 概念

答谢词是指在特定的公共礼仪场合，主人致欢迎词或欢送词后，客人所发表的对主人的热情接待和给予的关照表示谢意的讲话。答谢词也是指客人在举行必要的答谢活动中所发表的感谢主人的盛情款待的讲话。

### 格式写法

答谢词一般包括标题、称谓和正文三部分。

1. 标题。标题分为完全性标题与省略性标题。完全性标题由致辞人＋事由＋

文种构成,如“×××在×××会上的答谢词”;省略性标题由事由+文种构成,如“在××研讨会上的答谢词”;有的只写文种,以“答谢词”作为标题。

2. 称谓。称谓是对答谢对象的称呼,一般用“同志们”、“朋友们”或“女士们、先生们”,有时前面还要加“尊敬的”、“亲爱的”等。

3. 正文。正文要叙述双方之间的交往和友谊,强调对方所给予的支持和帮助,并表明对巩固和发展友谊与合作的打算和愿望等。结尾则再次表示感谢,并表示良好的祝愿。

## 注意事项

答谢词的写作要真挚热情、礼貌周到,写作的重点是表达对主人的真挚感谢之情。正文部分一般先用具体的事例,对主人所做的一切安排给予高度评价,对主人的盛情款待表示衷心感谢,对访问取得的收获给予充分肯定;然后谈自己的感想和心情,例如,颂扬主人的成绩和贡献,阐发访问成功的意义,讲述对接待单位的美好印象等。答谢词的结尾,主要是再次表示感谢,并对今后双方关系的进一步发展表示诚挚的祝愿。

【例文】

### 田冲长篇小说《迷局》研讨会答谢词

尊敬的蒋惠莉书记、贾平凹主席,北京、贵州专程而来的导演、编剧、制片人,在座的各位领导、专家、企业界、新闻界的朋友们:

大家好!

作为一名青年作家,出版了一部长篇小说,能得到各位领导、专家、教授们的关注,并由文学神殿般的陕西省作家协会为我主办,由有着浓厚学术气息的高等学府西北大学现代学院为我承办这次研讨会,我感到非常荣幸和激动。我代表我本人以及我的家人,对各位领导专家和远道而来的朋友能在百忙之中参加这个研讨会,表示崇高的敬意与真诚的感谢!

我从小热爱文学,在18岁读高中的时候开始发表文学作品。一直以来,我对文学是执着的,对文字是敬畏的,参加工作二十多年来,我在繁杂的工作之余一直坚持着自己的文学梦想。这部长篇小说《迷局》,从1993年“陕军东征”我准备素材大量阅读文学作品开始,历经1997年的动笔写作完成初稿,2000年以后在5家报纸和刊物以及多家网站连载发表,接受市场和读者的检验,之后我又多次修改打磨,在2014年出版,不到一年时间印刷3次,又被3家报刊连载。能取得这些成绩,我要感谢陕西省作家协会,感谢文学院,感谢路遥、陈忠实、贾平凹等陕西这片热土上的前辈作家们对我的引领和影响,他们犹如启明星,指引着我在文学的道路上前行，使我在文学的道路上看到了希望和光明。感谢出席这次研讨会的陕西乃至全国很多评论家、作家、编剧、导演和读者们对我的支持帮助与厚爱，我会认真听取这次研讨会上专家学者的建议和批评，使自己的下一部作品再上一个新台阶，不辜负各位专家们的期望。我要感谢多年来无数报刊编辑对我的作品的斧正。也感谢为这次研讨会提供各种帮助的承办单位西北大学现代学院刘家全院长、王好学副院长，感谢绿迪集团董事长黄一钊先生、西安众和餐饮小杨烤肉总经理杨书会、武夷山秀水云台茶业有限公司董事长谢晓俪女士、总经理陈嘉亮先生，以及陕西聚美丰餐饮服务有限公司董事长晁邦、迪克集团陕西迪克电气有限公司董事长徐世隆、中房博越北京科技文化传播有限公司总经理刘瑞、陕西华龙天成投资控股集团公司董事长成家全、西安合欣广告文化传播有限公司董事长马潇逸、丹凤真草堂足道中心董事长雷龙军、陕西百家悦餐饮文化传播有限公司董事长张晓明、西安凯鸽动物药业有限公司董事长王军、西安微云商贸有限公司董事长刘兴、西安富士得化学衍生物有限责任公司董事长侯卫东先生，以及任卫卫、王永立、杨荣凯、王忆唐先生、徐海燕女士等朋友给我提供的各种各样的支持与帮助。感谢著名书法家李杰民、史星文、卫双良、李和生、呼延小舟、王即之先生，画家邵泳、张新彦先生，对我的支持与帮助。对于你们的帮助，我永远铭记于心。我还要感谢媒体朋友们长期以来对我的支持与帮助。希望你们一如既往地支持我，支持我们的文学事业！

写作早已成为我生命的一部分，在写作的道路上，我会坚定地走下去。我感恩这些亦师亦友的作家、评论家，你们对我作品的解读与评判，你们的真知灼见，你们的智慧火花，对于我的文学创作，具有重要的指导意义和鞭策作用。有你们的陪伴与指导，我的文学之旅会充满阳光！

再次表示最真诚的感谢！

田冲

（引自 http://mt. sohu. com/20150726/n417549519. shtml，有删改）

## 九 贺 信

### 概念

贺信是在喜庆仪式、隆重典礼或其他重大商务活动取得成功时表示庆贺之意的礼仪文书。在商务活动中，贺信对于联络情感、加强合作具有十分重要的作用。

### 格式写法

贺信的内容包括标题、称谓、正文、落款四部分。

1. 标题。一般只写“贺信”二字，也可以“致××公司的贺信”的形式为题。

2. 称谓。顶格写被祝贺单位或个人的称谓。

3. 正文。正文包括开头、主体、结尾三部分内容。

(1)开头。常用“值此……之际”,或“欣闻……特代表……向……致以热烈的祝贺”开宗明义。

(2)主体。先简述商务形势,再重点评述对方的业绩及其重大意义和影响。

(3)结尾。常以“谨祝取得新的、更好的成绩”一类祝福语结尾。

4. 落款。包括署名及日期。

## 注意事项

1. 体现时代性。结合当前形势,说明对方取得成绩的背景,或者某个重要会议召开的历史条件。

2. 讲究针对性。要写清楚祝贺的原因,概括说明对方在哪些方面取得了成绩,分析成功的主观原因和客观原因。贺寿的贺信,还需要概括说明对方的贡献及其高尚品质。

3. 突出祝愿性。要由衷地表达诚挚的慰问和祝福,并提出希望和号召。结尾部分常常用“祝取得更好的成绩”“祝愿前景更美好”“祝您健康长寿”等惯用语。

【例文】

### 贺信

中铁五局集团第一工程有限公司:

由贵公司承建的河北省承秦高速公路秦皇岛段程家沟隧道于2012年3月27日上午9时18分胜利贯通,在此,特向你们表示热烈的祝贺,并向所有付出辛勤劳动、努力工作的工程建设者致以崇高敬意和诚挚问候!

程家沟隧道于2010年6月1日开工建设,贵公司项目经理部的领导、工程技术人员以及广大施工人员科学组织,精心施工,战酷暑,斗严寒,不分昼夜,加班加点,克服了地形地质条件复杂、渗水严重等种种困难,历经660个日夜,程家沟隧道双线胜利贯通。施工中项目经理部强化安全生产管理,狠抓安全防护措施落实,大力开展“平安工地”建设活动,2011年5月,十一合同被交通运输部提名为首批部级“平安工地”示范项目,为承秦高速公路秦皇岛段工程建设树立了良好形象。程家沟隧道是河北省承秦高速公路秦皇岛段的控制性工程,程家沟隧道的贯通,为实现2012年按期建成通车的目标奠定了坚实基础。

希望中铁五局一公司十一合同项目经理部全体建设者继续发扬攻坚克难、事争一流的优良作风和精神,进一步加强工程管理,坚持精细化施工,创先争优,奋力拼搏,再创佳绩,圆满完成全部工程建设任务。为把承秦高速公路秦皇岛段建成一条“工程优质，生态环保，景观优美”的和谐之路，为河北省的高速公路建设事业，为促进沿线经济社会发展做出应有的贡献。

××省高速公路承秦筹建处
二〇一二年三月二十八日

## 十　倡议书

### 概念

倡议书是由重要会议（论坛）、公司、企业或个人公开提出某种建议，发动、鼓励有关人员共同完成某项任务或开展某项活动时所使用的文书。倡议书具有广泛发动群众，群策群力，共同奋斗的作用。

### 格式写法

倡议书一般由五部分内容组成。

1. 标题。在倡议书上端的中间，标明“倡议书”3 个字，也可在“倡议书”3 个字前概括倡议的内容。

2. 称谓。根据受倡议对象选用不同的称谓，有的倡议书不再另起行专门写受倡议对象，而是在正文中指明。

3. 正文。先总述倡议的根据、原因、目的和意义；然后分条列出倡议的具体内容。可以分成两部分：第一部分要写明在什么情况下，为了什么目的，发出什么倡议，倡议有哪些作用、意义。倡议书的发出旨在引起广泛响应，只有清楚地说明举行此次倡议的目的，人们才会理解、信服并自觉行动。第二部分写明倡议的具体内容和要求做到的具体事项，如应开展怎样的活动、做哪些事情、具体要求是什么、价值和意义是什么等都必须一一写明。此外，倡议的具体内容最好分条列项写出，这样清晰明确、一目了然。

4. 结尾。表明决心和提出希望。

5. 落款和日期。注明发出倡议的单位或个人的姓名及日期。

### 注意事项

1. 内容应符合时代精神，切实可行，与国家的方针政策相一致。
2. 要交代清楚背景和目的，有充分的理由来实现倡议的事项。
3. 措辞贴切，情感真挚，富有鼓动性和感召力。
4. 篇幅不宜过长，要条理清晰，易读易记。

【例文】

## "2016书香绵州·美丽绵阳"全民阅读活动倡议书

2016-4-24 08:54　来源:绵阳日报

全市广大市民朋友们:

"书籍是人类进步的阶梯",是传承文明的纽带,是人类不可或缺的精神食粮。读书,对个人来说是摆脱贫困、愚昧无知,不断自我净化、自我完善、自我革新的有效途径。对社会来说,读书是提高全民素质,提升文化软实力,增强核心竞争力的重要措施。对国家来说,决定着一个国家的未来。

4月23日,是第二十一个"世界读书日"和《四川省人大常委会关于促进全民阅读的决定》正式实施的日子。为了隆重纪念这两个具有历史意义的日子,我市举办的"2016书香绵州·美丽绵阳"全民阅读系列活动已正式启动,绵阳市全民阅读指导委员会特向全市人民发出积极参与"2016书香绵州·美丽绵阳"全民阅读活动的倡议:

一、全市广大干部群众积极行动起来,广泛参与"书香绵州·美丽绵阳"全民阅读活动,走进图书馆、农家书屋、社区书屋,挑选自己喜爱的书籍,坚持每天读书一小时,每月阅读一本书,养成良好的阅读习惯。在读书中感悟人生、提升精神,在读书中学习技能、增长智慧,用书香充实心灵,丰富人生。

二、全市每一个家庭积极行动起来,坚持读书从每个家庭成员做起,从现在做起,每天和家人共享一小时阅读好时光,让醉人的书香飘溢在全市每一个家庭。

三、全市各级各部门积极行动起来,通过举办读书论坛、讲座、研讨会、演讲比赛、征文等多种形式,力争搭建更多阅读平台,吸引更多人参与读书活动。积极创建"书香机关""书香校园""书香企业""书香村镇""书香社区",使读书学习在全市蔚然成风。

四、全市各级新闻媒体积极行动起来,充分发挥广播、电视、报纸、互联网等各自优势,开设专题专栏大力开展优秀读物推介,宣传报道各地区各部门各单位读书活动的经验、做法,营造"学习快乐,读书光荣"的舆论氛围,使开卷阅读、追求知识成为全市社会的新常态、新时尚。

点燃读书热情,共建书香绵州。让阅读成为一种习惯,成为一种积极向上的生活方式!让绵州大地处处溢满书香,人人因读书而精彩,家家因书香而幸福,城乡因书香而美丽!为绵阳经济社会发展提供强大的精神力量和智力支撑。

绵阳市全民阅读指导委员会

2016年4月23日

(引自http://edu.gmw.cn/newspaper/2016-04/24/content_111976388.htm)

# 十一　聘请书

## 概念

聘请书也称聘书，是聘请有关人员担任某种职务或参与、从事某项活动或工作时发出的信件。

## 格式写法

聘请书一般由标题、称谓、正文、结语和落款五部分组成。

1. 标题。标题为“聘请书”或“聘书”字样。标题或者在有封面的折页纸的上面，用较大字书写，或者在单页的聘请书的上方第一行居中用较大字体书写，或者封面和里面正文都写有标题。

2. 称谓。称谓是被聘请者的姓名加尊称，如“××先生”、“××女士”等。有时将它写在正文之上一行的顶格处，有时则写在正文中，对此没有严格要求，可以灵活掌握。

3. 正文。正文应写明聘请的详细情况，比如，被聘请担任何种职务，从事什么工作，聘请期限多长，聘任期间报酬如何等，以使被聘请者心中有数，不致盲目应聘。

4. 结语。在正文之后的结尾，一般应写敬语，比如“此致”、“此聘”等，有的聘请书也可以省去此项。

5. 落款。落款处应写明聘请书发放单位的全称，以及聘请书的颁发日期，同时要在落款处加盖公章。

## 注意事项

1. 内容具体明了。为什么聘请、聘请谁、聘请原因等事项要表达清楚，特别是对岗位职责的说明一定要详细。

2. 讲究格式。聘书是以单位名义发出的，所以加盖公章后方能生效。

【例文】

**聘请书**

××有限公司为加快产品开发进度，按期完成生产任务，特聘任李××为高级技术顾问。现就有关事宜表述如下：

一、受聘人主要职责

1. 根据公司产品开发需求进行产品的设计开发。

2. 协助公司对产品重大技术难题进行攻关。

3. 指导公司员工的技术培训。

二、聘期及受聘人待遇

聘期暂定为两年(2011 年 10 月至 2013 年 10 月),聘期内,××有限公司须向李××提供月薪 5 万元(伍万元)人民币的薪金待遇。

三、聘期内,任何一方不得擅自中断聘约,违约责任另行规定。

四、本聘书一式三份,受聘人、聘请单位、监证单位各执一份。

受聘人:李××(签章)　　聘请单位:××有限公司(盖章)

监证单位:××市人民政府(盖章)

2011 年 10 月 12 日

## 十二　介绍信

### 概念

介绍信是用来介绍联系接洽事宜的一种应用文体,是介绍本单位人员到外单位参观学习、联系工作、了解情况或出席某次会议等所写的一种书信。它具有介绍、证明的双重作用。介绍信主要有两种形式:普通介绍信和专用介绍信。使用介绍信,可以使对方了解来人的身份和目的,以便得到对方的信任和支持。

### 格式写法

普通介绍信一般不带存根,正中写“介绍信”。其内容包括称谓、正文、结尾、署名和日期,并注上有效日期。专用介绍信共有两联,一联是存根,另一联是介绍信的本文。两联正中有间缝,同时编有号码。从格式上来划分,介绍信一般有书信式和填表式两种。书信式介绍信一般用印有单位名称的信笺书写,格式与一般书信基本相同;填表式介绍信是一种印有固定格式的专用信纸,需根据要办的具体事项按格逐一填写。填表式介绍信有存根,便于查存。

### 注意事项

介绍信是介绍来人身份的公文,它是建立良好的合作或有效办理某项事情的有效凭证,所以,在书写或填写介绍信时,务必注意以下几点:

1. 要填写被介绍人的真实姓名、身份,不得虚假编造,冒名顶替。

2. 写清楚需要对方接洽办理的事项,与此无关的不要写。

3. 格式完整。介绍信务必加盖公章,以免造成不必要的麻烦;有存根的介绍信,存根联和正式联要内容完全一致,存根底稿要妥善保存;介绍信内容原则上不允许涂改,如果有涂改的地方,应加盖公章,否则视为无效。

【例文】

## 介绍信(普通)

××研究中心:

兹介绍我单位×××到你处申请经济学双学位学习,请予以接洽。

该同学(同志)遵纪守法,无犯罪记录。

我单位对此事表示支持。

此致

敬礼

×××公司(盖章)

×年×月×日

(引自 http://www.kj-cy.cn/htm/20121122/12863.htm,有删改)

## 介绍信(专用)

No 0016696

××区××××办公室:

兹介绍我公司＿＿＿＿＿同志等＿＿＿＿＿人前往你处××＿＿＿＿＿＿＿＿＿＿,请予接洽为荷。

此致

敬礼!

(有效期限 × 天)

××××有限公司(盖章)

×年×月×日

# 第十章

# 工商税务海关文书

## 一　公司设立登记申请书

### 概念

公司设立登记申请书是指按照国家规定办理公司设立登记事宜而制作的文书。

### 格式写法

公司设立登记申请书由标题、正文、结束语和落款四部分组成。

1. 标题。标题写明文种即可。

2. 正文。正文开头写明送达机关，顶格书写，以示尊重；然后依次写明登记事项、公司名称、公司住所、法定代表人及注册资金、企业类型、经营范围、营业期限、公司发起人的姓名或者名称等。

3. 结束语。结束语应另起一行，空两格书写。

4. 落款。包括申请公司名称、成文日期及附件。

### 注意事项

1. 按照要求，准确、如实填写申请书中各项内容。

2. 重点事项要特别标明。要特别标明的事项为：组建单位名称、筹建负责人签字、筹建登记事项。

【例文】

## 内资公司设立登记申请书

公司名称:________________________

敬　告

1. 请您认真阅读本表内容和有关注解事项。在申办登记过程中如有疑问,请您登录"北京工商"网站(www. BAIC. gov. cn)—"网上办事"—"登记注册"模块查询相关内容,或直接到工商部门现场咨询。

2. 提交申请前,请您了解相关法律、法规,确知所享有的权利和应承担的义务。

3. 请您如实反映情况,确保申请材料的真实性。

4. 本申请书的电子版可通过上述网址获取。

5. 本申请书请使用正楷字体手填或打印填写。选择手工填写的,请您使用蓝黑或黑色墨水,保持字迹工整,避免涂改。选择打印填写的,请您填好后使用 A4 纸打印,按申请书完整页码顺序装订成册。

### 郑重承诺

本人__________拟任____________________(公司名称)的法定代表人,现向登记机关提出公司设立申请,并就如下内容郑重承诺:

1. 如实向登记机关提交有关材料,反映真实情况,并对申请材料实质内容的真实性负责。

2. 经营范围涉及照后审批事项的,在领取营业执照后,将及时到相关审批部门办理审批手续,在取得审批前不从事相关经营活动。需要开展未经登记的后置审批事项经营的,将在完成经营范围变更登记后,及时办理相应审批手续,未取得审批前不从事相关经营活动。

3. 本人不存在《公司法》第一百四十六条所规定的不得担任法定代表人的情形。

4. 本公司一经设立将自觉参加年度报告,依法主动公示信息,对报送和公示信息的真实性、及时性负责。

5. 本公司一经设立将依法纳税,自觉履行法定统计义务,严格遵守有关法律法规的规定,诚实守信经营。

法定代表人签字:

×年×月×日

## 登记基本信息表

| | | | |
|---|---|---|---|
| 公司名称 | | | |
| 住　　所① | 北京市　　区(县)　　(门牌号) | | |
| 生产经营地② | 省(区、市)　　市　　县　　(门牌号) | | |
| 法定代表人③ | | 注册资本④ | 万元 |
| 公司类型 | | | |
| 经营范围 | | | |
| 营业期限 | 长期/　　年 | 申请副本数 | 份 |
| 股东(发起人)名称或姓名 | | | |
| | | | |
| | | | |
| | | | |
| | | | |

注:①填写住所时请列明详细地址,精确到门牌号或房间号,如"北京市××区××路(街)××号××室"。

②生产经营地用于核实税源,请如实填写详细地址;如不填写,视为与住所一致。发生变化的,由企业向税务主管机关申请变更。

③公司"法定代表人"指依据章程确定的董事长(执行董事或经理)。

④"注册资本"有限责任公司为在公司登记机关登记的全体股东认缴的出资额;发起设立的股份有限公司为在公司登记机关登记的全体发起人认购的股本总额;募集设立的股份有限公司为在公司登记机关登记的实收股本总额。

⑤本页不够填的,可复印续填。

## 法定代表人、董事、经理、监事信息表[①]

股东在本表的盖章或签字视为对下列人员职务的确认。如可另行提交下列人员的任职文件,则无须股东在本表盖章或签字。

| 姓名 | 现居所[②] | 职务信息 | | | 是否为法定代表人[⑤] | 法定代表人移动电话 |
|---|---|---|---|---|---|---|
| | | 职务[③] | 任职期限 | 产生方式[④] | | |
| | | | | | | |
| | | | | | | |
| | | | | | | |
| | | | | | | |
| | | | | | | |
| | | | | | | |
| | | | | | | |
| | | | | | | |
| | | | | | | |
| | | | | | | |
| 全体股东盖章(签字)[⑥]: | | | | | | |

注:① 本页不够填的,可复印续填。

②“现居所”栏,中国公民填写户籍登记住址,非中国公民填写居住地址。

③“职务”指董事长(执行董事)、副董事长、董事、经理、监事会主席、监事。上市股份有限公司设置独立董事的应在“职务”栏内注明。

④“产生方式”按照章程规定填写,董事、监事一般应为“选举”或“委派”;经理一般应为“聘任”。

⑤ 担任公司法定代表人的人员,请在对应的“是否为法定代表人”栏内填“√”,其他人员勿填此栏。

⑥“全体股东盖章(签字)”处,股东为自然人的,由股东签字;股东为非自然人的,加盖股东单位公章。不能在此页盖章(签字)的,应另行提交有关选举、聘用的证明文件。

请将董事、经理、监事人员的身份证件复印件粘贴在本页，本页如不够粘贴可复印使用。

| | |
|---|---|
| 身份证件复印件粘贴处<br>（请正反面粘贴） | |

| | |
|---|---|
| 身份证件复印件粘贴处<br>（请正反面粘贴） | |

| | |
|---|---|
| 身份证件复印件粘贴处<br>（请正反面粘贴） | |

## 住所证明

| | |
|---|---|
| 公司名称 | |
| 住　　所① | 北京市　　　　区(县)　　　　　　(门牌号) |
| 产权人证明② | 同意将上述地址提供给该公司使用。<br>产权人盖章(签字):<br>年　月　日 |
| 需要证明情况③ | 上述住所产权人为＿＿＿＿＿＿＿＿，房屋用途为＿＿＿＿＿＿。<br>特此证明。<br>证明单位公章:<br>证明单位负责人签字:<br>年　月　日 |

注:①请在“住所”一栏写清详细地址,精确到门牌号或房间号,如“北京市××区××路(街)××号××室”。

②产权人为单位的,应在“产权人证明”一栏内加盖公章;产权人为自然人的,由产权人亲笔签字。同时需提交由产权人盖章或签字的《房屋所有权证》复印件。

③若住所暂未取得《房屋所有权证》,可由有关部门在“需要证明情况”一栏盖章,视为对该房屋权属、用途合法性的确认。具体可出证的情况请参见《投资办照通用指南及风险提示》。

## 自然人股东(发起人)身份证明粘贴页

请将自然人股东的身份证件复印件粘贴在本页,本页如不够粘贴可复印使用。

身份证件复印件粘贴处
(请正反面粘贴)

身份证件复印件粘贴处
(请正反面粘贴)

身份证件复印件粘贴处
(请正反面粘贴)

## 非自然人股东(发起人)资格证明夹页

请将非自然人股东(发起人)的资格证明①复印件夹在A面和B面之间(复印件大小控制在A4页面之内)。

A面

注:① 非自然人股东(发起人)资格证明有关要求参见《投资办照通用指南及风险提示》以及相应的设立登记一次性告知单。

非自然人股东(发起人)资格证明夹页

B 面

**财务负责人信息**[①]

| 姓　　名 | | 移动电话 | |
|---|---|---|---|
| （身份证件复印件粘贴处） | | | |

**企业联系人信息**[②]

| 姓　　名 | | 移动电话 | |
|---|---|---|---|
| （身份证件复印件粘贴处） | | | |
| 企业公共联系方式 | 固定电话 | | |
| | 电子邮箱 | | |

敬请留意：

①财务负责人：一般由总会计师或财务总监担任，全面负责企业的财务管理、会计核算与监督工作。发生变化的，由企业向税务主管机关申请变更。

② 企业联系人：负责本企业与工商等部门的联系沟通，及时转达工商部门对企业传达的信息及相关的法律、法规、规章及政策性意见；向工商部门反映企业的需求或意见。联系人凭本人个人信息登录企业信用信息公示系统依法向社会公示本企业有关信息。联系人应了解登记相关法规和企业信息公示有关规定，熟悉操作企业信用信息公示系统。企业联系人一经确认应当保持相对稳定，发生变化的，可以在企业申办变更登记时向登记机关进行备案。

③ 以上各项为必填项，请据实填写。

**核发营业执照情况**

| | | | |
|---|---|---|---|
| 发照人员签字 | | 发照日期 | 年　月　日 |
| 领执照情况 | 本人领取了执照正本一份，副本　　份。<br><br>签字：　　　　　　　　年　月　日 | | |
| 备　　注 | | | |

**一次性告知记录**

| |
|---|
| 您提交的文件、证件还需要进一步修改或补充，请您按照第______号一次性告知单中的提示部分准备相应文件，此外，还应提交下列文件：<br><br>被委托人：　　　　受理人：　　　　年　月　日 |

## 一次性告知记录

| |
|---|
| 您提交的文件、证件还需要进一步修改或补充，请您按照第______号一次性告知单中的提示部分准备相应文件，此外，还应提交下列文件：<br><br><br>被委托人：　　　　　　　　受理人：　　　　　年　　月　　日 |
| 您提交的文件、证件还需要进一步修改或补充，请您按照第______号一次性告知单中的提示部分准备相应文件，此外，还应提交下列文件：<br><br><br>被委托人：　　　　　　　　受理人：　　　　　年　　月　　日 |

## 二 商标注册申请书

### 概念

狭义的商标注册申请书是指自然人、法人或者其他组织为其生产、制造、加工、拣选或经销的商品或者提供的服务需要取得商标专用权，依法向国家工商行政管理总局商标局（以下简称商标局）提出的商标注册申请。广义的商标注册申请书除包括狭义的商标注册申请书的内容外，还包括变更、续展、转让注册申请、异议申请、商标使用许可合同备案申请以及其他商标注册事宜的办理。

### 格式写法

商标注册申请书由标题、正文、事务性说明和基层工商行政管理部门核转四部分组成。

1. 标题。标题用文种的名称即可，不用在前后加任何限制成分。

2. 正文。正文由引言和表格两部分组成，其格式由管理商标的工商行政部门统一印制。

3. 事务性说明。

4. 基层工商行政管理部门核转。一般由县、市和省、市两级签署核转，每一签署都设置专栏。

### 注意事项

1. 把握一致性。商标注册申请人的名称、章戳，应当与核准或者登记的名称一致。

2. 如实填写各项内容，务求内容清楚、真实。填写申请书时，须将申请人的证件名称、证件号码、发证机关填写清楚，或提供有效证件的复印件。特殊行业必须附送主管部门的有效证明，如申请人用药品商标注册，应当附送卫生行政部门发给的证明文件。商标注册的申请日期，以商标局收到申请书件的日期为准。申请人在填写商标注册申请书时，应当按照营业执照填写地址。

3. 书写应当规范、工整、清晰。

【例文】

**商标注册申请书**

申请人名称（中文）：

（英文）：

申请人国籍/地区：
申请人地址(中文)：
(英文)：
邮政编码：
联系人：
电话：
代理机构名称：
外国申请人的国内接收人：
国内接收人地址：
邮政编码：
商标申请声明：□集体商标 □证明商标
□以三维标志申请商标注册
□以颜色组合申请商标注册
□以声音标志申请商标注册
□两个以上申请人共同申请注册同一商标
要求优先权声明：□基于第一次申请的优先权
□基于展会的优先权
□优先权证明文件后补
申请/展出国家/地区：
申请/展出日期：
申请号：

下框为商标图样粘贴处。图样应当不大于10cm×10cm,不小于5cm×5cm。以颜色组合或者着色图样申请商标注册的,应当提交着色图样并提交黑白稿1份;不指定颜色的,应当提交黑白图样。以三维标志申请商标注册的,应当提交能够确定三维形状的图样,提交的商标图样应当至少包含三面视图。以声音标志申请商标注册的,应当以五线谱或者简谱对申请用作商标的声音加以描述并附加文字说明;无法以五线谱或者简谱描述的,应当使用文字进行描述;商标描述与声音样本应当一致。

|   |
|---|
|   |

商标说明：
类别：
商品/服务项目：
类别：
商品/服务项目：

## 商标注册申请书（附页）

其他共同申请人名称列表：

## 填写说明

1. 办理商标注册申请，适用本书式。申请书应当打字或者印刷。申请人应当按照规定并使用国家公布的中文简化汉字填写，不得修改格式。

2. “申请人名称”栏：申请人应当填写身份证明文件上的名称。申请人是自然人的，应当在姓名后注明证明文件号码。外国申请人应当同时在英文栏内填写英文名称。共同申请的，应将指定的代表人填写在“申请人名称”栏，其他共同申请人名称应当填写在“商标注册申请书附页——其他共同申请人名称列表”栏。没有指定代表人的，以申请书中顺序排列的第一人为代表人。

3. “申请人国籍/地区”栏：申请人应当如实填写，国内申请人不填写此栏。

4. “申请人地址”栏：申请人应当按照身份证明文件中的地址填写。身份证明文件中的地址未冠有省、市、县等行政区划的，申请人应当增加相应行政区划名称。申请人为自然人的，可以填写通讯地址。符合自行办理商标申请事宜条件的外国申请人地址应当冠以省、市、县等行政区划详细填写。不符合自行办理商标申请事宜条件的外国申请人应当同时详细填写中英文地址。

5. “邮政编码”、“联系人”、“电话”栏：此栏供国内申请人和符合自行办理商标申请事宜条件的外国申请人填写其在中国的联系方式。

6. “代理机构名称”栏：申请人委托已在商标局备案的商标代理机构代为办理商标申请事宜的，此栏填写商标代理机构名称。申请人自行办理商标申请事宜的，不填写此栏。

7. “外国申请人的国内接收人”、“国内接收人地址”、“邮政编码”栏：外国申请人应当在申请书中指定国内接收人负责接收商标局、商标评审委员会后继商标业务的法律文件。国内接收人地址应当冠以省、市、县等行政区划详细填写。

8.“商标申请声明”栏：申请注册集体商标、证明商标的，以三维标志、颜色组合、声音标志申请商标注册的，两个以上申请人共同申请注册同一商标的，应当在本栏声明。申请人应当按照申请内容进行选择，并附送相关文件。

9.“要求优先权声明”栏：申请人依据《商标法》第二十五条要求优先权的，选择“基于第一次申请的优先权”，并填写“申请/展出国家/地区”、“申请/展出日期”、“申请号”栏。申请人依据《商标法》第二十六条要求优先权的，选择“基于展会的优先权”，并填写“申请/展出国家/地区”、“申请/展出日期”栏。申请人应当同时提交优先权证明文件（包括原件和中文译文）；优先权证明文件不能同时提交的，应当选择“优先权证明文件后补”，并自申请日起三个月内提交。未提出书面声明或者逾期未提交优先权证明文件的，视为未要求优先权。

10.“申请人章戳”栏：申请人为法人或其他组织的，应加盖公章。申请人为自然人的，应当由本人签字。所盖章戳或者签字应当完整、清晰。

11.“代理机构章戳”栏：代为办理申请事宜的商标代理机构应在此栏加盖公章，并由代理人签字。

12.“商标图样”栏：商标图样应当粘贴在图样框内。

13.“商标说明”栏：申请人应当根据实际情况填写。以三维标志、声音标志申请商标注册的，应当说明商标使用方式。以颜色组合申请商标注册的，应当提交文字说明，注明色标，并说明商标使用方式。商标为外文或者包含外文的，应当说明含义。自然人将自己的肖像作为商标图样进行注册申请应当予以说明。申请人将他人肖像作为商标图样进行注册申请应当予以说明，附送肖像人的授权书并经公证。

14.“类别”、“商品/服务项目”栏：申请人应按《类似商品和服务项目区分表》填写类别、商品/服务项目名称。商品/服务项目应按类别对应填写，每个类别的项目前应分别标明顺序号。类别和商品/服务项目填写不下的，可按本申请书的格式填写在附页上。全部类别和项目填写完毕后应当注明“截止”字样。

15.“商标注册申请书附页——其他共同申请人名称列表”栏：此栏填写其他共同申请人名称，外国申请人应当同时填写中文名称和英文名称。并在空白处按顺序加盖申请人章戳或由申请人本人签字。

16. 收费标准：一个类别受理商标注册费 800 元人民币（限定本类 10 个商品/服务项目，本类中每超过 1 个另加收 80 元人民币）。受理集体商标注册费 3 000 元人民币。受理证明商标注册费 3 000 元人民币。

17. 申请事宜并请详细阅读“商标申请指南”（www. saic. gov. cn）。

## 三 商标异议书

### 概念

我国《商标法》规定,对商标局初步审定的商标,自公告之日起3个月内,任何人均可提出异议。商标异议书就是对商标局初步审定并予以公告的商标依法提出反对意见的书面材料。超过3个月的异议期,商标局不再受理异议。

### 格式写法

商标异议书一般包括以下方面的内容:

1. 标题。标题只写文种名称即可,不需加其他限制成分。

2. 受文单位。受文单位是国家工商行政管理总局商标局,不需地方各级工商行政部门核转。

3. 文首。写明己方注册商标的商品类别、商品名称、商标名称、证号、对方单位名称、经过初步审定的商标编号、名称、《商标公告》刊登日期。

4. 正文。这部分是本文件的核心,重点写明异议理由。

5. 签署。包括异议书提交人的签名盖章、住址、文书拟制时间。

6. 事务性说明。包括提供的文件副本,随文件提供的证据材料和其他有关事项。

### 注意事项

1. 格式规范。《商标异议书》的格式是由国家商标局统一制定的。

2. 内容清楚、真实。被异议的商标及其初步审定号、被异议人(以《商标公告》上的商标申请人为准)的名称及地址务必填写清楚;如果被异议商标是通过商标代理机构申请注册的,还需填写商标代理机构名称。提出异议的异议人的名称及联系方式务必填写清楚,并加盖与异议人名义相同的印章(异议人为自然人的,须签字或盖章)。

3. 理由充分。异议理由主要是被异议的商标与其他已注册的商标相同、相近,或者是被异议的商标违反《商标法》禁用条款,或者是产品质量等其他与商标有关的原因。

【例文】

## 商标异议申请书

被异议商标：
被异议类别：
初步审定号：
初步审定公告期：
被异议人名称：
被异议人地址：
被异议人代理机构名称：
异议人名称：
异议人地址：
邮政编码：
联系人：
电话：
是否提交补充材料：　　　　是□ 否□
异议人代理机构名称：
异议请求和事实依据：

异议人章戳(签字)：　　　　代理机构章戳：

代理人签字：

注：请按说明填写

## 填写说明

1. 办理异议申请适用本书式。申请人应当按规定逐项填写，申请书应当打字或印刷，不得修改格式。

2. 异议人应符合商标法规定的主体资格，提出异议申请时应有明确的请求和事实依据。

3. “被异议类别”栏只填写异议人提出异议的一个或多个类别。

4. 被异议人名称/地址应与商标公告上的名称/地址一致，被异议商标为共有商标的，“被异议人名称”栏应当填写共有商标申请人的代表人名称。

5. 异议人名称应当与身份证明文件中的名称一致。异议人直接提交异议申请的，应当在“异议人章戳(签字)”处盖章或签字，异议人章戳(签字)应与异议人名称一致。异议人为自然人的，应同时在姓名后面填写身份证明文件号码。异议人委托商标代理机构提交异议申请的，应当填写代理机构名称，并在“代理机构章戳/代理人签字”处由代理人签字并加盖代理机构章戳。异议人地址应冠明省、市、县行政区划名称。

6. 异议申请书应当标明是否提交补充材料，未标注的视为放弃提交补充材料。

## 异议须知

1. 异议申请应当在商标法规定的异议期内提出，一份异议申请只能对一个初步审定的商标提出异议。

2. 商标异议申请包括以下材料：①商标异议申请书；②异议理由；③被异议商标初步审定公告复印件；④主体资格证明文件(包括作为在先权利人或利害关系人的证明文件及身份证明文件的复印件)；⑤证据材料(可以后补)。由商标代理机构代理提出异议申请的，还应提交异议人签字或加盖章戳的代理委托书。商标异议申请书及相关材料应提交一式两份，编排目录及页码并装订成正副本。

3. 申请按类别收费，一个类别商标异议费为1 000元人民币。通过邮寄方式提交异议申请的，应当同时通过银行信汇或电汇的方式缴纳异议规费，并附送汇款凭证复印件。汇款人名义应与异议人名义一致。

收款人：中华人民共和国国家工商行政管理总局商标局

开户银行：中信银行北京富力支行

账号：711141018260001××××

汇款用途：对×××××××号商标的异议规费。

4. 申请事宜并请详细阅读“商标申请指南”(http://sbj.saic.gov.cn)。

# 四　税务登记表

## 概念

税务登记表是税务机关统一制作的由纳税义务人在办理开业税务登记手续时所使用的一种通用表格。

税务登记表的种类较多，主要有国税税务登记表、地税税务登记表、内资企业税务登记表、外资企业税务登记表、个体经营税务登记表，变更税务登记表、注销税务登记表等。

## 格式写法

税务登记表主体一般包括如下内容：

1. 纳税义务人的基本情况，包括纳税人名称、经营或居住地址、主管部门、经济性质、职工人数、预算级次、核算形式、所属行业、批准开业部门和开户银行等。

2. 纳税义务人的固定资金、流动资金等注册资金情况。

3. 纳税义务人的营业执照，包括执照名称、执照号码、有效期限和发照日期等。

4. 法定代表人、财务负责人等。

5. 纳税义务人的经营方式、生产经营范围和经营场所占地面积等。

6. 纳税义务人所属非独立核算的分支机构或联营机构。

7. 其他有关事项。

## 注意事项

1. 内容翔实、准确。纳税人在填写税务登记表时，应按表中内容如实填写。纳税人的名称应写全称，营业地址要写得详细具体，经济性质要按国家标准确定，经营范围与方式应以工商部门核定的为准。

2. 字迹要清晰、工整。

**【例文】**

**税务登记表（适用单位纳税人）**

国税档案号：　　　　地税档案号：　　　　填表日期：

<table>
<tr><td colspan="2">纳税人名称</td><td colspan="2"></td><td colspan="2">纳税人识别号</td><td colspan="2"></td></tr>
<tr><td colspan="2">登记注册类型</td><td colspan="2"></td><td colspan="2">批准设立机关</td><td colspan="2"></td></tr>
<tr><td colspan="2">组织机构代码</td><td colspan="2"></td><td colspan="2">批准设立证明或文件号</td><td colspan="2"></td></tr>
<tr><td>开业（设立）日期</td><td></td><td>生产经营期限</td><td></td><td>证照名称</td><td></td><td>证照号码</td><td></td></tr>
</table>

续表

| | | | | | |
|---|---|---|---|---|---|
| 注册地址 | | 邮政编码 | | 联系电话 | |
| 生产经营地址 | | 邮政编码 | | 联系电话 | |

| | | | |
|---|---|---|---|
| 核算方式 | 请选择对应项目打“√”<br>□独立核算 □非独立核算 | 从业人数 | ______其中外籍人数______ |
| 单位性质 | 请选择对应项目打“√” □企业 □事业单位 □社会团体 □民办非企业单位 □其他 | | |
| 网站网址 | | 国标行业 | □□ □□ □□ □□ |
| 适用会计制度 | 请选择对应项目打“√” □企业会计制度 □小企业会计制度 □金融企业会计制度 □行政事业单位会计制度 | | |
| 经营范围 | 请将法定代表人(负责人)身份证件复印件粘贴在此处。 | | |

| 项目 内容 联系人 | 姓　名 | 身份证件 | | 固定电话 | 移动电话 | 电子邮箱 |
|---|---|---|---|---|---|---|
| | | 种类 | 号码 | | | |
| 法定代表人（负责人） | | | | | | |
| 财务负责人 | | | | | | |
| 办税人 | | | | | | |

| 税务代理人名称 | 纳税人识别号 | 联系电话 | 电子邮箱 |
|---|---|---|---|
| | | | |

| 注册资本或投资总额 | 币种 | 金额 | 币种 | 金额 | 币种 | 金额 |
|---|---|---|---|---|---|---|
| | | | | | | |

| 投资方名称 | 投资方经济性质 | 投资比例 | 证件种类 | 证件号码 | 国籍或地址 |
|---|---|---|---|---|---|
| | | | | | |
| | | | | | |
| | | | | | |

| | | | | | |
|---|---|---|---|---|---|
| 自然人投资比例 | | 外资投资比例 | | 国有投资比例 | |

续表

| 分支机构名称 | 注册地址 | 纳税人识别号 | |
|---|---|---|---|
| | | | |
| | | | |
| | | | |
| | | | |

| | | | |
|---|---|---|---|
| 总机构名称 | | 纳税人识别号 | |
| 注册地址 | | 经营范围 | |

| | | | | | |
|---|---|---|---|---|---|
| 法定代表人姓名 | | 联系电话 | | 注册地址邮政编码 | |

| | | |
|---|---|---|
| 代扣代缴、代收代缴税款业务情况 | 代扣代缴、代收代缴税款业务内容 | 代扣代缴、代收代缴税种 |
| | | |
| | | |
| | | |

| |
|---|
| 附报资料： |

| | | |
|---|---|---|
| 经办人签章：<br><br>年　月　日 | 法定代表人（负责人）签章：<br><br>年　月　日 | 纳税人公章：<br><br>年　月　日 |

以下由税务机关填写：

| | | | | | |
|---|---|---|---|---|---|
| 纳税人所处街乡 | | | 隶属关系 | | |
| 国税主管税务局 | | 国税主管税务所（科） | | 是否属于国税、地税共管户 | |
| 地税主管税务局 | | 地税主管税务所（科） | | | |

| | | |
|---|---|---|
| 经办人（签章）：<br>国税经办人：<br>地税经办人：<br><br>受理日期：<br>年　月　日 | 国家税务登记机关<br>（税务登记专用章）：<br><br>核准日期：<br>年　月　日<br>国税主管税务机关： | 地方税务登记机关<br>（税务登记专用章）：<br><br>核准日期：<br>年　月　日<br>地税主管税务机关： |

续表

| | | | | | |
|---|---|---|---|---|---|
| 国税核发《税务登记证副本》数量： | 本 | 发证日期： | 年 | 月 | 日 |
| 地税核发《税务登记证副本》数量： | 本 | 发证日期： | 年 | 月 | 日 |

国家税务总局监制

## 填 表 说 明

一、本表适用于各类单位纳税人填用。

二、从事生产、经营的纳税人应当自领取营业执照，或者自有关部门批准设立之日起30日内，或者自纳税义务发生之日起30日内，到税务机关领取税务登记表，填写完整后提交税务机关，办理税务登记。

三、办理税务登记应当出示、提供以下证件资料：

工商营业执照或其他执业证件、批准成立证书（原件或副本原件、复印件）；

注册地址及生产、经营地址证明包括产权证、房屋无偿使用证明、租赁协议等：①自有房产，提供产权证或买卖契约等合法的产权证明（原件、复印件）；②租赁场所，提供租赁协议（原件、复印件），出租人为自然人的还须提供产权证明（复印件）或其他合法证明；③生产、经营地址与注册地址不一致，分别提供相应合法证明；④无偿使用的，提供房屋无偿使用证明。

组织机构统一代码证书副本（原件、复印件）；

有关合同、章程或协议书（复印件）；

法定代表人（负责人）居民身份证、护照（含翻译件）或其他证明身份的合法证件（原件、复印件）；

纳税人跨区县设立的分支机构办理税务登记时，还须提供总机构的税务登记证（国、地税）副本（复印件）；

改组改制企业还须提供有关改组改制的批文（原件、复印件）；

汽油、柴油消费税纳税人还需提供：①企业基本情况表；②生产装置及工艺路线的简要说明；③企业生产的所有油品名称、产品标准及用途；

外商投资企业还需提供商务部门批复设立证书（原件、复印件）。

税务机关要求提供的其他证件资料。

四、纳税人应向税务机关申报办理税务登记。完整、真实、准确、按时地填写此表。

五、使用碳素或蓝墨水的钢笔填写本表。

六、本表一式二份。税务机关留存一份，退回纳税人一份（纳税人应妥善保管，验换证时需携带查验）。

七、纳税人在新办或者换发税务登记时应报送房产、土地和车船有关证件，包括：房屋产权证、土地使用证、机动车行使证等证件的复印件。

八、表中有关栏目的填写说明：

1.“纳税人名称”栏：指《企业法人营业执照》或《营业执照》或有关核准执业证书上的“名称”；

2.“身份证件名称”栏：一般填写“居民身份证”，如无身份证，则填写“军官证”“士兵证”“护照”等有效身份证件；

3.“注册地址”栏：指工商营业执照或其他有关核准开业证照上的地址。

4.“生产经营地址”栏：填办理税务登记的机构生产经营地地址。

5.“国籍或地址”栏：外国投资者填国籍，中国投资者填地址。

6.“登记注册类型”栏：即经济类型，按营业执照的内容填写；不需要领取营业执照的，选择“非企业单位”或者“港、澳、台商企业常驻代表机构及其他”、“外国企业”；如为分支机构，按总机构的经济类型填写。

分类标准：

110 国有企业　120 集体企业　130 股份合作企业

141 国有联营企业　142 集体联营企业　143 国有与集体联营企业

149 其他联营企业　151 国有独资公司　159 其他有限责任公司

160 股份有限公司　171 私营独资企业　172 私营合伙企业

173 私营有限责任公司　174 私营股份有限公司　190 其他企业

210 合资经营企业(港或澳、台资)　220 合作经营企业(港或澳、台资)

230 港、澳、台商独资经营企业　240 港、澳、台商独资股份有限公司

310 中外合资经营企业　320 中外合作经营企业

330 外资企业　340 外商投资股份有限公司

400 港、澳、台商企业常驻代表机构及其他　500 外国企业　600 非企业单位

7.“投资方经济性质”栏：单位投资的，按其登记注册类型填写；个人投资的，填写自然人。

8.“证件种类”栏：单位投资的，填写其组织机构代码证；个人投资的，填写其身份证件名称。

9.“国标行业”栏：按纳税人从事生产经营行业的主次顺序填写，其中第一个行业填写纳税人的主行业。

国民经济行业分类标准(GB/T 4754—2002)。

A —农、林、牧、渔业

01—农业　02—林业　03—畜牧业　04—渔业　05—农、林、牧、渔服务业

B —采矿业

06—煤炭开采和洗选业　07—石油和天然气开采业

08—黑色金属矿采选业
09—有色金属矿采选业
10—非金属矿采选业
11—其他采矿业
C—制造业
13—农副食品加工业
14—食品制造业
15—饮料制造业
16—烟草制品业
17—纺织业
18—纺织服装、鞋、帽制造业
19—皮革、毛皮、羽毛(绒)及其制品业
20—木材加工及木、竹、藤、棕、草制品业
21—家具制造业
22—造纸及纸制品业
23—印刷业和记录媒介的复制
24—文教体育用品制造业
25—石油加工、炼焦及核燃料加工业
26—化学原料及化学制品制造业
27—医药制造业
28—化学纤维制造业
29—橡胶制品业
30—塑料制品业
31—非金属矿物制品业
32—黑色金属冶炼及压延加工业
33—有色金属冶炼及压延加工业
34—金属制品业
35—普通机械制造业
36—专用设备制造业
37—交通运输设备制造业
39—电气机械及器材制造业
40—通信设备、计算机及其他电子设备制造业
41—仪器仪表及文化、办公用机械制造业
42—工艺品及其他制造业
43—废弃资源和废旧材料回收加工业
D—电力、燃气及水的生产和供应业
44—电力、燃气及水的生产和供应业
45—燃气生产和供应业
46—水的生产和供应业
E—建筑业
47—房屋和土木工程建筑业
48—建筑安装业
49—建筑装饰业
50—其他建筑业
F—交通运输、仓储和邮政业
51—铁路运输业
52—道路运输业
53—城市公共交通业
54—水上运输业
55—航空运输业
56—管道运输业
57—装卸搬运及其他运输服务业
58—仓储业
59—邮政业
G—信息传输、计算机服务和软件业

60—电信和其他信息传输服务业　61—计算机服务业
62—软件
H—批发和零售业
63—批发业　65—零售业
I—住宿和餐饮业
66—住宿业　67—餐饮业
J—金融业
68—银行业　69—证券业
70 保险业　71—其他金融活动
K—房地产业
72—房地产业
L—租赁和商务服务业
73—租赁业　74—商务服务业
M—科学研究、技术服务和地质勘查业
75—研究与试验发展　76—专业技术服务业
77—科技交流和推广服务业　78—地质勘查业
N—水利、环境和公共设施管理业
79—水利管理业　80—环境管理业
81—公共设施管理业
O—居民服务和其他服务业
82—居民服务业　83—其他服务业
P—教育
84—教育
Q—卫生、社会保障和社会福利业
85—卫生　86—社会保障业　87—社会福利业
R—文化、体育和娱乐业
88—新闻出版业　89—广播、电视、电影和音像业
90—文化艺术业　91—体育　92—娱乐业
S—公共管理与社会组织
93—中国共产党机关　94—国家机构
95—人民政协和民主党派
96—群众社团、社会团体和宗教组织　97—基层群众自治组
T—国际组织
98—国际组织

# 五　减免税申请书

## 概念

减税是指从纳税人应征税额中减征部分税款；免税是指免征纳税人全部税款。减免税申请书是指需要办理减免税的纳税义务人向有减免税审批权的税务机关报送的有关减免税事由的书面申请材料。

## 格式写法

减免税申请书由填表说明、封面、正文组成。

1. 填表说明。它是税务登记机关对表格所列内容中有难点的名称或内容加以解释说明的文字。

2. 封面。包括编号、申请单位、申请时间三项内容。

3. 正文。正文包括纳税单位基本情况、生产或经营业务范围、申请减免税前一年度生产经营状况等事项。纳税单位基本情况由纳税单位全称、负责人、营业执照号码以及经济性质等组成。

## 注意事项

1. 理由充分，证据确凿。申请书中要充分说明申请减免税的理由，主要有：政策性减免、社会减免、灾情减免、企业因经营困难申请减免等。

2. 内容翔实。要如实填写表中所列内容，避免上报虚假材料和信息。

3. 用语规范，字迹清晰、工整。

【例文】

**北京市______地方税务局**

**减免税申请书**

| | | | | |
|---|---|---|---|---|
| 申请人 | 全称 | | 计算机代码 | |
| | 地址 | | 联系人 | |
| | 电子邮件地址 | | 联系电话 | |
| 税种 | | 减免税事项 | 起止时间 | 申请减免税额或比例 |
| | | | | |
| | | | | |
| | | | | |
| | | | | |

续表

| |
|---|
| 申请减免税事由<br><br><br><br><br><br><br><br>法定代表人签章<br>（公　章）<br><br>年　月　日 |

## 告知事项

1. 您在申请办理减免税事项时，统一使用《减免税申请书》，并根据您所申请的减免税事项向主管税务机关报送相关资料。《减免税申请书》可在北京市地方税务局网站下载，也可在主管税务机关领取；

2. 在申请过程中如遇到问题，可直接与主管税务机关联系或拨打 12366 税务服务专线咨询或登录北京市地方税务局网站(www.tax861.gov.cn)查询；

3. 您有依法申请减免税的权利。您所提供的企业情况及申请减免税的附送资料，应真实、准确、齐全，如有弄虚作假，应承担法律责任。

## 填表说明

1. “申请人名称”工商企业填写营业执照的全称，其他纳税单位，填写对外公章的全称，个人填写姓名的全称；

2. “计算机代码”个人填写有效证件号码；

3. “申请人地址”纳税单位填写实际经营详细地址，个人填写实际居住详细住址；

4.“税种、减免税事项、起止时间、申请减免税额或比例”填写纳税人申请减免的税种、事项、减免税的所属时间和申请的减免额度或比例；

5.“申请减免税事由”填写内容包括：申请的事项、申请的时间、政策依据、申请原因、企业经营或个人情况的简述等内容，如果是多项减免，要分项说明。如填写不下，可另附纸张；

6.纳税人应如实填写申请表的各项内容，并加盖公章、法定代表人签章；

7.申请人需查阅减免税报送资料附件，按要求准备好报送资料，填写《减免税申请材料清单》连同申请书，报送主管税务机关；

8.申请书及报送资料附件均统一使用 A4 纸；

9.本表一律用黑色、蓝黑色钢笔或签字笔书写。

## 六　进口货物报关单

### 概念

进口货物报关单是指在进口货物到货后，由进口货物的单位根据进口单据填写的一种表格。

### 格式写法

进口货物报关单的格式如例文所示。具体填写要求如下。

1.表格中除了必须附注英文的项目外，一律用标准中文文字填写，需要附注外文的，必须与合同的规定和随附单据保持一致。

2.在填写表格中，必须对有关项目加以区别。如经营单位与收货单位，贸易国别与原产国别，成交价格与到岸价格等。

3.完税情况各项内容由海关分别填写。

4.填写报关单时，申报单位应附有关单据，包括提单、运单、装箱单、发票、进口许可证等。

5.申报单位在填写报关单时，应注意与贸易合同的约定和随附单据相一致，不得有所出入。

6.申报单位应加盖报关专用章。

申请进口货物的单位需逐项填写进口货物报关单后向海关申报，并随附发票、提单及保险单。如属法人检验的进口商品，还须提交商品检验证书。

### 注意事项

1.内容真实，做到单证相符和单货相符，特别是货物的品名、规格、数量、价格等内容必须如实填写，不得出现差错，更不能伪报、瞒报及虚报。

2. 不同合同的货物，不能填在同一份报关单上；同一批货物中有不同贸易方式的货物，也须用不同的报关单向海关申报。

3. 一张报关单上如有多种不同商品，应分别填报清楚，但一张报关单上一般最多不能超过五项海关统计商品编号的货物。

4. 报关单中填报的项目要准确、齐全。

## 【例文】

**中华人民共和国海关进口货物报关单**

预录入编号：　　　　　　　　　　　　　　　　　　　　　海关编号：

| | | | |
|---|---|---|---|
| 进口口岸 | 备案号 | 进口日期 | 申报日期 |
| 经营单位 | 运输方式 | 运输工具名称 | 提运单号 |
| 收货单位 | 贸易方式 | 征免性质 | 征税比率 |
| 许可证号 | 起运国(地区) | 装货港 | 境内目的地 |

| | | | | |
|---|---|---|---|---|
| 批准文号 | 成交方式 | 运费 | 保费 | 杂费 |
| 合同协议号 | 件数 | 包装种类 | 毛重(千克) | 净重(千克) |

| | | |
|---|---|---|
| 集装箱号 | 随附单据 | 用途 |

| |
|---|
| 标记唛码及备注 |

| 项号 | 商品编号 | 商品名称、规格型号 | 数量及单位 | 原产国(地区) | 单价 | 总价 | 币制 | 征免 |
|---|---|---|---|---|---|---|---|---|
| 01 | | | | | | | | |
| 02 | | | | | | | | |
| 03 | | | | | | | | |

| |
|---|
| 税费征收情况： |

| | | |
|---|---|---|
| 录入员：<br>录入单位： | 兹声明以上申报无讹并承担法律责任 | 海关审单批注及放行日期(签章) |
| 报关员：<br>单位： | 申报单位(签章)：<br>地址： | 审单：　　　　审价： |
| | | 征税：　　　　统计： |
| 邮编：　　电话： | 填制日期： | 查验：　　　　放行： |

# 七　出口货物申请书及许可证

## 概念

出口许可制度是指国家对某些出口货物实行管制,某些出口货物要按规定向政府有关部门申请出口许可证,海关凭出口许可证查验放行的制度。出口货物申请书及许可证是根据有关规定填写的一种申请货物出口的文书。

## 格式写法

1. 出口申请书及许可证除有效期限和签证机关签章及其签发日期外,其他项目均由申请单位填写。

2. 许可证必须用中文填写一式四份,填写后附对外成交合同或有关证件、发票,以供有关机关核发。

3. 出口申请书及许可证中填写的出口货物的数量、重量的计量应符合规定。

4. 货物单价的填写,应填 FOB 价格(离岸价)。

5. 在填写表格中总值一栏"原币折美元"一项时,应按照中国人民银行公布的当天外汇牌价将原成交货币折算为美元填入。

## 注意事项

1. 要如实填写表中所列内容,避免上报虚假材料和信息。

2. 用语规范,字迹清晰、工整。

【例文】

**中华人民共和国出口许可证申请表**

| | |
|---|---|
| 1. 出口商:　　　代码 | 3. 出口许可证号: |
| 2. 发货人: | 4. 出口许可证有效截止日期:<br>年　　月　　日 |
| 5. 贸易方式: | 8 进口国(地区): |
| 6. 合同号: | 9. 付款方式: |
| 7. 报关口岸: | 10. 运输方式: |
| 11. 商品名称:　　　　　　商品编码: | |

续表

| 12. 规格、型号 | 13. 单位 | 14. 数量 | 15. 单价(币别) | 16. 总值(币别) | 17. 总值折美元 |
|---|---|---|---|---|---|
| | | | | | |
| | | | | | |
| | | | | | |
| | | | | | |
| 18. 总　计: | | | | | |
| 19. 备注<br><br>申请单位盖章:<br><br>申请日期: | 20. 签证机构审批(初审):<br><br>经办人:<br><br>终审: | | | | |

商务部监制

填表说明:1. 本表应用正楷逐项填写清楚,不得涂改,不得遗漏,否则无效。

2. 本表内容需打印多份许可证的,请在备注栏内注明。

# 八　出口货物报关单

## 概念

出口货物报关单是出口企业在装运前向海关申报出口许可的单据,也是海关征税的主要凭证。它由我国海关总署统一印制,经过出口地海关审核、签发以后生效。因统计和管理的需要,不同业务性质的出口贸易分别使用不同颜色的报关单,如来料加工、补偿贸易专用绿色,进料加工专用粉色,出口退税专用黄色,三资企业专用蓝色,一般贸易专用白色,一般一式6份。

出口货物报关工作由专业报关员负责。报关单只作为海关通关放行的凭证,不是结汇单据。一般情况下,发货人应在发货24小时之前同时采用电子和纸质两种报关单向海关进行申报。

## 格式写法

出口货物报关的具体格式如例文。填报要求如下:

1. 出口口岸:填写货物出境的我国港口或国境口岸名称。

2. 经营单位:用中文填写经营单位的全称和代码,代码包括地点代码和企业性质代码。

3. 指运港(站):运输终止的机场、港口或车站等目的地名称。

4. 合同协议号:填写本批货物合同或协议的详细年份、字头、编号及附件号码。

5. 贸易方式:分别填写“一般贸易”“转口贸易”“国家间援助物资”“捐、赠品”“补偿贸易”“加工装配(对口合同)”“进料加工”“寄售”“代销”和“边境地方贸易”等。

6. 运抵国(地区):进口方的名称与地址。

7. 运输方式、运输工具名称及号码:海运填写船名、航次;陆运填写车号;空、邮运填写空运或邮运等。

8. 提运单号:海运填写装货单号,陆运填写运货单号,空运填写运货单号,邮运填写报税清单(包裹单)号等。

9. 结汇方式:按银行实际收结汇方式填写。例如 L/C,D/P 等。

10. 境内货源地:指货物出口前被存放的最后的一个仓库所在地的名称。

11. 项号、商品编号:项号,填写上排列序号或加工贸易已备案的货物在《登记手册》中的项号。海关统计商品编号,根据《中华人民共和国海关统计商品目录》中列明的商品编号填写。该目录可以向当地海关索取。

12. 商品名称、规格型号:根据合同或按照商业发票中的“货物表述”一栏填写。

13. 标记唛码及备注:根据合同或按照商业发票中的“唛头”一栏填写。

14. 件数及包装种类:根据合同或按照商业发票中的相同栏目填写。

15. 数量及单位:根据《中华人民共和国海关统计商品目录》中规定的某一商品应使用的计量单位填写。填写实际出口的货物数量和数量单位(如台、打、个、罗等)如与合同(协议)规定的不同或有第二数量单位的,还要按照海关统计商品目录规定的数量单位填写。整套机械分批出口时,应在本栏注明“分批装运”字样。

16. 重量:《中华人民共和国海关统计商品目录》的计量单位是重量,一律要求填写以千克计量的净重。“毛重”填本批货物全部重量;“净重”一般填毛重扣除外层包装后的自然净重,对于有零售包装的货物不必扣除零售的包装的重量。不能取得净重时,可以参照合同(协议)和商业习惯填写。对于一批不同品种的货物,应当分别注明净重。

## 注意事项

1. 内容准确齐全,字迹清楚整洁。不同合同货物不能填报在一份报关单上,必须做到单证相符、单货相符,所附单证齐全,于装船 24 小时前向海关申报。

2. 把握细节,准确填写。填写编号时,申报单位编号由申报单位填写,海关编号由海关编写,商品编号需按规定填写。填写有关项目时必须注意它们之间的差别。补充事项在备注中填写。

## 【例文】

### 中华人民共和国海关出口货物报关单

预录入编号：　　　　　　　　　　　　　　　　海关编号：

| | | | |
|---|---|---|---|
| 出口口岸 | 备案号 | 出口日期 | 申报日期 |
| 经营单位 | 运输方式 | 运输工具名称 | 提运单号 |
| 发货单位 | 贸易方式 | 征免性质 | 结汇方式 |
| 许可证号 | 运抵国(地区) | 指运港(站) | 境内货源地 |

| | | | | |
|---|---|---|---|---|
| 批准文号 | 成交方式 | 运费 | 保费 | 杂费 |
| 合同协议号 | 件数 | 包装种类 | 毛重(千克) | 净重(千克) |

| | | |
|---|---|---|
| 集装箱号 | 随附单据 | 生产厂家 |

标记唛码及备注

| 项号 | 商品编号 | 商品名称、规格型号 | 数量及单位 | 最终目的国(地区) | 单价 | 总价 | 币制 | 征免 |
|---|---|---|---|---|---|---|---|---|
| 01 | | | | | | | | |
| 02 | | | | | | | | |
| 03 | | | | | | | | |
| 04 | | | | | | | | |

税费征收情况：

| | | |
|---|---|---|
| 录入员：<br>录入单位： | 兹声明以上申报无讹并承担法律责任 | 海关审单批注及放行日期(签章)<br>审单：　　审价： |
| 报关员：<br>单位： | 申报单位(签章)：<br>地址： | 征税：　　统计： |
| 邮编：　　电话： | 填制日期： | 查验：　　放行： |

# 第十一章

# 投标、招标文书

## 一　招标申请书

### 概念

招标申请书是招标方在发布招标公告之前，向招投标管理部门报送的招标申请的文件。招投标活动涉及多方面的利益关系，招标申请书的递交便于管理部门对招标和投标活动进行备案和管理。

### 格式写法

招标申请书由标题、称谓、正文、附件、落款五部分组成。

1. 标题。标题主要由招标项目名称和文种两部分组成。例如，××工程招标申请书。

2. 称谓。称谓是指接受和批复招标申请的单位，需要顶格书写。

3. 正文。正文应简明扼要地说明此次招标的内容，以及招标方的要求和条件。这部分的内容要简练，不需要叙述细枝末节。

4. 附件。附件主要是对招标申请书中不能详细说明的内容进行附带说明，可以用表格的形式进行说明。

5. 落款。落款一般位于文件右下角，需注明项目申请单位、相关负责人和申请的具体时间。

### 注意事项

1. 照章办事。招标投标活动既是一种法律行为，又是一种经济行为，所以需要招投标管理部门对招标投标活动进行必要的管理、约束以及监督。而招标申请书的递交就是招标方遵守相关法律规定、服从招投标管理部门监管的一种体现。

2. 尊重为先。为了表达对招投标管理部门的尊重，招标方在书写招标申请书时，称谓处一定要写招投标管理部门的全称，而不能写简称。此外，由于招标申请书是招标方呈交给招投标管理部门的,所以,在书写正文时用语要规范,文字表达要清晰,语气要诚恳。

【例文】

**民宅改造建设项目招标申请书**

__________市招标投标管理委员会:

我区__________地区民宅改造建设项目,根据__________发〔　　〕______号文件批准,现已具备施工条件,特申请通过招标选择施工单位,请批准为盼。

附件:

1.《招标准备情况一览表》4份

2.《__________地区民宅建造后的楼群图示》10份。

申请单位:__________区民宅改造工程管理处(公章)

负责人:__________(签章)

年　　月　　日

# 二　招标公告

## 概念

招标公告又称招标书或招标启示,是指招标方根据招标项目的内容、要求和条件等,对外公开征召投标方参加竞标的文件。招标公告一般通过网络、报纸等媒体发布。招标公告的发布可以促进竞争,为招标方提供择优选择的机会。

## 格式写法

招标公告由标题、正文、结尾三部分组成。

1. 标题。标题应准确概括公告的中心内容。一个完整的标题包括招标单位名称、招标内容、招标形式和文种名称,也可略去招标内容或者招标单位。

2. 正文。正文由引言和主体两部分组成。

(1)引言。引言应写明公告的目的、依据和招标项目的名称,需简明扼要,开宗明义。

(2)主体。主体是招标公告的核心内容,需要对招标的内容、要求及相关事项进行详尽的说明。其中包括招标文件编号、招标项目名称、招标的方式、招标范围、招标程序、双方的权责利、招标地点和时间以及其他相关规定和注意事项。

3. 结尾。结尾要注明招标方的单位名称、地址、联系电话、传真号、电子邮箱等。

## 注意事项

1. 以法为纲。招标公告是招标方对外界公开发布的招标信息，其内容必须符合相关的法律规定，如《中华人民共和国招标投标法》等。

2. 真实可信。在招标公告中，招标方必须保证公告内容的真实性、可靠性和完整性，并且要对招标的相关事宜进行详细说明，要有条理性。这样不仅可以使潜在投标方全面、真实地了解此次招标项目的内容，而且可以减少招标方和投标方之间由于信息不对称产生的交易成本。

【例文】

### 红塔集团2016年3月烟机配件招标采购计划项目招标公告

根据《中华人民共和国招标投标法》《中华人民共和国招投标法实施条例》等有关规定，云南旺和招标咨询有限公司（以下简称：招标代理机构）受红塔烟草（集团）有限责任公司（以下简称：招标人）的委托，对红塔烟草（集团）有限责任公司红塔集团2016年3月烟机配件招标采购计划项目（招标编号：HT2016－0226）进行公开招标。欢迎具有完成本项目能力的投标人参加投标。

一、项目名称：红塔集团2016年3月烟机配件招标采购计划项目

二、项目编号：HT2016－0226

三、项目概况

1. 标段划分：共分四个标段，总预算约50万元，投标人可兼投兼中。

| 标段 | 物资名称 | 允许中标单位数 |
| --- | --- | --- |
| 一标段 | 电器配件采购项目 | 一名 |
| 二标段 | 加热器及配件采购项目 | 一名 |
| 三标段 | 烟支检测器采购项目 | 一名 |
| 四标段 | 显示器采购项目 | 一名 |

四、实施地点：红塔烟草（集团）有限责任公司协议供货地点

五、供货期要求：按甲方采购订单数量30个日历天内，将货物运送到甲方指定地点。

六、资金来源及落实情况：企业自筹，已落实。

七、投标人资格要求：

1. 投标人须具有独立承担民事责任的能力和独立的法人资格，持有有效工商营业执照副本，组织机构代码证、税务登记证(或统一社会信用代码的营业执照)；

2. 投标人须为2015年度云南中烟烟机配件合格供应商；

3. 具有近二年(2014年至今)类似项目业绩(时间以签订日期为准)；

4. 投标人及企业法定代表人具有检察机关出具有效的无行贿犯罪记录证明(查询时间为本项目招标公告发出之后)；

5. 本标段不接受联合体投标；

6. 提供资料中被查证有虚假证明材料的投标人，招标人有权取消其投标资格；

注：单位负责人为同一人或者存在控股、管理关系的不同单位，不得参加同一招标项目(或同一标段)投标。

八、资格审查办法：资格后审。

九、招标文件的获取

1. 请有意参与本项目的投标人在购买招标文件时携带以下文件：

(1)营业执照、组织机构代码证副本、税务登记证副本(已登记办理“三证合一”的企业仅须提供印有统一社会信用代码的营业执照)(加盖公章的复印件)；

(2)法定代表人身份证明书和法定代表人授权委托书原件；

(3)投标人代表身份证原件及复印件；

2. 时间：2016年4月28日至2016年5月5日(法定公休日、节假日除外)，每天上午9:00~11:30、下午14:00~17:00(北京时间)。

3. 地址：云南旺和招标咨询有限公司(玉溪市红塔大道40号建银广场新区5幢1单元202室)

4. 招标文件售价：招标文件纸质版800元/份，售后不退。若邮购，请按下述联系方式联系招标代理公司。

十、提交投标疑问的时间：投标截止时间10日前将疑问以书面形式提交(传真)至招标代理公司。

十一、投标文件的提交与开标

1. 递交投标文件时间：2016年5月27日上午08:30~09:00(北京时间)。

2. 递交投标文件截止时间(开标时间)：2016年5月27日上午09:00(北京时间)。

3. 递交投标文件地点及开标地点：红塔集团商务楼5楼评标室2

十二、发布公告媒介

本公告在中国采购与招标网(http://www.chinabidding.com.cn)、红塔集团网站(http://www.hongta.com)、红塔集团内网(http://ep.hongta.com)、云南中烟物

资电子商务平台(http://www.ynycwz.com)上同时发布。

十三、联系方式

招标人:红塔烟草(集团)有限责任公司

招标代理机构:云南旺和招标咨询有限公司

联络地址:玉溪市红塔大道40号建银广场新区5幢1单元202室

联系人:周丹、王婷、范溪文

电话:0877-26673××

传真:0877-26673××

2016年4月28日

## 三 招标邀请通知书

### 概念

招标一般有两种方式:一种是采用公开招标的方式;一种是采用邀请招标的方式。招标公告适用于公开招标方式,而招标邀请通知书适用于邀请招标方式。

招标邀请通知书是招标方直接邀请3个或3个以上潜在投标方参加投标时使用的文书。采用邀请招标的方式能更好地保证招标项目的完成,特别是对于一些重大的项目的招标。在实际工作中,招标方大多采用公开招标和邀请招标相结合的方式,使招投标更加灵活有效。

### 格式写法

招标邀请通知书不同于招标公告,它采用的是书信体格式,一般由标题、称谓、正文、落款四部分组成。

1. 标题。标题只写"招标邀请通知书"即可。
2. 称谓。称谓是指受邀参加投标的单位,需要顶格写。
3. 正文。正文应简要说明此次招标的目的、内容、依据以及其他具体事项。
4. 落款。要注明招标单位的名称、地址、联系方式及联系人、日期等相关事项。

### 注意事项

1. 遵循惯用体式。招标邀请通知书不是对社会公开发布的,而是直接对某些或者某几个投标方发出的邀请,所以它需要用书信体的格式来书写。

2. 内容相对概括。采用邀请招标方式有一个前提,就是招标方已经对受邀请的投标方有一定的了解,并且对受邀请的投标方有一定的倾向性,所以,招标邀请通知书正文涉及的内容不需要像招标公告中那样详细,例如,对投标方资质的要求可以省略。

【例文】

## 招标邀请通知书

各位供应商/合作伙伴：

为规范本企业的采购工作，达到提高产品质量、降低成本的目的，中粮可口可乐饮料（新疆）有限公司将对2015年广告制作业务面向乌鲁木齐（含米泉、八钢、昌吉区域）进行招标工作。现诚挚邀请证照齐全、产品质量可靠、资信及服务良好的供应商参与投标。

投标信息如下：

1.2015年广告制作项目、规格、质量标准等要求如有需求，请发送邮件至JingZhang@xj.cofcoko.com索取；

2.投标文件请选择寄送或安排人员送至我单位前门卫处转交内审部。

寄送地点：新疆乌鲁木齐经济技术开发区庐山街389号 中粮可口可乐饮料（新疆）有限公司 内审部 车永刚（收）

3.投标截止时间：2015年3月31日

4.投标文件要求：投标文件包括营业执照、税务登记证、组织机构代码证、投标书、投标报价单及企业简介（简列一下服务客户最好）。

5.以上文件与投标书、投标报价单分别装袋，袋子外面应写清袋内资料名称，在投标报价单袋封口处加盖公章，并注明“2015年3月31日前不得开封”字样。

6.开标时间：2015年4月2日。

7.凡对本次招标的有关事项需要咨询时，请在2015年3月31日前与本公司联系。

地址：新疆乌鲁木齐经济技术开发区庐山街389号

中粮可口可乐饮料（新疆）有限公司 采购部

联系人：张静 0991－37938××　1399990××××

张洪刚 0991－37937××　1816797××××

8.如有变动另行通知。

中粮可口可乐饮料（新疆）有限公司

2015年3月24日

# 四　招标章程

## 概念

招标章程是由招标方起草的用以说明招投标活动的目的、要求、方法和程序等内容的纲领性文件。招标章程可以约束和规范招标方和投标方的行为,明确双方的权利和责任,从而保证招投标工作的顺利进行。

## 格式写法

招标章程一般由标题、正文、签署三部分组成。

1. 标题。标题由招标单位、招标事由、文种三部分组成。

2. 正文。正文包括招标宗旨、招标章程、招标规定、投标规定、开标规定、中标规定、合同规定和其他规定八部分,规定了招标和投标过程中的相关事项。

3. 签署。一般由负责招标的办事机构进行签署,并要注明成文时间。

## 注意事项

1. 条理清晰。招标章程在整个招投标文书中属于纲领性的文件,所以,为了明确地反映招标章程的内容,正文部分常采用条文式的写法。这样可以提纲挈领,疏而不漏。

2. 严密准确。为了保证日后合同内容的顺利执行,以及维护和规范双方的权利和义务,招标方在起草招标章程时要注意语言逻辑的严密性、文字表述的准确性。特别是不要出现具有歧义或者争议的句子和表达方式,否则,对合同的执行将带来很大的麻烦,并且很有可能使相关责任人逃避本应履行的义务。

【例文】

**××××集团有限公司物流承运项目招标章程**

一、招标宗旨

招标遵循公开、公正、公平的宗旨。

二、招标章程

1. 招标单位组成招标领导小组,指派专人负责此项工作。组长:××;副组长:××;小组成员:采购部、仓储部、纪检人员。

2. 严格执行招标规定程序和保密原则,尊重招标单位的合法权益,对招标文件内容严格保密。

三、招标规定

1. 采用书面或者进行对特定单位的邀标。

2. 招标单位自行向投标单位提供资料。

四、投标规定

1. 投标条件:具有法人资格和具备招标书项目要求的物流运作能力的单位。

2. 投标单位按照要求,向招标单位购买招标文件及有关资料,准备招标文件的内容(投标企业资格、价格体系、能力证明等),法人署名,加盖公章,密封,在限期前面交或邮寄至招标单位,超过规定期限的无效。

五、开标规定

1. 开标工作由招标工作领导小组负责。

2. 开标时间:在投标截止日期后的7～15天。

六、中标规定

1. 经议标评定预选中标单位,并通知该单位,约定时间、地点协商谈判。应邀单位代表携带单位委托书参加商谈。如果在通知期限内,无承诺反馈的视为弃权。

2. 与预选中标单位商谈后,经逐一验证、比较、评议、分析,确定最后中标单位,发给中标通知书。

3. 对未中标的单位不另发通知,投标资料不予退回,作为优先备选合作方资料留存。

七、合同规定

选定中标单位后,双方履行合作合同签署手续。

八、其他规定

本章程如有与国家政策法令相抵触之处,以国家政策法令为准;章程中未尽事宜,在执行中可补充修正。

××××集团有限公司

×年×月×日

(引自中国大物流网 www.all56.com,略有删改)

## 五　投标方须知

### 概念

投标方须知是招标文件中的必备文件,它详细说明了投标程序中的事务性问题和相应的要求。此外,投标方须知只是作为招标书的附件,对某些具体要求进行补充说明,从属于招标书。

### 格式写法

投标方须知由标题、正文和落款三部分组成。

1. 标题。标题写“投标方须知”即可。

2. 正文。正文需使用条文式结构，详细说明投标程序中的事务性问题和相应的要求，对时间和数量等涉及数字的表述要清楚准确。

3. 落款。一般由负责招标的办事机构进行签署，并注明成文时间。

## 注意事项

1. 体现辅助性。由于投标方须知只是作为招标书的附件形式存在，它所涉及的内容是招标书的正文中没有提及的，是一些更加具体的细节性事务，是对招标书正文内容的补充说明，而不涉及原则性的重大问题。从地位和内容看，它都是招标书的辅助性文件。

2. 注重完整性。由于投标方须知涉及的事务性内容非常琐碎繁杂，容易让人遗忘和出现纰漏，所以，在编制投标方须知时，要对投标者必须履行的事宜进行完备的说明，不能有所疏漏。

【例文】

### 投标方须知

一、投标方

1. 合格投标方的范围

1.1　在北京市设有生产地点或在北京市拥有固定的销售场所和售后服务常驻机构的国内供应商（如果投标货物实行生产许可制度，应有生产许可证）。

1.2　投标方应具有一定的资金垫付能力。

1.3　投标方近两年内具有良好的经营状况、生产能力和经营业绩。

1.4　投标方应遵守国家的有关法律、法令、条例和北京市有关政府采购的规章制度。

1.5　其他条件。

（1）具有工商行政管理部门颁发的营业执照，营业执照要按有关规定经工商行政管理部门年审有效，并具有独立承担民事责任的能力。

（2）具有中华人民共和国税务部门颁发的税务登记证，税务登记证按有关规定须经税务主管部门年审有效。

（3）具有技术监督管理部门颁发的法人代码证书。

（4）具有中介机构（会计师事务所）出具的年度审计报告或当年的验资报告。

（5）从事专卖销售和代理销售的供应商，必须持有由生产厂家或销售代理提供的书面授权书、委托书或证明文件。

（6）经销国家有特殊规定标准的货物，除须持有生产许可证外，还要有行业管理部门的批复证明和本市行政主管部门颁发的进京销售许可证明。

(7)从事接待服务行业的必须持有消防安全证明、特种行业证明、收费许可证和卫生防疫许可证等。

2. 投标委托

2.1　如投标方代表不是法人代表,须持有《法人代表授权书》。

2.2　如投标方提供的货物不是自己制造的,投标方应得到货物生产厂家的正式授权。

3. 投标费用

3.1　无论投标过程中的做法和结果如何,投标方自行承担所有与参加投标有关的全部费用。

二、招标文件

4. 招标文件内容

4.1　招标文件由招标文件总目录所列内容组成。

4.2　投标方应详细阅读招标文件的全部内容。不按招标文件的要求提供的投标文件和资料,可能导致投标被拒绝。

5. 招标文件的澄清

5.1　投标方对招标文件如有疑点要求澄清,可用书面、传真等形式通知招标方,但通知不得迟于开标日期前5天使招标方收到,招标方将视情况确定采用适当方式予以澄清或以书面形式予以答复,并在其认为必要时,将不标明问题来源的书面答复发给所有取得同一招标文件的投标方。

6. 招标文件的修改

6.1　在投标截止时间前,招标方无论出于自己的考虑,还是出于对投标方提问的澄清,均可对招标文件用补充文件的方式进行修改。

6.2　对招标文件的修改,将以书面、传真等形式通知所有取得同一招标文件的投标方。补充文件将作为招标文件的组成部分,对所有投标方有约束力。

6.3　为使投标方有足够的时间按招标文件的修改要求考虑修正投标文件,招标方可酌情推迟投标时间和开标时间,并将此变更通知所有取得同一招标文件的投标方。

三、投标文件

7. 投标范围及投标文件计量单位

7.1　投标方可对招标文件中"招标货物清单"所列的所有内容进行投标,也可只对其中一包或几包货物进行投标,但不得将一包中的内容拆开投标。

7.2　投标文件中所使用的计量单位,除招标文件中有特殊要求外,应采用国家法定计量单位。

8. 投标文件的组成

8.1　投标书(统一格式)内容。

(1)投标函

(2)开标一览表(用于唱标)

(3)投标货物基本性能表

(4)投标方交通位置简图

(5)投标书附件(投标方视需要自行编写)

8.2　资格证明文件。

(1)企业法人营业执照(复印件,加盖公章)。

(2)税务登记证(复印件,加盖公章)。

(3)法人代码证书 (复印件,加盖公章)。

(4)中介机构(会计师事务所)出具的年度审计报告或当年的验资报告(复印件,加盖公章)。

(5)从事专卖销售和代理销售的供应商,提供由生产厂家或销售代理提供的书面授权书、委托书或证明文件(复印件,加盖公章)。

(6)经销国家有特殊规定标准的货物,除须持有生产许可证外,还要有行业管理部门的批复证明和本市行政主管部门颁发的进京销售许可证明(复印件,加盖公章)。

(7)投标人身份证明(复印件)及法人授权书(原件)。

9. 投标内容填写说明

9.1　投标书按统一格式填写,并按本须知第 8 条规定的顺序排列,装订成册。

9.2　全部投标文件的规格为 A4 纸型(21 厘米 ×29.7 厘米)。

9.3　开标一览表为在开标仪式上唱标的内容,要求按格式填写,统一规范,不得自行增减内容。

10. 投标书附件的编制及编目

投标书附件由投标方视需要自行编制。规格幅面应与正文一致,附于正文之后,与正文页码统一编码装订。

11. 投标报价

11.1　所有投标均以人民币报价。

11.2　投标方要按开标一览表(统一格式)的内容填写价格及其他事项,并由法人代表或授权代表签署。

11.3　招标方不接受任何选择报价,对每一种货物只允许有一个报价。

11.4　最低报价不能作为中标的保证。

11.5　报价应是投标单位明示的零售价、相应的政府采购价及政府采购折扣率。

12. 投标保证金

12.1　中标方在领取中标通知书时，缴纳履约保证金10 000元。

12.2　履约保证金采用转账支票形式支付。

13. 投标文件的有效期

13.1　投标书自开标日起90天内有效。有效期短于90天的投标将被拒绝。

13.2　在特殊情况下，招标方可与投标方协商延长投标书的有效期。这种要求和答复都应以书面、传真等形式进行。按本须知第12条规定的投标保证金的有效期也相应延长。投标方可以拒绝接受延期要求而不致被没收保证金。同意延长有效期的投标方不能修改投标文件。

14. 投标文件的签署及规定

14.1　组成投标文件的各项资料（本须知第8条中所规定）均应遵守本条。

14.2　投标方应填写全称，同时加盖公章。

14.3　投标文件必须由法人代表或授权代表签署（印刷体、复印件无效）。

14.4　投标文件中投标书一式7份。其中，正本1份，副本6份。资格证明文件一式2份，其中，法人代表授权书、生产厂家授权书、生产厂家需要提供的其他文件、代理商需要提供的其他文件、售后服务体系及网点基本情况表正本1份，副本1份。其余文件可提供复印件。如果正本与副本不符，以正本为准。

14.5　投标文件的正本必须用不褪色的墨水笔填写或打印，注明“正本”字样。副本可以用复印件，注明“副本”字样。

14.6　投标文件不得涂改和增删，如有修改错漏处，必须由同一签署人签字或盖章。

14.7　投标文件因字迹潦草或表达不清所引起的后果由投标方负责。

四、投标文件的递交

15. 投标文件的密封及标记

15.1　投标文件应按以下方法分别装袋密封：

15.1.1　投标书密封袋内装投标书正副本共一式7份。封口处应有投标全权代表的签字及投标单位公章。封皮上写明招标编号、招标项目名称、投标方名称，并注明“开标时启封”字样。标书中含开标一览表。

15.1.2　资格证明文件袋内装资格证明文件2份。封皮上写明招标编号、招标项目名称及投标方名称，并注明“资格证明文件”字样。

15.1.3　为方便开标唱标，另外单独密封一份开标一览表，并标明“开标一览表”字样，投标时随投标文件单独递交招标方。

15.2　将全部投标文件（投标书密封袋、资格证明文件袋及投标方认为有必要提交的其他资料）包装完好，封皮上写明招标方名称、招标编号、投标方名称和地址。

15.3　如果投标方未按上述要求密封及加写标记，招标方对投标文件的误投和提前启封概不负责。

16. 投标截止时间

16.1　投标文件必须在规定的投标时间内派人送达指定的投标地点。

16.2　招标方推迟投标时间时，应以书面或传真的形式通知所有投标方。在这种情况下，招标方和投标方的权利和义务将受到新的投标时间的约束。

16.3　在规定的投标截止时间以后送达的投标文件，招标方拒绝接收。

17. 投标文件的修改及撤回

17.1　投标以后，如果投标方提出书面修改和撤标要求，在投标截止时间前送达招标方者，招标方可以接受，但不退还投标文件。

17.2　投标方修改投标文件的书面材料（一式 7 份）须密封送达招标方，同时应在封套上标明“修改投标文件（并注明招标编号）”和“开标时启封”字样。

17.3　撤回投标应以书面、传真等形式通知招标方。如采取传真形式撤回投标，随后必须补充有法人代表或授权代表签署的要求撤回投标的正式文件。

五、开标及评标

18. 开标

18.1　招标方按招标文件规定的时间、地点主持公开开标。开标仪式由招标方主持，评标小组成员、委托方代表及有关工作人员参加。

18.2　投标方派代表参加开标仪式。

18.3　开标时查验投标文件密封情况，确认无误后拆封唱标。

18.4　招标方在开标仪式上，将公布投标方的名称、投标货物名称、投标价格及其投标的修改、投标的撤回、投标保证金是否提交等，招标方将做唱标记录。

19. 对投标文件的初审

19.1　初审内容为投标文件是否符合招标文件的要求、内容是否完整、文件签署是否齐全及验证投标保证金。

19.2　与招标文件有重大偏离的投标文件将被拒绝。重大偏离系指投标货物的质量、数量及交货期明显不能满足招标文件的要求。这些偏离不允许在开标后修正，但招标方将允许修改投标中不构成重大偏离的微小的、非正规、不一致或不规则的地方。

19.3　招标方对投标文件的判定，只依据投标内容本身及评标小组要求提供的有关补充材料。

20. 投标的澄清

20.1　招标方有权就投标文件中含混之处向投标方提出询问或澄清要求。投标方必须按照招标方通知的时间、地点派专人进行答疑和澄清。

20.2　必要时招标方可要求投标方就澄清的问题作书面回答，该书面回答应有投标全权代表的签章，并将其作为投标内容的一部分。

20.3　投标方对投标文件的澄清不得改变投标价格及实质内容。

21. 评标

21.1　招标方根据招标货物特点组建评标小组，对具备实质性响应的投标文件进行评估和比较。评标小组由招标方、需求方，技术、经济、法律专家和其他有关方面的代表组成。

21.2　评标严格按照招标文件的要求和条件进行。比较报价，同时考虑以下因素：

(1)设计方案先进、合理。

(2)产品的性能、互换性及标准。

(3)产品的寿命、经营成本。

(4)售后服务、备件供应。

(5)经营信誉。

(6)财务状况、资金垫付能力。

(7)地理环境和交通条件。

(8)提供的特殊服务和优惠条件。

21.3　中标条件：

(1)投标文件符合招标文件要求。

(2)投标报价、销售服务对招标方最有利。

(3)有良好的服务承诺和执行合同能力。

(4)资金垫付能力强。

(5)最低报价不是被授予协议的保证。

22. 评标过程保密

22.1　开标之后，直到授予中标方协议止，凡是属于审查、澄清、评价和比较投标的有关资料以及授标意向等，均不得向投标方或其他无关的人员透露。

22.2　在评标期间，投标方企图影响招标方的任何活动，将导致投标被拒绝，并承担相应的法律责任。

六、签订协议及合同

23. 最终审查

23.1　最终审查的对象是招标项目的预中标方。

23.2　最终审查的内容是对预中标方的产品进行产品性能、技术状况、生产条件、产品质量，投标人资格、售后服务、交通位置以及招标方认为有必要了解的其他问题做进一步的考查。

23.3　最终审查的方式：

(1)对预中标方进行询问。

(2)对预中标方进行实地考察。

23.4　接受最终审查的预中标方，必须如实回答和受理招标方的询问或考查，并提供所需的有关资料。

23.5　如审查结果排序第一的预中标方不符合中标条件，则应考察排序第二的预中标方，依次排列。

24. 招标方在授标时有变更数量的权力

在向投标方授予中标通知书时，招标方有权变更数量和服务的内容。

25. 招标方接受和拒绝任何或所有投标的权力

尽管有第21.3条的规定，为维护国家利益，招标方在签订协议之前仍有选择或拒绝任何投标方中标的权力，对受影响的投标人不承担责任，也无义务向受影响的投标方解释采取这一行动的理由。

26. 中标通知

26.1　在投标有效期内，招标方以书面形式通知所选定的中标方。

26.2　当中标方按第27条规定与招标方签订协议时，招标方将向其他投标方发出落标通知，10日内无息退还投标保证金。招标方对落标的投标方不作落标原因的解释。

27. 签订协议

27.1　中标方应按中标通知书规定的时间、地点与招标方签订《政府采购委托协议》，否则按开标后撤回投标处理。

27.2　协议中明确委托期限、采购价格的确定、招标方与中标方的责任与义务、违约责任和其他条款。

27.3　招标方的政府采购为批量采购行为，所购货物均享受投标书中承诺的政府采购价格。

27.4　如遇生产厂家、代理商下调货物价格或举行优惠促销活动，中标方应按下调价格或促销优惠价格下浮政府采购价格，最迟在下调执行日前一天以书面形式通知招标方，并附生产厂家书面通知。

27.5　如遇生产厂家对中标机型的配置有变化，而影响市场价格变动时，中标方应及时以书面形式通知招标方，并附生产厂家书面通知，告知市场价格与政府采购价格。

27.6　中标方如法人代表或其他任何情况变化，不应影响协议及合同的执行。

27.7　招标方有权要求中标方对所供应的所有货物提供正品货物的有效

证明。

28. 签订合同

28.1 中标方应按《政府采购委托协议》的要求与使用单位签订《供货合同》。

28.2 合同中必须明确设备的质量标准、交付与验收、买卖双方的责任、违约责任、争议的解决、合同的生效和效力。

××招标代理有限公司(盖章)
×年×月×日

## 六 投标申请书

### 概念

投标申请书是投标方在招标截止日期前,向招标方递交的申请参加投标的书面文件。撰写投标申请书是投标方进行投标的第一步,只有递交了投标申请书并经招标方批准后才能参加投标。

### 格式写法

投标申请书由标题、称谓、正文、署名和附件五部分组成。

1. 标题。标题可直接写“投标申请书”。

2. 称谓。称谓即招标单位名称。

3. 正文。正文应写明投标方愿意按照招标方所规定的要求参加投标活动的意愿和其他的保证事项。语气和措辞要诚恳,应充分表达希望参加此次投标的意愿,以及保证履行招标方规定的承诺。

4. 署名。署名处需要有法人和法人代表的签字和印章,并注明时间,以体现投标申请书的权威性和有效性。

5. 附件。附件包括对投标方基本情况进行的详细说明,以及投标方拥有的相关资质或证明材料等。这些可以说明投标方单位的正规性、合法性,并且可以增加投标方在投标过程中的优势。

### 注意事项

1. 使用敬语。投标申请书是投标方向招标方发出的参加投标的书面文件。在书写投标申请书的时候,除了要在其中做出相关承诺和保证外,还要注意语气的诚恳和措辞的严密,涉及招标方的称谓时,要用敬称或者全称,如贵方、贵单位等,而不要用简称。

2. 真实有效。投标申请书的附件部分主要包括投标方的资质和证书等,这些是对投标方承标能力的一种体现,也是招标方对投标方的衡量标准之一。所以,投标方一定要保证附件中相关资质和证书的真实性和有效性。

【例文】

## 投标申请书

××市天然气高压管网有限公司:

根据贵公司××××××工程招标公告(招标编号 FS20××-035),我公司拟参与该招标工程的投标报名。特此申请。

本申请书附有下列内容的文件:

1.《投标报名表》(一式两份,加盖公章及法人章,单独提交)。

2.投标申请人的《企业营业执照》副本和《税务登记证》副本复印件。

3.投标申请人的企业法定代表人证明书原件。

4.投标申请人的企业法人代表授权证明书原件及被授权人的身份证复印件(适用企业法人代表授权给被授权人的情况)。

5.投标申请人拟投产品制造商授权书或代理证书(非制造商适用)。

6.投标人推荐采用的各个产品的制造厂家的 ISO9001 质量体系认证证书复印件。

7.投标申请人资信状况:包括资信证明、工商管理重合同守信用证书、近 3 年财务状况表及经会计师事务所审计的财务报表复印件。

8.投标申请人近 3 年同类项目业绩及其证明资料(中标通知书、合同复印件、验收报告复印件)。

9.投标申请人简介及投标申请人基本情况表。

10.投标申请人认为对应采购需求的设备的技术资料。

11.投标申请人认为需提供的其他资料和文件。

我方承诺对本次投标过程中所有材料的真实性负全部责任,如有不实,我方愿承担由此造成的一切后果。如有需要,我方可以按贵公司的要求,进一步提供必要的相关资料,以核实本申请书中提交的或与本申请人的资金来源、经验和能力等有关的声明和资料。

我方保证尊重并满足贵公司的进口设备需求,对于备注为进口的标的产品,承诺由产品原产地的国外制造商或国外的更高级的代理商与业主签订外贸合同(中国海关征收的进口关税和增值税由业主负担)。

投 标 方:××××公司(盖章)<br>
法人代表 :×××(签章)<br>
×年×月×日

# 七　投标书

## 概念

投标书又称标函，是投标方根据招标方提出的条件、要求以及自身实力编写的文书。投标书经密封后送至招标处，其内容在开标之前要保密。

## 格式写法

投标书由标题、正文、结尾三部分组成。

1. 标题。标题由投标项目名称和文种组成，例如，"××项目投标书"。

2. 正文。正文须写明投标项目的名称、价格、数量、单位、技术指标及完成日期等有关的信息，可以使用列表的格式来编写。

3. 结尾。结尾注明投标方的单位名称、负责人姓名、联系地址和电话等相关信息。

## 注意事项

1. 知己知彼。投标本身是一种竞争行为，投标书的写作，首先要详细了解竞争对手的情况，在深入细致分析研究的基础上，尽可能展示自己的优势，拿出具有竞争力的方案。

2. 真实诚信。真实诚信是中标的前提，投标书必须真实反映投标人的资格资质、技术力量和资金设备等方面的情况。否则，不仅中标资格被取消，还要承担由此引发的法律责任。

3. 说明具体。投标书是对招标书的回应，因此，必须按照招标书中提出的要求做出相应的具体说明，包括投标项目的名称、价格、数量、单位、完成日期、负责人和联系方式等。

【例文】

**投标书**

中铁××局集团××置业有限公司：

根据贵公司提供的中国铁建·东来尚城一期铝合金门窗制作、安装工程的招标文件，我方愿以人民币伍佰伍拾万伍仟捌佰叁拾伍元柒角贰分(￥:5 505 835.72)的投标报价按招标文件要求承包本次招标范围内的全部工程制作、安装及保修工作。现就投标事宜承诺如下：

1. 我方承诺响应招标文件的所有条款。

2. 我方完全理解贵公司无义务必须接受最低报价的投标并有权拒绝所有的投

标。一旦我方中标，我方保证立即进行开工前的准备工作，在开工令下达后立即开工，并在招标文件要求的竣工时间内竣工。

3. 我方保证工程质量达到国家及行业规定的生产和验收标准。

4. 如果我方中标，我方将按照招标文件的要求向贵公司提交规定数额的履约保证金并履行其他应尽义务。

5. 我方同意在招标文件中规定的投标有效期内，本标书始终对我方有约束力且随时可能按此标书中标。若中标单位违约，被贵公司清理出场，我方同意在接受贵公司通知后，立即组织出场，并按我方投标报价签订剩余工程量的合同。

6. 如果我方中标，贵公司的中标通知书和本标书将构成约束我们双方的合同的组成部分。

附件：1. 投标方概况

2. 投标方资质证明

3. 投标方业绩、信誉证明

4. 施工方案概述

5. 工程工期目标及保障措施

6. 工程质量目标及保障措施

我方对上述附件的真实性、科学性负责。

投标单位：××市××装饰工程有限公司

地址：××市××路××号　邮编：276×××

电话：186××××××××

联系人：×××

投标方：××市××装饰工程有限公司（盖章）

法人代表：×××（签章）

×年×月×日

## 八　中标通知书

### 概念

中标通知书是招标方通知投标方已经中标的文书。经过招标、投标、开标、评标等环节，招标方按照招标项目的要求以及对各投标方的综合评定，决定中标方，并与之签订合同。

### 格式写法

中标通知书由标题、称谓、正文、落款四部分组成。

1. 标题。标题由招标项目的名称和文种组成，例如，“××项目中标通知书”。

2. 称谓。称谓写明中标的单位。

3. 正文。正文应写明招标项目名称、中标单位、标价、数量、标的计量单位和截止日期等相关事项。

4. 落款。落款处应写明签发单位名称、日期，并加盖单位公章。

## 注意事项

1. 简单清晰。在起草中标通知书时，不必事无巨细全部列出，只需把最重要的部分，如中标单位、标的、标价和截止日期等项目列出即可。行文一定要简单明了。

2. 内容正确。中标通知书是招投标文书中的最后一部分，对于文中涉及关于招投标项目的内容、金额、数量、单位和日期等一定要核实确认，以免造成不必要的纠纷。

### 【例文】

**中标通知书**

××××钢绳有限公司：

新建铁路厦深线（福建段）部管物资钢绞线招标（招标编号：JW20××-023）工作已结束，经标审委员会评审推荐，并经我公司确认，贵公司被确定为中标人。

中标物资名称：钢绞线

中标价格：人民币陆仟贰佰壹拾肆万捌仟柒佰叁拾陆元整（￥62148736.00）

工期：××××年×月×日——××××年×月×日

质量标准：国家施工验收规范优良标准

请贵公司收到本通知后，按招标文件“投标人须知”第28款规定向我公司提交履约保证金，并于10天内与我公司办理签订合同等有关事宜。

特此通知。

东南沿海铁路××有限责任公司（盖章）

×年×月×日

（引自帅龙集团网站 http://www.cnsljt.com，有改动）

# 第十二章

## 商务学术论文

### 概念

商务学术论文是研究探讨商务问题，表述科研成果的文章。它不仅真实、全面、系统地反映研究成果，传播学术信息，而且是进行科学研究的重要依据，同时又是经济决策的重要参考。

### 格式写法

学术论文属于论说文的范畴，但与一般的论说文有明显的不同。它不仅仅要对某些问题评判是非，陈述作者的观点，而且还要对学术领域中的现象、问题进行研究和探讨，并对探讨的过程和结果进行记录和描述。商务学术论文的写作是一项复杂的劳动，包括论题的选择、资料的搜集与整理、论点的确立与材料的选择、谋篇布局、起草与修改以及技术处理等环节。

根据国家标准局1987年发布的《科学技术报告、学位论文和学术论文的编写格式》（GB7713—87）的规定，学术论文应包括题名、责任者姓名（即署名）、摘要、关键词、绪论、本论、结论、致谢、参考文献、附录等10项内容。目前在报刊上公开发表的商务学术论文，通常由以下内容组成。

1. 题名。题名即标题或题目，是以恰当简明的词语反映学术论文重要内容的逻辑组合。“题好文一半”，题名是一篇学术论文给出的反映论文范围与水平的第一个重要信息，其基本要求是准确得体，简短精练，常带有可透视文种的特定词语，如“论……”“谈……”“……初探”或“……探微”“……管窥”等。题名应避免使用不常见的缩略语、首字母缩写字、字符、代号和公式等，一般不宜超过20字。

2. 署名。应在标题下注明作者单位和姓名。

3. 摘要。摘要是论文内容的不加注释和评论的简短陈述。摘要的内容应包括与论文同等量的主要信息，供读者确定有无阅读全文的必要，也可供文摘等二次文献采用。摘要一般应说明研究的目的和重要性、研究方法、研究的主要内容、基本结论和研究成果、结论及其意义。要反映的内容虽多,但文字要简练,内容要概括。一般不列举例证,不讲研究过程,不用图表,不做自我评价。

4. 关键词。关键词是为了文献标引工作,从论文中选取出来,用以表示全文主要内容的单词或术语。选择关键词的一般方法是:在完成论文写作后,纵观全文,选出能表示论文主要内容的信息,以 3 ~ 8 个词为宜。如有可能,尽量选用《汉语主题词表》等词表提供的规范词。

为便于国际交流,还应同时注明对应的外文(多用英文)标题、摘要和关键词。

5. 绪论。绪论又称前言,是论文的引论部分。其内容包括研究的目的、范围、相关领域前人的研究情况和空白、理论基础和分析、研究设想、研究方法、预期结果和意义等。写作应言简意赅,避免与摘要雷同。

6. 本论。本论是论文的主体部分,它占据论文的最大篇幅。论文所体现的创造性成果或新的研究结果,都将在这一部分得到充分的反映。因此,要求这一部分主旨明确,内容充实,论据可靠,层次分明,合乎逻辑。不管是阐述自己独到的见解,还是反驳他人的观点,或者解决疑难问题,都要周密地进行论证。

本论部分常采用递进推论或并列分论的方法安排结构层次。递进推论是在提出基本论点或问题后,设立几个下位论点,一个接一个,层层深入地对基本论点或问题进行论证。各部分的论述呈现步步推进的逻辑关系,各单元间的位置不可随意调换。并列分论是指提出基本论点或问题后,设立几个下位论点,分别从不同的角度对基本论点或问题进行论证。各论证单元间的关系是并列平等的,排列次序可以调换。由于学术论文论述的问题通常比较复杂,仅用一种结构方式往往不能满足内容表达的需要,因此,写作中常将以上两种结构方式结合起来使用。在各个论证单元前,可以加序码或小标题,以求层次清楚。本论部分常用的论证方法有例证法、引证法、推理法(演绎推理法、归纳推理法、类比推理法)、对比法、反驳法(反驳论点、反驳论据、反驳论证)等。

7. 结论。结论是论文最终的总体的结论,是从全篇论文的全部材料出发,经过推理、判断和归纳等逻辑分析过程而得到的新的学术总观念、总见解,并非正文中各段小结的简单重复。如果不能导出应有的结论,也可以不写结论而进行必要的讨论。可以在结论或讨论中提出研究设想、改进意见或提出遗留问题等。结论部分应完整、精练,注意与开头连贯呼应。

8. 注释和参考文献。注释是对文中引文出处的交代说明,应按文中出现的先后次序,注明其出处。参考文献是作者在写作论文时主要参考的专著或论文,要注明参考文献的作者、篇名和版本等。

## 注意事项

1. 讲究科学性。商务学术论文的科学性体现为以科学的态度,运用科学的理论和方法,论述商务领域中的问题。因此,在商务学术论文的写作中,立论要切实从商务实际出发,从中引出符合实际的结论来。论据要真实、充分,做到“人有户口,事有依据”。论证要符合认识规律,使观点和材料达到和谐统一。语言要符合科学语体的要求,做到准确、庄重、严密,特别是定性定量方面,更要准确无误。

2. 具备理论性。商务学术论文的理论性表现在论文的写作目的、表现形态和论证性等方面。商务学术论文的写作目的是与经济科学的发展和商务问题研究水平的提高密切相关的。从这个意义上讲,只要描述了经济科学和商务问题研究中新的发现、新的创造,就是对经济科学的发展具有理论价值的学术论文。商务学术论文的表现形态是由概念、判断组成的理论体系,因此,在使用事实材料时,必须舍弃其生动形象性,或压缩为简单的事实叙述,或转化成一系列的数据,或表现为图式与表格。商务学术论文的基本框架是以中心论点为核心,以相互之间为并列、递进等关系的小论点组成的严密逻辑体系,所以,不可罗列现象,不可以叙代议,不可就事论事,而应在经过压缩与概括的事实的基础上,依据经济科学的原理和逻辑的方法进行概括和评价,并升华到一定的理论高度。

3. 力求独创性。商务学术论文的独创性表现为在他人研究的基础上有所发现、有所发明、有所创作、有所前进,提出他人没有提出的新理论、新知识和新方法。学术论文的创造性主要由论文所表达的成果的独创性表现出来。独创性并非随心所欲地标新立异,而是对经济现象进行观察、调查和分析研究后得出的有理论价值或应用价值的正确结论。结论的独创性与论题的选择具有密不可分的关系。对亟待解决的论题和学科发展前沿的论题和跨学科的论题和填补空白的论题的研究都很有可能取得有价值的学术成果;对纠正通说的论题、补充空白的论题和争鸣性的论题的研究,若能在原有的基础上有所创新,也是一种创造。

**【例文】**

### 互联网逻辑下传媒经济研究的探索与困顿
### ——2014年中国传媒经济研究文献综述

喻国明　胡杨涓

摘要:在互联网逻辑下传媒业面临诸多变革,这成为当下传媒经济研究的一条核心线索。本文把握这条核心线索,从媒介消费、传媒组织和传媒产业这三个视角,对2014年中国传媒经济研究进行了文献综述。在此基础上本文认为,一方面,传媒经济研究提出了一些具有突破性和前瞻性的研究结论,这些研究结论对业界具有很强的实用性;另一方面,传媒经济研究呈现“术”多“学”少的局面,研究方法不严谨和理论深度的欠缺已成为传媒经济研究的一大局限。
关键词:传媒经济;互联网逻辑;媒介消费;传媒组织;传媒产业
作者简介:

喻国明，中国人民大学新闻学院副院长、长江学者特聘教授，中国传媒经济与管理学会会长。

胡杨涓，中国人民大学新闻学院博士研究生。
DOI:10.13495/j. cnki. cj jc. 20150. 01. 002

Exploration and Confusion of Media Economics Studies under Internet Logic: A Review of Key Studies in 2014

YU Guoming, HU Yangjuan

Abstract: Media industry is evolving under Internet logic. It has become a key clue for media economics studies. This paper follows this clue to review Chinese media economics studies in 2014 from the perspectives of media consumption, media organization and media industry. Based on this , this paper argues that on one hand, Chinese media economics studies have proposed some out - breaking and foreseeing opinions which are very practical to the industry; but on the other hand, Chinese media economics studies are so application - oriented that many of them sufer methodology defects and the lack of theoretical value.
Keywords: media economics, internet logic, media consumption, media organization, media industry
Author:

Guoming Yu is a professor and associate dean of School of Journalism and Communication, Renmin University of China. He is also a Yang tze River Scholar and the president of Media Economy and Management Association of China.

Yangjuan Hu is a doctor candidate in School of Journalism and Communication, Renmin University of China.

一、传媒经济研究的理论局限与范式危机

传媒经济作为一个新闻传播学的研究方向，在中国已经20多年了。随着传媒业市场化改革的推进，传媒经济研究曾一度成为热门，但近年来，传媒经济研究有回落的趋势。曾琼、张金海分析了新闻传播学术期刊上的传媒经济研究论文，发现我国传媒经济研究呈现出三个阶段:1993—1997年属缓慢增长期，1998—2003年随着传媒市场化改革的推进传媒经济研究进入快速增长期，而自2004年以来，传媒经济研究进入波动回落期，2012年的论文数量已经回落到2001年的水平。他们因此认为，中国传媒经济研究与中国传媒经济发展的走势与需求相适应，但是第三

阶段出现的波动回落,反映出中国传媒经济研究面临着某种范式危机。(曾琼、张金海,2014a)

针对传媒经济研究的范式问题,有学者认为,经济学的研究视角主导了传媒经济研究,导致传媒经济研究拘泥于“二次售卖”“注意力经济”“影响力经济”等理论,无法实现突破,对某些传媒经济现象也缺乏解释力。基于此,作者主张将“社会资本”理论引入传媒经济研究,构建一个新的传媒经济研究范式。从这一理论视角来看,媒体作为社会的信息传输机构,交往触角延伸到社会的各个层面,在社会交往关系链中占据高端位置,握有丰富且有价值的社会资本。由此,媒体和记者的灰色收入等问题能够得到解释,它本质上就是一种“社会资本”变现。(孙俨斌,2014)

也有学者指出,“注意力经济”“影响力经济”只是对传媒经济本质的理论解释,不能涵盖其他传媒经济理论。事实上,传媒经济研究作为一门交叉学科研究,具有广泛的理论和范式基础。媒体和记者的灰色收入等现象用已有的传播政治经济学理论就可以解释。该学者认为,当前中国传媒经济研究的局限性,责任不在于理论或者范式,而在于研究者。传媒经济研究以经济学理论为基础,而国内从事传媒经济研究的学者大多为新闻传播专业出身,在理论储备和研究方法训练上存在不足。经济学、管理学背景的研究者的缺席,导致了传媒经济学研究流于表面,方法不完备,理论发展水平低的现状。(王亮,2014)

传媒经济研究所面临的困局,除了研究者的原因,也有宏观情境的原因。一方面,中国传媒改革本身面临困境,传媒业担忧既得利益丧失,表现出改革动力不足,政府对改革又缺乏具体的制度引导,在这样的现实情境中传媒经济研究要破解改革难题颇为乏力;另一方面,互联网时代给传媒业带来了革命性的变迁,这给传媒经济研究又提出了新的问题和挑战。(曾琼、张金海,2014a)破解传媒经济研究的困局,需要将世界范围传媒经济学研究所面临的共同问题与中国传媒发展所面临的独特问题相结合,共同应对传媒经济学研究的“科学的革命”。(曾琼、张金海,2014b)

二、互联网逻辑下的媒介消费

互联网的到来改变了公众的媒介消费习惯。数字化时代,公众接触、使用媒介的过程中不仅在消费意义,更在与传播内容的不断互动中创造着意义,媒介生产与消费在此过程中发生着深刻而多变的交织。(黄可,2014)

媒介消费习惯的变化改变了传媒组织与受众的关系,也改变了媒介内容产品的本质。在过去的一个世纪里,媒介内容产品为畅销消费品,价格低廉,能够给传媒组织带来很高的利润;然而在数字化时代,受众对于媒介内容产品的需求相对较低,传媒组织需要对目标受众进行细分,发现利基市场,同时还要控制内容生产的

成本。(皮卡德等,2014)

然而针对新闻消费量的具体研究发现,尽管报纸的发行量在减少,但是报纸通过网络版和移动平台到达了更多消费者。因此总的来看,新闻的消费量实际上是在增长的。在互联网逻辑下,对信息的需求,对高质量的媒介内容产品的需求,仍然是一项刚性需求。(辜晓进,2014)针对影视文化消费的研究也发现,我国影视文化消费需求日趋旺盛,消费方式与价值取向都逐渐多元,影视产品新形态不断出现,影视衍生品消费成为新的经济增长点。(邵明华,2014)

当前媒介消费研究的难点在于,互联网逻辑下的媒介消费很难用传统的方式去测量。一方面,受众对于移动媒体的使用十分碎片化,另一方面,移动媒体往往被认为是十分私人化的,要监测手机等移动媒体的使用面临着隐私侵犯等问题。(皮卡德等,2014)

互联网逻辑下的媒介消费研究还面临着另一个问题:以网络社交、网络购物为代表的网络服务带动了所谓的信息消费(李文明、吕福玉,2014),数字化的媒介消费也被纳入了广义的信息消费活动中。在互联互通、几乎无所不包的信息消费中,媒介消费的边界在哪里? 如何找到一个合适的框架研究互联网逻辑下的媒介消费? 这些问题有待解决。

三、互联网逻辑下的传媒组织

互联网逻辑下传媒业内在思维逻辑的转变要求传媒组织从组织架构上做出改变。以报业组织为例,有学者提出,要适应媒介融合的趋势,报业组织必须打破传统事业部制和级层式结构,建立现代企业制度下的报业组织结构;搭建融合新闻生产组织结构,设立内容中心、技术中心和运营中心三大平台;探索无边界组织结构,实现多元化扩张,进而实现组织结构扁平化、大跨度横向一体化、虚拟化和柔性化。(陈激、吕尚彬,2014)

传媒上市公司和传媒集团是当前我国传媒组织研究的两大热点。有学者从股权的角度对中国传媒上市公司的治理结构做了实证研究,发现不同性质的大股东并存会产生良好的制衡效益,其与公司的经营绩效之间呈现出显著的正向线性关系。单从公司治理的角度来讲,中国传媒上市公司“政企不分”的问题亟待解决,要推进对地方政府控制的上市公司的产权改革,引进有实力的民营机构进驻传媒行业,抑制政府对控股公司的干预,加强对中小投资者的法律保护,从根本上改善公司的治理环境。(陈建思、胡雨驰,2014)

在传媒集团方面,有学者分析了当前国际传媒集团的发展和转型,发现国际传媒集团的转型特点有:重组内部传统业务,拆分盈利能力差异明显的业务,提高资产估值;确保传统业务高盈利板块增长的同时,加强内容产品数字化开发;投资具有较高成长性和较高风险的新兴融合产业领域,寻找新的增长点。各集团主要业务板块出现不同发展趋势：影视娱乐业务波动较大；图书出版业务因数字化而好转，但报刊业务持续收缩；电视网络业务继续担当各集团主要利润来源。（韩晓宁、王军，2014）

总的来看，当前的传媒组织经营管理研究缺乏理论深度，大多没有明确的研究方法指导，流于表面。且国内对于传媒组织的研究表现出明显的关注大型传媒组织而忽视小型创新型传媒组织、关注成功案例而忽视失败案例的倾向。而国外研究者正在进行的研究已经开始关注小型的新媒体创业公司，采用田野调查的方式追踪新媒体创业公司的发展，调查它的组织架构、商业模式和经营模式，分析其中成功案例的经验，总结失败案例的教训。（皮卡德、喻国明，2014）国外同行的这些研究或许可以给国内传媒经济研究者提供一些借鉴。

四、互联网逻辑下的传媒产业

1. 互联网逻辑下报业出路何在

受互联网冲击最大的报业依旧是学者研究的重中之重。有大量的研究试图从传媒经济的角度给危机中的报业寻找出路。

传统报业需要进行数字化转型，这基本是研究者达成的一个共识。关键在于报业应该如何完成数字化转型。有学者指出，当下传统纸媒办新媒体普遍难以成功，最大的问题在于缺乏清晰的商业模式和盈利模式。多数纸媒固守“内容为王”的理念发展新媒体，但是“以内容提升影响力，以影响力吸纳广告”的二次销售模式事实上是传统媒体的经营模式，这种模式是否适用于新媒体还值得商榷。（白晨晖、范以锦，2014）

报纸数字化转型的关键在于盈利模式。对于国外报业数字化转型的研究发现，国外纸媒已经开始从二次售卖模式走向能够为用户提供全套解决方案的应用服务商模式。对于转型中的纸媒而言，重在建立连接，以用户为中心重构关系，在此基础上突破原先的资源和市场边界，在不同地区和不同领域进行跨界整合，同时开放自身资源，实现协同合作、众筹众包，形成新的价值链和经营模式。（喻国明、李慧娟，2014）

2. 互联网逻辑给影视产业带来新模式

影视产业是当下中国传媒产业中最为活跃和蓬勃发展的板块之一，因此专注于影视产业的研究数量也十分可观，其中以对制播分离与影视产业链的研究为最。

媒介融合和制播分离的趋势让电视产业的上下游关系发生根本性变化。有学者提出，现有的电视内容生产与分发体系已不能适应电视内容跨媒介、跨平台的交易需求，因此需要建立所谓的“大内容”生产与分发体系。这个体系要彻底打破仅限于电视频道或部门内部自创自制、自足自给的传统模式，围绕内容获取—内容集成—内容监控—内容分发建立，其特点是重心后移和权力下放。（连少英，2014）

不过也有学者指出,制播分离模式不宜“一刀切”地对所有电视频道和节目类型推广。不同节目形态在其制作过程中所发生的专用性投资存在差异,投资专用性程度越高,节目制作越倾向内部完成。随着电视产业链的完善,各类投资的专用性程度将随之下降,制播分离是大趋势,但对于时政新闻和特别专题等节目,由于存在事业性投资、时效性投资等天然的专用性投资,选择制播合一的模式更具合理性。(张雷、王勇,2014)

互联网逻辑不仅带来了电视产业生产和经营模式的转变,同样孕育着电影产业制作、发行和营销的新模式。电影消费从影院扩展为“在线”的跨屏化消费,带动电影在线发行,电影营销从传统模式向新媒体社交模式延展,众筹的融资方式正在被各国电影业所采纳。(尹鸿等,2014)这些新模式的诞生,也为商业大片时代电影利基市场的开发提供了一条出路。(于晗、欧国立,2014)

3. 互联网逻辑下的广告业

广告业是对媒介技术革新和媒介消费习惯改变最为敏感的产业之一。互联网的崛起,带动了广告业从实践操作到运作模式再到产业生态的变革。

传统媒体的广告资源大幅向新媒体转移,因为新媒体广告具有很多传统媒体广告所不具备的优势。如移动互联网和二维码技术结合下的户外广告,能够有效地调动消费者参与互动,并在此基础上唤起正向情感,促进分享行为。(陈红,2014)又如社交媒体广告,能够给用户带来更好的社会存在感体验,与传统广告相比具有明显的“情感”优势。(赵曙光,2014a)

值得一提的是,大数据技术受到了广告研究者的格外关注。因为大数据技术对于广告业实现受众的深度洞察、进行个众化传播、促进广告创意与目标受众的自动契合来说具有格外突出的价值。(李亦宁、杨琳,2014)大数据等相关技术的发展颠覆了基于预测的传统广告投放模式,使精准营销成为可能。在技术的推动下,网络广告将从一种营销工具变成一种营销系统,其运作模式将从内容关联变为消费者行为关联,广告不再以单一媒体为中心,而将以数据为中心。(李凤萍,2014)

互联网的兴起和相关技术的发展激活了广告的长尾市场,催生了竞价排名、互联网广告联盟以及绕过媒体直接向消费者营销等网络广告模式。(李明伟、董蕾,2014)与此同时,传统媒体对于广告来说的入口价值遭到削弱,其以注意力经济为基础的广告盈利模式产生动摇。在与互联网公司竞争网络广告市场时,传统媒体必须改变以往的广告盈利模式,致力于打造全媒体入口后的产业体系和用户生活形态,实现产业链与产业链的竞争。(赵曙光,2014b)

4. 网络社会中传媒产业走向集成

互联网发展到今天,再将视野局限在网络媒体似乎已经不合适。应该看到,网络媒体正在向网络社会扩展。网络社会与现实社会不仅在精神层面交互培育了网络文化,同时也在物质层面交互,促进了电子商务等服务平台的发展。今天的网络社会,包含四个子网络:终端网络、内容网络、关系网络和服务网络。(彭兰,2014)

从传媒经济的角度来看这个问题,它意味着传媒经济形态的变革。规模经济曾是中国传媒经济的主体形态,但是随着网络社会的到来,互联网逻辑逐渐成为传媒领域的主导逻辑,集成经济势必成为未来传媒产业的主流经济形态。(喻国明、樊拥军,2014)

然而如果从批判的角度来看,产业集成的发展路向将是产业帝国的构建。传媒产业在效率最优的技术逻辑、利润最高的商业逻辑和规模最大的产业逻辑的驱使下,将产生寡头与垄断。(黄升民、刘珊,2014)

引用文献

[1]白晨晖,范以锦.两次转型中的机关报地位探索[J].新闻大学,2014(3).

[2]陈红.移动网络时代户外广告传播的新模式[J].当代传播,2014(3).

[3]陈建思,胡雨驰.中国传媒上市公司治理结构的实证研究[J].对外经贸,2014(10).

[4]陈薇,吕尚彬.媒介融合背景下中国报业组织结构的创新路径[J].当代传播,2014(4).

[5]辜晓进.新闻消费量增长蕴含的纸媒机遇[J].传媒评论,2014(3).

[6]韩晓宁,王军.国际传媒集团经营发展及战略转型分析[J].现代传播(中国传媒大学学报),2014(6).

[7]黄可.媒介消费:概念溯源与再认识[J].现代传播(中国传媒大学学报),2014(6).

[8]黄升民,刘珊.关于中国媒介产业转型的五个论点[J].现代传播(中国传媒大学学报),2014(6).

[9]李凤萍.大数据时代的网络广告模式——基于RTB的网络广告市场运作模式分析[J].编辑之友,2014(4).

[10]李明伟,董蕾.网络广告长尾的法律问题与治乱之策——基于三种模式的提出和考察[J].新闻与传播研究,2014(21).

[11]李文明,吕福玉.基于网络服务的社交商务与信息消费[J].现代传播(中国传媒大学学报),2014(5).

[12]李亦宁,杨琳.大数据背景下广告产业生态的嬗变与重构[J].当代传播,2014(2).

[13]连少英.融媒时代电视内容生产与分发体系的建构[J].当代传播,2014(4).

[14]彭兰.从网络媒体到网络社会——中国互联网20年的渐进与扩张[J].

新闻记者,2014(4).

［15］皮卡德等.互联网逻辑下世界传媒经济研究的新转向——与罗伯特·皮卡德教授的座谈会对话录［J］.国际新闻界,2014(8).

［16］邵明华.媒介融合背景下我国影视文化消费的趋势与对策［J］.现代传播(中国传媒大学学报),2014(5).

［17］孙俨斌.“社会资本”视角对传媒经济研究的三个跨越［J］.新闻记者,2014(2).

［18］王亮.传媒经济研究的局限不是传媒经济理论的局限:与孙俨斌博士商榷［J］.新闻界,2014(16).

［19］尹鸿等.世界电影产业发展趋势研究报告［J］.现代传播(中国传媒大学学报),2014(8).

［20］喻国明,樊拥军.集成经济:未来传媒产业的主流经济形态——试论传媒产业关联整合的价值构建［J］.编辑之友,2014(4).

［21］喻国明,李慧娟.从“付费门”到“付费墙2.0”:数字报纸盈利模式的景气度研究［J］.当代传播,2014(4).

［22］于晗,欧国立.我国电影利基市场开发策略［J］.现代传播(中国传媒大学学报),2014(1).

［23］曾琼,张金海.中国传媒经济研究20年回顾与反思［J］.新闻大学,2014(2).

［24］曾琼,张金海.西方传媒经济学研究的历史进路、研究框架与研究范式——兼论中国传媒经济研究的困局［J］.现代传播(中国传媒大学学报),2014(11).

［25］张雷,王勇.广电产业链的制播关系模式选择——基于资产专用性的分析［J］.现代传播(中国传媒大学学报),2014(6).

［26］赵曙光.社交媒体广告的转化率研究:情境因素的驱动力［J］.新闻大学,2014(4).

［27］赵曙光.消失的入口价值:从注意力竞争到产业链竞争［J］.新闻与传播研究,2014(6).